Eberhard von Faber

Die Zeit verstehen, Zukunft meistern

Strategien für einen dauerhaften Fortschritt

Natur & Umwelt Verlag

Impressum

© 1998 by Natur & Umwelt Verlags GmbH
  Im Rheingarten 7, 53225 Bonn

Titelgestaltung: Natur & Umwelt Verlag

Layout und Abbildungen vom Autor

Druck und Bindung: brühl druck + pressehaus giessen

1. Auflage, 1998

ISBN 3-924749-17-5

... einerseits kann die Moderne nach sich selber nur noch das Schlimmste kommen sehen, andererseits liegt das Schlimmste präzise auf ihrem eigenen Kurs, den zu verlassen sie sich verbietet, weil sie keine Alternativen zu ihr für denkbar hält.

        Peter Sloterdijk

Lassen wir die Menschen, wie sie sind, alle Umerziehungsversuche sind anmaßend und zugleich hoffnungslos; aber schaffen wir jene Institutionen, die unsere zwielichtigen Antriebe zu nützlichen Wirkungen summieren.

        Wolf Schneider

Es kommt nie auf die Größe der Schritte an, sondern auf die Erkennbarkeit einer Richtung.

        Erhard Eppler

Wenn einer allein träumt, ist es nur ein Traum. Wenn viele gemeinsam träumen, ist das der Anfang einer neuen Wirklichkeit.

        Friedensreich Hundertwasser

Für meine Kinder Linda und Albrecht.

Inhaltsverzeichnis

vorab: ...ein Überblick *9*

Vorwort *17*

Teil A - Entscheidung zur Perspektive *21*

    Was eingangs zu bejammern wäre 21
    Die Kluft zwischen Gegenwärtigem und der Zukunft 22
        Utopie - eine erste Brücke 23
        Hoffnung, ein Vorurteil - ! 30
        Der hypothetische Optimismus 32

Teil B - Wirtschaft *37*

    Konflikte am Rande des Wirtschaftsgeschehens 37

        Egoismus und Kooperation 39
        Wohlstand und Frustration 48
        Ökonomie und Arbeit 52
        Industrialisierung und Bedürfnisbefriedigung 56
        Ressourcen und Handel 59
        Aufwandsgrößen als Erfolgsmesser 67

    Primäre Mechanismen und einige Konstruktionsfehler 69

        Marktwirtschaft 70
        Multis und Monopole 79
        Grund und Boden 83
        Übergang zur industriellen Produktion 89
        Die treibende Kraft 92
        Der Monopolpreis des Geldes 102

Teil C - Systeme und deren Evolution *118*

Wissenschaft und Wirklichkeit 120

Systemdynamik 124

Die Bändigung des molekularen Chaos 126
Wie Wachstum Gestalten bildet 130
Was ist ein Fraktal? 139
Übergang zum Kontinuum 143

Selbstorganisation 148

Gestalt 148
Konservative Strukturen 151
Dissipative Strukturen 153

Biologische Evolution 159

Bestand durch Reproduktion und Vererbung 160
Entwicklung durch vererbte Veränderung 164
Dynamik durch Kooperation 166
Fortschritt durch Selektion 168
Chancen durch Organisation 172
Zukunft durch Koordination 174

Kulturelle Evolution 177

Nichts Neues unter der Sonne? 178
Der Schein der modernen Gesellschaft 184
    Gefährden durch Erhalten 186
    Zersetzen durch Erneuern 189
Künstliche Evolution 198

Teil D - Menschheit in der Fremde *202*

Evolution des Erkenntnisvermögens 203

Entstehung des Erkenntnisapparates 203
Denkzwänge und Unvermögen 222

Management komplexer Systeme 227

Evolution menschlichen Verhaltens 233
    Menschwerdung 234
    Fossilien im Verhalten 247
    Fehlleistungen ursprünglich zweckmäßiger Verhaltensweisen .. 251
Die Suche nach dem Sinn des Lebens 262

Teil E - Öffentlichkeit und Politik *265*

Systemisch denken, angemessen handeln 267
    Klimatisches 267
    Der Druck der Sachzwänge 278
    Information als Ware? 283
    Beschwerden an die Hoffnungsträger 289

Organisation 290
    Egoismus und Kooperation 292
    Die Lenkbarkeit der Gesellschaft 300
    Angepaßte Strukturen 303

Demokratie 306
    Über den Zweck eines demokratischen Verfahrens und
    grundlegende Probleme 306
    Das Vertreterprinzip 310
    Wahlsysteme und neue Ansätze 315

Literaturempfehlungen *326*

Stichwortregister *329*

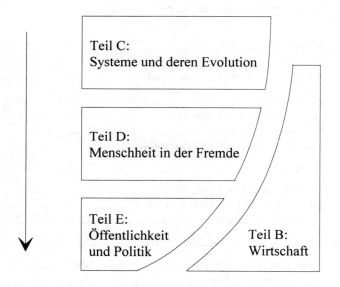

Die Teile des Buches und ihre Kapitel bauen in Pfeilrichtung (vertikal) aufeinander auf. Auf jeder vertikalen Ebene gibt es (horizontal) Themenkomplexe, die sich gegenseitig ergänzen. Wer kontinuierlich vom Allgemeinen zum Besonderen „aufsteigen" will, kann den Teil B auch zum Schluß lesen - aber nicht vergessen. Ohne die ökonomischen Einblicke ist alles Weltverständnis unvollständig und alle Verbesserungsbemühungen sind vergeblich.

vorab: ...ein Überblick

Eröffnung

Vor einem reichhaltigen Essen nimmt man einen Aperitif. Warum soll man ein gehaltvolles Buch nicht ähnlich einleiten? Drei Appetitanreger erwarten Sie auf den folgenden Seiten.

Das übliche Einerlei wird nicht derart festlich eingeleitet. Und das Aufgewärmte vom Vortag ist meist so fad, daß auch ein Aperitif nicht hilft. - Einen Sherry zum Fast-Food? Unvorstellbar.

Angesichts der komplizierten Situation, in der sich unsere Welt befindet, brauchen wir geistige Nahrung, die es in sich hat. Mit Corn-flakes, Joghurt und kalorienreduzierter Kost kommen wir nicht weiter. Aber auch Magenverstimmungen können und wollen wir uns nicht leisten.

Auf keinen Fall bietet dieses Buch Lauwarmes, Aufgewärmtes oder gar intellektuelles Fast-Food. Wir bitten zum Diner. Daß es ein fröhliches Festessen werden kann, muß allerdings bezweifelt werden. Aber es gibt ja noch andere Qualitäten: Herzhaft, nahrhaft und manchmal recht pikant wird es gewiß.

Ein Aperitif soll Appetit machen. Wer satt ist, ordert einen Bitter. Dieses Buch ist alles andere als bitter, es ist progressiv. Aperitif heißt soviel wie „den Magen öffnend". Die Lektüre dieses Buches wird Ihnen mit Sicherheit einiges eröffnen.

Die Speisefolge kann man beim Aperitif studieren. Was Sie in diesem Buch erwartet, erfahren Sie kurz und knapp auf den folgenden Seiten.

Aperitif Nummer 1.

Eine Frage des Standpunkts?

Alles schon besiegelt und vorgegeben? Die Situation scheint uns global auf Gleichförmigkeit einzuschwören. Selbst die kleinen Spielräume, die wir hier und da noch entdecken, verengen sich, wenn der Einfluß der „großen Zusammenhänge" ins Bild rückt. Wie oft gibt man uns zu verstehen, daß man ja gerne wollte, aber ... Die Europäische Union, die Investoren, das Kapital, die internationalen Märkte, schlicht: Freunde und Konkurrenten! Wer ist schon Herr im eignen Haus?

Die Entscheidung wird auf schlichte Alternativen reduziert: dieses oder nichts, Mitmachen oder Verweigern. Ob der Standort Deutschland zur Disposition steht oder die Gentechnik.

Alles derzeit ungewiß und völlig offen? Geht es um die Wahl der Mittel, scheint vieles nur eine Frage persönlichen Ermessens zu sein. Die öffentliche Debatte hat sich in der Beliebigkeit verirrt. Man verliert fast die Übersicht bei dem vielen Hin und Her. Die Auswahl ist schwierig, weil es an verläßlichen Maßstäben für eine Bewertung mangelt. Das tagespolitische Hick-Hack vertreibt einem endgültig die Lust, sich damit zu beschäftigen.

Für tiefergreifende Diskussionen scheint die Zeit zu fehlen. Aber es ist nicht nur die Zeit, die fehlt. Die ordnende Frage nach dem Sinn und Zweck unseres Tuns wird zu selten gestellt. Deshalb wird alles so fragwürdig.

Widerspricht sich beides nicht? Haben wir nun Freiheiten bei der Wahl der Mittel zum Handeln oder nicht? Angesichts dieser Zerrissenheit kann vorerst nur der Schluß gezogen werden, daß uns offenbar die Steuerungsmöglichkeiten entglitten sind. Kontrollverlust nennt man das.

Während zunehmend unklarer wird, welche Zielvorstellungen uns tatsächlich leiten sollen, wird mit nie dagewesener Akribie an der Verfeinerung der Instrumente gearbeitet. Wir produzieren immer bessere Mittel zu einem unveränderten Zweck. Auf diese Weise schliddern wir ins multi-mediale Zeitalter ohne zu wissen, was wir da eigentlich wollen: Werden wir all die Informationen verarbeiten können? Nun, die Steinzeit hat ihren Namen daher, daß unsere Vorfahren in Jahrzehntausenden lernten, aus dem Überfluß an Material einen aus heutiger Sicht kläglichen Nutzen zu ziehen. Vielleicht steht uns das im Informationszeitalter ja auch bevor.

Aperitif Nummer 2.

Zum Inhalt. Was erwartet der/den Leser?

Teil A: Einleitendes

– Warum passiert eigentlich nichts Entscheidendes, obwohl doch (fast) allen klar ist, daß es so auf Dauer nicht weitergeht? Und außerdem: Es wird doch ständig an irgendwelchen Dingen herumgedoktert. Warum kommt nichts Rechtes dabei heraus?

Dieses Buch befaßt sich mit keinem geringeren Thema als mit der Verbesserung „der Welt". Schon die Ankündigung eines solchen Vorhabens sieht sich erfahrungsgemäß sogleich mit Fragen und Bedenken konfrontiert, die die Chancen einer Besserung und die Realisierbarkeit eventueller Vorschläge betreffen. Mehr noch, man meint beim Autor einen blühenden Optimismus diagnostizieren zu müssen, der unter den gegebenen Umständen vor allem auf Unbedarftheit schließen läßt. Im Teil A wird dieser Einfluß von persönlichem Ermessen auf den Austausch über Sachfragen diskutiert. Ich präsentiere eine Anschauung, die, wie ich hoffe, einen passablen Ausweg aus dem Dilemma weist, daß persönliche Einschätzungen und Bewertungen fortwährend den Weg zur Erörterung der eigentlichen Sachthemen versperren.

- Entscheidung zur Perspektive
— Warum handelt die Gesellschaft so auffallend deutlich im Widerspruch zu ihren eigenen moralischen Grundsätzen?

- Zuversicht, Hoffnung
- hypothetischer Optimismus
— Können wir angesichts der vielen Probleme zuversichtlich sein? Oder welche andere positive Einstellung gibt es, die nicht im Verdacht steht, nur auf Ahnungslosigkeit zu beruhen?

Teil B:

Wirtschaft

– Warum wachsen Zufriedenheit und Wohlbefinden nicht automatisch oder nicht in dem erwarteten Maße mit unserem Reichtum oder Wohlstand?

– Warum werden die Armen immer ärmer und die Reichen scheinbar automatisch immer reicher?

Eines der großen Defizite in der populärwissenschaftlichen Literatur besteht meines Erachtens darin, daß wirtschaftliche Zusammenhänge überhaupt nicht, zu spät oder unzureichend einbezogen werden. Dabei gibt es neben der Wirtschaft wohl keinen anderen Bereich innerhalb der Gesellschaft, der auf die anderen derart direkt einwirkt und sie nachhaltig beeinflußt. Der Teil B ist deshalb der Wirtschaft gewidmet. Dieses Buch beginnt eher beim Allgemeinen und dringt dann zum Besonderen vor. Daß Wirtschaftsprobleme dennoch fast zu Anfang diskutiert werden, soll ihre Bedeutung unterstreichen. Gleichzeitig wird in den beiden Wirtschaftskapiteln ein allgemeiner Bezug vermittelt, ohne den einige der dann folgenden Betrachtungen vielleicht isoliert erscheinen würden. Mir liegt es jedoch fern, dem Lauf der Dinge nur aus akademischem Interesse nachzuspüren.

- Wohlstand und Frustration
- Ökonomie und Arbeit
- Ressourcen und Handel
- Marktwirtschaft
- Grund und Boden
- Die treibende Kraft
- Der Monopolpreis des Geldes

– Warum schafft der freie Handel nicht in dem Maße Vorteile für alle, wie uns von den Ökonomen versprochen wird?

– Warum steigt die Arbeitslosigkeit, obwohl wir alle von den Früchten der Arbeit leben und auch dann, wenn wir alle unser Bestes tun?

– Warum sind die Mieten so hoch und bezahlbarer Wohnraum so knapp?

– Warum werden wir ärmer, wenn die Wirtschaft nicht wächst? Ist die Wirtschaft wirklich zum Wachstum verdammt?

– Warum kommt Stabilität so häufig in den Reden der Politiker, aber immer seltener in der Praxis vor? Kann die kapitalistische Wirtschaft wirklich nur zwischen Crash und Boom hin- und herpendeln?

– Ist es wahr, daß man auch mit ca. 300.000 DM auf der hohen Kante im Endeffekt eigentlich keine Zinsen bekommt?

Teil C:
Systeme und deren Evolution

- Physik ist seelenlos, unbarmherzig und Laien nur schwer zugänglich. Beschäftigen sich Naturwissenschaftler auch mit lebensnahen Themen? Und können ihre Ergebnisse besser verständlich formuliert werden?
- Können die Naturwissenschaften eine ertragreiche Quelle gesellschaftlich relevanten Wissens sein, das auch für den Alltag Bedeutung besitzt?

Am Ende des zwanzigsten Jahrhunderts beginnt man immer besser zu verstehen, warum die Welt so ist bzw. so werden konnte, wie sie ist. Wichtige Themen, die in diesem Zusammenhang häufig auftauchen, sind a) nichtlineare Systeme, Instabilität und Chaos, b) Selbstorganisation und c) die Strategie der Evolution. Dabei wird die Evolution zunehmend zum übergreifenden Paradigma. Im Teil C wird beschrieben, unter welchen Bedingungen komplexe funktionsfähige Strukturen entstehen und wie sie sich erhalten. Die evolutionären Betrachtungen werden bis in den kulturellen Bereich ausgedehnt, wo ihre gesellschaftspolitische Brisanz sichtbar wird.

- Wissenschaft und Wirklichkeit
- Systemdynamik
- Selbstorganisation
- Biologische Evolution
- Kulturelle Evolution
  - Gefährden durch Erhalten
  - Zersetzen durch Erneuern

- Wie entsteht Vielfalt und Komplexität in der unbelebten Natur? Welche Bedingungen müssen herrschen, damit komplexe Muster und Ordnungszustände entstehen können?
- Wie weit ist es von der Verschiedenheit der Schneeflocken bis zur Lebendigkeit einer Blaualge? Was ist Selbstorganisation? Was ist ein Fraktal?
- Was unterscheidet die moderne Evolutionstheorie von den Ideen Darwins? Worin besteht die Strategie der Evolution?
- Die Evolutionstheorie beschreibt das Werden und Vergehen in der Natur. Kann man mit ihrer Hilfe erklären, warum aus dem teilweise ehrlichen Bemühen um einen kulturellen Aufstieg scheinbar unausweichlich ein Niedergang wird?
- Was bedeutet das für Politik und Wirtschaft?

Teil D:

Menschheit in der Fremde

- Ist das Gefühl richtig, daß viele unserer elementaren Probleme neu und hausgemacht sind? Welche Lösungen sind denkbar?

- Ist der Mensch wirklich so vernunftbegabt, daß ihn die wachsende Kompliziertheit der Welt nicht schrecken kann?

- Deutet die heute zum Teil verzweifelte Suche nach dem Sinn des Lebens vielleicht darauf, daß wir in unserem Bestreben, uns das Leben lebenswert zu machen, zu erfolgreich sind?

Das Verständnis der evolutiven Prozesse, das im vorangegangenen Teil des Buches gewonnen wurde, liefert das Rüstzeug, sich mit den Fähigkeiten und Fertigkeiten des Menschen unvoreingenommen und sachlich auseinandersetzen zu können. Im Teil D wird eine der Grundthesen dieses Buches untermauert: Viele unserer heutigen Probleme resultieren demnach daraus, daß der Mensch sich in eine Welt gestellt sieht, für die er nur unzureichend gerüstet ist. Die Defizite liegen im Bereich des Erkenntnisvermögens und der ebenfalls in Jahrmillionen evolvierten Verhaltensweisen.

- Evolution des Erkenntnisvermögens
- Management komplexer Systeme
- Evolution menschlichen Verhaltens
- Die Suche nach dem Sinn des Lebens

- Wie lernten die Lebewesen, auf immer komplexere Reize ihrer Umwelt zweckmäßig zu reagieren, und wie kann man sich die Entwicklung bis zum menschlichen Bewußtsein vorstellen?

- Gibt es grundlegende Denkformen, die beweisen, daß auch Einstein ein Kind genau dieser Welt ist? Konnte er alle seine Hypothesen prüfen?

- Welche typischen Fehler werden beim Umgang mit komplexen Systemen immer wieder gemacht? Müssen Manager und Politiker umlernen?

- „Affe im Smoking" ist ein ebenso einfallsloses wie falsches Bild. Aber trifft „Neandertaler im Frack" die Sache vielleicht schon besser?

- Was weiß man heute über die einzelnen Entwicklungsstufen der Menschwerdung? Welche Lebensumstände waren damals maßgebend?

- Unzweifelhaft gibt es Fossilien im Verhalten. Aber stellten eingeprägte Verhaltensweisen nicht immer eine Entlastung dar? Oder hat die Sache heute einen Haken?

Teil E:
Öffentlichkeit und Politik

– Wo sollten Reformen noch ansetzen? Konkrete Vorschläge sind gefragt! Ist das Ganze durchsetzbar?
– Oder scheitert doch wieder alles daran, daß die Leute nur ihre eigenen Ziele verfolgen?
– Was ist mit den Institutionen? Und mit der Politik?

Die im vorgenannten Teil diskutierten Mängel können nur sehr eingeschränkt direkt beseitigt werden. Der Mensch ist in seiner Grundkonstitution nicht änderbar. Es ist aber möglich und sogar dringend angeraten, daß wir beginnen, die Organisationsformen innerhalb unserer Gesellschaft und deren Institutionen den menschlichen Fähigkeiten besser anzupassen. Im Teil E werden dazu einige Vorschläge unterbreitet. Dahinter steht nicht die Vorstellung, daß sich die Welt aufgrund einiger Reformen plötzlich zu einem Paradies wandelt, sondern daß sie sich - ganz im Sinne einer evolutionären Sicht - zum Besseren entwickeln *kann*. Denn es besteht nur dann eine reale Chance, daß wir die essentiellen Menschheitsprobleme lösen, wenn wenigstens einige der schwerwiegenden Konstruktionsfehler beseitigt und die Organisationsformen so angepaßt werden, daß das Leistungsvermögen der Menschen nachhaltig verbessert wird.

- Klimatisches
- Druck der Sachzwänge
- Information als Ware?
- Egoismus & Kooperation
- Die Lenkbarkeit der Gesellschaft
- Angepaßte Strukturen
- Aufgaben der Demokratie
- Probleme, neue Ansätze

– Was lehrt die moderne Kommunikationstheorie? Wie können häufig wiederkehrende Verständigungsprobleme bewältigt werden?
– Wie kann es sein, daß in der Politik oftmals mehrere Deutungen möglich sind, die allesamt logisch klingen, sich aber gegenseitig widersprechen?
– Was ist vom vielzitierten Druck der Sachzwänge zu halten? Muß man sich den Tatsachen fügen oder ist man auf einen Holzweg geraten?
– Wie lassen sich die Menschen dazu bewegen, zum Gemeinwohl beizutragen, auch wenn egoistisches Verhalten vordergründig vielversprechender erscheint?
– Wie sehen die Leitbilder der Gesellschaft aus, wie organisiert sie sich?
– Worin bestehen die Aufgaben der Demokratie? Warum erfüllen die politischen Institutionen ihre Aufgaben immer schlechter? Ist das klassische System der Demokratie zur Reform fähig?

Aperitif Nummer 3.   Eine neues Weltmodell?

Der mancherorts beklagte Rückzug ins Private ist nicht unbedingt als eine schlechte Angewohnheit anzusehen. Vielleicht handelt es sich eher um die verständliche Reaktion einer Sinnsuche. Uns Heutigen scheint ein in sich stimmiges Weltbild zu fehlen, in das sich die meisten Tatsachen und Befunde in einer Weise einfügen, daß Zusammenhänge zwischen ihnen sichtbar werden und sich letztlich eine Bewertung der neuen Einzelheiten ergibt. Die Leistungsfähigkeit eines Weltbildes ist ja nicht dadurch bestimmt, wie objektiv es die Welt widerspiegelt, sondern allein dadurch, inwieweit es in der Lage ist, die täglich auf uns einströmenden Tatsachen in einer Weise zu integrieren, daß der einzelne daraus Orientierungs- und Entscheidungshilfen beziehen kann. Der Strom neuer Tatsachen ist nun so reißend geworden, daß der Nachen gewöhnlichen Wissens hilflos darauf herumschaukelt. Woher sollen nun die Orientierungs- und Entscheidungshilfen kommen im Getümmel globaler Abhängigkeiten?

Auch wenn der Leser nicht alle Schlußfolgerungen des Autors teilen sollte, wird ihm viel Wissen vermittelt, das durch andere Quellen im Großen und Ganzen wohl verfügbar ist, die zu erschließen aber häufig schwer ist und einiges an Vorleistungen erfordert. Dies ist ein sachliches, hoffentlich ein sachgemäßes Buch. Politisches Hick-Hack und Appelle sind meine Sache nicht in diesem Buch. Es ist politisch, aber nicht polemisch: Die Dinge sind hoffentlich so verständlich dargestellt, daß es des Negativen zur Illustration nicht bedarf.

„Die Zeit verstehen, Zukunft meistern" bietet dem Leser grundlegende und vielfältige Orientierungs- und Entscheidungshilfen. Es soll aber nicht entmündigen, sondern anregen. In diesem Buch wird nichts verkündet, es wird erklärt.

Den Ausführungen liegt die Überzeugung zugrunde, daß es nicht damit getan ist, den bisherigen Maximen der gesellschaftlichen Entwicklung ein paar neue Regeln hinzuzufügen. Vielmehr ergibt sich aus der Aufklärung der verhängnisvollen Wirkung einiger Mechanismen die Forderung, strukturelle Korrekturen vorzunehmen. Das erklärt die Auswahl der betrachteten Wissensgebiete.

Vorwort

Die Zukunftsaussichten für die Menschheit sind mehr als trübe. Auch ohne die neuesten Schreckensmeldungen spüren viele Menschen, daß es so nicht weitergehen kann. Eintreffende Informationen und eigene Beobachtungen regen zum Nachdenken an und verstärken das Gefühl, daß etwas geschehen muß. Oft reichen die Impulse jedoch nicht aus, daß nachhaltige Aktivitäten in Gang kommen. Oder die Energie verbraucht sich, weil aufzeigbare Erfolge zu selten sind. Begreiflicherweise fragen sich viele, ob es nicht sinnlos ist, wenn der einzelne persönliche Beiträge zur Erhaltung der Umwelt leistet, während zum Beispiel die Industrie unsere Lebensgrundlagen in erheblichem Umfang bedroht. Eine grundlegende Umorientierung ist notwendig. Aber so wie die Dinge stehen, wird wohl alles so bleiben, wie es ist. Sind die Menschen überfordert? Überzeugungen und moralische Einstellungen scheinen sich nicht in dem Maße zu potenzieren, wie es erforderlich wäre. Doch selbst wenn es ausschließlich um Sachfragen geht, ist eine Verständigung oft nicht möglich. - So wichtig Diskussionen über politisches Vorgehen auch sein mögen, sie haben die ebenso wünschenswerte wie notwendige Einigung auf grundlegende Positionen nicht herbeiführen können. Die vielleicht auch noch affektgeladene Wiederholung der eigenen Argumentation bringt offenbar wenig (Gutes). Ihre innere Logik bleibt dem anderen verschlossen. Es empfiehlt sich, dieses Patt zunächst einzugestehen. Nicht ohne Bedeutung ist hierbei, daß der beschriebene Sachverhalt keinesfalls nur für die in der Regel situationsbedingte politische Wahrheitsfindung typisch ist. Ein Ausspruch von Max Planck[1] zeigt, daß es den Naturwissenschaftlern, die sich über ihre Methodik weitgehend einig sind, ähnlich geht:

> Eine neue wissenschaftliche Wahrheit pflegt sich nicht in der Weise durchzusetzen, daß ihre Gegner überzeugt wären und sich als belehrt erklären, sondern vielmehr dadurch, daß die Gegner allmählich aussterben und daß die heranwachsende Generation von vornherein mit der Wahrheit vertraut gemacht ist.

Auf solcherlei Lösung können wir kaum hoffen, wenn zu befürchten ist, daß der „Gegner" in einer der nächsten Generationen zusammen mit der

---

[1] Max Planck (* 1858 in Kiel, † 1947 in Göttingen) war theoretischer Physiker und gilt als einer der Väter der Quantentheorie. Planck erhielt 1918 den Nobelpreis für Physik. Wegen seiner Gesinnung und integren Persönlichkeit nahm er unter den deutschen Physikern eine hervorragende Stellung ein.

Menschheit ausstirbt. Bevor man aber weiter in verschiedene Richtungen rennt und sich dabei streitet, wer sich denn verlaufen hat, kann es günstig sein, zur Basis zurückzukehren. Es könnte sein, daß man sich dort, auf gewissermaßen neutralem Boden, wieder findet. In jedem Falle wird es sich z.B. lohnen, sich einiger grundlegender Erkenntnisse über Natur und Gesellschaft zu erinnern, deren potentielle politische Tragweite keineswegs offenkundig ist. Dieses Buch bezieht daher in großem Umfang naturwissenschaftliche Fakten ein.

Es besteht kein Zweifel: Der Mensch ist unzureichend gerüstet für die Herausforderungen der nächsten Jahrzehnte. Wer in dieser Situation vordringlich auf Überzeugung und auf Umerziehungsversuche setzt, hat die Ursachen für unsere Probleme nicht wirklich verstanden. Die Menschen werden sich solange nicht grundlegend anders verhalten, wie wir nicht jene Organisationsformen und Institutionen geschaffen haben, die ein positives Verhalten nicht wenigstens nahelegen und erleichtern, so daß die Gesellschaft einem wirklichen, dauerhaften Fortschritt entgegensteuern kann. Es wird uns zum Verhängnis werden, Alternativen nicht für möglich zu halten und weiterhin auf die althergebrachten Organisationsformen zu setzen. Im vorliegenden Buch wird versucht, einige Anregungen zu geben, wie schwerwiegende Mängel beseitigt und die Leistungsfähigkeit der Institutionen verbessert werden kann.

Dieses Buch enthält keine Bestandsaufnahme des beklagenswerten Zustands unserer Welt. Solche wurden an anderer Stelle gegeben.[2] Dieses Buch läßt diese phänomenologischen Beschreibungen aber keineswegs außer acht, es setzt sie voraus. Es versucht, der inneren Konstitution von Natur und Gesellschaft nachzuspüren. Damit verbinde ich die Hoffnung, daß sich daraus grundlegende Methoden ergeben, die der notwendigen Reform einiger Fundamente unserer Gesellschaft eine adäquate Basis verleihen. Dieses Buch geht daher - mindestens vom Standpunkt der Gesellschaft aus gesehen - eher deduktiv vor. Dahinter steckt auch die Absicht, die Ressentiments ein wenig zu umschiffen, denen sich unweigerlich eine Argumentation ausgesetzt sieht, die aus den konkreten Erscheinungen, die wir alle auf unterschiedliche Art und Weise wahrnehmen, allgemeine Richtlinien abzuleiten versucht.

Danksagung: Für anregende Gespräche, fachliche Beratung und die kritische Lektüre des Manuskripts danke ich allen voran meinem Freund Axel Bobeth. Manch andere haben sich die Mühe gemacht, das umfangreiche Manuskript zu lesen und mit hilfreichen Kommentaren und Korrekturhin-

---

2 Hoimar von Ditfurth: So laßt uns denn ein Apfelbäumchen pflanzen, Es ist soweit; Droemersche Verlagsanstalt Th. Knaur Nachf., München, 1988

weisen zu versehen. Viele, die ich hier nicht im einzelnen nennen kann, haben zum Zustandekommen dieses Buches auf verschiedene Weise beigetragen. Ihnen möchte ich ebenfalls herzlich danken.

Über die Schwierigkeiten der Umerziehung

Einfach vortrefflich
all diese großen Pläne:
das goldene Zeitalter
das Reich Gottes auf Erden
das Absterben des Staates.
Durchaus einleuchtend.

Wenn nur die Leute nicht wären!
Immer und überall stören die Leute.
Alles bringen sie durcheinander.

Wenn es um die Befreiung der Menschheit geht
laufen sie zum Friseur.
Statt begeistert hinter der Vorhut herzutrippeln
sagen sie: Jetzt wär ein Bier gut.
Statt um die gerechte Sache
kämpfen sie mit Krampfadern und mit Masern.
Im entscheidenden Augenblick
suchen sie einen Briefkasten oder ein Bett.
Kurz bevor das Millenium anbricht
kochen sie Windeln.

An den Leuten scheitert eben alles.
Mit denen ist kein Staat zu machen.
Ein Sack Flöhe ist nichts dagegen.

Kleinbürgerliches Schwanken!
Konsum-Idioten!
Überreste der Vergangenheit!

Man kann sie doch nicht alle umbringen!
Man kann doch nicht den ganzen Tag auf sie einreden!

Ja wenn die Leute nicht wären
dann sähe die Sache schon anders aus.

Ja wenn die Leute nicht wären
dann gings ruckzuck.
Ja wenn die Leute nicht wären
ja dann!
(Dann möchte auch ich hier nicht weiter stören.)

Hans Magnus Enzensberger [3]

---

[3] Hans Magnus Enzensberger: Erinnerungen an die Zukunft; Reclam Verlag, Leipzig 1988

Teil A - *Entscheidung zur Perspektive*

Was eingangs zu bejammern wäre

Unsere Gesellschaft ist krank, todkrank. Unsere Spezies bereitet ihr Ende vor. Vielleicht wird es den Homo sapiens bald nicht mehr geben. Jeden Tag gehen ihm darin bereits 160 Arten voraus: sie sterben aus. Doch deren Dasein auf diesem Planeten klingt aus, leise, unbewußt und kaum bemerkt; ohne ein letztes verzweifeltes Aufbäumen, ohne einen gräßlichen, innerartlichen Kampf um letzte Nischen des Überlebens. - Der Strudel dieser in der Geschichte der Erde einmaligen Artenvernichtung wird uns wohl mitreißen. Nicht, weil es uns an Nahrung fehlen wird, obwohl schon jetzt alle zwei Sekunden ein Kind verhungert. Nicht, weil uns die Energie oder die Rohstoffe knapp werden. Nein, die Stoffwechselprodukte unserer Gesellschaft zerstören die Grundlagen des Lebens.

Während die Ursachen dieses biologischen Kahlschlags klar auf der Hand liegen, macht sich, und das ist das eigentlich erstaunliche Phänomen, keinesfalls so etwas wie Endzeitstimmung breit. Wir, die wir uns in aller Unbescheidenheit vernunftbegabt und „Krone der Schöpfung" nennen, verschließen die Augen vor dem möglichen Ende, als ob es eine über allem schwebende Gewähr für unseren Fortbestand gäbe. Das Gegenteil ist der Fall. Keine biologische Art lebt ewig, und unser Aussterben brauchte uns auch wirklich nicht zu sehr zu beunruhigen, wenn wir selbst, die wir doch (noch) alle Chancen haben, das Ende abzuwenden, nicht Vertretern einer Generation *täglich in die Augen schauen müßten*, deren Zukunft völlig ungewiß ist. Es kann einen mit Zorn und Wut erfüllen, wenn man sieht, daß wir jene unschuldigen Kinderaugen in der Werbung mißbrauchen, um den Wahnsinn weiter anzutreiben.

Fassungslos registrieren wir, wie positive Ansätze durch eine Inflation von Öko-Vorsilben, grünen Punkten und wohlklingenden Formeln korrumpiert werden. Aufkommendes Unbehagen wird betäubt, indem fälschend von Endlagerung gesprochen wird, der Giftmüll nervenschonend Sondermüll heißt und sogar die Müllverbrennung zum Recycling erklärt wird. Kaum faßbar auch, daß gerade die wenigen Aktivisten zum Feind der Ordnung erklärt werden, obwohl sie diese erhalten bzw. wiederherstellen wollen.

Adrenalin hilft hier wenig - bei der Auseinandersetzung mit den Exponenten des System schon gar nicht. Gewiß ist es nicht gleichgültig, wer die

Steuerknüppel der Macht in der Hand hält. Doch bevor wir uns als Steuermänner und Steuerfrauen empfehlen oder uns gar an die Schaltpulte der Gesellschaft drängen, um dem Positiven endlich zum Durchbruch zu verhelfen, sollten wir uns die Zeit nehmen, wenigstens das Kleingedruckte auf den Schildchen der riesigen Schalttafeln zu lesen. Auch ein Blick in das Innere der Schaltschränke dürfte nicht schaden. Die Komplexität, die sich uns darbietet, darf uns nicht überraschen: Generationen haben daran gewerkelt und herumgedoktert. Doch bevor wir tatkräftig Leitungen kappen: Vorsicht! Es könnte ein Hauptstrang gewesen sein, der uns wenigstens zur Zeit noch am Leben hält. Der Blick in die zahlreich vorhandenen Handbücher der derzeitigen Steuerelite löst das Problem auch nicht. Solcherlei Anleitung hat uns erst in den Schlamassel getrieben; wie können wir da ihrer Systembeschreibung trauen. Was hilft's. Wenn die Auswegslosigkeit bedrückend wird, gilt es umzukehren - **Sackgassen sind keine Einbahnstraßen**, wie man uns glauben machen will. Wer Umkehr jedoch allzu wörtlich nimmt, negiert. Wer negiert, schafft nichts. Immer, wenn sich der Spielraum bedrohlich verengt, muß von vorn begonnen werden, ungeachtet der Zeit, die möglicherweise noch bleibt. Wer von vorn beginnt, beginnt jedoch nicht bei Null. Mit Stolz können wir auf die Fortschritte von Wissenschaft und Technik verweisen. Brauchen wir mehr Wissen? Brauchen wir ein neues Buch? In der Tat, vieles ist schon beschrieben und gedacht worden. Wenn ich in diesem Buch recht Grundsätzliches verkünde, setze ich mich der Gefahr aus, Allgemeinplätze aufzutischen. Nun - schön wär's.

Die Kluft zwischen Gegenwärtigem und der Zukunft

Machen wir uns nichts vor, das Ideal der Aufklärung, den Menschen durch Information zu läutern, ist bislang gescheitert. Angesichts der anwachsenden Bürde ungelöster Probleme verbreitet sich der Eindruck, daß der Mensch seine Bestimmung nicht erreicht, ja vielleicht sogar schon verfehlt hat. Ist der Mensch eine mißratene Kreatur? Dies in Erwägung zu ziehen, bedeutet, sich selbst dieses Armutszeugnis ausstellen zu müssen. Das sich daraus ergebende Dilemma hat Erich Kästner in seiner unverwechselbaren Art wie folgt apostrophiert:

> Freunde nur Mut!
> Lächelt und sprecht:
> „Die Menschen sind gut,
> bloß die Leute sind schlecht."

Immer wieder spüren wir die Kluft zwischen dem, was ist, und dem, was sein müßte. Aus der Diktion erkennt man schon, daß es sich hier um ein

Problem *in der Zeit* handelt. Ich will beim Begriff der Zeit nicht länger verweilen, obwohl er eine detaillierte Erörterung verdienen würde. Die Zeit wird weiter unten noch eine gewichtige Rolle spielen. Dennoch liegt mir einiges daran darauf hinzuweisen, daß die Zeit jenen Spannungsbereich markiert, in dem all unsere Forderungen, Wünsche und Pläne angesiedelt sind. Es ist daher wichtig, ein Gespür für dieses Feld der Sehnsucht und der Möglichkeiten zu entwickeln. Anhand der beiden Begriffe *Utopie* und *Hoffnung*, denen die beiden nächsten Abschnitte gewidmet sind, sollen die Beziehungen zwischen dem Jetzt und dem Kommenden ausgelotet werden.

Da es ums Prinzipielle geht, wollen wir versuchen, die Angelegenheit frontal anzugehen. Und so werden wir den Bogen spannen: Wenn wir den Zeitrahmen erweitern, werden die notwendigen Schritte nicht geringer. Aber *erst in der Totalen* zeichnet sich die Gestalt ab, die zeigt, wie sich die Teile zu einem heilen Ganzen ordnen können. Dann aber braucht der einzelne Schritt weniger tastend, zufällig und unsicher zu erfolgen, und die Strecken, die zurückgelegt werden, werden nicht mehr allein danach zu bewerten sein, wie weit sie vom Startpunkt entfernt sind, sondern ob sie in die richtige Richtung gehen.

Utopie - eine erste Brücke

> Sozialutopie arbeitet als ein Teil der Kraft, sich zu verwundern und das Gegebene so wenig selbstverständlich zu finden, daß nur seine Veränderung einzuleuchten vermag.
>
> Ernst Bloch (* 1885, † 1977) [4]

Oft wird Utopie als bloße Negation schlechter Zustände unserer Gegenwart verstanden. Sie wird dann beschrieben als das schlechthin Positive, Problemlose und ist ein Erahnen paradiesischer Zustände. Utopia ist das Land der gelösten Probleme. *Technische Utopien* sind dadurch gekennzeichnet, daß es für alles und jedes ein Gerät gibt, eine Supermaschine, die das vollbringt, was uns bisher nur unter großen Mühen gelang bzw. gänzlich unmöglich war. Wer möchte bestreiten, daß solcherlei Vorstellungen etwas Anziehendes besitzen. Auf der anderen Seite sind derartige Utopien aber Ausdruck des Machbarkeitswahns. Sie lösen keines unserer Probleme, sondern postulieren deren Lösung. Dabei stärken sie den bedingungslosen Glauben an unsere Macht. Sie sind fortschrittsgläubig. Technische Utopien,

---

[4] Ernst Bloch: Freiheit und Ordnung, Abriß der Sozialutopien; aus: Das Prinzip Hoffnung; Suhrkamp Verlag, Frankfurt am Main, 1959

so phantastisch sie auch sein mögen, überbrücken nicht die Kluft zwischen Gegenwärtigem und der Zukunft; sie sind Ausdruck derselben. Sie setzen anstelle der uns bekannten Zustände eine Traumwelt, die uns je fremder, desto anziehender erscheinen soll. Sie versuchen, mit der totalen Entfremdung zwischen Mensch und Natur zu imponieren. Entwürfe, die im wesentlichen eine technische Neuausstattung der Gesellschaft vorsehen, sind deshalb zum einen Illusion und zum anderen gefährlicher Unsinn. Unsinn bedeutet nicht nur sinnlos, sondern impliziert den falschen Sinn, die verkehrte Richtung. Nicht die Entfremdung zwischen Natur und Mensch kann das Ziel sein, einen Sinn haben, sondern die Aufhebung dieser Entfremdung. Letztere ist ja gerade Ausdruck des zerstörerischen Umgangs mit unserer Umwelt. Es ist eine gefährliche Illusion zu glauben, daß wir unseren Lebensraum erst verwüsten können, um dann im geschaffenen „Freiraum" neue, technische Lebensgrundlagen zu errichten. Die Menschheit wird den ersten Schritt nicht überleben.

Nun ist es ja auch nicht das Fehlen eines individuell verfügbaren Flugapparates oder unser Unvermögen, uns mit Lichtgeschwindigkeit an einen anderen Ort auf unserem Planeten zu bewegen, das uns zu schaffen macht. Andere soziale Beziehungen erscheinen wünschenswert: Vielen *sozialen Utopien* ist gemeinsam, daß sie die Leichtigkeit des Lebens beschreiben. Die Freiheit von der Mühe und der Last, also die Muße ist ihr Thema. Sie sprechen damit mehr an als nur unseren technischen Spieltrieb. Ein Teil der sozialen Wachträume geht vom Überfluß aus. Kein Wunder, daß sich manche der uns allzu gut bekannten zwischenmenschlichen Spannungen in Harmonie auflösen. Diese Utopien sind im eigentlichen Sinne un-möglich aus dem gleichen Grunde wie die technischen und deshalb wenig hilfreich. Die tiefsinnigeren unter den Sozialutopien sind unseren aktuellen Lebensumständen weniger fremd (gleichwohl sie diese transzendieren) und deshalb wohl phantasievoller. Ihre Anziehungskraft gründet nicht nur in der Verheißung besserer Zustände. Solche sozialen Utopien sind zugleich Protest gegen die bestehenden Verhältnisse; sie ergreifen Partei für die Erniedrigten und Beleidigten. Darüber hinaus sagen sie Nein zum Gemeinen, welches, das Wort legt es nahe, oft das (All)gemeine, das Gewohnte ist. Die Utopie erinnert und kontrastiert das Gewohnte und demonstriert dem staunenden Publikum, daß das längst Verinnerlichte, bisher oft auch Unbewußte, keineswegs selbstverständlich ist. Dabei bereitet die Kritik des Bestehenden den Boden für die Veränderung. Auf der anderen Seite geht der Wert der eigentlichen Utopie über ihren Reiz hinaus: Die Utopie besitzt *Attraktivität*, sie *zieht* das Gegenwärtige an. Diese Kraft, die ohne den Bezug auf das Vorhandene ins Leere geht, ist eine erste Brücke zwischen Gegenwärtigem und der Zukunft.

Die wohl wortgewaltigsten Utopisten sind *die Propheten*[5] des Alten Testaments. Auch Jesus aus Nazareth, dessen Botschaft so wichtig war, daß man noch nach 2000 Jahren an ihrer Verstümmelung und Uminterpretation arbeitet, stand in prophetischer Tradition. Wer die Texte (etwa Jeremia oder Jesaja 1-39) überfliegt, stellt unschwer fest, daß die Beschreibung des kommenden Reiches, also Apokalyptik, wie wir sie z. B. in der Offenbarung des Johannes finden, einen sehr viel kleineren Raum einnimmt, als es die gewohnte Bedeutung des Wortes Prophet vermuten läßt. Mehr noch, der Leser stößt kaum auf etwas wie Utopie. Zunächst einmal klären die Propheten auf. „Siehst du nicht, was sie tun in den Städten Judas und in den Gassen Jerusalems?", beginnt ein exemplarischer Text in Jeremia 7, 17. Dann nennt der Prophet das Unrecht beim Namen. Die Propheten schelten nicht, *sie decken auf und überführen*. Sie enttarnen das Gewohnte als Frevel, indem sie die gängige Praxis anders als mit Worten der geläufigen Sprachregelungen beschreiben, welche eher dazu geeignet ist, das Unrecht zu rechtfertigen bzw. zu kaschieren. Es ist ja gar nicht leicht begreiflich zu machen, daß das, was alle tun, Unrecht ist! Es ist die *Originalität* der Sprache, die zum gesunden Teil der menschlichen Vernunft vorzudringen vermag. Ohne eine solche Eigenwilligkeit und Frische der Sprache ist jede Aufklärung unvergleichlich problematischer. Die Propheten wußten, daß sie nicht vor Intellektuellen reden, wir Heutigen argumentieren oft so, als ob wir vor Philosophen säßen.

Nach diesem beschreibenden Teil in der prophetischen Rede folgt nach einem großen „Darum", das mit der Autorität Gottes versehen ist („Darum, so spricht Gott der Herr:"), stets die Ankündigung von Unheil. Das eine ist mit dem anderen ursächlich verbunden. Die Ankündigung des Unheils ist notwendig, weil einsichtiges Handeln die *Kenntnis der Konsequenzen* voraussetzt. Nun, das alles ist Politik und keine Utopie. Und es verwundert kaum, daß man mit den Propheten nicht gerade pfleglich umging - wir kennen das ja. Solcherlei „Moralisieren" der Propheten (Jesaja, Jeremia, Micha, Amos und Hosea) war offensichtlich auch schon damals weder besonders beliebt noch erfolgreich: Das angekündigte Unheil, übrigens etwas durchaus Reales und nichts Abstraktes, war hereingebrochen, Jerusalem zerstört, das Volk deportiert. Wo lag der Fehler?

Offensichtlich fehlte eine nachvollziehbare Alternative zu Unrecht und Unheil. (Oder die Propheten haben es nicht verstanden, sie geeignet zu beschreiben.) Das Wort Alternative könnte den Eindruck erwecken, sie sei schon implizit enthalten in der Beschreibung des Unrechten: Seid nicht böse, also gut usw. Ach, wenn es so einfach wäre. Leider war die Welt auch

---

[5] siehe hierzu: Ingo Baldermann: Die Bibel - Buch des Lernens, Grundzüge biblischer Didaktik; Evangl. Verlagsanstalt, Berlin, 1986

schon damals so komplex, daß der einfache moralische Appell nicht ausreichte. Wahrscheinlich hat das, was wir heute gemeinhin mit dem Wort Predigt verbinden, schon damals eher Streß erzeugt und Ablehnung provoziert. Moralische Imperative (allein) sind ein untaugliches Mittel, gesellschaftliche Veränderungen herbeizuführen. Der Gipfelpunkt der Ratlosigkeit wird heute von solchen „Utopisten" erreicht, die gar einen neuen Menschen zum Dreh- und Angelpunkt des Wandels machen. (Daß ein solcher neuer Mensch aus biologischen Gründen unmöglich ist, wird später deutlich werden.) Mit diesem neuen Menschen basteln sie dann ein Gedankengebäude, das unsere Zukunft charakterisieren soll. Was wir brauchen, ist jedoch *keine* Lehre über zukünftige Verhältnisse. Die Zukunft ist offen, prinzipiell, wie noch gezeigt wird. Wir dürfen nicht glauben, den Prozeß des Wandels durch Vorgabe eines widerspruchsfreien Systems abzukürzen, sondern müssen versuchen, einen *Prozeß des Lernens* in Gang zu setzen, schrittweisen Wandel herbeizuführen. Einen Prozeß des Lernens setzt man nicht dadurch in Gang, indem man das Ergebnis vorwegnimmt (was im vorliegenden Fall ohnehin scheitern muß). Lernen erfordert zuallererst Zielvorgaben. Im Alten Testament sind dies die großen Verheißungen, von denen die Propheten häufig reden. Die Verheißungen sind so allgemein, daß wir uns nicht als bloße Wissensempfänger entmündigt fühlen können, und sie sind so konkret, daß sie unser Interesse wecken und als Richtungsmarkierung gelten können. Die Vorteile solcher Art Wegweisung liegen auf der Hand: Sie müssen nicht alle drei Tage ausgetauscht werden, wenn die deutsch-deutsche Grenze fällt, wenn sich ein Riesenreich vom Stalinismus verabschiedet oder die Weltpolitik in anderer Weise in Bewegung gerät.

Dieser *Jesus aus Nazareth*, auf den sich rund eine Milliarde Menschen berufen, war ein Utopist ersten Ranges. Er sprach ohne die alttestamentliche Dringlichkeit, das Pathos. Was er zu sagen hatte, war deshalb nicht weniger bedeutend. Auf keinen Fall war er aber ein Moralist. Wer dies nicht glaubt, der lese z. B. Matthäus 19, 16-23. Jesus führt die prophetische Tradition in seinen Gleichnissen fort, nicht weniger intelligent, originell und eindringlich, aber anders: In dem Maße, wie er auf die Beschreibung kommenden Unheils verzichtet, spricht er vom kommenden „Reich Gottes", also dem Verheißenen. Ich will hier nicht versuchen, dem Mann aus Nazareth mit ein paar Sätzen gerecht zu werden. Für uns von Belang ist der wichtigste Teil der Botschaft Jesu, den der Marxist Machovec wie folgt beschreibt:[6]

> Es ist ein Irrtum - wir betonen das -, wenn sich die Ansicht verbreitet hat, Jesus habe die Menschen durch die Betonung des „Königreiches Gottes" gewonnen. Diese Ansicht verschiebt die Wirklichkeit scheinbar nur geringfügig, jedoch in

---

[6] Milan Machovec: Jesus für Atheisten; Kreuz Verlag, Stuttgart, 1973

einer entscheidenden Weise. Die Ursache seiner besonderen Wirkung kann nur so erklärt werden, daß Jesus *nicht* vor allem Verkünder des „Königreiches Gottes" im Sinn der Ankündigung des „künftigen Zeitalters" war... Jesus... war ein mitreißender Verkünder des *augenblicklichen Anspruchs an den Menschen* vom Standpunkt dieses „künftigen Zeitalters", was etwas bedeutend anderes ist.

Hier kommt die Funktion der Verheißung als Wegweisung klar zum Ausdruck. Das, was Jesus da verkündet (und selbst praktiziert) hat, ist niemals im gesellschaftlichen Rahmen verwirklicht worden. Insofern verdient es den Namen Utopie (etwa: Nirgendwo[7]). Andererseits sind wir seinen unbequemen Maßstab nie losgeworden. Es kann nicht die angebliche Authentizität seiner historischen Person gewesen sein, die dies allein bewirkte. Ein anderer, der auf ähnliche Weise (im Guten wie im Bösen) Weltgeschichte gemacht hat, war *Karl Marx*. Er hat eine Verheißung an den Himmel geheftet, die Verhältnisse seiner Zeit heftig kritisiert und mit seinen völlig konfusen ökonomisch-politischen Schriften immerhin einen Lernvorgang über die Ursachen des (sozialen) Dilemmas in Gang gesetzt, der in seiner Intensität und Dauer wohl seinesgleichen sucht. Soweit kann es kommen, wenn man etliche Jünger um sich schart bzw. ein Manifest hinschleudert.

Utopie, wie ich sie verstehe, ist nur zu einem geringen Teil konkrete Antizipation der Zukunft. Ebensowenig ist sie eine bloße Beschreibung des Gegenwärtigen. Sie zeichnet kein schillerndes Bild der Zukunft, sie skizziert Wesentliches und beschreibt einen Rahmen sinnvoller Gestaltung. Utopie ist kein Plan für die Zukunft, ihr Zeithorizont reicht weiter als alle Planung. Utopie ist ein Noch-Nicht, sie versucht, das Noch-Ungetane, das Noch-Uneingelöste zu fassen. Sie ist kein Nirgendwo, das weit von uns als Unabhängiges gedacht wird. Utopie beginnt als Analyse der Gegenwart. Der Utopist deckt Wirkungsmechanismen und Kräfte auf, die unsere Gesellschaft bestimmen. Er fördert Einsichten zu Tage, zeigt Widersprüche, Sackgassen und Fehlentwicklungen auf und leitet Konzeptionen möglicher (also realistischer) Veränderungen ab. Ein Bein steht also auf dem Boden der Tatsachen. Doch mit äußerster Zurückhaltung, mit methodischem Zweifel und erst nach eingehender Prüfung werden Gegebenheiten als unveränderbar akzeptiert (und in das Zukunftsbild integriert). Der Freiraum zwischen diesen Lebensadern wird phantasievoll gestaltet, aber nicht ausgefüllt: Nur das Gesamtbild der Utopie zeigt Gestalt, das Detail ist schemenhaft. Entgegen dem ersten hat das andere Bein keine Bodenhaftung. In ihm

---

[7] Utopie: zu griechisch ou „nicht" und tópos „Ort"; ein dem Kunstwort „Utopia", dem Titel des Staatsromans von Thomas Morus (1478 - 1535), nachgebildeter Begriff

steckt, wie jeder weiß, der große Schritte macht, der Schwung. Es greift weit vor in ein Feld, das noch niemand betreten hat... Das Standbein steht auf dem Boden der Tatsachen und gibt den erforderlichen Halt, während im Spielbein die fürs Vorwärtskommen unentbehrliche Energie steckt. Somit ist Utopie ein notwendiges Bindeglied zwischen dem, was ist, und dem, was werden soll. Sie bietet Orientierung und ist Anregung und Ansporn zugleich. Dringt sie ins gesellschaftliche Bewußtsein, bestimmt sie als eine der **Randbedingungen** den Gang **kultureller Evolution**.

Soeben ist stichwortartig angeklungen, was weiter unten noch näher ausgeführt wird: Unsere Gesellschaft ist ein lebendes System. Lebende Systeme verändern sich, entwickeln sich. Die Entwicklung, also eine gewissermaßen selbsttätig erfolgende irreversible Veränderung, ist nun derart untrennbar eine Eigenart des Lebens, daß sie eine notwendige Voraussetzung für die Existenz bzw. den Fortbestand des Systems darstellt. Grundlage der Entwicklung ist die spontane Veränderung auf der einen und die Auslese der vorteilhaften Veränderungen auf der anderen Seite. Kulturelle Systeme unterscheiden sich auf dieser Ebene der Beschreibung kaum. Allerdings kommt bei der kulturellen Evolution ein entscheidender, weil beschleunigender Faktor hinzu: die gedankliche Vorwegnahme (Antizipation) des zu erreichenden Zustandes, oder genauer gesagt: das Spielen mit den Möglichkeiten im Geiste. Hier dient die Erfahrung als Selektionsfaktor, und der Geist erspart die Mühen der Praxis.

Offensichtlich ist es uns in die Wiege gelegt, die Gedanken spielen zu lassen, wie eine Redewendung zutreffend formuliert. Das Ergebnis sind u. a. verschiedene Entwürfe für das persönliche Leben, aber auch für die Gesellschaft insgesamt. Diese Entwürfe haben einen unterschiedlichen Zeitmaßstab und sind demzufolge unterschiedlich konkret. Die langfristigen Entwürfe, die Utopien, dienen als Orientierungshilfe. Sie sind ebenso wie die anderen Entwürfe Kennzeichen des intelligenten Lebens, sie stellen Randbedingungen dar und wirken darüber hinaus als Evolutionsbeschleuniger.

Es ist also keinesfalls eine Frage, ob Utopien nützlich sind, sondern nur, ob bzw. welche Art von Entwicklung sie in Gang setzen bzw. beschleunigen wollen. Je wichtiger der Bestand eines Systems ist und je dringender es ist, seine Fähigkeit zur Entwicklung und Veränderung zu verbessern, was für die Menschheit wie für kaum etwas anderes gilt, desto einleuchtender erscheint die Notwendigkeit einer Utopie. Andersherum gesagt, weil Utopien wichtig sind, muß man sich um deren Gestaltung bemühen. Die einzige Vorentscheidung, die notwendig ist, ist moralischer Natur: den Fortbestand des Systems als ein über allem stehendes Gut zu akzeptieren. Diese Vorentscheidung ist logisch durch nichts begründbar; aber ihre Sinnhaftigkeit kann demonstriert und erfahren werden. Natürlich kann bzw. muß es verschiedene Utopien geben. Eine der Grundbedingungen des Lebens ist die Diversität. Also muß es auch eine Vielzahl von Utopien geben. Utopien, die Allgemeingültigkeit für sich in Anspruch nehmen, werden zu Ismen, zu Ideologien. Also: Verbindlichkeit statt Allgemeingültigkeit. Utopien lenken lebende Systeme; deshalb können sie nicht starr sein, sie leben selbst. Leben sie aber, so sind sie auch nicht erreichbar; sie wandeln sich.

Zum Abschluß dieses Abschnitts noch ein Wort zu den sogenannten *privaten Utopien*. Sie sollten nicht so sehr als Gegenentwurf zur gesellschaftlichen Utopie angesehen werden. Vielmehr zeigen sie uns, daß der Mensch offenbar der Utopie bedarf. Private Utopien oder Lebensentwürfe, die der Selbstfindung und -bestimmung dienen, entstehen aus dem Erleben des Defizits und dem Drang zum gedanklichen Entwurf. Private Lebensentwürfe entstehen wohl auch deshalb, weil die gesellschaftliche Utopie so unscharf ist, daß sie nur bruchstückhaft auf den privaten Bereich übertragbar ist. Die Tatsache, daß der Lebensentwurf der gesellschaftlichen Utopie oft entgegensteht, wichtiger und weiter verbreitet erscheint, zeigt uns darüber hinaus ein Defizit an gesellschaftlichen Utopien. Immer dann, wenn diese fehlen, schießen private Entwürfe ins Kraut. Dabei sollten wir uns in folgendem nicht täuschen: Der private Lebensentwurf ist meist nicht so individuell, wie er vorzugeben bemüht ist. Der Mensch ist ein gesellschaftliches Wesen. Anleihen am gesellschaftlichen Pool (moralischer) Vorstellungen und uneingelöster Wünsche sind deshalb unausweichlich, auch wenn die private Utopie sie häufig als Kontra formuliert. Die Individualität des privaten Entwurfs ist häufig nur Schein. Auf der anderen Seite darf es uns nicht verwundern, daß der Rückzug auf private Entwürfe gerade dann besonders verbreitet ist, wenn die gesellschaftliche Utopie dem einzelnen unscharf, blaß und deshalb wenig attraktiv erscheint. Deshalb fürchtet das Establishment die Utopie wie der Teufel das Weihwasser, weil Utopien eine Solidarisierung herausfordern und bewirken.

Ziel dieses Abschnitts war es, das produktive Potential des Utopischen herauszuarbeiten. Dazu wurden zunächst verschiedene Schattierungen des Begriffs Utopie kritisch hinterfragt. Utopie wurde dann als eine nützliche Kategorie entwickelt, die von den negativen Konnotationen, die im landläufigen Sprachgebrauch bestimmend sind, weitgehend frei ist. Nachdem die Bedeutung der Utopie als Gestaltungsfaktor der gesellschaftlichen Entwicklung deutlich wurde, verbleibt die Frage nach der Motivation, sich für die Ausformung bzw. Verwirklichung der Utopie einzusetzen. Der nächste Abschnitt beschäftigt sich daher mit dem schillernden Begriff Hoffnung.

Hoffnung, ein Vorurteil - !

Wer eine starke Hoffnung hat, erkennt und liebt alle Zeichen neuen Lebens und ist jeden Augenblick bereit, dem, was bereit ist geboren zu werden, ans Licht zu helfen.

Erich Fromm (* 1900, † 1980) [8]

Es ist schwer, mit Worten gefühlsmäßigen Erfahrungen nahezukommen. Oft entziehen sich diese der Beschreibung, man verliert den Kontakt zu dem, was eigentlich zu erklären wäre. Man beraubt den Begriff leicht des Lebendigen und der Frische, die ihn gerade ausmachen. Trotzdem muß der Versuch unternommen werden zu vermitteln, was Hoffnung ist, denn es gibt große Irritationen mit dem Hoffen.

Der Bauer hofft auf Regen, die Hausfrau auf ein Sonderangebot und der Würstchenverkäufer an der Ecke auf einen Lottogewinn. Das kann es kaum sein, was wir meinen. Hier kommt die Zukunft *über* einen. Sie ist lediglich etwas, das Gegenwart und dann einmal Vergangenheit wird. Hoffen ist hier passives Erwarten. Viele Menschen erwecken rein äußerlich den Eindruck, als wären sie voller Hoffnung. Ja, dies ist schon fast zum Normativ geworden. Dagegen ist das Fühlen und Empfinden der gleichen Menschen, die nach außen Positives erwarten, ohne Hoffnung. Es ist möglich, daß ein Angestellter, der auf Beförderung hofft, seine Chancen verspielt, weil er innerlich seinen Fähigkeiten eher mißtraut. Ihm gelingt es nicht, sich schrittweise von dem Schatten seiner bisherigen Tätigkeit oder Arbeitsweise zu befreien und sich zu dem zu entwickeln, der er gerne sein möchte. Dieser Angestellte hat zwar *Gründe*, mehr bzw. besser zu arbeiten, aber keine wirkungsvollen *Impulse*. Die innere Mutlosigkeit, der Zweifel und die daraus resultierende Zurückhaltung versperren ihm den Weg zum Erhofften. In diesem Zusammenhang kommt es nicht so sehr darauf an, was wir denken, sondern was wir fühlen. Ohne die innere Sicherheit wird der Angestellte wahrscheinlich scheitern. Sein Hoffen bleibt passiv, und seine Hoffnung ist ein Luftschloß. Sie zieht die Zukunft nicht herbei, sie ist trö-

---

[8] Erich Fromm: Die Revolution der Hoffnung, Für eine Humanisierung der Technik; Deutscher Taschenbuch Verlag GmbH & Co. KG, München, 1987, Kapitel 2; siehe auch:
Erich Fromm: Haben oder Sein, Die seelischen Grundlagen einer neuen Gesellschaft; Deutscher Taschenbuch Verlag GmbH & Co. KG, München, 1986, S. 124ff.

stend und passiv. Wer sich nicht mit dem abfinden will, das auf ihn/uns zukommt, braucht eine andere Art von Hoffnung.

Viele engagierte Menschen glauben fest an das Eintreten des Wandels zum Gewünschten. Sie reden flammend und begeistert und wirken doch wenig überzeugend. Viele Zuhörer sind skeptisch, sie teilen ihre Zuversicht nicht. *Zuversicht?* Sprachen wir nicht über Hoffnung? Es gibt große Irritationen mit dem Hoffen. Vielleicht rühren sie daher, daß man Hoffen mit Zuversicht verwechselt. In der Tat habe ich keinen festen Glauben an das Eintreten des Gewünschten und schon gar keine Gewißheit darüber. Trotzdem habe ich viele Stunden meiner Freizeit verwendet, um dieses Buch zu schreiben. Ich tat dies, weil ich fest an die *Möglichkeit* einer positiven Zukunft für die Menschen glaube. Ja, ich habe die Gewißheit, daß der Wandel *möglich* ist. Mehr habe ich nicht, mehr kann ich gar nicht haben. Die Zukunft, das kann man gar nicht oft genug betonen, ist offen. Niemand weiß, was kommt. Obgleich gesagt werden kann, daß, *wenn* kein grundlegender Wandel eintritt, unsere Spezies aussterben wird. Möglichkeiten aufzuzeigen ist nicht schwer, andere Menschen dagegen davon zu überzeugen, daß sie auf jeden Fall Wirklichkeit werden, ist fast unmöglich und, wie ich glaube, auch nicht nötig. Hoffnung ist also nicht das gleiche wie Zuversicht.

Zuversicht kann sich aus dem Nachdenken über das Jetzt und seine Entwicklungsmöglichkeiten ergeben. Sie resultiert aus der *Beurteilung* der Kräfte des Guten, Gewinnbringenden, Positiven und ist Ergebnis einer abwägenden Analyse. Zuversicht kann nicht verordnet oder vermittelt werden; sie ist ein persönliches Urteil. Hoffen dagegen ist ein *Vorurteil* in des Wortes ureigenster Bedeutung. Vorurteile sind nicht per se schlecht, sie sind (mitunter) Vorbedingung für jedes Denken und Handeln. Sie sind nicht Ergebnis der Erkenntnis, sondern ihre Voraussetzung. So nehmen wir den Fluß der Zeit, also, daß es den morgigen Tag gibt, den dreidimensionalen Raum oder die Tatsache, daß jede Wirkung (mindestens) eine Ursache hat, als gegeben und nicht hinterfragbar hin. Es sind dies Grundlagen unseres Denkens und Handelns. Auf ähnliche Art und Weise haben wir die Wahl, die Hoffnung zum Schatz unserer Vorurteile zu zählen (was wir vor allem im privaten Bereich ja zeitweilig selbstverständlich tun). Aber: wir haben die Wahl. Während wir ohne die Kausalität nicht denken können, können wir ohne Hoffnung leben. Oder? Was ist Hoffnung?

Wer hofft, ist sich der realen Möglichkeit des Gewünschten gewiß und hat sie im Denken und Fühlen verinnerlicht. Nicht gewiß ist ihm dagegen das Eintreten des Gewünschten, so daß er unbehindert von dem reden kann, was notwendig ist, um den Wandel herbeizuführen. Er gerät also nicht ständig in die Zwickmühle, fortwährend Zuversicht verbreiten zu müssen und gleichzeitig mit Nachdruck dazu aufzufordern, endlich die Vorbedingungen des Wandels zu schaffen. Donnernde Kritik und freudige Zuversicht kommen sich, wir kennen das, dauernd ins Gehege. Die feste Gewißheit, daß Besserung möglich ist, dagegen, also die Hoffnung, zieht die Diskussion herbei, wie der Wunsch den Willen.

Hoffnung ist eine positive Einstellung, die wir, ohne kritiklos alles schön zu finden, zur Grundentscheidung unseres Lebens machen können. Hoffnung ist keine Tröstung. *Hoffende Aktivität ist ins Gelingen verliebt*, nicht hoffende ins Scheitern (Ernst Bloch). Die Erfahrung lehrt, daß scheitert, was den Kern des Scheiterns in sich trägt. Schärfer: Wer nicht hofft, will, daß er scheitert. Es ist ein Grundgesetz der Logik, daß sie die Prämisse nicht widerlegt. Nicht sicher dagegen ist, daß die positive Prämisse positive Ergebnisse zeitigt, denn: Hoffnung ist nicht Zuversicht und schon gar nicht Gewißheit. Wer hofft, schließt den Erfolg nicht aus, sondern ausdrücklich ein. Hoffende Aktivität ist ins Gelingen verliebt. Wer die Hoffnung zum Vorurteil erhebt, hat nur eine Gewißheit, nämlich die, daß er gewinnen *kann*, während der Nicht-Hoffende verlieren *wird*. Wer nicht hofft, gibt sich auf und hat nicht das Recht, die Verhältnisse für sein Scheitern verantwortlich zu machen. So haben wir zuerst das Hoffen zu lernen. Dann, nur dann, könnte es gelingen, daß die Welt in den Stand kommt, daß wir tatsächlich zuversichtlich sein können. Hoffnung ist also im Gegensatz zur Zuversicht eine Frage der Einstellung und eine Art Rüstzeug für die Praxis. Zuversicht kann sich aus der Beurteilung der gegenwärtigen Situation ergeben, die zwangsläufig bei jedem etwas anders ausfallen wird.

Der hypothetische Optimismus

Besonders beim Thema Zukunftsaussichten zeigt es sich, daß man kaum mit einer zentralen Kategorie als Erklärungsmuster auskommt. Das Nachdenken über fast jeden neuen Begriff fördert bisher unbekannte Facetten zutage. Ein solcher neuer Begriff ist der der *Hypothese*. Zum Abschluß dieses Kapitels will ich die Diskussion noch einmal bündeln bzw. in eine neue Richtung fortführen, indem ich den Vorgang beleuchte, wie sich die Wissenschaften bisher Unbekanntes zugänglich machen. Der Prozeß des Erkenntisgewinns hat eine recht einheitliche Form und ist als eine Komponente eines wissenschaftlichen Weltbildes anzusehen.

Eine der grundsätzlichsten philosophischen Fragen ist die nach der Gewinnung von Erkenntnis. Im Grunde ist der Verlauf des Wissenserwerbs immer der gleiche, egal, ob biologische Arten im Laufe der Stammesgeschichte Wissen über Eigenschaften der Außenwelt sammeln oder ob ein vernunftbegabtes Wesen sich eben so seine Gedanken macht. Bei genauerer Untersuchung zeigt sich, daß am Anfang stets so etwas wie ein spontaner Einfall steht und beim zweiten Schritt diese Vermutung mit der Wirklichkeit verglichen wird und sich entsprechend als richtig oder falsch erweist. Auch wenn man, wie zum Beispiel ich beim Schreiben dieser Zeilen, zu dem entgegengesetzten Eindruck gelangen kann, ist nicht der Entwurf, sondern der Vergleich mit der Wirklichkeit und die daraus folgende Entscheidung, ob die Annahme richtig ist, das eigentliche Problem. Es gelingt sogar recht selten, über den Wahrheitsgehalt des Entwurfs eindeutig und schnell zu entscheiden. Das führt dazu, daß in der Regel mehrere Entwürfe, die man im wissenschaftlichen Sprachgebrauch Hypothesen nennt, zunächst gleichberechtigt nebeneinander existieren. Sie alle harren der Probe aufs Exempel. Der Hypothesenbildner muß damit rechnen, daß seine Hypothese diesen Test nicht besteht. Weil jedoch die Entscheidung über den Wahrheitsgehalt oft ein langwieriger und nicht immer eindeutiger Vorgang ist, sind wir darauf angewiesen, auch unbestätigte Hypothesen zum Fundament der weiteren Erkenntnisgewinnung zu machen.

Der Philosoph Karl Popper hat sich eingehend mit der Frage beschäftigt, auf welche Weise der Wissenserwerb abläuft. Man müßte eigentlich annehmen, daß eine Hypothese dann als wahr gelten kann, wenn sie mit allen bekannten Tatsachen übereinstimmt. Ein solches Programm der Verifikation erweist sich aber als undurchführbar. Anders gesagt: eine genügend allgemeine Aussage ist grundsätzlich nicht verifizierbar. Demgegenüber ist das Gegenteil, die Falsifikation, die zum Ablehnen einer Hypothese führt, manchmal zu unserer Enttäuschung eher die Regel. Deshalb schlug Popper vor, alle diejenigen Hypothesen aus dem Katalog der Anwärter für die „Wahrheit" zu streichen, die schon *einer* (wesentlichen) Beobachtung widersprechen. Der empirische Charakter einer Wissenschaft zeigt sich darin, daß ihre Aussagen wenigstens falsifizierbar sind. Aussagen, die nicht widerlegbar sind, sind nicht wissenschaftlich.[9] - Nun ist die beschriebene Methodik in der erforderlichen Strenge zur Erkenntnisgewinnung weniger tauglich, als von ihrem Urheber gewünscht. Würden wir nämlich alle diejenigen Hypothesen unwiederbringlich streichen, die mit einer einzigen Tatsache im Widerspruch stehen (bzw. zu stehen scheinen), so würden uns die verbleibenden kaum ein ausreichendes Bild der Welt vermitteln. Deshalb ist all unsere Erkenntnis eine Annäherung an die Wirklichkeit. Aus dem oben genannten Grund wird eine Hypothese in der Regel dadurch widerlegt, daß eine neue Hypothese eine *umfassendere* Aufklärung erlaubt.

Es ist wichtig zu erkennen, daß all unsere Erfahrung darauf basiert, daß wir die Richtigkeit der Hypothese[10] unterstellen. Ohne dies ist keine Erkenntnis möglich, ohne dies gibt es kein Fortkommen. Hypothesen, die der Falsifi-

---

[9] siehe hierzu auch: Carl Friedrich von Weizsäcker, Die Einheit der Natur; Deutscher Taschenbuch Verlag GmbH & Co. KG, München, 1986

[10] Hypothese: zu griechisch hypóthesis „die Grundlage"

kation genügend lange trotzen, die also eine gewisse Beständigkeit zeigen, werden in der Wissenschaft gemeinhin als Theorien bezeichnet. In anderen Bereichen ist man weniger vorsichtig und spricht von Wahrheit. Wenn ich nun explizit den hypothetischen Charakter meiner (Welt-) Anschauungen hervorhebe, will ich weniger auf deren Vorläufigkeit, als auf deren *approximative Wesensart* und auf die Unentscheidbarkeit im streng logischen Sinne hinweisen.

Dazu kommt ein anderer, mindestens ebenso wichtiger, Punkt: Es ist erwähnt worden, daß es für die Erkenntnisgewinnung unabdingbar ist, im strengen Sinne auch unsichere Kandidaten zu akzeptieren. Das bedeutet aber, daß die Grenze zwischen Glauben und Wissen hier zunächst unmerklich verwischt. Sie kann sogar völlig verschwinden: Jeder, der einmal wissenschaftlich tätig war, weiß, daß Freude und starke innere Anteilnahme wichtige Schlüssel zum Erfolg sind. Der Wille zur neuen Erkenntnis und der Wunsch voranzukommen, führen unweigerlich dazu, daß wir wollen, daß die aufgestellte Hypothese richtig ist. Bei einigem Nachdenken wird man feststellen, daß diese Konservativität, dieses Festhalten an einmal Bewährtem zu den unabdingbaren Voraussetzungen, ja zum Erfolgsrezept der biologischen und der kulturellen Evolution gehören. Um nicht mißverstanden zu werden: Diese durch nichts begründete, wohl aber durch den Erfolg im Nachhinein legitimierte Hoffnung ist auch ein unabdingbares Werkzeug des Wissenschaftlers. Die so gepriesene Objektivität der Naturwissenschaften entsteht aber wohl kaum dadurch, daß der einzelne Genugtuung darin findet, daß er seine Lieblingshypothese widerlegt sieht, was ja durchaus einen Erkenntnisfortschritt bedeuten könnte. Vielmehr ist es die Art und Weise, wie Wissenschaftler ihre Ergebnisse darlegen und austauschen, die ein hohes Maß an Objektivität nahelegt. Ansonsten sind Wissenschaftler genauso affektgeladen wie „normale" Leute.

In der Gesellschaft herrschen jedoch nicht so eherne Gesetze wie in den Elfenbeintürmen der empirischen Wissenschaften. Offensichtlich ist im öffentlichen Leben - wen wundert's - die Kritik als Methode weniger gut entwickelt bzw. akzeptiert und der Zweifel als Grundprinzip weniger weit verbreitet. Entlastend muß ich hinzufügen, daß der Gegenstand „Gesellschaft" auch ungleich komplizierter ist als beispielsweise derjenige der Physik. Aber das Werkzeug ist aus vielen Gründen weniger gut entwickelt. Dies führt dazu, daß der hypothetische Charakter unserer Erkenntnis (mit all seinen Implikationen) in den Hintergrund tritt, weshalb er in diesem Abschnitt betont wird. Der wichtigste Unterschied ist allerdings wohl die Zahl der Beteiligten, so banal es zunächst klingen mag. Natürlich wächst die Macht, Beständigkeit und Trägheit einer Hypothese bzw. Theorie mit der Zahl derer, die an sie glauben. Unglücklicherweise wachsen diese Faktoren schneller als die Anzahl der „Gläubigen", weil sie durch die

Massenmedien, der Name legt es nahe, zusätzlich dort verstärkt werden, wo die Masse ist. Das Gemeinschaftsgefühl gibt dem einzelnen Sicherheit. Das, was eine Mehrheit denkt, wird zum obligatorischen Identifikationszeichen aller. In der Masse treten nun all die Phänomene vervielfacht und potenziert auf, die wir vom Individuum her kennen und die oben schon angerissen wurden. Als erstes geht der hypothetische Charakter zusammen mit dem Zweifel und dem Willen nach Prüfung baden. Schließlich wird aus dem gemeinsam Angenommenen eine Art Glaube, die dem einzelnen ein Gefühl des Teilhabens an Gemeinschaft vermittelt. Das führt wiederum dazu, daß Widersprechendes nicht nur im Freud'schen Sinne verdrängt, sondern auf das heftigste bekämpft wird. Eine Ideologie ist entstanden, die der rationalen Reflexion nicht mehr zugänglich ist und sich ihr mit allen Mitteln verweigert.[11] Der anti-ideologische Charakter der hier vertretenen Anschauungen soll deshalb mit dem Beiwort hypothetisch betont werden. Warum diese meine Anschauung nun hypothetischer *Optimismus* genannt wird, ist auch Inhalt dieses Buches.

Gesellschaftliche Veränderungen wahrhaft gigantischen Ausmaßes stehen uns bevor. Es bleibt nicht viel Zeit, den Umschwung zu vollziehen. Eine solche Umgestaltung ist nicht durchsetzbar; sie ist allenfalls erreichbar. Bedingung für ihren Vollzug ist weniger eine Einigung über das Wie. Erforderlich ist vielmehr ein möglichst breiter gesellschaftlicher Konsens darüber, daß eine Umgestaltung unausweichlich bevorsteht, verbunden mit der Einsicht, daß es bisher kein umfassendes Modell für das zu Schaffende gibt. Zu diesem zunächst marginal erscheinenden Konsens beizutragen, kann eine parteiübergreifende Aufgabe sein, die eine Dynamik des Nachdenkens, Planens und Veränderns in Gang setzen hilft, die in der Geschichte der Menschheit ihresgleichen suchen wird.

Der Leser wird schon an der Konstruktion „hypothetischer Optimismus" gemerkt haben, daß ich mich kaum als optimistisch bezeichnen würde. Wenn wir den Zustand unserer Lebensgrundlagen betrachten, müßte unweigerlich Angst statt eines guten Gefühls aufkommen. Oft tritt der Optimismus dort besonders leutselig auf, wo er mit Ignoranz über den Zustand unserer Welt gepaart ist. Diese Kombination halte ich sogar für gemeingefährlich. Trotzdem bin ich der festen Überzeugung, daß uns der Umschwung gelingen kann! Einige Gründe sind schon genannt worden, die an dieser Stelle nicht wiederholt werden sollen, andere werden im Laufe des Buches hinzukommen. - Der vielleicht hervorstechendste Grund ist der, daß die Ursachen für unsere Probleme so offensichtlich sind, daß man sie einem Kind begreiflich machen kann.

---

[11] siehe auch: Konrad Lorenz: Die acht Todsünden der zivilisierten Menschheit; R. Piper & Co. Verlag, München, 1973

Ich vertraue auf den Solidarisierungseffekt, den eine gemeinsame Utopie bewirkt. Und ich weiß um die Wachstumsdynamik innerhalb komplexer nichtlinearer Systeme, zu denen unsere Gesellschaft zweifelsohne zu zählen ist. Das Ganze ist hier stets mehr als die Summe seiner Teile. Der Glaube an das Wachstum spielt in der politischen Argumentation eine große Rolle und hat mindestens die Nachkriegsgeschichte wesentlich mitbestimmt. Eigenartigerweise verläßt uns das Vertrauen ins Wachstum, wenn es um die Durchsetzungskraft von Neuem geht. Dies kann und wird sich ändern. Schließlich sei darauf hingewiesen, daß sich Synergismen aufdecken und ausnutzen lassen. Synergismen sind Formen der Wechselwirkung mitunter recht unterschiedlicher Partner, die eine gegenseitige Förderung zum Ergebnis haben. Einen großen Effekt verspreche ich mir davon, daß wir genauer lernen und nachzuahmen versuchen, wie die Natur all ihre Herrlichkeiten und Wunder schafft und *erhält*. Es ist ja keineswegs so, daß es in der Natur konfliktfrei zugeht, wenn ich es einmal so formulieren darf. Trotzdem wachsen Krisen sich nicht zwangsläufig zu Katastrophen aus. Von der wunderbaren Fähigkeit natürlicher Systeme zur Selbstorganisation können wir ungeheuer viel lernen. Davon wird später ausführlich die Rede sein.

Eins steht fest: Leicht wird es nicht werden. Und die kommenden Generationen werden sich oft mit Situationen konfrontiert sehen, die wie finstere Sackgassen aussehen. Ihnen sei folgendes ins Stammbuch geschrieben: In der nun 15 Milliarden Jahre währenden Geschichte der Welt einschließlich der Entwicklung des Lebens auf unserem Planeten gab es mehr als einmal solche Situationen, in denen ein totaler Neuanfang die einzige Alternative zu sein schien. Doch die Evolution konnte nie neu anfangen, stets mußte sie auf dem Vorhandenen aufbauen. Uns scheint es heute ähnlich zu gehen. Die Evolution hat jedoch immer wieder aus diesen Sackgassen herausgefunden durch die ihr eigene, wunderbare Fähigkeit, **aus der Not eine Tugend zu machen**.

Teil B - Wirtschaft

In die wirtschaftlichen Abläufe sind wir alle sehr direkt involviert. Letztlich geht es hier, leicht erkennbar, um die eigene Existenz. Jeder hat über diese Dinge schon einmal nachgedacht und sich eine mehr oder minder feststehende Meinung gebildet. Abhängig von der mitunter sehr ungleichen Stellung im wirtschaftlichen Geschehen bilden sich jedoch oft auffallend verschiedene Standpunkte und Sichtweisen heraus. Wer sich zu wirtschaftlichen Fragen äußert, muß stets mit Gegenwind rechnen. Nicht umsonst sagt man auch: Bei Geld hört die Freundschaft auf. Und Wirtschaft ist umfassender und wichtiger als Geld. Das wirtschaftliche Leben ist zu komplex, um es in einem einzigen Kapitel umfassend erörtern zu können. Es ist zu kompliziert, als daß ich es erschöpfend abhandeln könnte. Es bleibt, Bruchstücke zu liefern, deren Auswahl allerdings keinesfalls zufällig ist. Meines Erachtens sollte man beim Einfachsten beginnen. Nur dann kann man hoffen, nicht in die Fallstricke gängiger Argumentationsketten zu geraten, die uns vorrangig die scheinbare Zwangsläufigkeit der bestehenden Praxis vor Augen führt und uns dadurch davon abhält, ein tieferes Verständnis der angewandten Methoden und Prinzipien zu entwickeln. Ein solches ist aber dringend erforderlich, wenn notwendige Korrekturen vorgenommen werden sollen.

Konflikte am Rande des Wirtschaftsgeschehens

Im allgemeinen bringt man den Begriff Wirtschaft sofort mit menschlicher Arbeit in Verbindung. Kontextunabhängig definiert, ist jeder nutzbringende Umgang mit knappen Ressourcen eine wirtschaftliche Aktivität. Die Nutzung und Verwaltung von begrenzten Ressourcen zum eigenen Vorteil ist eines der Kennzeichen des Lebens. Damit ist Wirtschaften eine der ältesten Betätigungen überhaupt. Zu den begrenzten Ressourcen zählen zunächst und direkt Nahrung, Lebensräume, Jagdgebiete, Partner zur Vermehrung u.v.a.m. Später kommen Wissen und Erfahrungen hinzu, auf welche Art die Lebewesen Zugang zu den primären Ressourcen erlangen und diese nutzen können. Dabei fallen einem zunächst die vielen Strategien und Verhaltensweisen ein, die es gestatten, allgegenwärtige Konkurrenten zu beseitigen, zu täuschen bzw. anderweitig dafür zu sorgen, daß diese dem eigenen Erfolg nicht im Wege stehen. Das alles ist in höchstem Grade natürlich, und die Evolution hat unendlich viele Verhaltensweisen und Hilfsmittel hervorgebracht, die ein Wirtschaften unter den Bedingungen der Konkurrenz gestatten. Dabei ist die Konkurrenz unvermeidliche Folge der *Begrenztheit der Ressourcen*, die uns die Kugelgestalt unseres Planeten einprägsam ins Bewußtsein rückt. Es wäre sicher aufschlußreich, die Geschichte der von der blinden Evolution geschaffenen Techniken und Methoden des Wirtschaftens bis hin zu den modernen ökonomischen Theorien zu untersuchen. Hilfreicher erscheint es mir dagegen, einmal zu beschreiben, wo unsere gegenwärtige Form des Wirtschaftens die in sie gesetzten positiven Erwartungen nicht erfüllt bzw. nicht erfüllen kann. Dabei stehen hier nicht so sehr die äußeren Faktoren, also ökologische Aspekte, im Vordergrund, sondern die inneren Wirkungsmechanismen. Das bedeutet, es werden die Erwartungen der einzelnen Teilnehmer am Wirtschaftsleben den Erfahrungen gegenübergestellt. Mit den Erfahrungen sind hier zwar primär die aktuell wirklichen gemeint, im Prinzip sollen jedoch alle wahrscheinlichen eingeschlossen sein: d.h., die gegenwärtig bedeutsamen und jene, mit denen zu rechnen ist. Bei einem typischen Lernvorgang werden aus dem Vergleich von Erwartungen und tatsächlichen Erfahrungen bestimmte Schlußfolgerungen gezogen, die wiederum Anlaß geben für neue Erwartungen unter inzwischen geänderten Umständen.

Als eine der Konsequenzen wird sich folgende These aufdrängen: Meines Erachtens müssen wir uns an den Gedanken gewöhnen, daß es sich bei unserer Gesellschaft mehr und mehr um ein *Nullsummenspiel* handelt.[12] Das bedeutet, daß unser Streben, den Output zu vergrößern, nicht im erwarteten Maße die Gesamtsituation der Gesellschaft verbessert, sondern primär die Gewichte innerhalb unserer Gesellschaft verschiebt. Dies ist, auf lange Sicht gesehen, bereits denjenigen klar geworden, die sich um das Überleben der Menschheit als Ganzes sorgen. Doch abgesehen davon enthält unsere Art des Wirtschaftens *andere* Implikationen, die deutlich machen, daß der Normalbürger von den Segnungen der Entwicklung in geringerem Maße profitieren kann, als wir es gerne glauben möchten. Davon handelt dieses Kapitel.

---

12 Um Mißverständnissen vorzubeugen möchte ich betonen, daß es sich im mathematischen Sinne um ein Nicht-Nullsummenspiel handelt, weil die einzelnen „Spieler" ihre eigene Situation durch Koalitionen, Kooperationen und strategische Allianzen verbessern können. Es wird sich sogar als die günstigste Strategie erweisen, nicht allein auf den eigenen Vorteil bedacht zu sein. Der Begriff „Nullsummenspiel" soll hier nur verdeutlichen, daß die Gewinnmöglichkeiten insgesamt die Tendenz haben, immer geringer zu werden. Bei Nullsummenspielen ist der gesamte Gewinn Null (Verluste sind negative Gewinne). Eine Wette ist ein typisches Nullsummenspiel: Ein Partner gewinnt (+1), der andere verliert (-1).

Egoismus und Kooperation

> Die Verbindlichkeiten, die uns an den Gesellschaftskörper knüpfen, sind nur deswegen verpflichtender Natur, weil sie gegenseitig sind,
> und ihr Wesen ist der Art, daß man bei ihrer Erfüllung nicht für andere arbeiten kann, ohne auch für sich zu arbeiten.
>
> Jean-Jacques Rousseau (* 1712, † 1778)

Die sozialen Grausamkeiten und die persönlichen Tragödien, die unser Wirtschaftsgefüge produziert oder indirekt verursacht, werden häufig mit dem Hinweis gerechtfertigt, daß Konkurrenz die erwiesenermaßen effizienteste Methode ist, Lösungswege zu finden und auftauchende Aufgabe zu bewältigen. Die Natur selbst würde den schlagenden Beweis für diese These liefern. Im Grunde genommen ist die Parallele zwischen den Vorgängen in der Wirtschaft und der natürlichen Evolution der Arten richtig. Bei genauerem Hinsehen zeigt es sich allerdings, daß solche Erklärungsmodelle häufig auf einer etwas einseitigen Sicht der biologischen Evolution beruhen. Der „Kampf ums Dasein" ist als Ordnungsschema längst überholt. Ziel dieses Abschnittes ist es, das Bild zurechtzurücken und Zusammenhänge zu erläutern, die bei der Diskussion über wirtschaftliche Verhältnisse als Hintergrundwissen unentbehrliche Dienste leisten werden. Am Ende des Abschnitts wird der Bezug zum Verhalten innerhalb der Gesellschaft hergestellt und zur Erörterung weiterer Spannungssituationen im Wirtschaftsgeschehen übergeleitet.

Bevor wir uns also ins Getümmel des Wirtschaftslebens stürzen, ein paar grundlegende Betrachtungen zu den *Interessen von Lebewesen* überhaupt, die auch für den Menschen von Bedeutung sein sollten, weil der Mensch das Ergebnis des gleichen evolutiven Prozesses ist, dem auch die anderen Lebewesen ihre Existenz verdanken. Populationen bestehen aus genetisch recht verschiedenen Organismen derselben Art, die sich also untereinander fortpflanzen können. Organismen mit einem höheren Reproduktions*erfolg*, also jene, die tendenziell mehr Nachkommen hervorbringen als andere, können ihre genetischen Merkmale verbreiten, während Merkmalskombinationen mit vergleichsweise geringem Reproduktionserfolg tendenziell verschwinden. Welche genetischen Merkmalskombinationen unter den vorherrschenden Umweltbedingungen anzutreffen sind, hat mit den Fähigkeiten und Leistungsmerkmalen der Träger dieser Gene (Organismen) zu tun. Die Selektion beeinflußt im Effekt (nur) die Häufigkeit bestimmter Merkmale innerhalb einer Population. Der Grad der Angepaßtheit einer

Merkmalsvariante im Vergleich zu einer anderen ist dadurch bestimmt, wie sie den Fortpflanzungserfolg unter den vorherrschenden Umweltbedingungen beeinflußt. Anpassung ist der Vorgang der Änderung der Häufigkeit eines Merkmals innerhalb einer Population.[13] In jeder Generation werden die erhalten gebliebenen Gene wieder neu kombiniert und weitergegeben. Durch Mutationen werden sie verändert. Im Laufe der Zeit driftet die „mittlere" genetische Ausstattung der Organismen, die sich über lange Zeiträume hinweg immer neue Techniken des Überlebens erschließen. Auf diese Weise sind die Arten in ihrer heutigen Gestalt entstanden. - Die Selektion setzt immer am Individuum an. Die Evolution verbessert also die Überlebenschancen des Individuums bzw. genauer, die *seiner Gene*. Merkmale, die nicht genetisch verankert sind, können nicht evolvieren. Nicht jedes Merkmal muß sich jedoch eigens durchsetzen, weil mehrere Merkmale fest miteinander verbunden sein können. Die Merkmalsverbesserung muß freilich immer über den genetischen Unterbau erfolgen. Das ändert sich erst, wenn es ein ausgeprägtes Sozialverhalten auf der Grundlage intensiver Kommunikation gibt.

Vorweg sei ausdrücklich betont, daß die Betrachtung der Interessen aus biologischer Sicht keineswegs bedeuten soll, daß wir dem „Willen" der Gene als Kulturwesen ausgeliefert seien oder auch nur in jedem Fall gehorchen müßten. Eine Untersuchung der genetischen Evolution fördert jedoch Prinzipien zutage, die unsere Welt, als deren Teil und Produkt wir uns anzusehen haben, über Hunderte von Millionen Jahren bestimmt haben. Es wäre deshalb falsch anzunehmen, daß wir mit ihnen nichts zu tun hätten. Auf der anderen Seite besteht die Hoffnung, daß die Einsicht in solche Prinzipien gerade die Freiheit eröffnen hilft, sie im Sinne einer ethisch handelnden Menschengemeinschaft weiterzuentwickeln oder zu ersetzen. Darüber hinaus bleibt es angeraten zu untersuchen, wie bestimmte soziale Verhaltensweisen von der kulturellen Umwelt und dem individuellen Lebenslauf abhängen und wie sie evolvieren könnten.

Da die Evolution (durch die Selektion) am Individuum ansetzt, gibt es nur *individuelle Interessen*. Das wird noch dadurch verstärkt, daß die Organismen durch die geschlechtliche Fortpflanzung mit einmaligen (also auch in diesem Sinne individuellen) Genomen ausstattet werden. Somit sollte man erwarten, daß die Interessen wirklich unterschiedlich sind. Dies dürfte (neben dem Aufeinander-Angewiesen-sein) auch der Motor gewesen sein, der zur Ausprägung eines komplexen sozialen Verhaltens führte. Ohne Frage ist der Zusammenhang zwischen der Verschiedenartigkeit der Interessen und der Vielgestaltigkeit der sozialen Beziehungen beim Menschen

---

[13] Wolfgang Wickler und Uta Seibt: Das Prinzip Eigennutz, Zur Evolution sozialen Verhaltens; R. Piper GmbH & Co. KG, München, 1991

besonders deutlich. Auf der anderen Seite scheint die sichere Erwartung unterschiedlicher (also oft divergierender) Interessen schon dazu geführt zu haben, daß wir nicht nur miteinander in Wettbewerb treten, sondern diesen oft auch dann fortführen, wenn sein Sinn nicht mehr erkennbar ist. Mit Üben und Fithalten im Sinne von Sport hat dies oft auch nichts mehr zu tun. Alles in allem verhalten sich die Individuen überwiegend so, als ob sie *verschiedene* Interessen haben. Dies kommt nicht so sehr daher, weil alle Individuen zu allen Zeiten verschiedene Gene hatten, sondern weil sie Ergebnis einer Evolution sind, in der alles in den individuellen Interessen seinen Ausgang nimmt. Es wäre zum Beispiel sehr viel „vernünftiger", wenn die Menschen ihr gemeinsames Überlebensinteresse verfolgen würden. Doch das Ziel der Arterhaltung gibt es in der Biologie nicht. Doch zurück zur Ausgangsfrage. Was hat man unter individuellen Interessen zu verstehen?

Die Individualität der Interessen bedeutet noch nicht, daß es keine *Gemeinsamkeiten* geben könnte. Viel häufiger als man denkt, trifft man auf eine Situation, in der die Individuen nur unter der Bedingung einen Vorteil erlangen können, wenn die anderen in gleicher Weise profitieren. Hier werden sich die Individuen aus persönlichem Interesse ähnlich verhalten. Dieser Egoismus, der allen nützt, ist weit verbreitet. Viele Tiere bilden Herden. Wird ein Raubfeind in der Umgebung vermutet, rücken alle Tiere zusammen, um die persönliche Gefahrenzone zu verkleinern. Nur, weil jedes auf Kosten des anderen überleben will, wird das Risiko für jedes einzelne Tier geringer. Ein anderes Beispiel sind die Warnrufe vieler in Gruppen oder Schwärmen lebender Vögel. Auch hier hat der Warnende selbst einen Vorteil. Er braucht nicht auf sich selber aufmerksam zu machen, indem er als erster auffliegt. Im allgemeinen Durcheinander hat er dann noch den Vorteil, daß er als einziger weiß, wo der Feind wirklich lauert. Andere Tiere schließen sich zur Nahrungssuche oder zur Jagd zusammen. Auch hier ist nicht einfach ersichtlich, ob man bei diesem egoistischen Verhalten nicht von Kooperation sprechen kann.

Es ist bereits erwähnt worden, daß diejenigen Merkmale den größten biologischen Wert besitzen, die sich positiv auf den Reproduktionserfolg auswirken. Die evolvierten Verhaltensweisen zielen also darauf ab, die eigenen Gene zu verbreiten. Deshalb ist zunächst einmal ganz banal daran zu erinnern, daß nicht das persönliche Durchkommen im Vordergrund stehen muß. Das Spektrum der zweckmäßigen Verhaltensweisen ist sehr viel größer, als es sich der Grundschul-Darwinismus träumen läßt. Die evolvierten Verhaltensweisen richten sich darauf, die eigenen Gene zu verbreiten und nicht primär, das eigene Überleben zu sichern oder gar der Art zu dienen. Das bedeutet eben keinesfalls eine Strategie des Typs „jeder gegen jeden". Im Gegenteil: Es dient durchaus der Verbreitung der eigenen

Gene, gegebenenfalls *Verwandte zu fördern* und für sie *zu sorgen*. Das gilt sowohl für die vom Individuum abstammenden als auch für die nicht von ihm abstammenden Verwandten und zwar im effektivsten Fall je nach Abstufung ihres Verwandtschaftsverhältnisses. Nicht vergessen sollte man auch, daß die Reproduktion der eigenen Gene nicht nur dadurch gesteigert wird, daß die Zahl der Nachkommen erhöht wird, sondern auch oder vor allem dadurch, daß den Nachkommen jene Versorgung, Pflege und Betreuung zuteil wird, die nötig ist, damit sie ihrerseits mit hoher Wahrscheinlichkeit ihre Gene weitergeben können. Die natürliche Selektion fördert also nicht vorrangig die persönliche Angepaßtheit (oder Fitneß), sondern die Gesamtfitneß (inklusive Fitneß), die zusätzlich den Reproduktionserfolg der Verwandten, gewichtet nach ihrem Verwandtschaftsgrad, enthält. Jene, die sich bei der Verteidigung des Manchester-Kapitalismus so gerne auf die Natur beziehen, sollten dies also mit Bedacht tun... In das Horror-Bild vom Kampf ums Dasein paßt es auch gar nicht, daß mit der Entwicklung der Vögel und der Säugetiere schon bald über die Brutpflege Handlungen der Liebe, Fürsorge und des Mitgefühls in diese Welt kamen. Auch diese Leistungen und Verhaltensweisen sind keine schöngeistigen Zutaten, sondern verfolgen genauso die Interessen der Individuen. Daß all die altruistischen Verhaltensweisen keiner höheren Moral und Ethik entspringen, sollte ihren Wert nicht schmälern, sondern uns im Gegenteil daran erinnern, daß das Zusammenleben solcher Verhaltensweisen offenbar bedarf.

Doch *Altruismus* muß sich keinesfalls auf genetisch Verwandte beschränken: Dem steht nicht nur entgegen, daß es Tieren nicht immer möglich ist, die Verwandten auch als solche sicher zu erkennen[14], es gibt auch Altruismus aus „Berechnung": Es verschafft dem Individuum einen Vorteil, wenn sein altruistisches Verhalten andere anregt, die „gute Tat" in einer ähnlicher Situation zu vergelten. Dies kann als eine Art Vorsorge für schlechtere Zeiten angesehen werden. Ähnlich, wie es günstig ist, in Zeiten des Überflusses Vorräte anzulegen, ist es angeraten, in einer Position der Stärke und Leistungsfähigkeit für Situationen vorzusorgen, in denen fremde Unterstützung unentbehrlich ist. Eklatante Rücksichtslosigkeit ist in der Natur ebenfalls sehr selten. Bei einer innerartlichen Auseinandersetzung kann es sehr „ritterlich" zugehen: Man wartet, bis der Gegner bereit ist, und verzichtet meist auf eine tödliche Beschädigung des Gegners, wenn dieser seine Unterlegenheit eingesteht. Doch es ist auch hier nicht so, daß der Stärkere

---

[14] Man könnte geneigt sein, die Fähigkeiten zur Verwandtenerkennung zu unterschätzen. Doch schon die Immunreaktionen - wie sie etwa bei Organtransplantationen unerwünscht auftreten - zeigen, daß sogar Zellen Verwandte erkennen können. Viele Tiere verwenden chemische Duftstoffe zur Verwandtenerkennung. Als einfaches Verwandtschaftskriterium taugt häufig sogar die räumliche Nähe.

seinen Vorteil der „großen Idee" opfert. Rücksichtslosigkeit macht sich nämlich nur dann auf Dauer bezahlt, wenn sie genügend wenig verbreitet ist. Wächst die Zahl der Rücksichtslosen, so steigt die Wahrscheinlichkeit, daß der Rücksichtslose selbst ernsthaft beschädigt wird.[15] Deshalb bleibt ihre Zahl gering.

Besonders *einheitliche Interessen* erwartet man aus diesem biologischen Kontext heraus in Gruppen, die nahe verwandt sind, insbesondere in langfristig angelegten, monogamen Lebensgemeinschaften mit ausgeprägter Fürsorge für die Nachkommen, wie sie beim Menschen die Regel ist. Auch wenn es manchem aus privater Erfahrung anders zu sein scheint, stellt die Kleinfamilie (auch Kernfamilie genannt) damit einen Hort der Einigkeit und Stabilität dar. In wirtschaftlicher und politischer Hinsicht sollte man in einer vorherrschend aus Kernfamilien bestehenden Gesellschaft die geringsten Probleme erwarten. Andererseits leben die Menschen von Anfang an in einer Gruppe mit Verwandten und Nicht-Verwandten zusammen. Aus diesem Grund konnte überhaupt ein komplexes Sozialverhalten entstehen. Bei höheren Tieren ist Gruppenbildung weit verbreitet. Lebewesen finden sich aber nur dann zu Gruppen zusammen, wenn sie davon einen Vorteil erwarten. Obwohl es in diesen Gruppen durchaus zu Konkurrenzsituationen kommt, spielt eindeutig die *Kooperation* eine größere Rolle. Dabei handelt es sich ohne Frage um eine Kooperation zum eigenen Vorteil: „Der wahre Egoist kooperiert."

Es ist durchaus nicht sofort verständlich, daß eine Selektion, die auf das Individuum zielt, zur Entstehung größerer sozialer Einheiten führt. Die Tatsache jedoch, daß sich die Menschen an vielen Flecken der Erde zu allen Zeiten ganze Hierarchien von Organisationen bis hin zu Superstaaten geschaffen haben, zeigt, daß damit ein erheblicher Vorteil verbunden sein muß. Und die rasche Zunahme der Bevölkerungszahlen, die der Bildung von Staaten und Reichen früher folgte, veranschaulicht dies. - Damit eine Gruppe als Ganzes reagieren kann, braucht sie eine eigene Strategie. Die Strategie der Gruppe ist immer ein Kompromiß zwischen den Interessen ihrer Mitglieder, welcher in der Regel immer wieder neu ermittelt werden muß. Dazu bedarf es geeigneter Verfahren. Wirtschaften hat damit automatisch eine politische Dimension. Das Bemühen, die Interessen der Gruppenmitglieder einzubeziehen, zielt dabei nicht primär darauf, diese zu befriedigen, sondern darauf, die Fähigkeiten und Leistungen aller Individuen nutzbar machen zu können. Es ist im übrigen jedoch nicht zu erwarten, daß der gefundene Kompromiß das aktuelle Optimum für *jedes einzelne* Mitglied

---

[15] Christian Vogel: Gibt es eine natürliche Moral? Oder: wie widernatürlich ist unsere Ethik? in: Heinrich Meier (Hrsg.): Die Herausforderung der Evolutionsbiologie; R. Piper GmbH & Co. KG, München, 1992, S. 193-219

darstellt. Dazu sind die Interessen im allgemeinen zu verschieden, und die natürliche Selektion wirkt ja nicht auf Gruppenstrukturen, sondern auf das individuelle (egoistische) Verhalten eines jeden Mitglieds der Gruppe. *Solidarische Verhaltensweisen* wurden deshalb entwickelt und dienen offenbar dazu, den Zusammenhalt der Gruppe auch im Konfliktfall zu gewährleisten, um dem einzelnen in seinem eigenen Interesse die Vorteile der Kooperation zu erhalten, die offenbar die meisten Gruppenprobleme aufwiegen und mehr als wettmachen. Natürlich glauben immer einige, sich aus dem Nutz- bzw. Zweckverband verabschieden zu können, was jedoch genaugenommen nicht geht. Das Problem ist, daß die gesellschaftlichen Verhältnisse so sind, daß sich mancher von den mit dem Gruppenleben verbundenen Verbindlichkeiten beurlauben kann, ohne auf den entsprechenden Profit verzichten zu müssen. Es sind primär diese Minderheiten, die die Stabilität und den Bestand der Gesellschaft gefährden.

Die Diskussion des Verhältnisses von einzelnem und Gruppe steht mit dem Thema Moral in Zusammenhang: *Moral und Ethik* leiten sich aus dem Bemühen her, Interessenkonflikte zwischen Menschen und Gruppen zu lösen. Moralische Entscheidungen sind nur dann in jedermanns Interesse, wenn alle die gleichen Interessen haben. Wenn das so ist, sind sie aber keine moralischen mehr, weil die Moral nur dann erforderlich ist, wenn sich die Interessen unterscheiden. Will man Moral und Ethik einer Gesellschaft verstehen, so muß man die Interessen der Angehörigen der Gemeinschaft untersuchen.[16] Einige mit den Interessen in Verbindung stehende Fragen wurden gerade angesprochen. In der Natur gibt es in diesem Sinne keine Moral. Moral ist ein Kulturprodukt. Meiner Meinung nach ist es aber eher beruhigend, daß die Verbreitung vieler moralisch anmutender Verhaltensweisen nicht allein an die Souveränität höherer Ziele gebunden ist, sondern sich auch auf eine argumentative Basis stützen kann.

Durch die Betrachtung der Interessen wurde ein wenig der Hintergrund erhellt, vor dem sich der nutzbringende Umgang mit knappen Ressourcen, also das Wirtschaften, abspielt. Es ging nicht darum, das Thema Egoismus und Kooperation erschöpfend zu erörtern (ich nehme es später noch einmal auf). Vielmehr sollte die nicht selten hergestellte Verbindung zwischen wirtschaftlichem Verhalten und dem „Kampf ums Dasein" kritisch beleuchtet werden. Außerdem liefert die zurechtgerückte Parallele bemerkenswerte Informationen über den Hintergrund sozialer Verhaltensweisen (auch dazu später mehr). Obwohl es in der Natur nur individuelle Interessen gibt, ist das Repertoire der evolvierten Verhaltensweisen vielgestaltiger, als man

---

[16] Richard D. Alexander: Über die Interessen von Menschen und die Evolution von Lebensläufen, in: Heinrich Meier (Hrsg.): Die Herausforderung der Evolutionsbiologie; R. Piper GmbH & Co. KG, München, 1992, S. 129-171

es sich im allgemeinen vorstellt. Es ist keineswegs so, daß Egoismus oder aber Kooperation generell dominiert. Vielmehr trifft man jeweils das nach den oben genannten Kriterien „passende" Verhalten an. Es reicht von erbarmungsloser Konkurrenz bis zu liebevoller Fürsorge.

Bisher konnte unterstellt werden, daß das beobachtete Verhalten den Gegebenheiten angemessen und *erfolgreich* ist. In der Tat gilt dies für tierisches Verhalten praktisch ohne Ausnahme, weil die vorgefundene Variante gegenüber allen anderen einen Selektionsvorteil besaß. Das menschliche Verhalten ist natürlich ungleich differenzierter als das der Tiere. Außerdem ist die Umwelt des Menschen durch ihn selbst maßgeblich bestimmt und einem raschen Wandel unterworfen. Deshalb verlassen wir jetzt die Ebene der biologischen Beschreibung und wenden uns der Gesellschaft zu. Ich reflektiere über die Beziehung zwischen persönlichem Einsatz und dem Gesamterfolg für die Allgemeinheit. Im gesellschaftlichen Rahmen ist es durchaus sinnvoll, gesellschaftstypische Handlungsweisen in dem Sinne zu bewerten, daß man die Erwartungen mit den wirklichen Resultaten vergleicht.

Betrachtet man die Wirtschaftstätigkeiten, so interessieren vordergründig und damit primär natürlich deren Ergebnisse: also erstens das Wachstum des Reichtums bzw. der Ausstattung der Wirtschaftseinheit insgesamt und zweitens die Verteilung des gesamten Reichtums auf die Mitglieder innerhalb der Wirtschaftseinheit. Der erste Punkt berührt ökologische Belange und hat technische und organisatorische Fragen zum Gegenstand. Der zweite Punkt betrifft die Ausstattung des einzelnen, behandelt Unterschiede in den Möglichkeiten der Teilnahme an sowie des Einflusses auf das gesellschaftliche Leben und ist Thema politischer und sozialer Diskussionen. Indes gibt es einen dritten Punkt, nämlich die eigentliche, den einzelnen interessierende Frage: Wie hängt beides zusammen? D.h., in welchem Maße kommt das Wachstum des gesamtgesellschaftlichen Reichtums dem einzelnen (also jedem beliebigen) zugute? Es sind ganz bestimmte Vorstellungen, die dem einzelnen als Motivation dienen, sich einzusetzen bzw. sich in ihm geeignet erscheinender Weise zu engagieren. Es sollte in jedermanns Interesse liegen, daß die Ziele, denen wir uns verpflichten, realistisch, und die Wege, die wir beschreiten wollen, gangbar sind. Es ist bitter, politischer Propaganda zum Opfer zu fallen und verpaßten Möglichkeiten nachtrauern zu müssen. Deshalb sollte man eine möglichst plastische Vorstellung davon besitzen, wie allgemeiner Aufschwung und persönlicher Nutzen zusammenhängen. Dazu greifen wir auf die Situation eines Nullsummenspiels zurück, die dann passend erweitert wird.

Als Verkörperung eines Nullsummenspiels kann ein System von Hebel-Waagen gelten, wobei die Massen und Gewichte nur von einer Waagschale auf eine andere transportiert werden. Es kommt nichts hinzu. Die Lage einer einzelnen Schale zeigt den Spielstand eines Teilnehmers an: Es kann aufwärts oder abwärts gehen. Steigt der eine, fallen andere. Die Gesellschaft ist ein Nicht-Nullsummenspiel. Alle können ihre Lage verbessern. Dies kann durch ein modifiziertes Waagen-Modell berücksichtigt werden, wie es die Abbildung zeigt.

Man könnte sich von der Gesellschaft folgendes Bild machen: Die Gesellschaft, um deren Fortschritt es hier geht, besteht aus vielen Menschen, und jeder in seinem kleinen Bereich will, daß es *aufwärts* mit ihm geht: mehr Sicherheit, höheren Lebensstandard, ein Mehr an Lebensqualität usw. Von alleine geht das jedoch nicht. Die Waage (siehe Abbildung) steht still. Die unbewältigte Arbeit drückt. Es gilt, sie abzutragen, damit die eigene Waagschale leichter wird und sich nach oben, also *aufwärts* bewegt. Der Sandhaufen auf der hinteren Waagschale ist ein Maß für das Pensum der Gesellschaft insgesamt, von dem jeder einen Anteil *vor sich* hat (im Bild vorn). Also frisch ans Werk und emsig geschaufelt: Ob allein oder im Kollektiv, der Haufen müßte doch zu schaffen sein, noch dazu, wenn es an Ermutigung durch herumstehende Politiker, Gewerkschafter, Verbandsvorständler, Kommentatoren, Philosophen usw. nicht fehlt.

> Mit der Tafel, auf der wir steh'n,
> soll es endlich aufwärts geh'n.
> Reichtum winkt als schöner Lohn,
> and're Leute schippen schon.
> Nur nicht lange um sich blicken,
> schaufle los!, es wird schon glücken.
> Schon beginnt sich 'was zu regen:
> der Nachbar scheint sich zu erheben.
> Hört' nicht gestern ich ihn schwafeln,
> fest verbunden wär'n die Tafeln?

Doch ich muß mich konzentrieren,
will den Anschluß nicht verlieren...
Jetzt wär' mein Haufen abgetragen,
da beginn' ich mich zu fragen:
wenn ich richtig hab' gelegen,
müßte ich jetzt aufwärts schweben.
Man ahnt die Crux, es wird gelogen;
man wird um seine Müh' betrogen.
Obwohl die Schaufeln nur so fliegen,
ist der Dreck nicht wegzukriegen,
einer schüttet ihn zum andern,
und so kann er ewig wandern.
Um ihn wirklich weg zu kriegen,
muß man es so arrangieren
daß die Entlastung *rand*betont,
womit das Ganze dann belohnt.

(So, nun kann niemand mehr sagen, ich würde hier nur ungereimtes Zeug von mir geben.) Sicher sollte man Bilder nicht über die Maßen bemühen. Dennoch gibt das vorliegende meines Erachtens noch einiges her. Man stelle sich vor, mit den Tafeln der Nachbarn ist es aufgrund eines Startvorteils oder einer Ungleichmäßigkeit der Hebelverbindungen der Waage schon aufwärts gegangen, während man selbst allenfalls Mittelklasse vorweisen kann. Dann hat man das Problem, aufwärts schaufeln zu müssen, während die anderen es einfach leichter haben, ihr Pensum loszuwerden. Zudem ist es aufgrund des Hebelgesetzes auch wahrscheinlich, daß es mit einem selbst bergab geht, wenn die anderen weiter steigen. Die offenbar in dieser Hinsicht privilegierten Randpositionen haben eben nur wenige. - Aber mit den Randpositionen hat es eine viel wichtigere Bewandtnis: Solange keine wesentlichen Mengen über die Ränder die vordere Waagschale verlassen, können sich zwar die relativen Positionen der kleinen Tafel zueinander ändern, im Mittel ändert sich für den einzelnen aber nichts. Trotzdem glaubt der große Teil der Menschen nicht ohne Grund nach wie vor an das System. Da nämlich doch einiges die Waage über den Rand verlassen kann, werden viele oder die meisten in ihrer Hoffnung bestätigt, daß es aufwärts geht. Damit sind aber zwei Probleme verbunden: Die Entlastung über den Rand erfordert nämlich erstens eine weitgehende *Kooperation* und die passende *Organisation*. Diese wird immer wichtiger und notwendiger, wenn die Größe bzw. die Komplexität der Wirtschaftseinheit anwachsen. Im einfachsten Falle nimmt die Anzahl der Tafeln zu. Dann steigt auch der mittlere Materialdurchsatz pro Feld, was die Dringlichkeit guter Organisation veranschaulicht. Damit kommen wir aber zum zweiten, viel tragischeren Problem: Die Anzahl der Randfelder nimmt sehr viel langsamer zu als die der Tafeln insgesamt. Vervierfacht sich die Gesamtanzahl der Felder, so verdoppelt sich die der Randfelder lediglich. Dabei wären eigentlich mehr als viermal so viele Randfelder nötig, um das Transportproblem vernünftig lösen zu können. Der sich verengende Spielraum wird in Zukunft nicht nur sehr viel intelligentere Lösungen erfordern, sondern auch Grenzen zeigen und uns grundsätzliche Schranken auferlegen.

Wohlstand und Frustration

Was hilft da Freiheit? Es ist nicht bequem.
Nur wer im Wohlstand lebt, lebt angenehm.

Berthold Brecht (* 1898, † 1956)

Angehörige der reiferen Generation, aber auch hohe Repräsentanten, vornehmlich des Staates, pflegen, Dank oder Bescheidenheit erwartend, ihre Mitmenschen wiederholt darauf hinzuweisen, daß heutzutage Dinge zum täglichen Leben gehören, die unsere Altvorderen entweder gar nicht kannten oder als puren Luxus empfunden hätten. Haben Sie sich auch schon über diese Argumentation geärgert oder, auf der anderen Seite stehend, mit gewissem Befremden registrieren müssen, daß sich die Jüngeren davon recht wenig beeindruckt zeigen? Unbestritten, ein angemessener Respekt vor den Leistungen unserer Eltern würde uns sicher gut anstehen. Andererseits erscheint eine gewisse Distanz unausweichlich, wenn man sich die Geschichte der Mitte dieses Jahrhunderts vergegenwärtigt. Doch um diesen Generationskonflikt, den es sicher auch zu anderen Zeiten gegeben hat, soll es hier nicht gehen. Wir müssen verstehen, daß Reichtum immer relativ ist. Es ist von den Jüngeren schlechterdings nicht zu erwarten, daß sie sich mit Lebensumständen vergleichen, die sie nie kennenlernen konnten, weil sie lange vor ihrer Zeit herrschten. Während der Geschichte der Menschheit kam es immer vor, daß sich das, was ehedem dem Luxus zugerechnet werden mußte, zum normalen Gebrauchsgegenstand mauserte. Dies ist der Lauf der Welt, der uns freilich nicht davon abhält, unsere aktuelle Lage, zumal in den Industrienationen, als reich anzusehen. Auf der anderen Seite bedeutet der Wandel ein und derselben Sache vom Luxus- zum Gebrauchsgegenstand auch, daß er unter den neuen Bedingungen eben gebraucht wird, daß man also ohne ihn oft nicht auskommen kann. Besonders sichtbar wird dies an den Verkehrsmöglichkeiten: Zu der Zeit, als Arbeits- und Wohnort natürlicherweise noch zusammenlagen, mußte ein eigenes Fahrzeug als Luxus erscheinen. Heute können viele ohne ein solches ihren Arbeitsort kaum noch erreichen. Reichtum wie Armut sind also relativ, zeitlich gesehen wie auch regional, weil wir uns mit Recht stets in den Lebensumständen sehen, denen wir ausgesetzt sind. Dies ist *ein* Grund, warum die

Zufriedenheit nicht wie erwartet mit dem wächst, was wir Wohlstand nennen. Doch auch dies ist nur der eine Teil; das Unbehagen mit dem durchaus wachsenden Wohlstand sitzt tiefer:

Die Antwort auf die Frage nach der Aufgabe der Wirtschaft ist die gleiche wie die, warum wir arbeiten. Wir arbeiten, um zu leben, auch wenn den Deutschen oft Gegenteiliges nachsagt wird. Natürlich ist diese simple Antwort nur die halbe Wahrheit. Wäre es so, daß es um das Leben schlechthin ginge, würden andere Themen auf den Tagesordnungen der Wirtschaftsausschüsse stehen: Ich will an dieser Stelle aber nicht auf Fragen der Verteilung, der Gerechtigkeit und die ökologischen Probleme des Wachstums eingehen. Die richtige Antwort auf die oben gestellte Frage lautet auch: schöner leben, oder noch präziser: den Wohlstand mehren. Aber Wohlstand ist ja nichts Schlechtes. Wer möchte nicht besser leben? Unsere Gesellschaft konzentriert sich mehr und mehr darauf, den Wohlstand zu vergrößern, genauer gesagt, dem einzelnen solche Güter zu verschaffen, die er vorher nicht hatte. Ja, fast alle Menschen sind darauf bedacht, ein besseres Auto zu fahren, die Wohnung luxuriöser auszustatten, eine höhere (Aus-) Bildung zu genießen oder weit entfernt einen reizvollen Urlaub zu verbringen. *Aber*: dieser Wohlstandszuwachs kommt ja nicht von selbst. Er verlangt uns etwas ab, und deshalb kann es schon Sinn haben, sich zu fragen, ob es sich prinzipiell lohnen kann, dieses Ziel zu verfolgen. Auf der anderen Seite müssen wir uns auch eingestehen, daß Zufriedenheit und Glück nicht, nicht automatisch oder nicht in dem gewünschten Maße mit unserer materiellen Ausstattung steigen. Deshalb wird jetzt der Frage nachgegangen, ob es für diesen Widerspruch nicht *logische* Ursachen gibt, die der einzelne kaum beeinflussen kann. Wir werden sehen, daß an diesem Wettlauf stets nur diejenigen profitieren, die einen beträchtlichen Vorsprung haben.

Besitz ist keineswegs von vornherein schlecht. Es ist mühsam, die Kehrseiten des Reichtums zu benennen, und der Appell, sich mehr auf das Nicht-materielle zu orientieren, geht oft ins Leere. Er klingt verdächtig, wenn er stets von denen kommt, die ohnehin eigentlich schon reich sind. Der Appell verhallt ungehört, wenn nicht ein erfahrbares Mehr als Ergebnis der „Abkehr vom Materiellen" in Aussicht steht. Leider wird bei diesbezüglichen Diskussionen in der Regel vergessen, daß zwischen mindestens zwei grundsätzlich verschiedenen Gruppen von Gütern zu unterscheiden ist: Viele der Güter, deren Besitz uns durch ihr Vorhandensein bei anderen oder durch die Werbung wünschenswert erscheint, gehören zunächst zur *materiellen Ökonomie*. Das heißt: Jeder kann zum Beispiel einen Kühlschrank haben, dessen Besitz ohne Frage das Leben erleichtert. Die Ausstattung eines jeden Haushalts mit einem solchen Gut trägt eher zur sozialen Entspannung bei, als daß irgendein Konflikt heranwächst, weil die Qualität bzw. schlicht der Nutzen unabhängig von der vorhandenen Menge ist. Andere Güter gehören jedoch dem Bereich der sogenannten *positionellen Ökonomie*[17] an. Diese Güter sind sozial knapp. Beispielsweise kann schon aus logischen Gründen nicht jeder Dienstboten haben. Andererseits gibt es Güter, deren Wert gerade dadurch steigt, daß nicht jeder in ihren Genuß kommt. Die Seltenheit oder Originalität spielt hier eine entscheidende Rolle. Der Urlaub in Neuseeland gehört auch oder gerade deshalb zu den großen Dingen, weil der Nachbar und die Arbeitskollegen dort noch nicht waren. Kurz gesagt: Gäbe es Edelsteine in Hülle und Fülle, dann wären es eben keine mehr.

Am bedeutendsten ist in diesem Zusammenhang aber das damit verbundene Phänomen der *sozialen Verstopfung*, welches am Beispiel des Autos besonders augenfällig ist. Je mehr Autos es gibt, desto wahrscheinlicher ist eine Straßenverstopfung oder ein Verkehrschaos und um so größer sind die Parkplatzsorgen. Die vorhandene Menge vermindert die durchschnittliche Qualität. Dies ist das Grundgesetz der positionellen Ökonomie. Je mehr Autos es gibt, desto geringer ist also offensichtlich der Gebrauchswert eines solchen. Bei anderen Gütern sieht es nicht anders aus, mitunter auch bei sogenannten immateriellen. Viele streben nach höheren Bildung in der Hoffnung, daß ihre Tätigkeit dann qualifizierter, interessanter und abwechslungsreicher wird. Diese Hoffnung auf eine höhere Stellung wird jedoch oft enttäuscht, da die Anzahl leitender Stellungen in einer Hierarchie prinzipiell begrenzt ist und sich nicht automatisch erhöht, bloß weil mehr Menschen studieren. Bildung aus Prestigegründen oder um des erhofften sozialen Aufstiegs willen führt zu sozialer Verschwendung und letztlich zu Frustration, da der erhoffte Aufstieg ausbleibt oder nur scheinbar erfolgt, weil der Ingenieur die Arbeit des Technikers macht und der Ökonom die des Buchhalters. Leicht sichtbar ist die soziale Verstopfung auch beim Tourismus oder beim Wohnen im Grünen. Je mehr Menschen ihren Urlaubs- oder Wohnort in ein unberührtes natürliches Gefilde verlegen, desto mehr verliert der entsprechende Ort die Eigenschaften, die ihn einst zum Anziehungspunkt machten. In den Urlaubsorten entstehen Hochhäuser, Supermärkte und Verkehrsadern; das Haus, das einst im Grünen stand, sieht sich nun von anderen Gebäuden umringt.

Diese Probleme sind nicht durch mehr Wachstum zu lösen. Wirtschaftswachstum kann im *materiellen* Bereich zu substantiellen Erleichterungen führen, während es im *positionellen* vorhandene Spannungen in der Regel nur vergrößert. Die vorhandene Menge vermindert die durchschnittliche Qualität. Dies war das Grundgesetz der positionellen Ökonomie. Nahezu unausweichlich entsteht Frustration. Der Allgemeinheit wird die Befriedi-

---

[17] Fred Hirsch: Die sozialen Grenzen des Wachstums, Eine ökonomische Analyse der Wachstumskrise; Rowohlt Verlag GmbH, Hamburg, 1980

gung von Bedürfnissen versprochen bzw. in Aussicht gestellt, die nur bei wenigen befriedigt werden können. Im Bereich der positionellen Ökonomie ist Wachstum im genannten Sinne bestenfalls ein Nullsummenspiel. Es wird ebensoviel verloren wie gewonnen. Doch wie beim Lotto gewinnen nur wenige, und die vielen zahlen ein. Während beim Lotto aber jeder gewinnen kann, gewinnen hier die ohnehin schon Reichen. Es sind dies die, die sich zuerst ein Auto leisten können, zuerst nach Mallorca fahren, zuerst im Grünen wohnen usw. Der Startvorsprung privilegiert sie. Die übrigen hoffen auf den Lottogewinn, obwohl sie doch nur 3 statt 6 Kreuze machen können. Sie wollen einen Berg erklimmen, der immer steiler und steiniger wird, je mehr sie gegen ihn anrennen. Wachstum löst dieses Problem nicht, weil die Aufholjagd in immer neue Bereiche verschoben wird und der insgesamt zu leistende Versorgungsaufwand ansteigt.

Die einzigen Möglichkeiten, dem Wettlauf um mehr Wohlstand und der Zunahme an Frustration zu entkommen, wären solidarisches Verhalten und Ausstieg. Mit der Solidarität ist in diesem Zusammenhang aber ein Problem verbunden: Der Verzicht müßte hier von denen ausgehen, die sich im Vorteil befinden. Von den Reichen ist ein solcher Wandel aber kaum zu erwarten. Dann blieben nur noch jene in der zweiten und dritten Reihe. Doch hier fühlen sich manche in einem Maße privilegiert, das ihrer wirklichen Position nicht entspricht. Viele überschätzen die Möglichkeiten, ihre bisher fehlenden Startvorteile ausgleichen zu können. Deshalb müssen sich die Hoffnungen auf den gehobenen Mittelstand richten. - Für jeden besteht aber schon jetzt die Möglichkeit auszusteigen. Weitgehender wirtschaftlicher Ausstieg kann sicher allenfalls eine private Alternative sein und wird meines Erachtens auch kaum glücken, weil der einzelne sich nicht im erforderlichen Maße von der Gesellschaft abkoppeln kann und auch nicht soll. Ausstieg erfordert nämlich Autonomie.

Doch wir können etwas anderes wichtiges tun: Es gilt, die unausweichlich anstehende Veränderung der Werte vorzubereiten, also Selbstbewußtsein und Selbstvertrauen zu gewinnen. Besonders in den 60er Jahren wurden in den USA verschiedene Bewegungen mit dem Ziel ins Leben gerufen, die soziale Situation der Farbigen zu verbessern. Die Bewegung „Black Power" trat der Diskriminierung der Schwarzen mit dem Slogan „Schwarz ist schön" entgegen. Die Aufhebung der Diskriminierung wurde vorbereitet durch ein ostentatives Bekenntnis zur schwarzen Hautfarbe und zur eigenen Kultur, also zu dem, was in der öffentlichen Meinung einen geringeren Wert hat. Wir können dem Gesetz der positionellen Ökonomie nur dann entkommen, wenn die ihm zugrundeliegende Logik durchbrochen wird: Nicht „mehr, größer, weiter usw." ist imposant, sondern „effektiver, kleiner, näher usw.". Ich kann auf den Mallorca-Urlaub nur dann leichten Herzens verzichten, wenn ich die Reize der heimischen Gebirge entdecke und bestechend finde. Dabei mag die Einsicht helfen, daß das, was uns heute unter dem wohlklingenden Namen Wohlstand angeboten wird, auf lange Sicht nicht das glückliche, zufriedene Leben bringen *kann*. Die soziale Verstopfung bläht zur Zeit nicht nur unsere Gesellschaft sichtbar auf, sie führt auch zu dem mit solcherlei Krankheiten in der Regel verbundenen Unwohlsein, unter dem wir alle eigentlich schon leiden.

Ökonomie und Arbeit

Es wird nun beschrieben, wie sich die Arbeit langsam der industriellen Produktionsweise unterordnet bzw. deren neuen Forderungen angepaßt wird und welche Konsequenzen dies für den Charakter und den Inhalt der Arbeit hat.

Das ökonomische Prinzip, d. h. das Streben, das Verhältnis von Güterertrag (Output) und der für deren Bereitstellung eingesetzten Menge an Produktionsfaktoren (Input) zu maximieren, wird häufig auch als Vernunftsprinzip bezeichnet. Es kann durchaus vernünftig oder, besser ausgedrückt, zweckmäßig sein, das ökonomische Prinzip anzuwenden. Tatsächlich kann sich aber erst *nach* bzw. bei der Anwendung dieser Strategie zeigen, ob sie dem gewünschten *Zweck* dient oder nicht. Die Beurteilung hängt also von den aktuellen Bedingungen ab und von den Zielen, die verfolgt werden. Die Wahl der Strategie hängt daher von der Situation und den Zielen ab. Eine Strategie, die primär dem gesellschaftlichen Leben dienen soll, ist seinen Zielen nach- bzw. untergeordnet, und nicht umgekehrt. Wenn nun das ökonomische Prinzip an sich als vernünftig bezeichnet wird, so bedeutet das, daß eine bestimmte Art der Ausführung einer Aktion mit deren Sinn gleichgesetzt wird. Im vorliegenden Fall soll die Effizienz, mit der eine Tätigkeit durchgeführt wird, gleichzeitig ihr Ziel sein - in dieser Formulierung eine absurde Vorstellung.

Wir haben die enge Gedankenverbindung zwischen Effizienz einerseits und Vernunft mit all den mit diesem Wort geweckten Assoziationen andererseits längst derart verinnerlicht, daß uns eine Scheidung künstlich erscheint oder zumindest stutzen läßt. Dabei sei erinnert, daß diese Gleichsetzung eine relativ neue Erfindung ist, deren Verbreitung erst das aufstrebende Bürgertum des 18. Jahrhunderts bewirkte. Erst zu dieser Zeit etablierten sich Grundgedanken einer politischen Ökonomie. Das Bürgertum setzte sich mit der neuen, *industriellen* Produktionsweise durch. Der wohl lange Zeit einzig sichtbare Wert der industriellen Produktionsweise war Effizienz. Damals übernahmen die Führungskräfte der industriellen Produktion auch das politische Kommando. So ist es wohl zu erklären, daß Effizienz zu einem der wichtigsten gesellschaftlichen Werte avancierte. Effizienz wurde zum Wert an sich, das ökonomische Prinzip wurde zum Synonym für Vernunft im gesellschaftlichen Rahmen. Explizit formulierte dies erst Frederick Winslow Taylor (1856 - 1915) wenige Jahre vor seinem Tode. Für ihn war die Effizienz das (einzige) Ziel menschlichen Strebens. Taylor erfand auch die Rationalisierung. Die Arbeiter sollten sich dem Takt der Maschinen anpassen und alles Überflüssige, einschließlich des Denkens, unterlassen. Henry Ford (1863 - 1947) gilt allgemein als der erste, der den Gedanken einer durchrationalisierten, also hochgradig effizienten Produktion in die Praxis umsetzte. Man muß den beiden Herren nicht unterstellen, daß sie vollkommen unsozial dachten.

Die Industrialisierung, das ist unbestritten, änderte den Charakter der Arbeit gewaltig (im wahrsten Sinne des Wortes: sie tat ihr Gewalt an). Sicher hat das Bestreben, den Lebensunterhalt mit möglichst wenig Aufwand zu verdienen, immer eine wesentliche Rolle gespielt. Das Ziel der Effektivität war jedoch nicht immer derart bestimmend und nie zuvor vorbehaltlos *dominant*. Die neue Zielvorstellung beeinträchtigte die sozialisierenden und kulturbildenden Funktionen der Arbeit zunehmend. Manchmal kommt es ja besonders darauf an, wo die Akzente liegen: Arbeit dient der *Versorgung*. Da der Mensch nicht vom Brot allein lebt, wie man sagt, weist Versorgung sogleich auf die vielfältigen sozialen Funktionen der Arbeit hin: Eingliederung in die Gesellschaft, Kommunikation und Verständigung miteinander, Selbstverwirklichung, schöpferische Entfaltung, Sinngebung, Positionsbestimmung usw. Diese der Arbeit innewohnenden Werte traten mehr und mehr in den Hintergrund, weil die Effizienz zu ihrem bestimmenden Merkmal wurde. Nicht wenige empfinden Arbeit heute als gestohlene Lebenszeit. Ähnlich wie die Kirche bis in unser Jahrhundert hinein von den miserablen gesellschaftlichen Zuständen ablenkte, indem sie auf das Leben nach dem Tod vertröstete, wird heute auf das *Jenseits der Arbeit*, Freizeit bzw. Wohlstand, vertröstet. Der verfolgte Zweck ist jeweils der gleiche: Die Menschen sollen die Verhältnisse akzeptieren und nicht versuchen, sie zu verbessern. Ruhe ist die erste Bürgerpflicht.

Das ökonomische Prinzip, wir erinnern uns, setzt voraus, daß der Güterertrag zur Menge an eingesetzten Produktionsfaktoren ins Verhältnis gesetzt werden kann. Das bedeutet, daß der Output (Gewinn für die Gesellschaft) in Einheiten des Inputs (Produktionsaufwand) gemessen werden muß. Andernfalls ist keine Optimierung möglich. Da sich letzten Endes nichts von alleine bewegt, ist der wichtigste Produktionsfaktor der Mensch bzw. die von ihm geleistete Arbeit. Der entsprechende Aufwand läßt sich am einfachsten in Arbeitsstunden messen. Der Maßstab Arbeitsstunde gilt am Ende auch heute noch für alle, in deren Arbeitsvertrag eine wöchentliche Arbeitszeit und der gewährte Urlaub festgeschrieben sind. Mit Hilfe der Arbeitsstunde kann man Arbeiter vergleichen, die das Gleiche tun. Will man aber Ökonomie im großen Rahmen betreiben, so braucht man einen für alle Tätigkeiten gleichen Maßstab, eine gleiche Einheit. Den gewünschten absoluten Maßstab für die Effizienz der Arbeit erhält man auch nur, wenn der Arbeitsaufwand mit dem Ertrag an produzierten Gütern und Dienstleistungen verglichen werden kann. Messen heißt Vergleichen, und Vergleichen setzt einen objektivierbaren (übertragbaren) Maßstab voraus. Die *Lohnarbeit und nur diese* bringt den allgemeinen Maßstab mit: die Kosten der Arbeitsstunde. Der Amerikaner Benjamin Franklin (1706-1790) schrieb 1748 „Zeit ist Geld". Das für die Ökonomie einzig wesentliche Merkmal der (Lohn-) Arbeit sind ihre Kosten. Nebenbei sei bemerkt, daß die Arbeit auch *nur* als Aufwandsgröße auftaucht.

Grundlage der Ökonomie ist es, daß die Güter (Waren und Dienstleistungen) nach einem möglichst einheitlichen Maßstab ausgetauscht werden. Als wesentliche Kenngröße dienen die für ihre Bereitstellung verausgabten Produktionsfaktoren. Dabei gehen in jedem Fall die Kosten der Arbeit ein. Die Bezeichnung Güter für Waren und Dienstleistungen deutet schon darauf hin, daß es sich um etwas Gutes, also Nützliches oder Wünschenswertes handelt. Wenn aber zunehmend alle Güter über die Kosten der Arbeit *bewertet* werden, dann bleibt die Arbeit zwar ein wertschaffender Prozeß, hat aber selbst keinen Wert. Die Arbeit selbst tritt zugunsten ihres Resultats in den Hintergrund. Sie erfüllt allein den *Zweck*, Güter zu produzieren für den Konsum. Konsumtion ist der einzige Zweck der Produktion. Nicht die Arbeit selbst ist bedeutsam, sondern allein ihr Ergebnis, das Produkt. (Schon der Begriff Erwerbs- oder Lohnarbeit zeigt dies an, weil der Lohn für die Konsumtion eingesetzt wird.)

Wenn aber allein das ökonomisch aufweisbare Ergebnis der Arbeit zählt, dann muß sich die Arbeit der Logik des ökonomischen Prinzips unterordnen und den Erfordernissen einer effektiven Produktion mehr und mehr anpassen. Dadurch verliert die Arbeit das menschliche Maß, den natürlichen Rhythmus. Ökonomie und Technik bestimmen sie. Es leuchtet ein, daß die allerorts beklagte *Sinnentleerung* der Arbeit mit dieser Entwicklung im Zusammenhang steht. Mit der fortschreitenden Entwicklung von Wissenschaft und Technik bzw. deren Einsatz war eine verstärkte Arbeitsteilung, Rationalisierung und zentralistische Organisation verbunden. Das brachte eine zunehmende Fraktionierung der Gesellschaft, also die Trennung ursprünglich zusammengehörender Bereiche mit sich. Auch diejenigen, die noch beschreiben könnten, was sie eigentlich herstellen, produzieren für einen meist anonymen Konsumenten.

Die Arbeitsteilung ist heute so weit fortgeschritten, daß der einzelne nicht mehr etwas Ganzes herstellt, sondern an einem Produkt häufig nur einen einzigen Arbeitsgang ausführt, dessen Zweck und Funktion ihm weitgehend verschlossen bleiben. Damit steht im Zusammenhang, daß der einzelne oft nicht entscheidet, sondern nur vollzieht, was andere vorgegeben haben. Er ist zum Befehlsempfänger degradiert. Seine Tätigkeit kann von einer Maschine übernommen und oft weitaus präziser, schneller und kontinuierlicher ausgeführt werden. Auch diejenigen, die das Glück haben, gestalten, organisieren und entscheiden zu müssen, sind Teil einer riesigen zentralistischen Maschinerie, deren (Sach-) Zwänge nur begrenzt Bewegungsmöglichkeiten zulassen. Natürlich haben all diese Effekte auch mit der zunehmenden Kompliziertheit der Produkte zu tun. Mikroprozessoren lassen sich nicht in der Wohnstube herstellen. Auch bei anderen, keineswegs aber bei allen Produkten ist eine industrielle Produktionsweise unausweichlich. Ihre Verbreitung verdankt sie der Allgegenwart der Ökonomie und der Struktur des Wirtschaftssystems, wie weiter unten noch ausgeführt wird.

Es mag makaber klingen, aber an den Problemen Langzeitarbeitsloser zeigt sich, daß die Arbeit auch heute noch wichtige soziale Funktionen erfüllt. Wenn sich jemand eingehender nach unserer Arbeit erkundigt, stellen wir oft Dinge heraus, die wir eigentlich eher vermissen: die gute Arbeitsatmosphäre, die gute Verständigung miteinander, Möglichkeiten zur Selbstverwirklichung und zur schöpferischen Entfaltung, das Gefühl, wichtig zu sein, zu einer Familie zu gehören usw. So natürlich all dies auch ist, es entzieht sich (weitgehend) der ökonomischen Bewertung und fällt bei der ökonomisch motivierten Gestaltung und Weiterentwicklung der Arbeit tendenziell unter den Tisch. - Natürlich haben bei weitem nicht alle Menschen die mit dem ökonomischen Konzept verbundene negative Bewertung von Arbeitsaufwand verinnerlicht. Sie engagieren sich und haben Freude an ihrer Arbeit. Nicht alle Menschen warten nur auf das Jenseits der Arbeit und leben erst in der Freizeit auf oder lassen sich vom Traum nach mehr Wohlstand tragen. Auf der anderen Seite wird sich kaum jemand über ein solches Verhalten ernstlich verwundern.

Welches Minimum an Qualitäten der Arbeit heute noch eine Rolle spielt, zeigt sich daran, wie sie im allgemeinen bewertet wird. Ihre Bedeutung wird nicht selten am Einkommen gemessen. Deshalb geben wir uns auch so große Mühe, eine dickes Auto vors Haus stellen zu können und uns in guter Kleidung zu präsentieren. Die Reaktion ist logisch und verständlich, denn etwas anderes können meine Nachbarn nicht wahrnehmen, an deren Wertschätzung mir natürlicherweise gelegen sein muß. Daß Inhalt und Art der Arbeit in den für uns unentbehrlichen sozialen Beziehungen ein derart marginale Rolle spielt, liegt natürlich auch in der Trennung von Wohn- und Arbeitsort begründet, die auch eine Folge der industriellen Produktionsweise ist.

Es gehört heute in der Tat viel Phantasie dazu, sich eine dem Menschen und seiner Freude am Schaffen, Verändern und Gestalten besser angepaßte Produktionsweise vorzustellen. Es mangelt an Vorstellungskraft, weil die anfangs unnatürliche Art der neuen Ökonomie im Laufe der Zeit zu unserer zweiten Natur wurde. Deshalb erscheint diese Ökonomie uns Heutigen leider kaum noch paradox. Sie ist aber keineswegs natürlich und wurde erst nachträglich legitimiert durch ein passendes *Menschenbild*, wonach, vereinfacht ausgedrückt, Arbeit Unlust bedeutet und Konsum Lust verspricht. Es ist anzunehmen, daß die Industriemaschine nicht so gut funktionieren könnte, wenn die Menschen nicht auch *ökonomisch fühlen* würden. Die geistig-sittlichen Werte müssen nachziehen. Das wird dadurch erreicht, daß ein passendes Menschenbild präsentiert wird: Der „moderne" Mensch ist ein Hedonist[18]. Die Ökonomie des einzelnen wie der Gesellschaft besteht also darin, eine positive Differenz zwischen Lust und Unlust zu erreichen und diese zu maximieren. Der heutige Mensch ist typischerweise zugleich ein Utilitarist, der abwägend nach meßbarem Nutzen fragt. So wurde das Wesen des Menschen in die Form jener Produktionsweise eingepaßt, die momentan maximale Effektivität versprach. Auf diese Weise mußte das Wesen des Menschen vergewaltigt werden, um die Industrialisierung vorantreiben zu können. Doch der Mensch ist nicht nur Produzent, sondern zugleich Konsument. Deshalb änderte sich nicht nur die Qualität der Arbeit. Zugleich paßte sich seine Rolle als Konsument der ökonomischen Denkweise an. Von der Beeinflussung der Bedürfnisstruktur handelt der folgende Abschnitt.

Industrialisierung und Bedürfnisbefriedigung

Die Existenz der vielen Antiquitätenhandlungen und der Boom der Reform- und Naturkostläden zeigen, daß nicht alle Menschen mit den Segnungen der Industrie zufrieden sind. Man kann es bei sich selbst überprüfen: Oft sind Dinge, an denen unser Herz besonders hängt, die uns wichtig sind und deren Verlust uns ganz besonders schmerzen würde, keine Industrieprodukte. Viele unserer kulturellen Güter lassen sich nicht industriell herstellen. Das trifft nicht nur auf Unikate zu, hängt aber auch mit der Stückzahl zusammen. Soll ein Produkt industriell hergestellt werden, so muß dies nicht nur technisch möglich sein, sondern sich für den Produzenten auch lohnen, d. h., der Bedarf an identischen Produkten muß ausreichend hoch sein. Wir Menschen sind nicht identisch, unser Geschmack ist es nicht, und

---

18 aus dem Griechischen, abgeleitet von Freude und Lust; Der Hedonismus als moralphilosohische Lehre wurde u.a. von Locke, Hobbes, Hume und den französischen Materialisten vertreten und ist auch Bestandteil des Utilitarismus. Utilitarismus: aus dem Lateinischen, Brauchbarkeit, Nutzen; Im Utilitarismus spielen Motiv und Gesinnung keine Rolle; allein der Nutzen zählt. Der Hedonismus taucht vor allem in der Theorie der Nationalökonomie auf.

unsere Wünsche und Vorstellungen sind sogar sehr verschieden. Industriell herstellen bedeutet aber Verallgemeinerung, Standardisierung und Verzicht auf Individualität. Gerade bei Einrichtungsgegenständen, die wir in den privaten Bereich der eigenen Wohnung stellen wollen, ist es sicherlich nur der Preis, der uns zum Massenprodukt greifen läßt. Auch paßt ein maßgeschneiderter Anzug natürlich viel besser als einer von der Stange, und der eigene Schneider wird sich gern nach individuellen Wünschen richten. Man stelle sich vor, daß man sein halbes Leben seine Möbel beim Tischler bestellt, nur Maßanzüge getragen und das gegessen hat, was Stall und Feld hergaben. Und von heute auf morgen sollte man wie tausend andere, in der Einbauküche stehend, seine 08/15-Jeans mit Büchsenwurst bekleckern. In der Tat ist es mehr als wahrscheinlich, daß mit einer hypothetisch plötzlichen Umstellung von einer angepaßten auf eine industrielle Produktion großer Unfriede verbunden wäre. Aber im Laufe der Zeit hat sich die Bedürfnisstruktur der Verbraucher der Qualität und den Eigenheiten der Industrieprodukte angepaßt.

Diese Entwicklung hat eine andere, vielleicht noch bedenkenswertere Konsequenz: Sie führt zu einem Verlust an Autonomie und Selbstwertgefühl. Die meisten von uns hätten Schwierigkeiten, ihrem Chef zu erklären, daß eine ärztlich bescheinigte Krankheit auch nicht schneller vorübergeht, und daß Wadenwickel, Dampfbäder und etwas Ruhe mehr helfen, als die Fahrt zum Arzt. Vermutlich wäre auch der Arzt etwas irritiert, wenn Sie sich standhaft weigern, Ihren Körper mit den Segnungen der pharmazeutischen Industrie zu beglücken. Warum *müssen* wir uns eigentlich immer helfen lassen? Und: Welcher *ernsthaften*, allgemein als nützlich anerkannten Tätigkeit kann man denn zu Hause noch nachgehen, wenn man kein eigenes Haus oder etwas Vergleichbares vorweisen kann? Warum würde das Tragen von selbstgeschneiderter Kleidung in manchen Kreisen den gesellschaftlichen Ruin bedeuten, mindestens aber einen Makel darstellen? Nichts gegen Arbeitsteilung, aber es ist ein gewaltiger Unterschied, ob die Gebrauchsgüter von der Firma Herrmann & Co. aus der Nachbarstadt stammen oder von Japanern, Taiwanesen oder Amerikanern konfektioniert wurden, deren Lebensgewohnheiten mir (noch) so fern sind, wie die Länder, in denen sie zu Hause sind. Man kann das durchaus als Bevormundung empfinden. *Müssen* fast alle der angebotenen Artikel weltweit die gleichen sein? All das sind *keine* zwangsläufigen Folgen der Arbeitsteilung, sondern Resultate einer konsequenten Industrialisierung, deren Ausbreitungsgrad das menschlichen Zwecken entsprechende Maß schon überschritten hat.

Die vorindustriellen Gesellschaften beruhten vorwiegend auf einer Subsistenzwirtschaft. Diese war noch bis in die Mitte des 19. Jahrhunderts vorherrschend, d. h., die einzelnen wirtschaftlichen Einheiten versorgten sich größtenteils selbst; benutzen bzw. verbrauchten also weitgehend die von ihnen hergestellten Güter und tauschten nur einen geringen Teil der Güter auf dem Markt. Hier waren Produzent und Konsument entweder identisch, oder sie hatten zumindest unmittelbaren Kontakt zueinander. Auf den Märkten, so es sie gab, wurde die geringe Überproduktion angeboten und Produkte getauscht, deren Herstellung Spezialkenntnisse bzw. -ausrüstungen erforderte. Die Haushalte besaßen folglich einen hohen Grad an *Autonomie*, und der Produzent war nur ausnahmsweise anonym. Es ist sofort einleuchtend, daß diese unmittelbare Beziehung zwischen Produzenten und Konsumenten erforderlich machte, daß sich die Produkte und die Dienstleistungen direkt an den unmittelbaren Bedürfnissen des Konsumenten orientierten. Ursache für die spätere, für die Industriegesellschaft charakteristische Trennung von Produzent und Konsument ist nur zum Teil die technische Entwicklung. Die technische Entwicklung ging zwar mit der Trennung von Produzent und Konsument einher, ist aber für ihren radikalen Vollzug nicht verantwortlich.

Auch die Effizienz der industriellen Produktionsweise reicht als Erklärung für die ebenso intensive wie umfassende Umgestaltung des Wirtschaftslebens in so kurzer Zeit nicht aus. Ursache für die rasche Industrialisierung mit der damit verbundenen Trennung von Produktion und Konsumtion ist das Prinzip der Kapitalverwertung. Es etablierte sich eine kapitalistische Marktwirtschaft, die bestrebt sein mußte, daß ein immer größerer Anteil an Gebrauchs- und Luxusgütern über die Märkte ausgetauscht wird und damit der Kontrolle und den Verwertungsmechanismen des Kapitals unterworfen ist. Das Motiv der möglichst großen Kapitalvermehrung zerstörte demnach ganz gezielt immer mehr die bestehende Subsistenzwirtschaft und setzte an deren Stelle ein System, in dem die Geldzirkulation eine entscheidende Rolle spielt. Der flächendeckende Übergang zur Marktwirtschaft und die dadurch verursachte Trennung von Produzenten und Konsumenten ist primär durch die Einführung des Kapitalismus verschuldet. Noch bis zum 17. Jahrhundert hatte die Kirche die Grundlage des Kapitalismus mit all ihrer Autorität verboten und bekämpft. Bis dahin hatte das Wort Profit auch noch „Gewinn für die Seele" bedeutet.

Der Übergang zur kapitalistischen Marktwirtschaft führte notwendigerweise zu einem Autonomieverlust des Konsumenten und zu Beginn der Industrialisierung sogar zu einer sichtbaren Verringerung des Lebensstandards. Schon daran erkennt man, daß es sich kaum um die gezielte Einführung einer für alle erkennbaren Verbesserung gehandelt haben kann. Die Menschen wurden zunehmend veranlaßt, die billige und angepaßte Selbstversorgung aufzugeben und sich kostspielig und aufwendig helfen zu lassen. Vor allem jene Güter, die über den Markt ausgetauscht werden konnten, sich also in Geld ausdrücken lassen, bekamen größeres Gewicht. Andere

Güter, die sich nicht in diesem Sinne vermarkten ließen, gerieten in den Hintergrund, wurden geringgeschätzt, vernachlässigt oder nicht mehr angeboten. Kommunikation, die nicht technisch unterstützt wird, frische Luft, individuelle Beiträge zur Energieversorgung, selbständige Kindererziehung, Gemüse im eigenen Garten, Reparatur des eigenen Fahrzeugs, Sinnerfüllung in der Arbeit, geringe Entfernung zum Arbeitsort usw. werden nicht oder kaum über den kapitalbestimmten Markt vermittelt, dienen also nicht der Kapitalvermehrung. In der Logik einer kapitalistischen Marktwirtschaft sind sie also von untergeordneter Bedeutung.

Es beeinflußt die Beurteilung der kulturellen Leistungen unseres Jahrhunderts nicht unerheblich, wenn man sich vergegenwärtigt, daß die Gleichheit und die Austauschbarkeit der Produkte bis zur industriellen Revolution kaum eine Rolle gespielt haben. Vielmehr stand die nicht-spezialisierte Handwerkskunst im Vordergrund. Ihr haben wir die prachtvollen Gebrauchsgegenstände zu verdanken, die wir nicht selten als wertvolle Kunstgüter betrachten und deren Glanz bis in unsere Zeit fortbesteht. Es war das Anliegen dieses Abschnitts, auf diese Schattenseite der industriellen Fertigung hinzuweisen und das Zustandekommen der heutigen Konstellation ein wenig zu erläutern. Dabei bleibt unbestritten, daß eine effektive Produktionsweise ganz maßgeblich zur Hebung des allgemeinen Wohlstands beiträgt.

Ressourcen und Handel

> Die heimische Wirtschaft sollte gleichsam der Hund sein und der internationale Handel nur der Schwanz. Mit GATT [dem Allgemeinen internationalen Zoll- und Handelsabkommen] wird aber versucht, alle Schwänze so fest zusammenzubinden, daß der internationale Knoten mit den einzelnen Hunden wedeln kann.
>
> Herman E. Daly

Die klassische Ökonomie beschäftigt sich mit Beziehungen zwischen Produzenten und Konsumenten. Die Produzenten bieten den Konsumenten Güter und Dienstleistungen an, wofür diese den Produzenten primär ihr Arbeitsvermögen als wichtigsten Produktionsfaktor zur Verfügung stellen. Daneben stehen Grund und Boden und andere natürliche Ressourcen zur Nutzung bereit. Die natürlichen Ressourcen erzeugen ebenfalls quasi ein Einkommen, das dem menschlichen Konsum dient. Deshalb spricht man auch von natürlichem Kapital. Noch bis zum Beginn unseres Jahrhunderts schien es so, daß dem menschlichen Arbeitsvermögen eine schier unendliche Menge an natürlichen Kapazitäten gegenüberstände. Das heißt, je mehr die Menschen an Kraft und Kopfzerbrechen investieren würden, desto mehr natürliche Ressourcen können erschlossen und nutzbar gemacht werden. Die natürlichen Ressourcen, so war die Vorstellung, stellen eine Quelle dar, deren Ertrag durch den Menschen beliebig steuerbar ist. Heute muß uns klar sein, daß sich die Situation inzwischen gravierend geändert hat und die alten Annahmen auf keinen Fall mehr richtig sind. Infolge des wirtschaftlichen Erfolgs hat sich das Verhältnis von menschlichen Produktivfaktoren und natürlichem Kapital drastisch verschoben. Solange das Produktionsvolumen die kritische Grenze noch nicht überschritten hat, können sich viele der natürlichen Ressourcen selbsttätig regenerieren. Heute gibt es allerdings so viele Menschen, die im allgemeinen auch noch höhere Ansprüche haben, daß die Erschöpfung bzw. die fortgesetzte Entwertung des natürlichen Kapitals spürbar ist.

Dem Verfall der natürlichen Ressourcen kann dummerweise nur bedingt durch menschliches Arbeitsvermögen begegnet werden. Dafür gibt es zu unserem Leidwesen mehr als einen handfesten Grund. Der naheliegenste ist der, daß manche Dinge einfach nicht ersetzbar sind. Das gilt für Lebewesen und wichtiges genetisches Material ebenso wie für viele Rohstoffe. Zweitens nützt das schönste Boot und das raffinierteste Fischernetz nichts, wenn das Meer oder der See leergefischt ist. Wer *alle* Eier seiner Hühner ißt, wird irgendwann keine mehr haben. Ähnlich ergeht es dem Bauern, wenn er keine Saat zurückbehält. Eine intakte und auch in genetischer Hinsicht vielfältige Natur bleibt für unsere Ernährung auf lange Sicht unverzichtbar. Auf viele Rohstoffe kann sicher verzichtet werden. Doch je später die Substitution erfolgt, desto schwieriger ist sie. Zweifellos sind *erzwungene* Umstellungen mit sehr hohen Kosten verbunden. Diese Ausgaben müssen zusätzlich bestritten werden, ohne daß der gesellschaftliche Reichtum zunimmt. Das gilt - drittens - in gleicher Weise für Umweltreparaturen. Es ist wie mit einem Haus: Zunächst gibt es einfache Regeln. Man kann sich durchaus darauf einstellen, das Haus adäquat und zweckdienlich zu nutzen. Lagerfeuer müssen nicht sein, und es ist schädlich, allzu oft das Wohnzimmer zu fluten, auch wenn Parties mit romantischer Beleuchtung am Wasser am schönsten sind. Hält man diese Grundsätze ein, wird der Vermieter zufrieden sein. Letzterer ist nun gut beraten, wenn er kleine Reparaturen zur Werterhaltung regelmäßig durchführen läßt. Es ist kein Problem, eine Dachrinne zu reparieren, das Dach abzudichten usw. Wartet man damit aber zu lange, ist es mit einer kleinen Instandsetzung nicht mehr getan. Hat erst der Schwamm Einzug gehalten, ist nicht mehr viel zu machen. Es kann soweit kommen, daß der Besitzer die Wiederherstellung seines Hauses nicht aus den Einnahmen finanzieren kann. Er würde das Haus aufgeben. Um auf unser Ausgangsfrage zurückzukommen, dieser Weg ist der Menschheit versperrt. Wir haben nur die eine Erde. Die einmal notwendigen Aufwendungen für Reparaturen unserer natürlichen Umwelt steigen schon jetzt dramatisch an. Ab einem bestimmten Punkt wachsen die ökologischen Kosten schneller als die Einnahmen aus der Wirtschaft. Die Menschheit ist pleite oder muß andere Besitzstände aufgeben, um das Mutterunternehmen zu retten - keine schöne Vorstellung, und doch besteht Grund zu der Annahme, daß es schon soweit gekommen ist.

Die Methode der volkswirtschaftlichen Gesamtrechnung zählt zu den bedeutsamen Errungenschaften unseres Jahrhunderts. Sie beruht nämlich auf einem im Kern richtigen Verständnis der Volkswirtschaften, erlaubt es, die wirtschaftliche Entwicklung zu regulieren, und nimmt Regierungen in die Pflicht, sich um Wohlstand und Stabilität zu kümmern. Nur wird in dem heute angewandten und von der UNO empfohlenen Modell der Vermögenswert der natürlichen Ressourcen nicht berücksichtigt.[19] Die klassischen Vorstellungen kennen drei Quellen des Einkommens: natürliche Ressourcen, menschliche Arbeitskraft und investiertes Kapital. Während die Wertminderung von Gebäuden, Anlagen und Maschinen selbstverständlich als Aufwand bzw. als Kosten verbucht und in Form von Abschreibungen berücksichtigt wird, gilt dies für die natürlichen Ressourcen nicht in gleicher Weise. Der Verbrauch jeder Einkommensquelle wird normalerweise als Belastung vom gegenwärtigen Einkommen abgeschrieben, weil man die Wertschaffungsmöglichkeiten (Aktivposten) kürzt. Dadurch wird berücksichtigt, daß man für die nächste Periode rein rechnerisch nur dann das gleiche Ergebnis wie in der letzten Periode erwarten kann, wenn die unvermeidliche Wertminderung der Quellen des Einkommens durch einen entsprechenden Aufwand ausgeglichen wurde. Wird ein solcher Aufwand nicht getrieben, so würde die Bilanz entsprechende Verluste an Produktivvermögen ausweisen, die von den erzielten Gewinnen abzuziehen sind, wenn die tatsächliche Leistungsfähigkeit ermittelt werden soll. Wurde die Wertminderung dagegen ausgeglichen, so enthält die Bilanz die entsprechenden Kosten. Durch ein solches Verfahren gewinnt man ein genaues Bild der Produktivität.

Im Falle natürlicher Ressourcen wird die Wertminderung allerdings kaum berücksichtigt. Das kann bei Ländern, die von ihren Naturvorkommen leben, zu einer absoluten Fehleinschätzung der Lage führen. Für ein Land, das vom Holzexport lebt, muß das Dahinschwinden der Waldfläche Signalwirkung haben. Wenn ein Land vor allem Landwirtschaft betreibt, können Bodenerosion oder nachlassende Bodenqualität schlechte Zeiten ankündigen. Auch Fischbestände müssen in den Kalkulationen der volkswirtschaftlichen Gesamtrechnung Berücksichtigung finden, weil richtige Entscheidungen nur auf der Basis korrekter Informationen getroffen werden können.

---

[19] Robert Repetto: Die Bewertung natürlicher Ressourcen; Spektrum der Wissenschaft, August 1992, S. 36-42

Eine Einschätzung des Wertes natürlicher Ressourcen mag wohl mit einigen Schwierigkeiten verbunden sein, ist aber nichtsdestoweniger dringend geboten, schon um die Aufmerksamkeit der Öffentlichkeit auf wichtige Sachverhalte zu lenken.

* * *

Wir wechseln jetzt das Thema und kommen zum *Handel*. Die eben diskutierten Probleme der Entwertung und Vernichtung der natürlichen Ressourcen und die mit dem Handel im Zusammenhang stehenden haben freilich einiges miteinander gemein: Zum einen reichen die Anfänge weit zurück. Der Erfolg und das Wachstum des Erfolges haben stetig zugenommen. Führt man allerdings, und das ist das eigentlich Unangenehme, die *allzeit* erfolgreiche Strategie fort, so schlägt sie mit einem Mal ins Negative um. (Es kann einem wirklich den Abend verderben...) Doch bevor dies zur Sprache kommt, wird der unverkennbare Nutzen des Handels aufgezeigt. In der Tat ist Handel etwas Vorteilhaftes und nicht nur für die Händler profitabel. Durch den Handel kommen die Menschen in den Genuß von Waren, die sie vorher nicht hatten, vielleicht sogar nicht einmal kannten oder einfach selbst nicht herstellen konnten oder wollten. Die Verwendung von Geld macht den direkten Austausch von Waren überflüssig. Handel ist in hohem Maße nützlich und kulturbildend.

Infolge von Handelsbeziehungen wechseln nicht nur Waren ihre Besitzer, sondern es können handfeste ökonomische Vorteile für beide Seiten entstehen. Oft sind nämlich die Produktionskosten für das gleiche Produkt in verschiedenen Regionen unterschiedlich hoch. Sind die Produktionskosten für das Produkt A zum Beispiel im Land ALPHA geringer als im Land BETA, so wird das Land BETA eher ein Produkt B produzieren, bei der die Relation der Kosten genau umgekehrt ist, dieses ins Land ALPHA exportieren, um dafür das Produkt A einkaufen zu können. Das Land Alpha produziert das Produkt A, exportiert es ins andere Land und importiert das Produkt B. Aufgrund der Unterschiedlichkeit der Produktionskosten in den einzelnen Ländern ist es für alle günstiger, nur diejenigen Waren selbst zu produzieren, die im eigenen Land geringe Produktionskosten verursachen, diese zu exportieren, um dafür andere Waren importieren zu können, die wiederum nur woanders kostengünstig produziert werden können. Dies ist die Logik des *komparativen Kostenvorteils*, die der Ökonom David Ricardo (1772 - 1823) formulierte. Man könnte Handel also als etwas ansehen, das Teil der Erweiterung der Arbeitsteilung ist und diese erst ermöglicht. Deshalb gehörte es immer zur Strategie wirtschaftlichen Erfolgs, den *freien* Handel zu garantieren.

Es ist nicht unerheblich, ob der Handel innerhalb von Städten, Regionen, Ländern, Kontinenten erfolgt oder sogar die ganze Welt umfaßt. Namentlich der internationale Handel kommt immer wieder ins Gerede. Es wird sogar ernstlich diskutiert, ob die Nachteile eines allzu freien internationalen Handels nicht die Vorteile überwiegen.[20] Dies mag fürs erste überraschend klingen. Im sozialen und im ökologischen Bereich entstehen jedoch beträchtliche Risiken und Kosten, die fälschlicherweise in aller Regel nicht mit dem Handel in Zusammenhang gebracht werden, nichtdestoweniger aber von der Allgemeinheit zu tragen sind. Um Mißverständnissen vorzubeugen, möchte ich gleich betonen, daß es natürlich nicht sinnvoll sein wird, den Welthandel abzuschaffen. Trotzdem scheint es dringend geboten, dessen Umfang und die Konditionen neu zu regeln. Die aktuellen Bemühungen der Politiker und transnationalen Konzerne zur *Deregulierung* des Welthandels (GATT[21]) gehen jedenfalls in eine falsche Richtung.

Dem wirtschaftlichen Vorteil des Handels infolge der unterschiedlichen Produktionskosten stehen Aufwendungen gegenüber. Nicht alle Kosten schlagen aber vollständig beim Handeltreibenden zu Buche. Der internationale Warenverkehr verursacht erhebliche Transportkosten, die zu einer Zunahme des Ölverbrauchs und den damit verbundenen ökologische Schäden führen. Besonders für die USA war ein „Schutz" der Einflußsphären im Interesse der eigenen Wirtschaft immer mit hohen Militärausgaben verbunden. Wie man am Beispiel des Golfkrieges (USA gegen Irak) sieht, werden auch Kriege geführt, um die Ölversorgung abzusichern. All diese Kosten werden der Allgemeinheit aufgebürdet, unabhängig davon, wer als Verbraucher Nutznießer dieses Handels ist. Für viele Staaten bedeutet die Internationalisierung des Handels größere Abhängigkeit und große Schulden. All dies deutet auf verborgene soziale und ökologische Kosten des deregulierten Handels hin.

Seitdem Deutschland zum größten Binnenmarkt der Welt gehört, keimt bei vielen Bürgern der Verdacht, daß es sich bei der europäischen Integration um eine Mogelpackung handelt. Ein deregulierter Handel erhöht natürlich auch den Druck auf die eigene Wirtschaft, die Kosten zu senken. Dadurch kommen dann Standards für Umweltschutz, Arbeitsschutz sowie Maßnahmen der Gesundheits- und Altersvorsorge in Bedrängnis, werden in Frage gestellt bzw. gehen kaputt. Das gilt natürlich in viel stärkerem Maße für den internationalen Handel, wo die Partner viel ungleicher sind. Neben den sozialen Errungenschaften kann letzten Endes die Rechtsordnung des Staates auf dem Spiel stehen, denn das, was im Lande vereinbart wurde, gilt international keinesfalls. Bis heute gibt es keine dem innerstaatlichen Recht

---

20   Herman E. Daly: Die Gefahren des freien Handels; Spektrum der Wissenschaft, Januar 1994, S. 40-46

21   GATT: General Agreement on Tariffs and Trade (Allgemeines Zoll und Handelsabkommen, gegründet 1947)

vergleichbare internationale Ordnung. Innerhalb der Staaten sorgen riesige Apparate dafür, daß die Produzenten ihre Kosten durch Erhöhung der Wirtschaftlichkeit senken und nicht dadurch, daß sie am Umwelt-, Arbeits- oder Gesundheitsschutz sparen. Auf internationaler Ebene gibt es bisher keine Gremien, die diese Aufgaben übernehmen. Im Gegenteil: Die Vereinbarungen zur Deregulierung des internationalen Handels (GATT) verbieten es den Ländern, sich zu schützen. Es gibt ganz wenige Ausnahmen, bei denen die Erhebung von „Straf"-zöllen erlaubt werden kann.

Die Produktion ist in Ländern billiger, in denen die ökologischen und sozialen Standards gering sind. Dadurch entsteht der Druck, die höheren Standards abzubauen. Es gibt jedoch keinen Beweggrund, solche Standards auf der anderen Seite zu verbessern. Dadurch verlieren alle, wie gleich noch näher erläutert wird. Die entstehenden ökologischen und viele der sozialen Folgekosten werden der Allgemeinheit aufgebürdet (externalisiert) und nicht in die ökonomische Kostenrechnung einbezogen (internalisiert). Das ist nicht nur ökonomisch unklug, sondern auch auf lange Sicht verderblich. Warum haben viele Wirtschaftswissenschaftler Probleme, diese allgegenwärtigen Effekte nachvollziehen zu können und zu verstehen? Die Antwort ist eigentlich einfach: Viele der Phänomene passen nicht zur klassischen Theorie des komparativen Kostenvorteils, derzufolge beim Handel ja *alle* Beteiligten reicher werden. In der Tat sind einige der angesprochenen Punkte nicht durch die Logik des Handels im eigentlichen Sinne erklärbar. Aber den Handel, den Ricardo im Auge hatte, gibt es eben kaum noch. Die Bedingungen des Warenverkehrs haben sich entscheidend gewandelt.

Während die klassische Theorie von festen Produktionsfaktoren ausgeht und die Warenbewegung unter diesen Bedingungen untersucht, sind heute die Produktionsfaktoren ebenso beweglich wie die Waren. In wenigen Sekunden können heute Dollarmilliarden von einem Ende der Erde zur anderen transferiert werden. Ein paar Buchungen können eine Wirtschaftskatastrophe auslösen oder aber einer Region ein Aufblühen bescheren. Die *Beweglichkeit des Kapitals* hat die Welt entscheidend verändert, und der internationale Warenverkehr muß vor diesem Hintergrund gesehen werden. Es muß an dieser Stelle darauf hingewiesen werden, daß die große Beweglichkeit der Vermögen selbst eine Folge der Deregulierung der Kapital*märkte* ist. Nach der Abschaffung der Kapitalverkehrskontrollen sind dem Handel dort keine Grenzen mehr gesetzt. Doch zurück zum Markt der Güter und Dienstleistungen. Die durch diese neue Situation entstandenen Vorteile für große, international agierende Unternehmen liegen auf der Hand: Große Zonen mit dereguliertem Handel schaffen die Möglichkeit, sich der Verantwortung der Allgemeinheit gegenüber zu entziehen. Es wird immer schwerer, ein Unternehmen national zur Rechenschaft zu ziehen. Der Konzern kann notfalls immer ausweichen. Meist reicht die Drohung, sich in der entsprechenden Region nicht mehr oder weniger zu engagieren, völlig aus, um sicherzustellen, daß das Unternehmen mit keinen ernstlichen Konsequenzen zu rechnen hat. Die Beweglichkeit der Produktionsfaktoren, insbesondere des Kapitals, ermöglicht den Konzernen außerdem die räumliche Trennung von kostenintensiven und gewinnbringenden Standorten. Damit entziehen sie sich in gewisser Weise der gewohnten Logik der Marktwirtschaft. Die Firmen müßten nämlich ihren Arbeitern *eigentlich* so viel zahlen, daß ihr Lebensstandard ausreicht, um als Konsument den Absatz gewährleisten zu können. Denn darauf beruht die ganze Marktwirtschaft.

Die Sonntagsreden der Marktwirtschaftler vermitteln uns ein Bild, das nicht ganz vollständig ist. Infolge der Beweglichkeit der Produktionsfaktoren, insbesondere des Kapitals, greift nämlich die Logik des komparativen Kostenvorteils nicht mehr ganz. Doch werfen wir noch einmal einen Blick auf die herkömmliche Argumentation: Der Warenverkehr muß gegenseitig sein. Um Geschenke oder Kredite kann es sich auf Dauer nicht handeln. Jedes Land ist um einen Ausgleich seiner Handels- bzw. Zahlungsbilanz bemüht. Dieser Ausgleich braucht in der Regel nicht bilateral zu sein. Definierte Wechselkurse spielen beim internationalen Handel eine wichtige Rolle. Oft versucht man, durch deren Korrektur, also durch Auf- oder Abwertung einer Währung, ein außenwirtschaftliches Ungleichgewicht zu beseitigen.[22] Doch wie beeinflußt der Warenverkehr nun die Produktion? Die Produktion eines Produkts wird dort *ausgeweitet*, wo die Produktionskosten im Vergleich niedriger sind. Die Produktion kann in dem Maß ausgeweitet werden, wie andere dieses Produkt abnehmen. Diese schränken die eigene Produktion ein und „bezahlen" mit einem anderen Produkt, welches in ihrem Land billiger produziert werden kann. Solche Verlagerungen bzw. Umstellungen der Produktion werden im gegenseitigen Austausch vollzogen und gehen daher nicht zu Lasten einer Seite. Sie führen lediglich zu einer Spezialisierung der einzelnen Länder auf Produkte, die hier *relativ* billig produziert werden können. Insgesamt werden die Produktionskosten gesenkt, wozu die internationale Konkurrenz auf dem Markt ein übriges beiträgt. Der Handel bringt also für alle Beteiligten Vorteile. Das folgt scheinbar unausweichlich aus der Logik relativer Kostenvorteile. Doch leider sieht die Realität etwas anders aus.

---

[22] Es soll nicht der Eindruck entstehen, außenwirtschaftliches Ungleichgewicht wäre der Anlaß der zahlreichen Stützungmaßnahmen durch die Notenbanken. Die plötzlichen Stützungskäufe der Notenbanken sind vielmehr Reaktionen auf Verschiebungen milliardenschwerer Spekulationsvermögen, die einzelne Währungen massiv unter Druck zu setzen vermögen. Durch Ausnutzung der anschließenden Kurskorrektur entstehen Spekulationsgewinne, die die Milliardengrenze überschreiten können.

Bei solchen Überlegungen wird vorausgesetzt, daß sich die Produktionsfaktoren nicht einfach wie die Waren von einem Land ins andere bewegen können. Es gibt demnach zwar Wanderungen von Arbeitskräften und eine allseitige Weiterentwicklung der Produktionsmethoden. Davon abgesehen bleiben die Produktionsfaktoren einem Land aber gleichbleibend erhalten. Die Theorie unterstellt also, daß ein Land die Produktion eines seiner Produkte im wesentlichen dann einschränkt, wenn es günstiger ist, seine Produktionsfaktoren in ein anderes, erfolgreicheres Produkt zu investieren. Ein ausländischer Anbieter kann eine solche Verminderung der Produktion auch herbeiführen, wenn er das billigere Produkt in dieses Land exportiert. Da der Export eigene Ressourcen bindet, muß das exportierende Land eine Gegenleistung verlangen. Diese Gegenleistung kann letzten Endes nur darin bestehen, daß es wiederum ein Produkt einführt, das das erste Land zum Ausgleich in gesteigerter Menge produziert. Beide Länder haben ihr Produktionsvolumen beibehalten können. Durch die Spezialisierung haben beide ihren Vorteil. Die wesentliche, oft vergessene Voraussetzung für den allgemeinen Vorteil durch freien Handel ist jedoch die Unbeweglichkeit der Produktionsfaktoren. In einer Zeit, in der Milliarden von Dollars in Minutenschnelle den Erdteil wechseln, ist einer der wichtigsten Produktionsfaktoren, das Kapital sehr beweglich geworden. Das ändert alles. Würde auf diese Art das Kapital einer Firma verschwinden, so würde die Produktion von einer Minute auf die andere stillstehen. Wegen der Beweglichkeit des Kapitals muß die Produktion nicht mehr dem Kostenvorteil folgend *umverteilt* werden, sie kann theoretisch vollständig in dasjenige Land verlagert werden, in dem die Produktionskosten in der Summe, also *absolut* geringer sind als in anderen Ländern. Damit ist es mit den vielgepriesenen Vorteilen für *alle* vorbei. Ein vollständig deregulierter und in diesem Sinne freier Handel ist kaum erstrebenswert. Er nützt nur den international tätigen Konzernen und den Kapitalverschiebern.

Daß das Hochlohnland dann auch irgendwann als Absatzmarkt wegbricht, wenn die Produktion in weniger reiche oder arme Länder wandert, führt die Sache ad absurdum. Man könnte nun annehmen, daß eine solche sich anbahnende Nivellierung wenigstens für die Entwicklungsländer von Vorteil sein müßte. Dem ist nicht so. Auch sie sind zu Spielbällen der transnationalen Konzerne geworden. Der deregulierte Handel bringt einen Verlust an Autonomie mit sich. Der eigenen Politikgestaltung sind sehr enge Grenzen gesetzt. Doch das Korsett drückt auch an anderen Stellen. Die hochgradige Spezialisierung engt nämlich generell die Möglichkeiten ein, auf veränderte Rahmenbedingungen reagieren zu können. Ist die Wirtschaft einmal stark spezialisiert, ist man auf Importe bzw. Exporte angewiesen und kann unter diesen Umständen kaum die Bedingungen bestimmen, unter denen der „freie" Welthandel abläuft. Nicht vergessen sollte man, daß die Spezialisierung auch die Beschäftigungsmöglichkeiten im Lande einschränkt. Das gilt nicht nur für den Umfang, sondern auch für die Art der Beschäftigung. Ich möchte in keinem Land leben, in dem 90% der Menschen Bananen anbauen, Vieh züchten, Möbel bauen oder Computer herstellen. Man stelle sich ein Alltagsgespräch in einem dieser vier Länder vor... Aber von der kulturbildenden Funktion der Arbeit war schon die Rede.

Allgemeines Wohlstandswunder durch den totalen Markt mit absolut freiem Handel? Es sollte uns zu denken geben, daß die erfolgreichen asiatischen Staaten genau das Gegenteil tun.

Aufwandsgrößen als Erfolgsmesser

Dieses erste Kapitel über wirtschaftliche Zusammenhänge soll mit einer kurzen Betrachtung darüber abgeschlossen werden, welcher Hilfsmittel wir uns bedienen, um die Leistungen innerhalb eines Wirtschaftsraumes einzuschätzen.

Sozialprodukte sind Kenngrößen, die durch Methoden der volkswirtschaftlichen Gesamtrechnung ermittelt werden, die wiederum auf einer Kreislaufbetrachtung beruhen. Dabei bedient man sich eines Kontenschemas. Transaktionen, also Bestandsänderungen, der funktional, institutionell oder regional entsprechend zusammengefaßten Teilnehmer am Wirtschaftsleben werden ähnlich wie in einem Unternehmen buchhalterisch erfaßt. Es ist klar, daß eine solche Aufsummierung eine für alle Arten von Transaktionen gleiche Maßeinheit erfordert. Verschiedene Dinge auf einen gemeinsamen Maßstab zu bringen, heißt, sie zu *bewerten*. Die Maßeinheit der industriellen Wirtschaft ist das Geld. Als Maßstab dienen in der Regel die Marktpreise, manchmal „bereinigt" um Steuern und Subventionen. Das in der politischen Argumentation am häufigsten verwendete Sozialprodukt ist das Bruttosozialprodukt[23]. Die Vorsilbe „brutto" bedeutet hier, daß alle Investitionen als geschaffene Werte eingerechnet wurden. Bei den Nettogrößen sind Abschreibungen abgerechnet. Neben dem Bruttosozialprodukt wird oft auch das Bruttoinlandsprodukt angegeben, das den geographischen Grenzen der Volkswirtschaft Rechnung trägt. Seltener wird das Inländerprodukt verwendet, bei dem die Inländer auch im Ausland Werte schaffen dürfen. Die wirtschaftstheoretischen Details sind im folgenden jedoch von geringerem Interesse.

Das Bruttosozialprodukt ist die Summe aller nach Marktpreisen bewerteten produzierten Güter und verrichteten Dienstleistungen innerhalb eines Jah-

---

[23] im Lexikon siehe unter: Kreislauftheorie, volkswirtschaftliche Gesamtrechnung und Sozialprodukt

res. Eine gesellschaftliche Aktivität trägt also nur dann zum Bruttosozialprodukt bei, wenn sie in irgendeiner Weise bezahlt wird. Das bedeutet, daß das Bruttosozialprodukt nur dann ein relevantes Maß für die Aktivität einer Gesellschaft ist, wenn Produktion und Konsumtion ausschließlich über den *Markt* in Beziehung treten, also weitgehend voneinander getrennt sind.[24] Dies wiederum ist ein Kennzeichen der Industriegesellschaft. Eine Subsistenzwirtschaft, in der nur ein geringer Teil der Güter über den Markt ausgetauscht wird, erzeugt nur ein entsprechend geringes Bruttosozialprodukt. Nach unseren heutigen Vorstellungen wäre die Aktivität dieser Gesellschaft also gering. Ähnlich ginge es einer typisch dörflichen Struktur.

Wenn wir also das Bruttosozialprodukt zum Gradmesser der Leistungsfähigkeit unsrer Gesellschaft machen, schließen wir viele der durchaus sinnvollen Aktionen nur deshalb aus dem Kreis der wertvollen Beiträge zum Gemeinwohl aus, weil sie keinen allgemeinen Marktwert besitzen, also nicht als Ware der Allgemeinheit feilgeboten werden, obwohl sie im Effekt vielleicht ebenso *nützlich* sind. Schlimmer noch: Bei genauerem Hinsehen erweist sich unser Gradmesser als blind gegenüber dem wirklichen *Wert*. Wenn jemand sein Auto bei einem vielleicht noch fahrlässig verursachten Verkehrsunfall demoliert, wobei noch ein Mensch schwer zu Schaden kommt, so trägt er wesentlich zum Bruttosozialprodukt bei. Das Auto muß repariert und der Verletzte versorgt werden. Außerdem beschäftigt ein Rechtsstreit vielleicht noch diverse Anwälte. Wenn es nicht makaber wäre, könnte man sich über den damit verbundenen Cash-Flow freuen. Das sichert Arbeitsplätze, oder? Nun, das krasse Beispiel zeigt zunächst, daß das Bewertungssystem nicht stimmt.

Stellt man fiktiv eine Subsistenzwirtschaft einer absoluten Marktwirtschaft gegenüber, so müssen die Angehörigen der ersteren keineswegs so schlecht versorgt sein, wie es der Unterschied der Sozialprodukte vermuten ließe. Außerdem können Selbstversorgung und Selbsthilfe viel effektiver und billiger sein, als wenn alles und jedes erst den Umweg über den Markt nimmt. Das gilt für den Konsumenten selbst wie für die Wirtschaft insgesamt. Natürlich können und wollen wir unsere Wirtschaftsweise nicht völlig ändern. Sie muß aber nicht dazu führen, daß auf sich gestellte Erziehung der Kinder, Gemüse im eigenen Garten, selbständige Reparatur von Haushaltgeräten usw. nur noch eine marginale Rolle spielen können. Es könnte gut und gerne sein, daß sich hinter einem großen Teil des Bruttosozialproduktes nur ein *Aufwand* verbirgt. Wenn dies so ist, wäre es fatal, der Größe des Bruttosozialproduktes einen allzu hohen Wert beizumessen oder gar politische Entscheidungen allein darauf zu stützen.

---

[24] Klaus Traube: Wachstum oder Askese? Kritik der Industrialisierung der Bedürfnisse; Rowohlt Taschenbuch Verlag GmbH, Hamburg, 1979

Auch in anderen Bereichen orientieren wir uns an *Aufwandsgrößen* statt am Erfolg. Die Bezahlung von Anwälten ist dafür nur ein Beispiel. Lange und aufwendige Rechtsstreitigkeiten kommen ihnen natürlich entgegen (bzw. umgekehrt), wenn sie dafür bezahlt werden. Niemand wird behaupten, daß die Aufgabe eines Anwalts darin besteht, Rechtsstreitigkeiten durchzuführen. Er soll vielmehr dafür sorgen, daß man sein Recht erhält. Dafür wird er bestellt. Alles andere ist *seine* Tätigkeit. Daß das eine mit dem anderen zusammenhängt, ändert nichts an der Tatsache, daß die Arbeitszeit des Rechtsanwalts nur einen unerwünschten Aufwand darstellt, während der Nutzen seiner Arbeit allein dann erreicht ist, wenn der Rechtsstreit einen für den Klienten günstigen Ausgang genommen hat. Natürlich spielen Dienstleistungen eine Sonderrolle. Und doch sind andere Modelle denkbar. Besonders hilfreich wären Änderungen im Gesundheitswesen. Der Übergang von einer aufwandsorientierten Bezahlung zu einer, die sich am Gesundheitszustand ausrichtet, würde nicht nur die Kosten deutlich senken, sondern könnte auch dazu beitragen, den allgemeinen Gesundheitszustand zu verbessern. Allgemein sollten wir uns davor hüten, uns von Aufwandsgrößen leiten zu lassen, und vielmehr nach dem wirklichen *Nutzen* fragen. Das gilt auch oder gerade für die Wirtschaft. Hier könnte marktwirtschaftliches Denken helfen, den tatsächlichen „Output" zu vergrößern.

Primäre Mechanismen und einige Konstruktionsfehler

Das folgende Kapitel versucht, von den Phänomenen zu einigen zentralen Wirkungsmechanismen vorzustoßen und das innere Gefüge der Wirtschaft etwas zu beleuchten. Zunächst werden wesentliche Marktmechanismen analysiert, also jene Wechselbeziehungen zwischen den einzelnen Wirtschaftsteilnehmern, bei denen über Art und Umfang der Produktion und die Verteilung ihrer Ergebnisse entschieden wird. Dabei werden auch die Problemkreise Wachstumszwang und Arbeitslosigkeit diskutiert. Marktwirtschaft ist bekanntlich eine Strategie, bessere Lösungen hervorzubringen und diese zuungunsten weniger guter Resultate zu verbreiten. Die Entwicklung des Bestmöglichen ist aber nur dann zu erwarten, wenn die Märkte genügend offen sind. Diese Offenheit ist gefährdet, wenn es einzelnen Unternehmen gelingt, den Markt für eine bestimmte Warengruppe zu dominieren. Deshalb wird der Frage nachgegangen, wie marktbeherrschende Positionen entstehen. Monopole stören bzw. beseitigen die konstruktive Konkurrenz und schaden damit der Allgemeinheit. Die Tragweite von Monopolstellungen auf dem Gütermarkt ist im Detail umstritten, und auch die beschriebenen Marktmechanismen werden nicht von jedem gleich interpretiert. Wie man es im einzelnen auch sehen mag, meines Erachtens berühren solche Betrachtungen noch nicht den Kern der Sache.

In den sich anschließenden Abschnitten geht es gewissermaßen ans Eingemachte, was nicht bedeuten soll, daß jetzt verstaubte Thesen vorgetragen werden. Eine Monopolsituation ist dadurch gekennzeichnet, daß der Anbieter das Geschehen auf dem Markt diktiert, während sich der Nachfragende fügen muß. Eine solche Konstellation finden wir, durch althergebrachte, uns allen selbstverständlich erscheinende Regelungen bedingt, beim Boden und beim Geld vor. Der monopolistische Charakter dieser Ressourcen wirkt sich deshalb so gravierend aus, weil es sich hierbei um elementare Voraussetzungen für jede Art von Wirtschaftstätigkeit im heutigen Sinne handelt. Doch dazu später ausführlich.

Marktwirtschaft

Gegenstand ökonomischen Handelns und Denkens sind nur solche Güter, die *knapp* sind. Wer Güter zum Verkauf anbietet, die allen frei zur Verfügung stehen, wird damit nicht sonderlich erfolgreich sein. Schon diese ebenso einfache wie nüchterne Tatsache erklärt, warum allgemein verfügbare Ressourcen, wie die Luft zum Atmen, in der ökonomischen Betrachtung gar nicht auftauchen bzw. erst dann Berücksichtigung finden, wenn sie soweit in ihrer Qualität beeinträchtigt sind, daß sie knapp geworden sind. In diesem Sinne entspricht es völlig der ökonomischen „Vernunft", wenn in den USA die Luftreinhaltung dadurch gefördert werden soll, daß der Staat einen Handel mit Umweltverschmutzungsrechten in Gang setzt, deren Quoten so gewählt werden müssen, daß die Emissionsrechte knapp sind, also dem momentanen „Bedarf" nicht entsprechen. Im gesamten Bereich des Umwelt- und Ressourcenschutzes ist es stets der Staat, der als Vertreter oder Anwalt der öffentlichen Interessen die Wirtschaft zwingt bzw. zwingen muß, die Begrenztheit unserer Ressourcen zur Kenntnis zu nehmen und entsprechend zu handeln. Das gilt in ähnlicher Weise auch für kulturelle Werte und soziale Belange in der Gesellschaft. Das wirtschaftliche Management kann meist selbst dann nicht entsprechend reagieren, wenn es eine die eigene Produktion bedrohende Verknappung einer „Ressource" erkannt hat: Eine Reaktion würde Aufwand erfordern, der in der Regel einen Wettbewerbsnachteil bedeuten würde, da nicht alle Teilnehmer am Wirtschaftsleben gleichzeitig reagieren. Der Erfolg eines Unternehmens wird aber kurz- oder mittelfristig entschieden. Präventive Maßnahmen kämen also allenfalls für solche Unternehmen in Frage, die ohnehin über einen langen Atem verfügen. Gäbe es solche Unternehmen aber in ausreichendem Maße, so würde das wiederum bedeuten, daß die Marktwirtschaft keine echte ist. Liberalismus in der Wirtschaft führt also keineswegs zur Ressourcenschonung und leider immer zur Externalisierung der für die Wiederherstellung der Ressourcen notwendigen Kosten. Je „härter" der Markt, desto kurzfristiger sind die Reaktionen der Teilnehmer am Wirtschaftsleben angelegt. Es ist eine bekannte Tatsache, daß man sich Umweltschutz nur dann „leistet", wenn der Überfluß es zu „erlauben" scheint. Hier müssen wir in unserer Rolle als Produzent, Konsument und als Staatsbürger dafür sorgen, daß auch unsere Kinder und Enkel ein Leben in einem funktionierenden Gemeinwesen führen können.

Die Marktwirtschaft hat in vielem Ähnlichkeiten mit der natürlichen Evolution. Beide folgen keinem Plan. Sie sind nicht final, sie verfolgen kein höheres Ziel. Sie machen „nur" aus der aktuellen Situation das Bestmögliche. Beide entwickeln (sich), indem sie vollendete, keineswegs aber vollkommene Tatsachen schaffen, die nicht mehr rückgängig zu machen sind. Allem Anschein zum Trotz reagieren sie mehr als sie agieren; sie entwickeln mehr, als daß sie gestalten. Der Zeithorizont, in dem sie zur Korrektur fähig sind, ist gering im Vergleich zu dem Zeitraum, in welchem sie stattfinden. Aus diesen Gründen rennen sie beide blind in Sackgassen. Die Blindheit der biologischen Evolution braucht uns aber auch nicht zu schrecken: das Zeitmaß, in welchem hier wesentliche Veränderungen vor sich gehen, ist in der Regel so groß, daß „Fehler" das Leben unserer Kinder und Enkel nicht gefährden.

Schließlich können wir aber von der Evolution lernen: Wir können zurückverfolgen, wie die natürliche Evolution es geschafft hat, so weit zu kommen. Sie gleicht ihre Blindheit durch lange Testphasen, behutsame Veränderung, wirksame Kontrolle und die Gleichzeitigkeit sehr verschiedener Ansätze aus. Andersherum kann es uns durchaus trösten, daß selbst die perfekt erscheinende Natur nicht makellos ist. Darüber sollten wir nicht vergessen, daß die Marktwirtschaft eben auch nur bemüht ist, aus dem aktuell Gegebenen das *Nächst*beste zu entwickeln. Obwohl sie diese Aufgabe vergleichsweise gut erfüllt, sind Sackgassen nicht ausgeschlossen, sondern wahrscheinlich. Die Auswirkungen sind fatal, wenn die Diversität gering ist, wir also weltweit in dieselbe Richtung rennen. Aufgrund ihrer Wirkungsmechanismen bietet die Marktwirtschaft keine Garantie für Beständigkeit und die Entwicklung „höherer" Werte. Vielerorts werden die Defizite von „Marktwirtschaft pur" sehr wohl erkannt, und man ist, besonders im erfolgreichen Deutschland, bemüht, die Marktwirtschaft um die Attribute „sozial" und „ökologisch" zu erweitern. Doch werfen wir zunächst einen weiteren Blick auf das Erfolgsrezept der Marktwirtschaft.

Bei allen berechtigten Klagen haben die meisten Menschen in den industrialisierten Ländern ausreichend materielle Mittel zur Verfügung. Die für viele knappste Ressource ist die Universalressource Geld, das in der Tat sehr ungleich verteilt ist. Dessenungeachtet kommen alle Teilnehmer am Wirtschaftsleben in den Genuß des Vorteils eines allgemeinen Tauschmittels. Zunächst einmal fördert ein allgemein anerkanntes Zahlungsmittel die Arbeitsteilung und damit die Produktivität. Die Angebote an Waren sind vergleichbarer. Durch den leichteren Handel wächst die Freude am Produzieren. Die Lagerhaltung vereinfacht sich: Statt selbst Vorräte zu halten, bildet man finanzielle Rücklagen. Gesamtgesellschaftlich werden dadurch weniger Waren vorrätig gehalten. Für den Konsumenten ergeben sich auch eine Reihe von Vorteilen. Er kann ebenfalls sparen und sich in Ruhe das beste Produkt aussuchen. Auf der anderen Seite führt die allgemeine Einführung des Geldes dazu, daß der Geldbesitz zur Existenznotwendigkeit wird. Zur Gründung einer wirtschaftlichen Existenz braucht man Geld. Das bekommt man nur, wenn man entsprechende Sicherheiten bietet. Wer kann solche Sicherheiten vorweisen? Die Einführung des Geldes zementiert also die Einteilung in Arbeitnehmer und Arbeitgeber. Doch um Geld soll es hier nicht primär gehen. Dafür ist ein gesondertes Kapitel reserviert. Der kaum zu überschätzende Nutzen, den die Einführung und Verbreitung eines universellen Tauschmittels erbringt, sollte nur nicht über das Vorhandensein einer Schattenseite hinwegtäuschen. Das gilt in gleicher Weise auch für die Technik. Auch hier fällt uns zuerst Positives ein. Die Technik dient dem Ziel, mit weniger Aufwand einen möglichst großen Ertrag zu erbringen. In der gewonnenen Zeit kann der Mensch mehr produzieren oder sich anderweitig betätigen. Auch kann die Qualität durch den Einsatz von Technik steigen. Viele Produkte sind sogar nur unter Einsatz moderner Technik herstellbar usw. Auf der anderen Seite bringt die Einführung einer neuen Technik oft Gefahren mit sich, die bei deren Einführung so noch gar nicht absehbar waren. Ein stärker ausgeprägtes Bewußtsein der Ambivalenz der von uns benutzten Praktiken würde uns helfen, mit ihren negativen Folgen besser fertigzuwerden. Das gilt auch für die scheinbar so harmlosen Prinzipien der Marktwirtschaft.

Eine Marktwirtschaft kann sich erst durch die Einführung eines allgemeinen Tauschmittels allgemein etablieren. (Das soll nicht etwa heißen, daß sich Wirtschaft durch Tauschvorgänge erklären ließe.) Im folgenden wollen wir uns ein vereinfachtes (!) Bild der Vorgänge auf den Märkten machen. Das Funktionieren der Marktwirtschaft läßt sich daran ablesen, inwieweit *Angebot und Nachfrage* durch die sogenannten Marktkräfte in Übereinstimmung gebracht werden können. Wichtigste Regelgröße sind nach der Theorie hierbei die veränderlichen Marktpreise, die im Idealfall über den Gestellungskosten des Produzenten und unter dem Wert liegen, den der Konsument dem Gut beimißt. Unter diesen Bedingungen ist der Markt stabil (im dynamischen Gleichgewicht), und alle Partner haben ihren Vorteil. Hauptaufgabe der Marktwirtschaft ist es also, eine Gleichgewichts-*Preis-Mengen-Kombination* hervorzubringen, bei der die Anbieter genau die Menge zu einem bestimmten Preis anbieten, die die Konsumenten zu diesem Preis zu kaufen gewillt sind. Bieten die Anbieter weniger an, als die Konsumenten zu verbrauchen gewillt sind, steigt der Preis, und die Produzenten werden daraufhin versuchen, ihr Angebot auszuweiten. Bieten die Produzenten dagegen mehr an, fällt der Preis, was die Konsumenten veranlaßt, mehr zu kaufen. Die beiden eben geschilderten Fälle sind:

1) Angebot < Nachfrage → Preis ↑ → Angebot ↑

2) Angebot > Nachfrage → Preis ↓ → Nachfrage ↑

Man sieht zunächst, daß die Preistendenz (Preis: P) als Regelabweichung dazu führt, Angebot (A) und Nachfrage (N) in Übereinstimmung zu bringen ($P \propto N - A$). (Der Preis dient den Produzenten und Konsumenten als wichtiger Indikator und als Orientierungshilfe für ihre Entscheidung, Angebot bzw. Nachfrage zu beeinflussen. Der Preis wird nur in Ausnahmefällen direkt durch Steuern bzw. Subventionen beeinflußt.) Offen bleibt zunächst, ob das Angebot oder die Nachfrage der die Preisveränderung auslösende Faktor ist. Nehmen wir an, es sei im Fall 1 das Angebot und im Fall 2 die Nachfrage.

1a) Angebot ↓ → Preis ↑ → Angebot ↑ (Nachfr.=const)

2a) Nachfrage ↓ → Preis ↓ → Nachfrage ↑ (Angeb.=const)

Wird zu wenig angeboten, steigt der Preis. Das ist Anreiz, das Angebot zu erhöhen. Sinkt die Nachfrage, sinkt der Preis, und die Leute können oder wollen sich wieder mehr leisten. Auf diese Weise pegelt sich die Reaktion der Produzenten (1a) bzw. der Konsumenten (2a) ein. Natürlich beeinflussen auch beide einander. Dann wirken Angebot und Nachfrage aufeinander ein:

1b) Nachfrage ↑ → (Preis ↑) → Angebot ↑

2b) Angebot ↑ → Preis ↓ → Nachfrage ↑

Diese beiden Fälle sind für das Funktionieren der Marktwirtschaft besonders wichtig. Eine funktionierende Wirtschaft wird bemüht sein, das Angebot rasch an einen gestiegenen Bedarf anzupassen (1b). Während diese Angleichung durchaus im beiderseitigen Interesse liegt, ist dies im zweiten Fall (2b) nicht ohne weiteres klar. Warum sollen die Konsumenten, bloß weil der Preis gefallen ist, ihre knappen Mittel einsetzen, um ein ausgeweitetes Angebot abzubauen? Die Werbung assistiert hier wesentlich. Nur will nicht jeder die Zahl der Frühstückseier so einfach erhöhen oder ein Schnitzel mehr zum Mittag essen. Dann muß die Wirtschaft auf den Mechanismus 2b verzichten. Die Produkte werden dann vernichtet (jedes Jahr weltweit zum Beispiel Unmengen von Lebensmitteln; EG Wirtschaftsjahr 1993/94:

allein Obst und Gemüse im Wert von 1,2 Milliarden DM.) Solche abartigen Vernichtungsaktionen sind schädlich... - Man sieht, daß die einfache Logik des Marktes lediglich Angebot und Nachfrage in Übereinstimmung bringt (Fälle b) und Rückgänge ausgleicht (Fälle a). Ein Regelmechanismus, der Angebot und Nachfrage auf ein bestimmtes Niveau einstellt, fehlt bisher. Alle Pfeile auf der rechten Seite zeigen nach oben. Ein dynamisches Gleichgewicht, also Stabilität, kann es so nicht geben.

Man muß sich also fragen, wie Angebot und Nachfrage fallen können. Eine der wichtigen Aufgaben der Marktwirtschaft ist es, die Produkte an denjenigen Verbraucher zu übergeben, der dem Produkt den größten Wert beimißt, also den höchsten Preis zu zahlen gewillt ist. Gleichzeitig gibt es auch eine Selektion bei den Produzenten. Ein besonders deutliches Beispiel dafür ist die betriebliche Pleite. Sie kann dadurch ausgelöst werden, daß zu viele Anbieter auf den Markt drängen. Infolge eines Preisverfalls muß die Produktion dann aufgegeben werden und das Angebot wird geringer:

3a) Angebot ↑ → Preis ↓ → Angebot ↓ (oder 2b ?)

Der analoge Fall für die Nachfrage

4a) Nachfrage ↑ → Preis ↑ → Nachfrage ↓ (jedoch 1b)

ist wesentlich schwächer ausgeprägt. Das liegt einfach daran, daß die Anbieter (wenn sie dazu in der Lage sind) ihr Angebot ausweiten und die steigende Nachfrage befriedigen (siehe 1b). In der Tat ist eine einmal geschaffene Nachfrage äußerst schwer zurückzunehmen, zumal es die Anbieter selbst sind, die durch aufwendige Werbung die Nachfrage ständig anheizen. Wird die Nachfrage nämlich von sich aus geringer, so zwingt dies die Anbieter, ihre Produktion einzuschränken:

3b) Nachfrage ↓ → Preis ↓ → Angebot ↓

In diesem Fall wird das produzierte bzw. ein weiteres Gut nicht besonders benötigt. Oder die Konsumenten sind unter den gegenwärtigen Preisbedingungen nicht mehr willens oder in der Lage, die angebotenen Güter zu konsumieren. Daraufhin geht dann zeitversetzt das Angebot zurück. Obwohl die Anbieter ihr Angebot nicht von sich aus reduzieren werden, ist ein Produktionsrückgang möglich:

4b) Angebot ↓ → Preis ↑ → Nachfrage ↓

In diesem Fall ist eine Ressource ganz oder teilweise erschöpft. Beispielsweise steht ein bestimmtes Grundmaterial nicht mehr wie bisher zur Verfügung, Know-how oder Fachpersonal fehlen. Oder der Staat hat die Produktion auf ordnungspolitischem Wege untersagt oder eingeschränkt. Der Markt reagiert entsprechend. Das Sinken der Nachfrage bedeutet auch hier nicht automatisch, daß das entsprechende Gut nicht mehr gebraucht wird, sondern nur, daß die Nachfrage unter der Bedingung des aktuellen Preises nachläßt oder das Produkt nicht mehr verfügbar ist.

Das Ziel der Marktwirtschaft ist es, eine vollständige Versorgung zu gewährleisten. Deshalb wundert die auffallende Asymmetrie zwischen den Angebot und Nachfrage verstärkenden Mechanismen auf der einen Seite und den dämpfenden auf der anderen kaum. Endloses Wachstum bedeutet aber auch Verbrauch oder Entwertung von Ressourcen. Da aber *alle* Ressourcen begrenzt sind, kann unbeschränktes Wachstum nur ein böses Ende nehmen. Es wird uns gehen wie Cholerabakterien, die, wenn sie sich erfolgreich vermehren, schließlich ihren Wirt zur Strecke bringen und sich damit ihrer eigenen Existenzgrundlage berauben.[25] Es wäre äußerst schwer, schreibt Ditfurth, die Cholerabakterien davon zu überzeugen, die Vermehrung im eigenen Interesse rechtzeitig einzustellen. Diese würden nämlich mit Recht darauf hinweisen, daß „man nun schon seit 99 Generationen, also seit unausdenkbar langer Zeit, konsequent auf Vermehrung gesetzt habe und daß man prächtig dabei gefahren sei." Warum sollte auch plötzlich schlecht sein, was seit 99 Generationen, also für uns seit mehr als 2000 Jahren, gut und erfolgreich war? Wir haben weder die industrielle Produktion noch die Marktwirtschaft lange genug, als daß das Argument der Cholerabakterien zählen könnte. Dennoch tun wir so, als ob krebsartiges Wachstum Vorschrift, unausweichlich und normal sei. Ein ständig steigender Verbrauch ist aber aus prinzipiellen, kulturellen und ökologischen Gründen einfach nicht möglich.

Ist die Marktwirtschaft wirklich zum Wachstum verdammt? Den Fall 4b (Mangel, Preisanstieg, Nachfragerückgang) wird man nur als Notlage empfinden können. Mit dem Fall 3a (Überangebot, Preisverfall, Produktionseinschränkung) steht es nicht viel besser, sofern es sich nicht um Abbau einer Überproduktion handelt. Eine Produktion für die Halde ist Verschwendung und muß eingestellt werden. Die Betroffenen werden aber auch dies noch anders sehen. Anstelle von 4a (Knappheit durch erhöhte Nachfrage) schafft eine funktionierende Wirtschaft Fall 1b (Produktionssteigerung). - Bei all unseren Betrachtungen haben wir bisher einen wichtigen Aspekt außer acht gelassen: Die gesamte wirtschaftliche Tätigkeit findet unter der Bedingung statt, daß die *Effektivität der Produktion* ständig erhöht wird, d. h., selbst bei gleichbleibendem Angebot werden aufgrund der technischen Entwicklung insbesondere weniger Arbeitskräfte gebraucht. Arbeitslosigkeit bedeutet aber nicht nur ökonomische Ineffizienz, sondern zieht soziale Probleme nach sich. Fast alle Politiker bzw. Ökonomen schließen hieraus, daß

---

[25] aus: Hoimar von Ditfurth: So laßt uns denn ein Apfelbäumchen pflanzen. Es ist soweit.; Droemersche Verlagsanstalt Th. Knaur Nachf., München, 1988, S. 152-155

die beständige Entwicklung der Nachfrage Voraussetzung für die Stabilität der Gesellschaft ist. Damit fällt unser letzter Kandidat (Fall 3b, freiwilliger Nachfragerückgang) für die Wachstumsbegrenzung.

Insgesamt haben wir es mit einem ernsthaften Problem zu tun. Es scheint unter den Bedingungen einer starken Rationalisierung als natürliche Reaktion auf den Druck des Marktes nur dann ausreichend *Arbeitsplätze* geben zu können, wenn die Wirtschaft wächst. Die so angestrebte Stabilisierung der Gesellschaft wird aber sofort vollständig in Frage gestellt, wenn man an ökologische und andere Folgen denkt. Gleichzeitig gibt es (bis auf die freie Entscheidung des Konsumenten, weniger konsumieren zu wollen, Fall 3b) keinen marktwirtschaftlichen Mechanismus, der das Wachstum bremst und ein dynamisches *Gleichgewicht* ermöglicht. Um wenigstens der drohenden Massenarbeitslosigkeit zu begegnen, müssen vor allem Arbeitsplätze im öffentlichen, nicht produzierenden Bereich geschaffen werden. Das ist dann leicht durchsetzbar, wenn wir uns daran gewöhnt haben, den Reichtum einer Gesellschaft nicht vordergründig nach dem Verbrauch an materiellen Gütern zu bewerten. Aber genau das fällt unseren Wirtschaftsfachleuten naturgemäß sehr schwer, weil sie in Kategorien des Marktes denken. Viel zu selten und zu zaghaft zieht man Konsequenzen aus der Tatsache, daß das produzierende Gewerbe zwar der wichtigste *geld*schaffende, aber nicht der einzige *wert*schaffende Bereich ist. Arbeitsplätze im öffentlichen, nicht produzierenden Bereich werden aber überwiegend oder ausschließlich durch Steuern finanziert. Werden nun dort Arbeitsplätze geschaffen, während sie bei den Produzenten abgebaut werden, so bedeutet das nun wiederum, daß die *Steuerbelastung* pro Einheit produzierten Guts weiter steigen wird und steigen muß. Erhöhte Steuerbelastung für die Produzenten verringert deren Wettbewerbsfähigkeit und vernichtet, freien Handel vorausgesetzt, tendenziell Arbeitsplätze. Damit wären die gerade geschaffenen Arbeitsplätze wieder dahin.

Die erwähnten Maßnahmen zur Bekämpfung der Arbeitslosigkeit müssen von einer schrittweisen *Steuerreform* begleitet werden. Die Erhebung von Steuern dient nicht nur der Deckung des Finanzbedarfs des Staates, sondern verfolgt oft auch den Zweck, den Besteuerten zu einem bestimmten Verhalten zu drängen (Ordnungssteuer). Auch wenn eine Steuer nicht vorrangig mit diesem Ziel erhoben wird, ruft sie bei den von der Steuer Betroffenen immer eine Reaktion hervor, d. h., sie beeinflußt de facto das Verhalten. Je höher die Steuer ist, desto wahrscheinlicher ist ein solcher Einfluß. Die Einkommens-, insbesondere aber die *Lohn*steuer, hat mit Abstand den größten Anteil am Gesamtsteueraufkommen der Bundesrepublik Deutschland. Dieses Geld muß anders aufgebracht werden. Anstatt vor allem die Arbeit über Lohnsteuer (und entsprechende proportionale Sozialabgaben) zusätzlich zu verteuern, sollte man die Nutzung anderer Ressourcen, vor allem aber den Energie- und Materialverbrauch, kräftig besteuern. Die Erhebung einer jeden Steuer innerhalb des Wirtschaftskreislaufs führt zur Erhöhung des Preises. Warum Arbeitsplätze durch Steuern drastisch verteuert werden, ist in Zeiten hoher Arbeitslosigkeit unverständlich. Die schrittweise Umwandlung von Lohnsteuer in eine umfassende Verbrauchssteuer würde nicht nur Arbeitsplätze schaffen und erhalten helfen, sie hätte auch einen wesentlichen ökologischen Effekt. Es handelt sich hierbei um eine so einfache und einleuchtende Tatsache, daß die Politiker sogar in der Öffentlichkeit darüber nachzudenken beginnen.

Vergegenwärtigt man sich das zu den einzelnen Mechanismen Gesagte, so kommt es wohl auf folgendes an. Aus grundsätzlichen Erwägungen muß vor allem die scheinbar automatisch steigende Nachfrage gestoppt werden. Dafür scheint eine Einschränkung der Werbemöglichkeiten unumgänglich. Die Allgegenwart der Werbung und ihre gehirnwäscheartigen Methoden verhindern derzeit die Rückkehr zu einem vernünftigen Maß materiellen Lebensstandards. Gesetze können das befreiende Umdenken entscheidend fördern bzw. ermöglichen; sie können und dürfen die Wende aber nicht diktieren. Das bedeutet, daß der scheinbar alles beherrschende Traum vom materiellen Wohlstand kritisch überdacht werden muß. Hier gilt es, Alternativen zu bieten, statt zu moralisieren. Andererseits hilft die bloße Existenz von Alternativen nicht viel, wenn deren Vorzug nicht sichtbar wird. Hier kann der Staat seine Eingriffsmöglichkeiten besser nutzen.

Der drohenden Arbeitslosigkeit durch die nachlassende bzw. wenigstens in der Summe gleichbleibende Produktion materieller Güter muß dadurch begegnet werden, daß die steuerbedingte Verteuerung der Arbeit aufgegeben wird und der Finanzbedarf der öffentlichen Hände durch Besteuerung der *Ergebnisse der Arbeit*, also des Verbrauchs von Ressourcen, gedeckt wird. Und es sind genau die natürlichen Ressourcen, die im Interesse der Gesellschaft für nachfolgende Generationen geschützt werden müssen. Ohne ordnungspolitische Maßnahmen und die Erhebung wirksamer Steuern wird man nicht auskommen. Natürliche Ressourcen (u. a. Bodenschätze) können natürlich dann besonders wirksam für die Gesellschaft geschützt werden, wenn sie ihr gehören. Das ist auch mehr als gerecht: Schließlich werden solche Ressourcen durch Verbrauch der *Allgemeinheit* entzogen. Deshalb muß der Preis für den privaten Verbrauch durch Vertreter der Gesellschaft mitbestimmt werden. Das bedeutet nicht Aufgabe der Marktwirtschaft, sondern Richtigstellung der Eigentumsverhältnisse in einem marktwirtschaftlichen System. Um Mißverständnissen vorzubeugen, sei hinzugefügt, daß dieses System nichts an der privatwirtschaftlichen Nutzung der Ressourcen ändert. Jetzt hat die Gesellschaft die Möglichkeit, vorbeugend wirksam zu werden, während sie bisher allenfalls im Nachhinein, reparierend eingreifen konnte.

Doch die Arbeitsplätze gehen in der Wirtschaft, wir erinnern uns, durch deren steigende Effizienz (Steigerung der Produktivität) verloren. Längst hat sich dieses Prinzip verselbständigt. Arbeit und soziales Eingebundensein „für alle" wird es also nur dann geben können, wenn wir anfangen, die Bedeutung der Effizienz herabzustufen: Produktivität ist kein Selbstzweck. Sie muß, wie die Wirtschaft insgesamt, den Menschen dienen. Mittelwerte, Gesamtbilanzen und Vorzeigebeispiele müssen die Geschädigten nicht beeindrucken. Wer systematisch verliert, hat das Recht, das Prinzip in Frage zu stellen.

Allerdings hat man mit solcherlei Kritik schlechte Karten. Die „Marktwirtschaft" ist zur Ideologie geworden und hat sich damit von jeder Art Infragestellung immunisiert. Die Marktwirtschaft gilt zwar zu recht als Methode zur Wohlstandsmehrung, nur sind die zugrundeliegenden Annahmen *erstens* eher unrealistisch und *zweitens* werden sie unbesehen auf den Welthandel ausgedehnt. Daß die Deregulierung des Handels nicht in jedem Falle allen Beteiligten Vorteile bringt, wurde weiter oben schon gezeigt. Die Logik des komparativen Kostenvorteils greift nicht mehr. Im übrigen ist das, was so schlicht immer Marktwirtschaft genannt wird, eben Kapitalismus und keine einfache Tauschwirtschaft. Doch wie sieht es mit dem ersten Argument aus? Die wichtigste Säule der Marktideologie ist die „unsichtbare Hand": Können nach Adam Smith (1723 - 1790) die oben beschriebenen simplen Mechanismen des Marktes frei genug wirken, so trägt auch und gerade die vom privaten Interesse gelenkte Initiative zum allgemeinen Wohlstand bei. Um den Wohlstand zu mehren, so das Credo, muß man also vor allem die Effizienz der Märkte stärken.

Allerdings funktionieren die Märkte nur, wenn *alles* seinen Preis hat. In der Realität wird jedoch keinesfalls jedes Verhalten mit einem Bußgeld belegt oder aber individuell belohnt. Dies ist nicht nur beim Umweltverbrauch so. Eine genauere Betrachtung zeigt, daß es mehr Fälle gibt, als man denkt, in denen die unsichtbare Hand eine unwirksame ist oder sogar in die falsche Richtung lenkt. Aber selbst dann, wenn es marktwirtschaftlich zuzugehen scheint, sind die Annahmen der Theorie oft nicht erfüllt. Damit die Marktmechanismen wirksam sein können, müssen die Marktteilnehmer nämlich jederzeit und überall dem Preissignal entsprechend reagieren können und dazu vollständig über alles informiert sein. Gerade auf einem weltweiten Markt ist das kaum vorstellbar. Der Markt der Theoretiker kennt auch nur gleichwertige Produkte, und die Konsumenten haben keine Präferenzen. Was hier nur angedeutet werden kann, sollte mindestens zu der Einsicht führen, daß das allzeit geforderte „Bekenntnis zur Marktwirtschaft" keineswegs alle Fragen klärt. So einleuchtend die Argumente auch klingen mögen, so klar ist auch, daß es allgemeinen Wohlstand durch „Marktwirtschaft" nicht ohne Einschränkungen gibt.

Multis und Monopole

In der Regel gibt es viele Anbieter und viele Interessenten für ein bestimmtes Gut. Nun sorgt der Markt dafür, daß die Produkte von dem Produzenten mit den geringsten Gestellungskosten, also dem, der am effektivsten produziert, an denjenigen Konsumenten übergehen, der der Ware den höchsten Wert beimißt, also am meisten dafür zu zahlen bereit ist. Dieser Regelmechanismus innerhalb der Randbedingungen erzeugt einen Entwicklungsdruck, d.h. die eigentlichen Marktkräfte, die die Entwicklung der Wirtschaft beschleunigen. Das bedeutet aber andersherum, daß die ganze Marktwirtschaft darauf basiert, daß es *viele* Anbieter gibt. Was passiert, wenn diese Diversität nicht mehr besteht? Der sprichwörtliche *Erfolg des Tüchtigen*, dem die Marktwirtschaft ihren guten Ruf verdankt, steht und fällt mit der Existenz vieler flexibler Anbieter. Nicht der Mächtige, der Tüchtige soll erfolgreich sein, also der, der die zur Verfügung stehenden Produktivkräfte bestmöglich ausnützt und neue gewinnt. Entscheidend sind gute Arbeit und vorwärtsweisende Ideen. Die Dynamik der technischen Entwicklung unter marktwirtschaftlichen Bedingungen verdanken wir der Tatsache, daß jeden Tag wieder neu entschieden wird, wer der „Tüchtige" ist. Der Vorsprung des einen kann jederzeit durch Investition an praktischer und geistiger Arbeit eines anderen aufgeholt werden. (Manchmal ist sogar der späte Einstieg günstiger.) Der Erfolgreiche besitzt kein Privileg, er ist nur besser. Das kann sich morgen schon ändern. Diese *Offenheit* ist das Erfolgsrezept der Marktwirtschaft.

Ungemütlich wird es erst, wenn jemand es schafft, ein Monopol zu errichten. Jetzt ist er Alleinanbieter eines von anderen gebrauchten Gutes und kann die Preise diktieren. Unglücklicherweise bringen der Einsatz von Technik und das Entstehen großer Märkte eine Tendenz zum Monopol mit sich: Zum einen kann eine Massenproduktion leichter effektiviert werden. Der dadurch gewonnene Preisvorteil vergrößert wiederum den Absatz. Der ohnehin Erfolgreiche hat bessere Chancen zum Erfolg. Dieser autokatalytische[26] Prozeß ist ja durchaus erwünscht und einer der wesentlichen Motoren zu „mehr Wohlstand". Zum anderen haben insbesondere große, also erfolgreiche Anbieter die Möglichkeit, ihre Aktivitäten überregional auszudehnen und neue Märkte zu bedienen. Dies ist umso leichter, je geringer die Transportkosten sind und je weniger der Markt reguliert ist. Offenkundig

---

26   Autokatalyse: aus der Chemie übertragen, dort: die Beschleunigung einer Reaktion durch die katalytische Wirkung einer Substanz, die während dieser Reaktion entsteht

beginnen hier die Interessen des marktbeherrschenden Anbieters mit denen der Gesellschaft in Konflikt zu geraten. Wenn die Kosten infolge gesellschaftlicher und ökologischer Folgeschäden genügend berücksichtigt werden müßten, würden, so glaube ich, ortsansässige Anbieter viel seltener durch überregionale Multis überrannt. Diese Gedanken sind oben schon ausgeführt worden: Der Staat trägt als Interessenvertreter der Allgemeinheit die Verantwortung dafür, daß unwiederbringliche Ressourcen vor Entwertung und Zerstörung geschützt werden. Außerdem ist die Möglichkeit, ein selbstbestimmtes Leben führen zu können, Grundbestandteil unserer demokratischen Verfassung. Deshalb muß es Staaten und Regionen freigestellt sein, sich vom überregionalen Handel durch Verbote und Zölle ganz oder teilweise auszuschließen. All diese Maßnahmen wie auch Anti-Trust-Gesetze und Bemühungen von Behörden zur Sicherung des Wettbewerbs (Kartellamt) sind von vornherein weitgehend zum Scheitern verurteilt, wenn das Monopol schon besteht. Ist ein Monopol einmal errichtet, ist es äußerst schwer, es zu beseitigen, weil es seine bestehende wirtschaftliche Macht verständlicherweise dazu nutzt, sich zu schützen.

Neben den privatwirtschaftlichen Monopolen gibt es auch staatliche, die direkt durch rechtliche Vorschriften geschützt sind. Manchem sind deshalb die staatlichen Monopole in besonderem Maße ein Dorn im Auge. Die staatlichen Monopole sind auf Leistungen der Grundversorgung beschränkt, wie Schulwesen, Schiffahrtswege, Fernverkehrsstraßen, Eisenbahnverkehr, Post usw.[27] Im Grunde ist es leicht verständlich, warum in bestimmten Fällen ein staatliches Monopol angeraten ist. Man stelle sich vor, beispielsweise der Verkehrsbetrieb wäre ohne Einschränkungen privatwirtschaftlich organisiert. In und zwischen den Großstädten ließe sich trefflich Geld verdienen. Die einzelnen Unternehmen würden dort konkurrieren, was dem Kunden einen Preisvorteil verschaffen würde. Ganz anders sähe es dagegen in einem bayerischen Bergdorf aus. Hier sind die Kosten wegen der geringeren Zahl der Beförderungen ungleich höher. Welchen privaten Verkehrsbetrieb sollte man zwingen, auf die Alm zu steigen, um dort Verluste zu erwirtschaften? Hier mit Zwangsmaßnahmen zu arbeiten, hieße, das eine Monopol durch andere zu ersetzen. Genau diese Situation finden wir in der deutschen Energiewirtschaft vor, wo Privatbetriebe für ein bestimmtes Gebiet ein Versorgungsmonopol haben. Staatliche Monopole können in vielen Fällen nur durch andere, privatwirtschaftliche *Monopole* ersetzt werden, weil für einen Bereich bzw. eine Region nur ein Unternehmen zur Versorgung (zu bestimmten Bedingungen) verpflichtet werden kann. „Den Markt" kann man nicht durch Gesetz oder Vertrag binden. Meist handelt es sich

---

[27] nach: Grundgesetz für die Bundesrepublik Deutschland (einschl. 37. Änderung) Kapitel VIII (insb. Artikel 87-90); Postbetrieb und Eisenbahnen werden zur Zeit privatisiert.

daher bei Privatisierungen lediglich um kurzfristige Geldbeschaffung oder Politik im Interesse der Käufer. Die Allgemeinheit gewinnt nämlich nicht viel: Der Staat bringt sich lediglich um eine dauerhaft sprudelnde, lukrative Einnahmequelle, ohne daß er die Verantwortung los wird, denn der Staat muß letztlich darüber wachen, daß der Verfassung des Staates gemäß jeder, ganz gleich wo er wohnt, eine Grundversorgung zu etwa gleichen Bedingungen (Preisen) genießen kann. Und was passiert, wenn das private Versorgungsunternehmen in wirtschaftliche Schwierigkeiten gerät und eine umfassende Versorgung nicht mehr gewährleisten kann? Auch Pleiten sind ja keine Seltenheit. Dann springt der Staat mit Steuergeldern ein. Es scheint so zu sein, daß staatliche Monopole in Bereichen der Grundversorgung ihre Berechtigung haben. Es gibt aber ein Problem mit staatlichen Monopolen: das der oft mangelnden Effizienz. Aber auch das läßt sich lösen. In Deutschland steht ein ausuferndes Beamtentum einer privatwirtschaftlich straffen Mitarbeiterführung entgegen. Hier muß angesetzt werden, um die Effektivität der staatlichen Unternehmen zu verbessern. Daneben sei daran erinnert, daß die Effektivität direkt durch die materielle und personelle Ausstattung bestimmt ist, die wiederum wesentlich von den finanziellen Möglichkeiten abhängig ist. In keinem Fall hilft es, staatlichen „Monopol"-unternehmen durch Konkurrenz Beine machen zu wollen, weil die privatwirtschaftliche Konkurrenz zuerst in den gewinnversprechenden Bereichen auftreten wird, wodurch dem staatlichen Unternehmen die Haupteinnahmequellen genommen werden. Solche Modelle laufen lediglich darauf hinaus, daß die Gewinne privatisiert und die Verluste der steuerzahlenden Allgemeinheit aufgebürdet werden. Ich glaube, daß ein sozialer, demokratischen Staat nicht ohne staatliche Monopole in Bereichen der Grundversorgung auskommen kann. Gegen eine ungehemmte Privatisierung (Beispiel Straßen) spricht nicht zuletzt der Datenschutz. Für die Gebührenberechnung müßte jeder Schritt erfaßt, gespeichert und elektronisch ausgewertet werden. Will man diese Erfassung persönlicher Daten vermeiden, so wäre alle paar Meter Bargeld zu entrichten.

Die Wachstumsdynamik der Marktwirtschaft fördert eine Vergrößerung der privaten Großbetriebe. Daß diese Multis nicht gänzlich in den Himmel wachsen, haben wir unter anderem der Tatsache zu verdanken, daß der administrative Aufwand verblüffenderweise stark überproportional zur angebotenen Leistung wächst. Dadurch sinkt die Effektivität des Unternehmens. Die Richtigkeit dieser These belegen leider eindrucksvoll die meisten staatlichen Behörden. Andererseits verordnen sich aber auch große Industriebetriebe eine Schlankheitskur. „Lean production" und „lean management" sind die entsprechenden Schlagworte (lean: engl. mager, dürr). Dies alles sind Maßnahmen, um das durch den eigenen Erfolg verlorengegangene Maß an Effektivität zurückzuerlangen. Dabei wird vor allem die Eigenverantwortlichkeit und die Möglichkeit der Selbstbestimmung von Unternehmensbereichen und Abteilungen erhöht. Etwas verkürzt ausgedrückt, versucht man, den Multi in ein Gefüge „mittelständischer Betriebe" zu transformieren, die nach wie vor die Vorteile eines Konzerns genießen können.

Die Milliarden von Jahren währende natürliche Evolution hat nicht ein einziges omnipotentes Wesen hervorgebracht und zwar deshalb, weil jedes Wesen für sein Überleben auf Ressourcen zurückgreifen muß, die es nicht sich selbst verdankt und welche es auch nicht selbst erschaffen kann. Häufig stand der Erfolg einer Spezies der eigenen Anpassungs- und Entwicklungsfähigkeit im Wege. Eine Spezies, die sich als Monokultur etablieren würde, schneidet sich in nicht tolerierbarem Maße vom Zugriff auf lebensnotwendige Ressourcen ab. Dem Menschen als „Krone der Schöpfung" scheint es zur Zeit ähnlich zu gehen. Das betrifft die schon erwähnten politischen Aspekte des ungehemmten Wirtschaftswachstums. Doch die Parallele reicht noch weiter. Offenbar wächst der Aufwand zum Erhalt der eigenen Lebensfähigkeit so schnell, daß die entstehenden Vorteile mehr als kompensiert werden. Wäre es anders, so darf man schlußfolgern, hätten sich in der Natur Giganten, Monstren und Titanen entwickelt, wie wir sie heute in der Arena internationalen Warenverkehrs so zahlreich finden. Aber es gibt diese Konzerne erst seit geschichtlich kurzer Zeit, und sie haben ihre Überlebens- und Entwicklungsfähigkeit auf Dauer noch nicht unter Beweis stellen können bzw. müssen. Viele der ökologischen und sozialen Probleme, die die Schlagzeilen der internationalen Politik beherrschen, gehen auf das Engagement der Multis zurück.

Wie sind nun die allgegenwärtige Tendenz zu Konzentration und die derzeitige Stabilität der gigantischen Wirtschaftseinheiten zu erklären? Zunächst einmal haben die Großkonzerne den Volkswirtschaften und den dort lebenden und arbeitenden Menschen eindeutig Nutzen gebracht. Die Schattenseite des Erfolgs wird uns erst nach und nach bewußt. Und da, wo man auf Veränderungen drängt, wird meist das Ausmaß der schon erreichten Immunität sichtbar. Die Großen haben sich nicht nur weitgehend der Verpflichtung entzogen, dem Wohle der Allgemeinheit zu dienen, wie es im deutschen Grundgesetz (Artikel 14) festgeschrieben ist. Sie haben sich auch von den allgemeinen Regelmechanismen der Marktwirtschaft teilweise emanzipieren können. Das Problem scheint mir darin zu liegen, daß derart dominierende Marktpositionen, wie sie international tätige Multis innehaben, eben nicht allein durch „Tüchtigkeit" erreicht und durch marktkonforme Aktionen abgesichert wurden. Marktwirtschaft allein besitzt, ungeachtet ihrer autokatalytischen Wachstumsdynamik, genügend starke Kräfte, die einen Ausgleich bewirken können. Wenn Konzerne dennoch in gemeinschaftsschädigender Weise in den Himmel wachsen, dann müssen zusätzliche Regelungen bestehen. Marktbeherrschende Stellungen (Monopole) mit erkennbar negativen Auswirkungen werden aber nicht dadurch beseitigt, daß man Behörden schafft, die eine Konzentration notfalls verbieten. Auf diese Weise rennt man der Entwicklung immer hinterher und kann allenfalls reparierend eingreifen. Eine wirkliche Lösung beseitigt die Ursachen, die scheinbar zwangsläufig zu der ungewöhnlich starken Monopolisierung führen.

Eine Monopolsituation ist dadurch gekennzeichnet, daß der Anbieter unverhältnismäßig mehr Einfluß hat als der Nachfragende. Der Anbieter dominiert, der Nachfragende muß sich fügen. Boden und Geld sind elementare Voraussetzungen für jede Art von Wirtschaftstätigkeit im heutigen Sinne. Das Problem besteht darin, daß diese Ressourcen monopolisiert sind. Einige uns völlig selbstverständlich erscheinende Regelungen begünstigen den Besitzer (Anbieter) dieser Ressourcen derart, daß kein Angebotszwang oder ein Nachteil durch Zurückhaltung besteht. Deshalb können die Anbieter gleichartig reagieren und den Markt unterlaufen, wie es bei einem klassischen Kartell der Fall ist. Hier liegen, wie mir scheint, die eigentlichen Ursachen für die gewaltige und immerfort zunehmende wirtschaftliche Konzentration. Die folgenden Abschnitte sind den Themen Grund und Boden und dem Geld gewidmet. Vorweg sei betont, daß es bei der notwendigen Geld- und Bodenreform nicht darum geht, die Klasse der Bevorteilten zu bekämpfen, sondern allein darum, einen sozialen Zustand im Interesse aller richtigzustellen. Es geht darum, den monopolistischen Charakter von Boden und Geld schrittweise zu beseitigen und die Verfügungsrechte an die zurückzugeben, die die entsprechende Ressource wirklich nutzen. Fangen wir mit dem Boden an.

Grund und Boden

Die Marktwirtschaft setzt den *Privatbesitz* an Produktionsmitteln voraus, weil sie ihre Kraft aus dem auf persönlichen Vorteil gerichteten ökonomischen Verhalten zu schöpfen trachtet. Der Besitz ermöglicht nämlich die Einwirkung und die Nutzung einer Sache. Der Privatbesitz, insbesondere an Grund und Boden, ist deshalb ein Fundament einer jeden Wirtschaftsform, in der Konkurrenz eine wesentliche Rolle spielt. Wie anders sollten sonst die Teilnehmer am Wirtschaftsleben miteinander konkurrieren, wenn sie nicht tatsächlich frei über die von ihnen benötigten Sachen bestimmen könnten. Die Konkurrenz ist wiederum unentbehrlich für die Entwicklungsfähigkeit der Wirtschaft. Gegenüber dem Besitz zieht das *Eigentum* neben dem Recht, auf die Sache tatsächlich einwirken zu dürfen, zusätzlich das Recht nach sich, rechtsgeschäftlich über die Sache verfügen zu können, also den Besitz zeitweise (durch Verpachten) oder alle Rechte endgültig (durch

Verkauf, Eigentümerwechsel) an andere abzutreten. Der Eigentümer von Grund und Boden kann mit diesen Ressourcen Handel treiben, die Aufnahme von Produktion beeinflussen oder ganz verhindern, indem er seine Rechte in bestimmter Weise an bestimmte Personen abtritt oder eben nicht. - Das gesellschaftliche Eigentum an Produktionsmitteln ist Voraussetzung für eine umfassende Kontrolle der Wertschöpfung, wie sie im Sozialismus im Interesse der Gesellschaft *vorgesehen* war. In den sozialistischen Ländern sowjetischer Prägung befanden sich dagegen alle Produktionsmittel auch in gesellschaftlichem *Besitz*, was die Wirtschaft eines maßgeblichen Impulses zur permanenten Neuerung beraubt hat.

Die Regelmechanismen der Marktwirtschaft können nur auf das Signal einer Ungleichheit hin wirksam werden. Obwohl die Dynamik der Marktwirtschaft demnach auf Un*gleichheit* beruht, ergibt sich daraus nicht unbedingt eine strukturelle Un*gerechtigkeit*. Ungerecht ist, wenn jemand trotz Einsatzes eigener Arbeit buchstäblich zu nichts kommt, also nicht einmal seinen eigenen Lebensunterhalt sichern kann. Er kann sich, obwohl er arbeitet oder zur Arbeit bereit ist, nicht einmal selbst versorgen. Das ist heute in vielen Teilen der Welt der Fall. Ungerecht ist es auch, wenn der Erfolg durchgängig ganz beträchtlich hinter dem anderer zurückbleibt, obwohl der Einsatz an Mühe, Wissen usw. (Input) dem der Konkurrenten vergleichbar ist. Ist dies der Fall, werden Menschen strukturell vom Erfolg ausgeschlossen. Der Erfolg scheitert hier an Bedingungen, die sie in ihrer Tätigkeit als Teilnehmer am Wirtschaftsleben aus prinzipiellen Gründen nicht zu ändern in der Lage sind. Offensichtlich gibt es gerade getroffene oder schon lange bestehende Regelungen, die eine Beschränkung oder Ausschaltung des Wettbewerbs zum Ergebnis haben. Wenn Unternehmen ihre Tätigkeiten zu diesem Zwecke koordinieren, spricht man von einem *Kartell*. Durch Bildung eines Kartells streben ursprünglich konkurrierende Anbieter eine marktbeherrschende Stellung (Monopol) an. Ein Kartell gefährdet die Grundlage der Marktwirtschaft. Durch Absprachen von Preisen und Zugriffsmöglichkeiten auf Ressourcen innerhalb einer Gruppe von Anbietern wird der Markt unterlaufen. Dadurch werden andere vom Erfolg ausgeschlossen. Ich will den Begriff des Kartells nicht auf Vereinbarungen zwischen Unternehmen beschränken. *Kartell*artige Bedingungen herrschen überall dort, wo es strukturell Ungerechtigkeit gibt.

Nun sind Kartelle und Monopole heute weniger die Ausnahme als die Regel, so daß sich die Frage stellt, wie sie entstehen. Betrachten wir zunächst, zugegeben etwas spekulativ, die grundlegendste Form der Produktion, die Landwirtschaft. Diese Dinge kann man mehr oder weniger aus dem Stand beginnen. Ohne den Landwirten zu nahe treten zu wollen, ein Stück Land und etwas Kleingeld, und man kann wenigstens anfangen, sich im Laufe der Zeit verbessern und schließlich dann Erreichtes zum Teil reinvestieren, um die Dynamik des Wachstums in Gang zu setzen. Unser potentieller Bauer muß also als erstes Land suchen. Er sucht sich ungenutzte Flächen. Hat alles ungenutzte Land schon einen Eigentümer, kann er das billigste Land pachten oder kaufen. Aber das ist schon der Anfang vom Ende: Der Landeigentümer, der einen vergleichsweise niedrigen Preis fordert, bringt sich um möglichen Gewinn, da der Bauer pachten bzw. kaufen *muß*. Der Bauer kann nicht (wie bei anderen Waren) auf etwas anderes ausweichen oder den Kauf bzw. die Pacht aufschieben. Ohne Boden geht es nicht! Da das alle Eigentümer wissen, werden die Preise nicht unter einen gewissen Betrag sinken. Marktwirtschaft mit Preisgarantie. Grund und Boden sind nicht erschaffbar und nicht vermehrbar, aber trotzdem für alle wirtschaftlichen Tätigkeiten unerläßlich. Diese Eigenschaften des Bodens führen dazu, daß die Anbieter dieses Gutes gleichgerichtet agieren, obwohl sie nur ihr eigenes Interesse verfolgen. Ja, sie ziehen sogar einen Nutzen daraus, wenn sie sich gegenseitig fördern, indem sie einmütig auf dem Markt vorgehen. Eine typische Kartellsituation! Wo bleibt die Konkurrenz? Der monopolistische Charakter des Bodens rührt daher, daß der Boden zwei Eigenschaften vereint. Erstens ist er nicht vermehrbar, aber unersetzlich und in jedem Fall notwendig. Zweitens verursacht das Bereithalten des Bodens keine Kosten. Dadurch gibt es keinen Angebotszwang wie bei anderen Waren, weil die Zurückhaltung mit keinerlei Nachteilen verbunden ist. Die Anbieter des Bodens sind also außerordentlich privilegiert, während alle anderen Wirtschaftsteilnehmer als Nachfragende unter dem Zwang stehen, ohne den Boden nicht auskommen zu können. Diese Überlegenheit der Anbieter ist kennzeichnend für ein Monopol.

Man mag sich darüber verwundern, daß ich hier von Kartell rede. Gemeinhin verbinden wir mit dem Begriff Kartell eine *geheime*, verbotene Absprache der Anbieter zum Zwecke des Erschleichens eines Vorteils. Bei dem durch die Römer etablierten Bodenrecht handelt es sich aber de jure um nichts Illegales, und geheime Absprachen sind auch nicht nötig. Vielmehr werden die Verträge offen abgeschlossen, und man glaubt daraus schlußfolgern zu können, daß sie nicht nur marktkonform, sondern auch rechtens seien. Die gültigen Regelungen sind aber nicht *marktkonform*: Wir haben es nämlich de facto mit einem Kartell zu tun, das durch eine schon vor Jahrhunderten eingeführte Gesetzlichkeit etabliert wurde. Die Tatsache, daß nach dem allerorts geltenden römischen Recht jeder Flecken Erde einen Eigentümer hat, welcher damit automatisch über das Recht verfügt, für das vorübergehende Abtreten seines Nutzungsrechts eine Menge Geld einzunehmen oder das Land mit Gewinn zu verkaufen, führt zu einer Situation, die einem Kartell aller Grundeigentümer gleichkommt: Die Ressource Boden wird auf juristischem Wege und nicht durch Produktionssteigerung monopolisiert. Auch möchte ich energisch bestreiten, daß das *rechtens* ist. Die Eigentümer nicht selbst genutzten Bodens verlangen für das vorübergehende Abtreten ihrer Nutzungsrechte eine Grundrente, also Geld, obwohl ihnen der Besitz selbst und schon gar nicht sein Abtreten Kosten verursacht. In fast allen Fällen bedeutet das Abtreten des Nutzungsrechts für den Eigentümer nicht einmal Verzicht auf möglichen selbsterwirtschafteten Gewinn, weil er den Boden gar nicht selbst nutzen will bzw. dazu vielleicht gar nicht im Stande ist. Beim Boden kann man auch nicht von Handel sprechen. Es gibt nur Bodenspekulation.

Die Eigentümer von nicht selbst genutztem Grund und Boden schöpfen ganz legal Gewinn, ohne einen entsprechenden Aufwand dabei zu haben. Das ist ungerecht und führte im ausgehenden Mittelalter zu einer zunehmenden Verarmung des Handwerks und der Bauern. Durch das römische Bodenrecht wurde es möglich, daß das Verfügungsrecht über das wichtigste Produktionsinstrument, den Boden, vom Produzenten auf Grundeigentümer verlagert wird. Das heißt, bevor auch nur irgendein Wert geschaffen werden kann, muß der private, produzierende *Nicht*eigentümer erst vom privaten, *nicht*produzierenden Grundeigentümer ein unentbehrliches Produktionsmittel *zurück*erhalten. Eine absurde Situation, zumal es sich beim Boden um eine Ressource handelt, die niemand *erarbeitet* oder *geschaffen* hat. Ein Hemmnis ersten Ranges, weil Grund und Boden nicht gerade billig sind. Die Grundeigentümer können, durch ihre rechtliche Stellung privilegiert, alle am Marktgeschehen Teilnehmenden, also sowohl Produzenten, Handeltreibende und Konsumenten, permanent zur Kasse „bitten", ohne selbst an der Schaffung gesellschaftlichen Reichtums teilzuhaben.

Es ist ganz und gar nicht selbstverständlich, daß ein potentieller Unternehmer den Boden, den es schon gab, lange bevor seine Vorfahren ihre Faustkeile schärften, aus privater Hand zur Pacht oder zum Kauf erhält. Es ist aber überdies ungerecht und auch wirtschaftsschädigend, wenn die Anbieter dabei einen beträchtlichen Gewinn erzielen und legal privatisieren können, der mit keinem entsprechenden Aufwand verbunden ist. Bei allen marktkonformen Geschäften bildet die Erstattung eines geleisteten Aufwands einen stattlichen Teil des Preises. Der aufgeschlagene Gewinn gilt als Prämie und ermöglicht dem Anbieter, seine wertschöpfenden Aktivitäten auszudehnen. Grund und Boden werden nicht produziert, sondern geerbt oder zum Zwecke der Spekulation gekauft. Auch das Vorrätighalten des Bodens selbst verursacht keine Kosten. - Das Verpachten oder Verkaufen von Grund und Boden ist allen wertschöpfenden Aktivitäten, also auch dem Marktgeschehen, in der Weise vorgeschaltet, daß von hier aus alles Nachfolgende beeinflußt bzw. kontrolliert werden kann. Durch das existierende Bodenrecht haben jene, die Boden besitzen, die Möglichkeit, von menschlicher Arbeitskraft persönlich zu profitieren, wobei sie mit den entsprechenden wertschaffenden Arbeitsprozessen nicht das Geringste zu tun haben. (Nebenbei sei erwähnt, daß die Grundrente auch dann Teil des Preises wird, wenn der Anbieter den Boden selbst gar nicht erwerben oder pachten mußte.) Das erinnert irgendwie an eine moderne Form partieller Leibeigenschaft. Im Altertum war es nämlich durchaus üblich, daß die Menschen demjenigen gehörten, der das Land besaß, auf dem sie lebten. Mit dem Entstehen der Städte verlor diese Form der Leibeigenschaft etwas an Herrschaft. Trotzdem hat sich die Gutsherrenwirtschaft bis ins 19. Jahrhundert hinein gehalten. In Deutschland treten die freien Lohnarbeiter erst im 18. Jahrhundert in Erscheinung.

Besonders die Bodenspekulation bringt astronomische Gewinne, ohne daß dadurch Werte geschaffen werden oder für irgend jemand ein Wert entstünde, der vorher nicht vorhanden war. Im Gegenteil, die privatisierte Grundrente und die Verkaufserlöse schröpfen die Gesellschaft, ohne etwas zur Vermehrung ihres Reichtums beizutragen. Das gegenwärtige Bodenrecht behandelt eine der wichtigsten Ressourcen zum Wirtschaften vermeintlich wie jede andere Ware. Doch der Schein trügt: Boden nutzt sich nicht ab wie andere Waren, er veraltet nicht, wird nicht von allein wertlos, man braucht ihn immer, wenn man etwas produzieren will, sein Preis ist nicht aufwandsabhängig. Der Preis steigt unaufhörlich, weil das Bodenrecht alle Eigentümer zu einem Kartell verbindet und weil der Wert der „Ware" gewöhnlich nicht von selbst sinkt oder weil der Zahn der Zeit an ihr nagt. Der Preis fällt in der Regel nur dann, wenn ihn die Spekulation künstlich in die Höhe getrieben hatte. In jeder wirklichen Ware steckt Arbeit, ehe sie veräußert werden kann, im Boden nicht. Jede Nutzungsgebühr ist proportional zum Verlust an Nutzungsmöglichkeit, beim Boden nicht. Fast jede Ware kann durch eine ähnliche ersetzt werden, der Boden nicht. Bodenrente und Spekulationsgewinne, die in private Taschen fließen, bezahlt der Konsument, ohne daß die entsprechenden Waren einen größeren Wert für ihn hätten.

Bevor das Volk Israel vor 3000 Jahren in das gelobte Land geführt wurde, um sich dort niederzulassen, wurden Vorschriften erlassen, die für Gerechtigkeit sorgen sollten.[28] Die Konzeption ist bemerkenswert (Bibelstellen aus 3. Mose 25, 1-34; die Verse stehen in Klammern)

> Im Sabbatjahr darf man das Land gar nicht bewirtschaften. (2-7)
> „Im Erlaßjahr soll jeder seinen Besitz an Grund und Boden zurückerhalten." (13)
> „Gekauft wird nicht das Land, sondern die Anzahl der Ernten." (16)

---

[28] Vielleicht sind die Vorschriften auch jüngeren Datums und stammen aus der Zeit, als das Volk schon längst seßhaft war. Das ändert jedoch nichts an ihrem erstaunlichen Inhalt.

„Besitz an Grund und Boden darf nicht endgültig verkauft werden, ... Bei jedem Landkauf müßt ihr ein Rückkaufrecht einräumen." (23-24)

Jedes siebte Jahr ist ein Sabbatjahr. In jedem 50. Jahr (Erlaßjahr) soll die alte Besitzordnung wiederhergestellt werden. Im Ideal gilt Grundbesitz als unveräußerlich. Jeder Israelit hat Anteil am Besitz der Gemeinschaft (Gottes). Er kann nicht einfach verkauft werden, weil er dadurch der Gemeinschaft verlorenginge.

Der Konstruktionsfehler im geltenden Bodenrecht, den der weitaus größte Teil der Bevölkerung in den Industrieländern teuer bezahlen muß und der in den Ländern der Dritten Welt Millionen von Kleinbauern die Existenzgrundlage raubt, ist das Privat*eigentum* an Grund und Boden. Grund und Boden ist im Grundgesetz der Bundesrepublik Deutschland (Artikel 15) als sozialpflichtiges Gut deklariert. Wir brauchen das Land aber wie die Luft zum Atmen, wie können wir es da in die Hände weniger legen und sie mit dem Recht ausstatten, frei darüber entscheiden zu können? Die Ungerechtigkeit resultiert aus den mit dem Eigentum verbundenen rechtlichen Befugnissen. Die Probleme gehen vom privaten *Eigentum* aus und nicht vom privaten *Besitz*. Der Besitz an Grund und Boden kann nicht nutzbringend von der Gesellschaft verwaltet werden, wohl aber das Eigentum. Einen Ausweg bietet also eine Kombination von gemeinschaftlichem Eigentum und privatem Besitz (oder privater Nutzung). Man stelle sich vor, daß die Gemeinschaft (z. B. die Ortsgemeinde) Eigentümerin allen Grund und Bodens ist. Wer Land benötigt, kann es zur privaten *Nutzung* übertragen bekommen, nicht jedoch, um es zu verkaufen. Der entsprechende Pachterlös fließt der Gemeinschaft zu, also jenen, die auf die Nutzung der nun privat verwendeten Flächen verzichten müssen. Für den neuen Besitzer von Grund und Boden (Pächter) ändert sich nichts, wenn er das Land als Produktionsfaktor einsetzen will. Die Eigentümerin (Gemeinde) stattet ihn mit allen dafür notwendigen Rechten und angemessenen Sicherheiten aus.

Wie führt man nun das Eigentum an Grund und Boden wieder *zurück* an die Gemeinschaft? Ein verfassungskonformer Weg wäre der folgende:[29] Die Gemeinde könnte auf sämtliche Flächen per Gesetz eine Abgabe von vielleicht 3% ihres Wertes erheben. Mit dem dadurch gewonnenen Geld kauft die Gemeinde als Vertreterin der Gemeinschaft zum Kauf angebotene Flächen zurück, die sie dann an private Nutzer verpachtet (Erbpacht). Auf diese Weise kann die Gemeinschaft ihr Land schrittweise zurückkaufen, ohne die Grundeigentümer enteignen zu müssen. Bei dem vorgeschlagenen

---

[29] Margrit Kennedy: Geld ohne Zinsen und Inflation, Ein Tauschmittel das jedem dient; Permakultur Publikationen, Steyerberg, 1990

Modell handelt es sich keinesfalls um eine schrittweise Enteignung durch die Erhebung einer Abgabe. Vielmehr wird ein falsches Prinzip korrigiert: Statt die privaten Grundeigentümer wie bisher dafür zu honorieren (durch Verkaufspreis oder Grundrente), daß er „seinen" Grund und Boden für andere verfügbar macht, muß er jetzt eine Gebühr dafür entrichten, daß er den Grund und Boden der Allgemeinheit *vorenthält*. Wenn man unsere Mutter Erde als Lebensraum aller versteht und akzeptiert, daß sie Voraussetzung auch wirtschaftlichen Lebens überhaupt ist, kann man diese Methode nur recht und billig finden. Dabei sollte man auch nicht vergessen, daß insbesondere die Wertsteigerung des Bodens (und die verursacht die tatsächlichen Probleme) eben *nicht* vom Besitzer dieses Bodens ausgeht: Wenn die Kommune Bauland ausweist, führt dies nicht selten zu einer Wertsteigerung von 20 DM/m^2 auf 1000 DM/m^2. Als Nebeneffekt der Abgabeerhebung wird die Spekulation (mit ungenutzten) Flächen sehr schnell unattraktiv. Der Privatbesitz lohnt sich jetzt nur dann, wenn der entsprechende Grund und Boden auch genutzt, also produktiv eingesetzt wird. Andernfalls verursacht er nur Kosten. Das beschleunigt die Umwandlung von Privateigentum in gemeinschaftliches Eigentum mit privater Nutzung.

Übergang zur industriellen Produktion

Wir haben alle in der Schule gelernt, daß es der technische Fortschritt war, der schließlich die enorme wirtschaftliche Entwicklung herbeiführte. Natürlich ist unbestritten, daß die Erfinder unsere Welt ganz wesentlich verändert und gestaltet haben. Nur darf man dabei nicht vergessen, daß auch andere Faktoren eine ganz wesentliche Rolle gespielt haben. Zu einem solchen Ergebnis kommen die beiden Nobelpreisträger für Wirtschaftswissenschaften des Jahres 1993. Sie weisen nach, daß der Übergang zum Kapitalismus vor allem durch die Entstehung von Nationalstaaten und damit eines Rahmens zur gesetzlichen Verankerung der Eigentumsrechte gekennzeichnet ist. Privatbesitz und marktwirtschaftliche Strukturen reichen für das Funktionieren einer Wirtschaft im heutigen Sinne nicht aus. Unabdingbar sei ein komplettes Netz effizienter Institutionen - vom Verfassungsgericht bis zur Notenbank.[30] - Das unterstreicht meine Ansicht, daß es primär auf die Struktur und den prinzipiellen Aufbau ankommt. Sind Konstruktionsfehler vorhanden, können auch die Aktivsten und die besten Denker nur schwer das gewünschte Ziel erreichen.

---

30 Klaus Conrad: Nobelpreis für Wirtschaftswissenschaften - ökonomische Geschichte von Mythen befreit; Spektrum der Wissenschaft; Dezember 1993, S. 23-24 (Nobelpreis 1993: Robert William Fogel und Douglass Cecil North).

Das Hochmittelalter, also etwa die Zeit vom 11. bis ins frühe 14. Jahrhundert, brachte eine machtvolle Entfaltung des geistigen, religiösen und künstlerischen Lebens. Es war die Zeit der Ritter und der religiösen Armutsbewegungen, die ersten Universitäten wurden gegründet, das Städtewesen blühte, Handel und Gewerbe entwickelten sich. Von der Größe erhaltener Burgen, der Pracht der Hansestädte und der Schönheit gotischer Sakralbauten fällt ein Abglanz jener Zeit bis in heutige Tage. Soziale Spannungen entluden sich dann in den Zunftkämpfen im 14. Jahrhundert. Die größten politisch-sozialen Bewegungen bis zur Bauernbefreiung im 18. und 19. Jahrhundert sind die Bauernaufstände seit dem 14. Jahrhundert mit ihrem Höhepunkt in Deutschland Anfang des 16. Jahrhunderts. Das ausgehende 15. Jahrhundert ist durch den Übergang zur Großmachtpolitik gekennzeichnet, in die auch bald die neue Welt einbezogen wurde. Die Entdeckung Amerikas durch die Europäer 1492 und der Beginn der Reformation 1517 stellen sichtbare Marksteine des Beginns der Neuzeit dar. Ihre Kennzeichen sind ein ausgeprägtes Staatswesen mit entsprechenden Verwaltungsapparaten, starker Schriftverkehr seit der Einführung des Buchdrucks 1450 und eine wesentliche Entwicklung der Produktionsmethoden und Geschäftstechniken. Die Neuzeit gehört dem Bürgertum. Wissenschaft und Technik konnten gewaltige Fortschritte erzielen. Zur geistigen Wandlung trug insbesondere der Humanismus bei, der seine Ausbreitung wohl vor allem Herrn Gutenberg und seinen Kollegen verdankt. Moderne Staatstheorien bis zur Lehre von der Gewaltenteilung wurden entwickelt. Der Geist der Aufklärung leitete die Französische Revolution 1789 ein. Doch der Stern der französischen Ideen von Freiheit, Gleichheit und Brüderlichkeit begann rasch zu sinken. Das britische Zeitalter, gekennzeichnet durch den Manchesterkapitalismus, brach an. Schon 1769 war James Watt ein Patent auf seine Dampfmaschine erteilt worden. Besonders diese Erfindung führte zur Ablösung des Manufakturwesens und zum Zusammenbruch der Zünfte. Der moderne Industriebetrieb entstand. Mit ihm veränderte sich die Arbeitsverfassung radikal. Schließlich revolutionierte Stephenson durch den Bau der ersten Lokomotive 1814 auch das Verkehrswesen grundlegend. Wir haben die Zeit der (ersten) industriellen Revolution.

Es ist sehr aufschlußreich zu fragen, warum die Entlastung der menschlichen Arbeitskraft und die enorme Steigerung der Arbeitsproduktivität infolge der industriellen Revolution zunächst keineswegs zu sozialen Verbesserungen, sondern im Gegenteil zu einer starken Verelendung der Massen führte. Dazu will ich kurz einige Gedanken äußern. Zunächst einmal ist klar, daß handwerksähnlich hergestellte Güter mit Industrieprodukten preislich nicht mehr konkurrieren konnten. Das beschleunigte den Niedergang der Zünfte. Die Zugehörigkeit zur Zunft erforderte den Nachweis von Kenntnissen und Fertigkeiten. Neben der Ausbildung waren Betriebsgröße, Arbeitszeit und Rohstoffbezug streng geregelt. Die Preisbildung wurde überwacht, unreelle Mittel der Kundenwerbung waren verboten usw. Das Grundanliegen der Zünfte war es, jedem Zunftgenossen ein gesichertes Dasein zu verschaffen. Das schloß das Recht auf Arbeit ein. Die Zünfte waren die Träger von Kranken- und Sterbekassen. Im Zuge der französischen Revolution in Frankreich bzw. mit der Einführung der Gewerbefreiheit in Deutschland 1869 verlor das starre Zunftsystem seinen rechtlichen Rückhalt endgültig. Doch schon vorher hatten sich die wirtschaftlichen Voraussetzungen grundlegend verändert. Wer auf dem Markt bestehen wollte, mußte die neuen Produktionsmethoden nutzen, also industriell produzieren. Die Gründung eines Industriebetriebs erfordert aber die Anschaffung von *teuren* Maschinen. So trivial es klingen mag, die industrielle Revolution trieb die Investitionskosten wesentlich in die Höhe. Wer eine Produktion beginnen wollte, mußte viel Geld aufbringen. Nicht die „Zünftigkeit" entschied, sondern das Geld. Genügend Geld hatten aber nur die ohnehin Reichen. Die Aufnahme von Krediten erforderte Sicherheiten, also ebenfalls Reichtum. Damit nahm die *Monopolisierung der Produktion* ihren Anfang. Die Teilnahme am Produktionsprozeß verlangte in starkem Maß Zugriff auf die knappe Ressource Geld, das sich schon damals in den Händen vergleichsweise weniger befand. Die aktive Teilnahme am Marktgeschehen verlangte mehr und mehr Vor-„leistungen", die man hatte oder in den meisten Fällen eben nicht. Die anderen waren und sind gezwungen, als abhängig Beschäftigte ihre Arbeitskraft anzubieten. Und deren Aktien standen auf dem entstehenden Arbeitsmarkt verständlicherweise zunächst sehr schlecht, weil die Arbeit monopolisiert war: Das Quantum, das nötig war, um andere zu beschäftigen, konnte nur von wenigen aufgebracht werden, und die diktierten den Preis der Arbeit. Einfach anfangen (oder weitermachen) ging nicht. Schließlich mußten die Arbeiter den allerdings falschen Eindruck gewinnen, sie würden von den Geldleuten leben. Dabei ist es genau umgekehrt. Der einzig wertschaffende Prozeß ist die Arbeit. Die Arbeit ernährt die Menschen. Auch wenn manch einer auf eigene Arbeit verzichten kann und von seinem Geld lebt, irgendwo sitzt einer und schuftet für dieses Geld.

Die Abhängigkeit der Lohnarbeiter wurde auf den hohen Investitionsbedarf infolge der Maschinisierung zurückgeführt. Dies war jedoch nur der Auslöser für das hereinbrechende soziale Elend. Schon vorher war nämlich der Bevölkerung der Zugang zur jetzt noch wichtigeren Ressource Geld versperrt worden. Die Monopolisierung des Geldes ist die Hauptursache dafür, daß die Steigerung der Arbeitsproduktivität nicht zur allgemeinen Anhebung des Wohlstandes führen konnte. Ursache der Monopolisierung des Geldes ist nun wiederum ein *kartellähnlicher* Konstruktionsfehler im Geldsystem. Dieser Konstruktionsfehler besteht fort und ist eine der Hauptursachen für ernsthafte Störungen im heutigen Wirtschaftsgefüge. Als eine der augenfälligsten Erscheinungen ist der Wechsel von konjunkturellen

Aufschwüngen und rezessiven Phasen zu nennen. Mal schleichende, mal galoppierende Inflation und eine stetig zunehmende Arbeitslosigkeit sind andere Symptome, die darauf hindeuten, daß hier etwas nicht stimmt. Warum nimmt die Zahl der Arbeitslosen immerfort zu? Warum verzichtet eine Gesellschaft in großem Stil auf die Arbeitsleistung ihrer Bürger? Sie bieten ihre Leistung an und würden selbst gerne mehr Leistungen nachfragen. Denkt man an die ökologischen und sozialen Probleme, so ist klar, daß auch in anderen Bereichen Bedarf besteht, der nicht befriedigt wird. Warum finden hier Angebot und Nachfrage nicht zueinander? Die Klärung dieser und ähnlicher Fragen verlangt eine sorgfältigere Analyse der wirtschaftlichen Vorgänge.

Die treibende Kraft

Die ganze kapitalistische Wirtschaft zielt nur auf eines ab: andere zum Schuldenmachen zu überreden.

Paul C. Martin

Im folgenden will ich der simplen Frage nachgehen, warum die kapitalistische Wirtschaft überhaupt stattfindet und welche Kräfte es sind, die sie immer wieder in neue Höhen vorwärtstreibt. Es kommt immer wieder darauf an, die richtigen Fragen zu stellen, um an die passenden Antworten gelangen zu können. Die erste einfache Frage lautet: Warum geht ein Bauer auf sein Feld, um im Schweiße seines Angesichts Rüben zu produzieren? Er tut dies, um sich und seine Familie zu ernähren. Das ist er sich und den seinen *schuldig*. Das bedeutet aber, daß die Notwendigkeit der Produktionsleistung vorausgeht. Der Hunger ist schon vorher da. Nun arbeitet es sich mit Hunger im Bauch sehr schlecht. Deshalb mußte der Bauer schon vorher etwas *investieren*, und er muß außerdem noch den Hunger, der *im Laufe* seiner Arbeit entsteht, durch die Produkte seiner Feldarbeit stillen.

Damit haben wir schon alle wesentlichen Aspekte aufgedeckt: 1.) Wir müssen uns alle versorgen. Weil wir lebende Organismen sind, hat unser Körper Forderungen an uns. Wir müssen Verbindlichkeiten einlösen. Eine *Urschuld* muß abgetragen werden. Sehr aufschlußreich ist in diesem Zusammenhang die biblische Geschichte vom sogenannten Sündenfall (1. Mose 3). Die Vertreibung aus dem Paradies und der damit verbundene Verlust der Unsterblichkeit wird durch einen Konsumakt (den Verzehr des Apfels) ausgelöst. Nur wer unsterblich ist, kennt keine notwendigen Bedürfnisse, also solche, deren Befriedigung keinen Aufschub duldet. Der Verzehr des Apfels ist mit der Erkenntnis der Sterblichkeit oder Verletzbarkeit (in der Bibel: der Nacktheit) direkt verbunden. Adam und Eva sind unwiderruflich in der Kette der *Urschuld* (Sünde?) gefangen. Im dem Augenblick, als sich die beiden als sterblich zu erkennen geben und ihren Konsum nicht einfach aufschieben können, ist die Vertreibung aus dem Paradies perfekt. Offenbar ist sie auch nicht durch Gott mit seiner unendlichen Güte umkehrbar. In Vers 17 steht: Adam muß arbeiten gehen. 2.) Damit Adam die Früchte seiner Arbeit ernten kann, muß er einigermaßen bei Kräften sein. Der Adam der Neuzeit hat neben seiner eigenen Arbeitskraft noch anderes vorzuschießen. Gemeinhin spricht man hierbei von *Investitionen*, die in einer Geldwirtschaft vor allem finanziert werden müssen. Wenn aber alle Produktion *vorfinanziert* wird, woher kommen dann die Mittel, dies zu tun? Wir kommen auf diesen Punkt gleich zurück. 3) Bis die Rüben geerntet werden können, *vergeht Zeit*. Das ist ganz trivial, aber letztlich der Grund dafür, warum *Urschuld* und *Vorfinanzierung* überhaupt ein Problem darstellen. Der Druck kommt daher, daß bei der Produktion etwas Rechtes herauskommen *muß*, damit die Urschuld (durch Konsum der Rübe) getilgt und die Möglichkeit einer weiteren Vorfinanzierung für den nächsten Zyklus geschaffen werden kann. Die Befriedigung einiger Grundbedürfnisse kann schließlich nicht beliebig aufgeschoben werden. Und für den Start eines jeden Zyklus ist ebenfalls der volle Magen erforderlich, den sich der Bauer nach der Ernte füllen will.

Anders ausgedrückt, setzt Wirtschaften einen Zustand voraus, der erst erreicht werden soll. Das ist nicht unlogisch oder gar unmöglich, sondern weist darauf hin, daß Wirtschaft stets *defizitär* ist. Immer fehlt etwas. Das treibt die Wirtschaft an und ist schließlich und endlich der Grund dafür, daß sich alles so wunderbar entwickelt. Paul C. Martin hat dies für die zinsbelastete Wirtschaft eindrucksvoll herausgearbeitet.[31] Daß wir überhaupt anfangen können zu wirtschaften, liegt daran, daß Mutter Natur dankenswerterweise selbst etwas leistet. Der defizitäre Prozeß wird mit den Beeren am Wegesrand begonnen. Es entsteht die Absicht, das Produktionsergebnis zu erhöhen. Gleichzeitig werden aber neue Defizite sichtbar, denn womit soll der Zuwachs denn erreicht werden. Dadurch steigt wiederum der Druck, diese Ausbeute auch zu erreichen usw. Wir haben es mit einem *natürlichen* Wachstumsprozeß zu tun. - Um zu verstehen, wie der Kapitalismus wirklich funktioniert, muß der ganze Prozeß mit verzinstem Geld betrachtet werden, was das obige Bild entscheidend komplizierter macht. Zunächst wird die Finanzierung wirtschaftlicher Untersuchungen betrachtet. Zu den Zinsen kommen wir später.

Jemand, der ein *Guthaben* bei einer Bank hat (auf einem Spar- oder Anlagekonto), verzichtet darauf, dieses Geld unverzüglich auszugeben. Er

---

[31] Paul C. Martin: Der Kapitalismus - Ein System, das funktioniert (Unter Mitarbeit von Walter Lüftl); Ullstein Verlag; Frankfurt/M, Berlin, 1990

behält jedoch den Anspruch auf dieses Geld, hat also eine Forderung an die Bank. Infolge beiderseitiger Vereinbarung (Kündigungsfrist, Anlagezeitraum) kann die Bank für eine bestimmte Zeit über das Geld frei verfügen. Natürlich behält die Bank dieses Geld nicht, sondern verleiht es beispielsweise an einen Unternehmer. Dieser hat jetzt *Schulden* bei der Bank. Und die Bank führt - wie schon gesagt - in gleicher Höhe ein Guthaben eines Sparers. In diesem Sinne ist es völlig verständlich, wenn man sagt: Der Summe allen Geldes entspricht die Summe aller Schulden.[32] Bestände auf Girokonten (Sichteinlagen, sofortige Verfügbarkeit) sind ebenso wie umlaufende Zahlungsmittel (Banknoten, Münzen) in erster Linie Nachfragemittel und können als solche von den Banken eigentlich nicht zur Kreditgewährung eingesetzt werden.

Guthaben und Schulden lauten auf Einheiten der Landeswährung. Das heißt, hinter beidem verbirgt sich *Geld*. Mit Geld, das in Form eines *Zahlungsmittels* zur Verfügung steht, kann man Waren erwerben oder Dienstleistungen aktuell und zu jeder Zeit in Anspruch nehmen. Allgemein spricht man von Nachfragen. Natürlich kann man Zahlungsmittel horten: Dabei bleibt dem Geldeigentümer die Möglichkeit erhalten, jederzeit Leistungen anderer in Anspruch zu nehmen. Ein *Guthaben* entsteht, wenn jemand Waren oder Dienstleistungen nicht seinen Möglichkeiten entsprechend nachfragt, wobei er sein Nachfragerecht vorübergehend abtritt. Es besteht also ein fundamentaler Unterschied zwischen privater Geldzurückhaltung und Guthabenbildung bei einer Bank. Durch Geldzurückhaltung werden dem Wirtschaftskreislauf für eine unbestimmte Zeit Zahlungsmittel entzogen. Dies ist bei der Bildung von Bankguthaben nicht der Fall. Die Bank gibt nämlich - wie bereits erwähnt - das Geld weiter. Der Kreditnehmer investiert dieses Geld oder bestreitet damit laufende Kosten. Dadurch wird das Guthaben nachfragewirksam: Der Unternehmer zahlt Löhne und kauft Waren und Dienstleistungen ein. Damit spielen die Banken eine wichtige Rolle im Wirtschaftsgeschehen. Im Grunde genommen schafft erst die Tätigkeit der Banken die Voraussetzung dafür, daß Nachfrage (bzw. Konsum) aufgeschoben, also im eigentlichen Sinne gespart werden kann, ohne daß dies mit einer Behinderung des Wirtschaftskreislaufs verbunden ist.

Geld muß ständig weitergegeben werden. Ein gesicherter Geldumlauf ist eine der wichtigsten Voraussetzungen für eine florierende Wirtschaft. Dies ist sehr einfach zu verstehen. Man stelle sich vor, was passieren würde, wenn ein beachtlicher Teil der Menschen plötzlich große Sparsamkeit entwickeln und immer mehr Geld auf die hohe Kante legen würde. Die Unternehmen würden nichts mehr verkaufen... Dem wirtschaftlichen Erfolg etwas

---

[32] Johann Philipp Freiherr von Bethmann: Die Zinskatastrophe, Das Buch zur Krise; Athenäum Verlag GmbH, Königstein (Taunus), 1982

weniger abträglich wäre es, wenn alle Sparer ihr Geld auf einem Mal ausgeben würden. Die große Blüte während des Hochmittelalters (etwa 1154 bis 1350) ist auch darauf zurückzuführen, daß der Ritterorden der Templer ein europaweites Wirtschafts- und Bankunternehmen unterhielt bzw. darstellte.[33] Die Templer sicherten die Handelsverkehrswege und transportierten Spezialfracht. Ihre besondere Leistung bestand aber in ihrem Bankwesen. In diesem Bereich boten sie fast alles, was man von modernen Instituten kennt, von der Gewährung von Darlehen und der Übernahme von Bürgschaften bis zur Führung von Konten und internationalem Giroverkehr. Es ist unmittelbar einleuchtend, daß Stockungen in der Zirkulation (Geldumlauf) zu Störungen in der Produktion führen. Schließlich ist die Produktion nur bei ausreichendem Absatz gesichert.

Es ist von einiger Bedeutung zu verstehen, daß Bedarf und Bedürfnisse im eigentlichen Sinne nicht meßbar sind und deshalb in der Ökonomie nicht direkt verwendet werden können. Diese Größen sind für die unmittelbaren wirtschaftlichen Kreisläufe von völlig untergeordneter Bedeutung, weil sie keine Aussage darüber enthalten, ob der Konsument auch in der Lage ist, die entsprechenden Waren und Dienstleistungen nachzufragen. Fehlt das Geld (Nachfragepotential), so kann der Markt nicht geräumt werden, auch wenn die Konsumenten die betreffenden Waren gerne hätten bzw. die jeweiligen Dienstleistungen mit Vergnügen in Anspruch nehmen würden. Deshalb werden im folgenden allein die Begriffe Nachfrage und Nachfragepotential verwendet. Bevor wir zum Clou dieses Abschnitts kommen und die eigentlich treibende Kraft des Wirtschaftssystems aufspüren können, muß das Entstehen von Nachfrage und das Verschwinden von Schulden eingehender untersucht werden. Also: wie verschwinden die Schulden? Die naheliegende Erklärung, durch Bezahlung, ist allerdings falsch, weil der Kreditgeber einen Geldschein (Anspruch) erhält, den er natürlich wieder *sparen* kann. Es wurde aber bereits erläutert, daß Nachfrage- bzw. Konsumaufschub eigentlich nur dann möglich ist, wenn bzw. weil das entsprechende Geld verliehen wird, also Kredit weitergegeben und damit nachfragewirksam wird. Schulden verschwinden nur durch *Konsum!* Sie werden getilgt oder beglichen, indem Geld seinen Besitzer wechselt. Doch dadurch verschwinden sie nicht.

Betrachten wir dazu ein Beispiel: Herr G konnte ein Guthaben bei einer Bank bilden, weil sein Nachfragepotential seinen Bedarf überstieg. Die Bank verleiht dieses Geld an den Unternehmer U. Dieser kauft damit Waren vom Zulieferer Z. Außerdem beschäftigt er einen Angestellten A. Nicht zuletzt erhält auch der Unternehmer U seinen Unternehmerlohn.

---

33 Hans Weitkamp: Das Hochmittelalter - ein Geschenk des Geldwesens; HMZ-Verlag, Hilterfingen (Schweiz), 1986

Damit ist das Geld (Nachfragepotential) von Herrn G durch Bezahlung von Waren (Material, Verbrauchsmittel, Investitionen; Frau Z) und durch Auszahlung von Lohn (Herr A und Unternehmer U) wieder im *Umlauf* und damit prinzipiell nachfragewirksam. - Der Wert der Waren, die im Unternehmen produziert werden, muß mindestens der Summe der Löhne und der Zahlungen an Frau Z entsprechen. Andernfalls kann der Unternehmer U seinen Kredit bei der Bank nicht zurückzahlen. Entsprechend wird er kalkulieren. Durch den *Verkauf* seiner Waren wird der Unternehmer U liquide, so daß er seinen Kredit zurückzahlen kann. Die *Konsumenten* befreien das Unternehmen von seinen Schulden. Der springende Punkt ist nun der, daß durch die unternehmerische Tätigkeit selbst eine Nachfrage im benötigten Umfang entstanden ist. Frau Z, Herr A und der Unternehmer U haben Geld der erforderlichen Menge erhalten, um die Waren nachfragen zu können. Das ist der wichtige Zusammenhang von Produktion und Zirkulation. Daß namentlich Herr A und Herr U nur die Produkte ihres eigenen Unternehmens konsumieren, liegt daran, daß es in unserem einfachen Beispiel nur einen einzigen Produzenten gibt. Das ändert sich, wenn man mehrere Wirtschaftsteilnehmer betrachtet. Unverändert richtig bleibt jedoch, daß *erstens* die gesamte Produktion (einschließlich dem Unternehmerlohn) *vorfinanziert* ist und daß *zweitens* - bis zum jetzigen Stand unserer Darlegung - der Wertschöpfung eines jeden Unternehmens ein gleich hohes Nachfragepotential gegenübersteht, weil dieses durch die unternehmerische Tätigkeit selbst hervorgebracht wird und damit gewährleistet, daß die produzierten Waren und Dienstleistungen vom Markt geräumt werden können. *Drittens* bleibt festzuhalten, daß der Konsum das Unternehmen von seinen Schulden befreit. Der Unternehmer erhält Geld, das er an die Bank und diese an Herrn G zurückzahlen kann. Herr G kann jetzt Waren und Dienstleistungen nachfragen, die sich bereits auf dem Markt befinden. Andernfalls hätte Herr G kein Guthaben bilden können. Die Situation gleicht fast genau der in unserem einführenden Beispiel.

Mit steigender Zahl der Beteiligten werden die Schuldverhältnisse sehr schnell unübersichtlich. Dann spricht man nur noch von Geld oder Guthaben und vergißt leider allzu häufig, daß es sich dabei um eine Schuld (nicht abgegoltener Anspruch auf eine Leistung) handelt. Immer wenn ich eine eigene Banknote in der Hand halte, ist jemand anders in Sorgen, weil er irgend jemandem die entsprechende Leistung schuldet. Und das ist auch ganz gut so, hätte er nicht die Sorgen (den Druck), könnte ich nicht sicher sein, daß meine Banknote wirklich einen Reichtum bedeutet, daß die Leistung also wirklich geschaffen wird, die ich für das Geld später erwerben will. Damit ist auch die Notwendigkeit des Staates für das Funktionieren einer komplizierten, nicht allein auf persönlicher Bekanntschaft zwischen Schuldner und Gläubiger beruhenden Wirtschaft belegt. Der Staat muß u. a. die Haftung des Schuldners gewährleisten. Dazu gehört auch ein umfassender Eigentumsschutz. Womit sollte der Schuldner sonst haften, als mit dem, was er wirklich hat? Eine verläßliche Rechtsprechung ist also ebenso wichtig wie eine Notenbank, die umlauffähige Schuldscheine (Banknoten) emittiert, für deren Wert (Einlösbarkeit) sie auch wirklich geradesteht.

Die gesamte Produktion wird vorfinanziert. Selbst wenn der Kapitalist eigenes Geld investiert, schießt er es seiner Firma vor. Um die Produktion vorfinanzieren zu können, verschuldet sich der Unternehmer. Gleichzeitig entstehen, wie wir gesehen haben, auf der anderen Seite Forderungen. Schulden produzieren *Nachfrage*. Denn was sonst sollte in einer Wirtschaft denn nachgefragt werden, als die Güter und Dienstleistungen, die der Unternehmer zu produzieren beabsichtigt? Womit sollte denn nachfragt werden, wenn nicht mit den Forderungen, die sich aus der Verschuldung des Unternehmers ergeben? In der Wirtschaft gibt es keine Bedürfnisse, die eine Nachfrage konstituieren. Die Nachfrage entsteht durch die Schulden. Beide sind identisch. Der Zusammenhang zu den Bedürfnissen wird erst dadurch hergestellt, daß der Unternehmer nur solche Güter und Dienstleistungen *anbieten* wird, von denen er annehmen kann, daß sie gekauft und konsumiert werden, damit er von seinen Schulden befreit wird. Das kann man sich so vorstellen: Während der Verbraucher die Rübe verspeist, sitzen der Unternehmer und der Bankangestellte zusammen und vernichten den Kreditvertrag. Freilich ist Geld zunächst *potentielle* Nachfrage. Ob die Nachfrage aktuell realisiert wird, hängt von der freien Entscheidung desjenigen ab, der den Schuldschein (Geld) besitzt. Er kann die Nachfrage der Leistung auch aufschieben. Das ist ein weiterer entscheidender Punkt, der aber bereits oben angesprochen wurde. Nachfrage kann nur dann störungsfrei aufgeschoben werden, wenn das Nachfragemittel in einen Kredit umgewandelt wird.

* * *

Eine solche Wirtschaft wie die eben beschriebene läuft wie geschmiert. Und sie ist geschmiert durch das Geld und seine Umwandlung vom Nachfrage- zum Kreditmittel infolge der Tätigkeit der Banken. Die Produzenten können sich in der Tat an den Bedürfnissen der Konsumenten orientieren und ihre Produktion dem Bedarf entsprechend ausrichten. So will es die Politik, und so entspricht es dem Bild einer „sozialen Marktwirtschaft", das ebenso anmutig wie einfältig ist. Der Begriff Marktwirtschaft erweckt den Eindruck, unser Wirtschaftssystem ließe sich auf Tauschvorgängen zurückführen und das Geld wäre ein universelles Tauschmittel. Dabei ändert das Geldsystem alles.[34]

---

[34] Helmut Creutz: Das Geldsyndrom, Wege zu einer krisenfreien Marktwirtschaft; Wirtschaftsverlag Langen Müller Herbig, München, 1993.

Wir sind dem Geld bisher in seiner Funktion als allgemein anerkanntes, universelles *Tauschmittel* begegnet. Diese Funktion kann es nicht allein sein, die scheinbar alle Menschen dazu treibt, Geld haben zu wollen, zu horten und zu vermehren. Sicher, Geld wird nicht schlecht; es soll, glaubt man der durch den römischen Staatsmann Cicero überlieferten Formulierung, auch nicht stinken. Der Besitz von Geld schafft einen Liquiditätsvorteil: Ich kann mir etwas dafür kaufen, es aber auch lassen oder erst später tun. Das schafft Sicherheit, vorausgesetzt, man hat genug. Geld ist also auch ein *Wertspeicherungsmittel*. Das tollste aber: Geld vermehrt sich, wenn man es verleiht, wie der süße Brei im Märchen. Das Sparen macht erst so richtig Spaß, weil es Zinsen gibt. Die Attraktivität des Geldes resultiert vor allem aus seiner Funktion als *Schatzbildner*. Der Besitz einer Million Deutscher Mark garantiert ein Monatseinkommen von ca. 5000 DM. Damit könnte ich ganz gut leben. Leider ist für die meisten Menschen das Leben fast vorbei, bis sie im Schweiße ihres Angesichts die Million zusammengekratzt haben, falls sie es überhaupt schaffen. Da kann nur Lotto helfen. Stellen sie sich vor, sie hätten die Milliönchen gewonnen, oder sie wären ihnen durch spätere Erbschaft praktisch in die Wiege gelegt worden. Was für ein Leben... Im übrigen muß es nicht Geld sein, das Sie erben. Grund und Boden erfüllen die gleiche Funktion. Geld und Boden sind sich überhaupt sehr ähnlich. Beide Ressourcen sind unabdingbare Voraussetzungen für einen wertschaffenden Prozeß, sie schaffen aber selbst nichts. Gleichwohl kann man allein aus ihrem Besitz sehr gute Einkünfte erzielen. „Lassen Sie Ihr Geld für sich arbeiten!", wirbt meine Bank. Haben Sie schon mal Geld arbeiten sehen? Irgendwo schuftet jemand für meine Spareinlagen und träumt dabei (wenn Zeit bleibt) vom sorglosen Leben. Zwei Straßen weiter arbeite ich derweil, um meine Miete zu verdienen, die ich leider nicht durch den Erlös meiner Spareinlagen finanzieren kann.

In der kapitalistischen Wirtschaft herrscht immer Geldmangel. Das liegt daran, daß sich niemand leichtfertig verschulden will. Genauer gesagt, die kapitalistische Wirtschaft ist dauernd auf der Suche nach Nachfrage. Nachfrage entsteht nur dann, wenn sich jemand verschuldet. Warum ist es so heikel, sich zu verschulden, wo wir doch alle essen und trinken, lesen und fernsehen wollen? Anders gefragt, warum stockt die Wirtschaft auch dann, wenn Bedarf und Bedürfnisse vorhanden sind? Nachfrage ist schließlich schlicht und einfach durch Verschuldung zu erzeugen. Das Rätsels Lösung ist recht einfach. Es ist der Zins. Der Unternehmer muß seinen Kredit nicht nur tilgen, sondern auch die aufgelaufenen Zinsen bezahlen. Wie sich diese Zusatzbelastung auswirkt, wird nun ausgeführt. Es wird sich zeigen, daß wir damit zum Kern vordringen und endlich klären, warum zu unserem Wirtschaftssystem der Begriff Kapitalismus viel besser paßt als der schwammige Begriff Marktwirtschaft.

Ein Unternehmer startet eine neue Produktion und verschuldet sich mit dem Betrag x. Zu welchem Preis muß er die von ihm produzierten Waren und Dienstleistungen auf dem Markt anbieten? Alle Kosten, die im Unternehmen entstanden sind, sind im Betrag x enthalten. Da die Produktion *Zeit kostet*, wie man so treffend sagt, laufen zusätzlich Zinsen auf (Kapitalkosten). Er kalkuliert deshalb den Preis zu $P = x + (x \times z) + G$, wobei z der Zinssatz und G der Gewinn ist. Für 100 DM Kredit fallen bei einem Zinssatz von 6% ($z = 0{,}06$) jeweils 6 DM Kapitalkosten an. Damit erhöhen sich alle Preise. Dazu zwei grob abgeschätzte Beispiele: Der Bau einer kleinen Wohnung kostet, sagen wir, 100.000 DM für Materialeinsatz und Lohn. Bei 6% Kapitalzins sind das 6000 DM Zinsen pro Jahr bzw. 500 DM pro Monat. Die Minderung des Gebäudewertes (Abschreibung) schlägt bei einer Lebensdauer von 50 Jahren nur mit 167 DM pro Monat zu Buche. Dazu kommen Betriebs- und Instandhaltungskosten der gleichen Größenordnung. Bei einer Kaltmiete von 750 DM wären also 67% Kapitalkosten enthalten. In Wirklichkeit liegt der Betrag eher noch höher.[35] Ein anderes Beispiel. Jemand gibt Musikstunden, die sofort bezahlt werden. Das Instrument (einmalige Investition 1000 DM) sei mit einem Zinssatz von 6% kreditfinanziert. Bei einem Monatsverdienst des Musiklehrers von 5000 DM kosten alle Musikstunden eines Monats vielleicht 5388 DM, wenn das Instrument jährlich erneuert wird (Zinsen: 5 DM, Abschreibung: 83 DM, Noten und Fahrtkosten 300 DM). Der Zinsanteil ist hier also sehr gering. Der Anteil der Kapitalkosten ist demnach zwar sehr unterschiedlich. Sie sind aber keineswegs vernachlässigbar. Doch zurück zu unserem Unternehmer, der seine Waren nun anbietet, um seine Schulden abzahlen und den Gewinn realisieren zu können.

Für die Preissumme x ist Nachfrage vorhanden. Sie wurde ja durch die Schulden des Unternehmers selbst erzeugt. Woher kommt aber die fehlende Nachfrage $x \times z$, die der Unternehmer zum Abtragen seiner Schuld braucht? Es fehlt das Geld (alias Nachfrage), um den Zins zu zahlen. Die *Kosten* für die Vorfinanzierung sind nämlich nicht vorfinanziert und haben deshalb auch keine Nachfrage (Geld) erzeugt. Nachfrage entsteht nur durch Schulden. Außerdem fehlt das Nachfragepotential für den Gewinn G, den der Unternehmer dafür verwenden will, seine Tätigkeit abzusichern und auszuweiten. Es ist nicht genug Nachfrage da, um die Waren zum Preis P vom Markt zu räumen. Der Unternehmer kann nur dadurch „gerettet"

---

[35] Es fehlt die Grundrente: Zinsen von ca. 3,5% des Bodenwertes. Muß der Bauherr den Boden auf Kredit kaufen, kommen auch noch diese Zinsen hinzu. Die Abschreibung beträgt allerdings nur 1% pro Jahr, die freilich in voller Höhe auch über die Lebensdauer hinaus berechnet wird.
Solche Zahlen findet man in den äußerst lesenswerten Veröffentlichungen von Helmut Creutz zum Thema Geld und Zinsen.

werden, indem sich ein anderer mindestens mit dem Betrag x × z verschuldet. Dann ist die Nachfrage für die gesamte Preissumme P da. (Für die Dynamik des Wirtschaftsgeschehens, um die es hier geht, ist der Gewinn G nur von zweitrangiger Bedeutung.) Die zinsbelastete Wirtschaft (Kapitalismus) kann nur funktionieren, wenn frühere Schuldner spätere finden, die den früheren helfen, die Zinsen zu bedienen. Der Kapitalismus ist ein *Kettenbriefsystem*, wie Paul C. Martin es ausdrückt. Angebot und Nachfrage können auf diese Weise nie zueinander finden, wie man es sich in einem *zeitlosen Tauschgeschäft* vorstellen mag. Immer fehlt Nachfrage. Die „Kosten für die Zeit", bis das Produkt angeboten werden kann, sind als Nachfrage nicht vorhanden. Immer fehlen Leute, die Schulden machen. Außerdem wird nicht alles Geld und schon gar nicht sofort als Nachfrage wirksam. Ohne den Staat als Mega-Schuldner (Deutschland Ende 1994 ca. 2 Billionen Mark, 120 Milliarden Mark Zinsen) kommen die modernen Industrieländer schon nicht mehr aus. Der Staat schiebt die Stunde der Wahrheit hinaus. Irgendwann muß es - durch Leistung oder Crash - zwischen Schuldnern und Gläubigern zum Ausgleich kommen. Staaten melden aber keinen Konkurs an.

Ende der 80er Jahre kam die Wirtschaft in Westdeutschland ernsthaft ins Stocken. Der Fall des Eisernen Vorhangs hat der Wirtschaft neue Absatzmärkte im Osten erschlossen und den Konjunkturmotor vorerst wieder anspringen lassen. Diese Formulierung kann man allenthalben lesen; sie trifft die Wahrheit jedoch nicht ganz. Es geht nämlich eigentlich nicht um die Absatzmärkte. Die immerwährende Beschwörung der Warenmärkte erweckt den Eindruck, es gehe um die Möglichkeit, etwas anzubieten bzw. um die Existenz williger Konsumenten. Bedarf hat es aufgrund der permanenten Knappheit im Osten auch vorher gegeben. Allerdings gab es kein Nachfragepotential. Auch wenn die DDR ihren „Markt" geöffnet hätte, hätte dies nichts geändert, weil die Konsumenten nicht über das entsprechende Geld verfügten, um den westlichen Segen nachzufragen. Daß es sich bei der Kritik der These von den fehlenden Absatzmärkten nicht um eine Spitzfindigkeit handelt, wird gleich deutlich. Denn wie, so muß man fragen, kommt das Geld (Nachfragepotential) in die Hände der möglichen Konsumenten? Nur durch Schuldenmachen und daraus folgende wirtschaftliche Tätigkeit *in diesen* Ländern. Normalerweise erhalten die Arbeiter und Angestellten nur in Deutschland Lohn bzw. Gehalt in Mark. Die Russen werden in Rubel bezahlt. Mit diesen Rubeln können sie die deutschen Produkte nur dann nachfragen, wenn ihr Rubel einen Wert darstellt. Sonst könnten sie ja mit Kieselsteinen oder Zeitungspapierschnipseln bezahlen, was für sie sehr viel einfacher wäre. Deutsche Produkte werden also nur dann für Rubel (oder irgendeine andere Währung) verkauft, wenn man für die Rubel russische Waren einkaufen oder die Rubel in Mark eintauschen kann. Beides geht nur mit russischer Wirtschaftsleistung. Selbst Bodenschätze müssen erst geborgen werden. Auch ausländische Investitionen lohnen sich nur dann, wenn der Gewinn letztlich in der Währung des Ursprungslandes abrufbar ist. Allerdings fällt das Wirtschaftswachstum auch in den Ländern mit den „neuen Absatzmärkten" nicht üppig genug aus. Ist die wirtschaftliche Entwicklung sogar rückläufig, so fehlt die nachfrageproduzierende Neuverschuldung in noch stärkerem Maße. Wenn sich in der Wirtschaft von sich aus keiner mehr traut zu investieren bzw. sich zu verschulden, so springt häufig der Staat ein, indem er die Konditionen verbessert, also Geld günstig zur Verfügung stellt oder Bürgschaften übernimmt. Bei alle dem sollte man nicht vergessen, daß hinter dem Staat der Steuerzahler steht, der die Zeche der Staatsverschuldung am Ende zahlen muß.

Osteuropa ist nur ein Beispiel. Eigentlich ist es völlig egal, wo sich die Suche nach dem neuen Schuldner gerade abspielt. Bis in die 80er Jahr hinein lag das Hauptkreditpotential in der dritten Welt. Die fehlende Nachfrage ist ein gewichtiger Grund dafür, daß die Kredite (auch als Entwicklungshilfe bezeichnet), die den Entwicklungsländern von westlicher Seite gewährt wurden, immer ein Vielfaches derer betragen haben, die die sozialistischen Länder zur Verfügung stellten. Hätte man nicht willige Spätschuldner in den Drittweltländern gefunden, hätte es vermutlich schon gekracht. Diese sind nun überschuldet, wie treffend formuliert wird. Etwas prägnanter ausgedrückt: es kreuzen keine oder nicht genügend neue Schuldner auf. Ist dieser Punkt erreicht, wachsen nur noch die Staatsschulden durch den Zinseszinseffekt. Leider entsteht dadurch nicht automatisch neue Nachfrage. Der Staat ist hoch verschuldet, und die Gläubiger können sich phantastisch reich vorkommen. Beides sind allerdings reine Buchungsakte. Nur Neuverschuldung würde Nachfrage erzeugen. Doch immer weniger gehen das Wagnis ein, zu investieren. Erst stockt der Konjunkturmotor, dann fällt er aus. Wenn niemand hilft (wer?) setzt eine gewaltige Talfahrt ein... Es kommt zum Crash. Gute Nacht. Der Letzte macht das Licht aus. Wir erinnern uns: Die ganze Jagd wurde dadurch ausgelöst, daß die *Zinsen* als Nachfrage fehlen. Außerdem haben in den entwickelten Industrieländern die meisten Menschen in beträchtlichem Umfang die Freiheit, selbst zu entscheiden, ob sie ihr Geld aktuell nachfragewirksam einsetzen, also Nachfrage realisieren (kaufen) oder dies noch aufschieben wollen (sparen).

Die immerfort fehlende Nachfrage setzt die Unternehmer unter Druck. Finden sich keine neue Schuldner, können die Unternehmer ihre Schulden nicht begleichen, weil ihre Produkte nicht in ausreichendem Maße konsumiert werden. Wenn aber nicht mehr wie bisher investiert wird, werden auch die Zinsen nicht mehr erwirtschaftet. Deshalb sind allen voran die Geldbesitzer daran interessiert, daß die Wirtschaftstätigkeit immerfort ausgeweitet wird. Gelingt dies im eigenen Land nicht in ausreichendem Maße, so versucht man es woanders. Das Kapital läuft um den ganzen Globus auf der Suche nach jemandem, der die Zinsen zu erwirtschaften verspricht. - Im folgenden Abschnitt wird gezeigt, daß das Kettenbriefsystem der kapitalistischen Wirtschaft eine ernsthafte Gefahr darstellt. Dazu wird zunächst die Dynamik des zinsbedingten Wachstums veranschaulicht. Einige der Folgen werden kurz skizziert. Dann wird endlich der schon mehrfach angekündigte kartellartige Konstruktionsfehler im Geldsystem aufgezeigt, der verdeutlicht, daß die Geldbesitzer gegenüber allen abhängig und unabhängig Beschäftigten am längeren Hebel sitzen. Die Zinsen sind der Preis des Geldes - allerdings ein Monopolpreis, der gewisse Grenzen nicht unterschreitet und sich den üblichen Marktmechanismen weitgehend entzieht. Abschließend werden Wege zu einer krisenfreien Marktwirtschaft diskutiert.

Der Monopolpreis des Geldes

Wo Geld ist, da ist der Teufel.
Aber wo kein Geld ist, da ist er zweimal.

Georg Weerth (* 1822, † 1856)

Zinsen sind der Preis des Geldes. Der Schuldner entschädigt den Kreditgeber dafür, daß dieser über sein Geld für eine gewisse Zeit nicht mehr verfügen kann. Dafür verlangt er eine Gebühr, eben Zinsen, die proportional zur Menge des überlassenen Geldes und proportional zum Zeitraum der Überlassung ist. Deshalb wird ein Zinssatz vereinbart: ein Anteil von je 100 Mark (Prozent) jeweils fällig für einen bestimmten Zeitraum (pro Jahr). Eine derart einleuchtend und logisch klingende Vereinbarung ist allerdings auf die Dauer nicht erfüllbar. Dieses erste Problem ist schnell erklärt, und sein Verständnis erfordert statt einer langen Erörterung eigentlich nur eine kurze mathematische Überlegung. Diese würde gut in den Unterhaltungsteil einer Wochenendbeilage passen. Indes sind die Konsequenzen so gravierend, daß die Schlichtheit des Gedankengangs offenbar selbst die Fachwelt noch nicht in aller Klarheit erreichen konnte.

Stellen Sie sich vor, Sie hätten eine Million! Sie haben Spaß an Ihrer Arbeit, wollen den Zinserlös nicht ausgezahlt haben, sondern sparen die ganze Million. Nach einem Jahr haben Sie (bei 6% Zins) 1,06 Mill. Nach fünf Jahren sind es 1,34 Mill. Nach zehn Jahren 1,79 Mill.; nach 15 Jahren 2,40 Millionen; nach 20 Jahren 3,21 Millionen. Im gesegneten Alter, nach 70 Jahren Spartätigkeit sind satte 59,08 Millionen auf dem Konto. Damit jeder ausrechnen kann, wann die zweite, dritte, vierte Million erreicht ist, werden im folgenden die mathematische Formel angegeben. Wer mit Formeln nichts anfangen kann, muß auf die Bank vertrauen und überspringt den Kuddelmuddel einfach. Wir bezeichnen den Geldbetrag im Jahr n mit x_n. Der anfängliche Geldbetrag ist also x_0, der nach dem ersten Jahr x_1 usw. Den Zinssatz nennen wir z. Die Abkürzung Prozent bedeutet „Teile vom Hundert" oder kurz „Hundertstel". Bei 6% Zinsen ist also z=0,06. Nach dem ersten Jahr ist der Geldbetrag $x_1 = x_0 (1 + z)$, also gleich dem eingesetzten Betrag x_0 plus Zinsen $x_0 \times z$. In jedem Jahr ist der anstehende Betrag mit (1 + z) zu multiplizieren. Nach dem zweiten Jahr haben wir also $x_2 = x_1 (1 + z) = x_0 (1 + z)^2$. Nach n Jahren also

$$x_n = x_0 (1 + z)^n \qquad \text{[z: jährl. Zinssatz, n: Anzahl der Jahre].}$$

Diese Funktion beschreibt ein exponentielles Wachstum. Die angegebene Formel hat verschiedene bemerkenswerte Eigenschaften. Zum Beispiel verdoppelt sich der Betrag x in festen Abständen unabhängig vom Grundbetrag alle d = ln 2 / ln (1 + z) Jahre. Die Abkürzung „ln" steht für eine komplizierte mathematische Operation, den Logarithmus. (Man erhält diese zweite Formel, wenn man n=d und $x_d = 2x_0$ wählt und logarithmiert.) Allgemein steigt der Betrag auf das k-fache alle m Jahre:

$$m = \ln k / \ln (1 + z) \qquad \text{[z: jährl. Zinssatz, m: Anzahl der Jahre, } k = x_m/x_0\text{]}$$

In unserem obigen Beispiel (z = 0,06) bedeutet das folgendes: Der Geldbetrag hat sich nach d = 11,9 Jahren verdoppelt, nach m=23,79 Jahren demzufolge schon vervierfacht. Nach 39,51 Jahren hat er sich verzehnfacht. Nur 79,03 Jahre dauert es, bis sich der Grundbetrag verhundertfacht hat. Das Tausendfache ist dann schon nach weiteren 39,51 Jahren erreicht (nach insgesamt 118,55 Jahren). Stopp, das werden Sie nicht mehr erleben - aber vielleicht ihre Kinder? Knapp eine Verzehnfachung (die ja 39,51 Jahre dauern würde) könnte jede Generation schaffen, glauben sie? Falsch, bei einer Generationsfolge von 30 Jahren beträgt der Faktor nur exakt 5,74 - eine unangenehme Formel ist das. Aber immerhin, die Freude am Wachstum bleibt ungehemmt. Nun ist klar, daß 6% Zins von einer Million nicht das gleiche sind wie 12%. Der Unterschied ist der Faktor zwei. Der Geldbetrag verzehnfacht sich bei 6% Zinsen ja alle 39,51 Jahre. Wie lange dauert es bei 12% Zinsen? Sie können schätzen, während ich meinen Taschenrechner bemühe. Es dauert 20,32 Jahre. Jetzt glauben Sie vielleicht an einen Rechenfehler, müßten es nicht 0,5 × 39,51 Jahre sein? Nein, der Faktor 1,94 ist richtig. Bei einer Verdreifachung des Zinses von 6% auf 18% sinkt die Zeit, die vergeht, bis der Betrag auf das n-fache gestiegen ist, um den Faktor 2,84. Versuchen Sie es nicht mit Vorstellung. Bei der

Zinseszinsrechnung hilft nur Mathematik.[36] Trotzdem, eine tolle Dynamik ist das. Hätte jemand um das Jahr 1677 herum (also vor 316 Jahren und 47 Tagen) einen Pfennig zu 6% Zinsen angelegt, wären das heute ungefähr 1 Million Mark. Leider haben meine Ahnen vergessen, sich um mich dahingehend zu kümmern. Es wäre doch nur ein Pfennig gewesen...

Es ist schon phantastisch, und man mag sich fragen, woher all das viele Geld kommt. Nun, in vielen Fällen kommt es gar nicht, jedenfalls nicht über Jahrhunderte. Nehmen wir nun an, wir ließen uns den Zinserlös jedes Jahr auszahlen. Das sind pro Jahr

$E = x_0 \, z$. [z: jährl. Zinssatz, x_0: eingezahlter Grundbetrag, E: Erlös]

In m Jahren also m × E Deutsche Mark. Nun können wir berechnen, ab wann der kumulierte Erlös den eingezahlten bzw. verborgten Grundbetrag übersteigt. Das ist dann der Fall, wenn p × E = x_0 ist, also nach

$p = 1 / z$. [z: jährl. Zinssatz, p: Zeit bis Zinserlöse = Grundbetrag]

Jahren. Bei einem Zinssatz von 6% haben wir den verborgten Betrag schon nach 16,67 Jahren zurück, ohne daß die Schuld getilgt ist. Verleihen wir eine Million zu einem durchaus realistischen Zinssatz von 12%, so dauert es nur 8,33 Jahre bis wir eine Million verdient haben. Die eigentlich verborgte Million können wir zusätzlich noch zurückfordern. Kaiser Karl V. hat kaum weniger als 30% Zinsen an die Bankiers gezahlt. Auch 40% Zinsen waren im 16. Jahrhundert keine Seltenheit, hier ist der Grundbetrag nach 2,5 Jahren wieder drin. Solange kann man schon mal warten, um dann kräftig weiter zu verdienen. Es ist unvorteilhaft, macht aber im Grunde nichts, wenn der Gläubiger, genügend lange, nachdem die Zeit p = 1/z verstrichen ist, das Handtuch wirft. Wie lange man den Gläubiger zum Beispiel durch Umschuldung bei „Laune halten" muß, hängt davon ab, was Sie mit den Zinserlösen in der Zwischenzeit machen. Die notwendigen Formeln wurden Ihnen mit den entsprechenden Erläuterungen oben an die Hand gegeben. Bei einem seriösen Erscheinungsbild haben Sie jetzt das Zeug, um eine führende Position zum Beispiel im Internationalen Währungsfonds (IWF) bekleiden zu können. (Verzeihung, meine Herren...) Vergessen Sie nicht, die Zeit arbeitet in jedem Falle für Sie. Für die Schulden der Dritten Welt ist die Zeit p schon abgelaufen. Trotzdem fordern wir weiter Geld. Großbanken, wie das Haus Rothschild, sind auf diese Weise schon im 19. Jahrhundert groß geworden. Napoleons Kriege und die englische und preußische Gegenwehr sind durch Kredite finanziert worden. Karl V. hat ganz Venezuela, ein Land, das er noch gar nicht besaß, den Banken ver-

---

[36] Die Abweichung von der einfachen Proportionalität wird durch die nichtlinearen Glieder der Entwicklung von ln (1+z) für z<1 verursacht. Diese haben unterschiedliche Vorzeichen und sind bei z«1 sehr klein.

pfändet. Vergegenwärtigt man sich das Ausmaß der Verschuldung der Königshäuser, wird einem klar, daß die Politik nicht ohne den Einfluß der Banken verstanden werden kann. Aber zurück zum Thema. Ich wollte Ihnen nur demonstrieren, wie schnell die zweite Million „verdient" ist, hat man erst die erste. Wie man zu ihr kommt, wird hier nicht erörtert... Doch noch mal die Frage, woher kommt all das viele Geld?

Das eigentliche Problem besteht nun darin, daß die Geldmenge, wie oben dargestellt, *exponentiell* wächst. Exponentielles Wachstum beschleunigt sich sogar selbst. Unwiderruflich steigt der Zuwachs pro Zeiteinheit. Mathematisch vorbelastete Leser bilden den Differentialquotienten dx/dn aus der ersten Formel: er ist gleich dem Wachstum

$$dx_n/dn = x_0 (1 + z)^n \ln (1 + z).$$ [z: jährl. Zinssatz, n: Anzahl der Jahre]

Das Wachstum wächst mit der Zeit (bei vernünftigem Zinssatz zum Glück nicht ganz so stark, wie die Menge selbst). Auch das Wachstum des Wachstums, also die zweite Ableitung $d^2 x_n/dn^2$, wächst mit der Zeit usw. Es gibt kein Halten. Diese Formel liefert auch die Bestätigung für die sicherlich durch die oben angestellten Berechnungen gewonnene Beobachtung, daß das Wachstum auch proportional zur Geldmenge ist. Ich erinnere daran, daß das Geld uns als Tausch- und Wertspeicherungsmittel dienen soll, an dessen Stelle Waren und Dienstleistungen zu treten haben. Wie das menschliche Produktivvermögen, das ja letztlich alle Güter und Dienstleistungen erschafft, diesem Wachstum hinterherkommen kann, vermag ich nicht erklären. Es ist völlig unmöglich. Es ist mathematisch unmöglich. Das Ganze kann nur in immer neuen finanziellen Zusammenbrüchen enden.

Obwohl es exponentielles Wachstum auch in der Natur gibt - Vermehrungsvorgänge verlaufen in der Regel anfangs exponentiell -, haben wir keine Chance. Exponentielles Wachstum ist nämlich einzig und allein nur dann möglich, wenn die dafür notwendigen Ressourcen unbegrenzt verfügbar sind, also nicht nur unendlich groß sind, sondern auch ohne Behinderungen am entsprechenden Ort zur entsprechenden Zeit zur Verfügung stehen. Nun, wie steht es mit der menschlichen Arbeitskraft? Vielleicht sollte man Maschinen arbeiten lassen, immer mehr immer schneller? Doch woher die Energie und die Rohstoffe? Wenn Sie diese Fragen gelöst haben, überlegen Sie bitte, wann (und wozu) wir den ganzen Quatsch konsumieren sollen, der da hergestellt wird! Ohne Verbraucher gibt es keinen Grund, etwas zu produzieren. - In der Natur und in der Gesellschaft gibt es keine unbegrenzt verfügbaren Ressourcen. Deshalb tritt das durchaus natürliche, exponentielle Wachstum auch nur anfänglich auf. Bäume wachsen nicht in den Himmel, Organismen vermehren sich nicht unendlich. Die Natur hat sogar komplizierte Mechanismen entwickelt, um die Vermehrung so frühzeitig zu stoppen, daß nicht erst die Verknappung der Ressourcen das

Wachstum bremst. Ausgeschlüpfte Kaulquappen sondern ein Pheromon ab. Dadurch wird die Vermehrung der Frösche automatisch gestoppt, wenn es zu viele in einem Teich davon gibt. Diese „Voraussicht" verhütet den Crash, dem wir so munter entgegensegeln, und verhindert, daß unschuldige, wenn auch an der ganzen Entwicklung nicht ganz unbeteiligte, Individuen ihr Leben lassen müssen, weil die Ressourcen für die Gesamtpopulation nicht mehr ausreichen.

* * *

Die Zinsen werden als Kapitalkosten Bestandteil der Preise für Waren und Dienstleistungen. Letztlich muß *jede* Produktion vorfinanziert werden. Bis das Produkt fertig ist, vergeht Zeit. Es fallen deshalb auch Kapitalkosten an. In der Schweiz lag 1968 der Anteil der Zinsen an den Mieten bei 80%, bei Lebensmitteln bei 50%, bei anderen Preisen um 30%. Für fast alle Menschen werden die eventuellen Zinseinnahmen, die ihnen ihre Sparkonten einbringen, kaum den Zinsanteil in den Preisen ausgleichen können. Das umso weniger, weil die permanente Inflation das Gesparte entwertet. Nehmen wir an, der durchschnittliche Anteil der Zinsen in den Preisen beträgt 30%. Eine Familie, die 5000 DM im Monat ausgibt, zahlt also 1500 DM an Zinsen. Um diese unfreiwillige Zinsausgabe auszugleichen, müßte die Familie 300.000 DM zu 6% (Zinsen jährlich) angelegt haben. Nur wer mehr als 300.000 DM auf der hohen Kante hat, bekommt wirklich *netto* Zinsen, die anderen zahlen drauf. Die Dynamik des Geldwachstums durch Zinsen ist oben schon demonstriert worden. Nun ist es noch so, daß das Geld, das denjenigen zufließt, die in unserem Beispiel mehr als 300.000 DM haben, den anderen fehlt. Der Abstand der Gewinner und Verlierer wächst nicht nur exponentiell, sondern doppelt so schnell wie das Geld auf einem Sparkonto. Deshalb vergrößert sich die Schere zwischen arm und reich mit mathematischer Gewißheit unaufhörlich und immer schneller. Nur wer genau 300.000 DM hat, wird in unserem Beispiel nicht von der exponentiellen Dynamik des Zinses erfaßt. Alle anderen werden entweder in Richtung arm oder reich gezerrt. Je weiter man von der imaginären Grenze entfernt liegt, desto größer der eigene Gewinn bzw. Verlust aufgrund der zinsbedingten Umverteilung. Obwohl in der Bundesrepublik Deutschland im Jahre 1983 87% der Haushalte über positive Guthaben verfügten, besaßen 50% der Haushalte nur 4% der *Geld*vermögen. In der anderen Hälfte der Haushalte waren die Geldvermögen ähnlich ungleich verteilt, Tendenz steigend. Aber die permanente Umverteilung von Arm zu Reich ist nicht der einzige Effekt der Zinsen. Vielmehr gerät die Stabilität der ganzen Wirtschaft in Gefahr. Davon ist jetzt die Rede.

Die Aufrechterhaltung der Tauschmittelfunktion des Geldes erfordert, daß die Menge der verfügbaren Waren und Dienstleistungen im Einklang mit der Geldmenge steht. Überwiegt das Geld, verliert es seinen Wert, weil man mit ihm nicht entsprechend viel Güter erwerben kann. Wir haben es mit einer Inflation zu tun. Der umgekehrte Fall heißt Deflation. Beim Geld handelt es sich um eine offene, noch nicht beglichene Forderung, einen *Anspruch* auf eine Leistung, der übertragbar ist. Ist die Leistung erbracht, wird eine Rechnung erstellt und anschließend bezahlt. Werden nun diese Ansprüche durch den Zinseszinseffekt in astronomische Höhen hochgebucht, so bedeutet das keineswegs automatisch, daß die Leistungen, die ja erwirtschaftet werden müssen, in gleicher Weise steigen. Mehr noch, sie können nicht in gleicher Weise steigen. Das heißt, hinter dem Anspruch in Form von Geld steht immer weniger Leistung, die dafür eingefordert werden kann. Der Zins ist die Ursache für die Inflation. Doch nicht so schnell, die Sache ist verzwickt. Die steigenden Preise sind die Folge einer Aufblähung[37] der *Geldmenge*. Preise steigen nämlich nur bei erhöhter Nachfrage. Nachfragen kann man nur mit Geld. Die normale, nachfrageerzeugende Verschuldung bringt aber Waren und Dienstleistungen in gleichem Umfang hervor. Wenn nun das *allgemeine* Preisniveau steigt, kann dies nur daran liegen, daß die Notenbank mehr Nachfragemittel (Banknoten) zusätzlich in Verkehr bringt, als bei der derzeitigen Steigerung der volkswirtschaftlichen Leistung nötig wäre. Wie steuert die Notenbank die Geldmenge?

Bis zum Beginn aktiver Geldpolitik war die Geldmenge eher zufällig. Sie ergab sich aus den Fördermengen der Gold- und Silbergruben. Diese wurden von den Fürsten und Kaisern sogar den Bankiers als Sicherheit für Kredite übereignet. Heute ist der Wert des Geldes längst nicht mehr an Fördermengen gebunden, das würde auf die Dauer auch nicht funktionieren. Eines der Hauptziele der Währungspolitik ist heute, die Geldmenge so in Schach zu halten, daß sich Geldmenge und die angebotenen Waren und Dienstleistungen die Waage halten, also die Kaufkraft des Geldes stabil bleibt. Nun kann die Notenbank nicht Geld auf den Markt bringen und es gegebenenfalls wieder einziehen. Ihre einzige Steuermöglichkeit sind die Zinsen zu denen sie „neues" Geld an die Geschäftsbanken herausgeben. Erhöht die Zentralbank die Leitzinsen, so wird das Geld indirekt verknappt, weil eine Neuverschuldung riskanter ist. Bei geringeren Leitzinsen ist die Kreditnachfrage dagegen tendenziell größer. Diese Blindsteuerung der Geldmenge funktioniert natürlich allenfalls dann, wenn das Bruttosozialprodukt genügend stark wächst. Besonders in schlechten Zeiten ist die Zentralbank bemüht, die Stabilität der Währung durch *Zinserhöhung* und die damit verbundene Geldverknappung zu sichern. Auf der anderen Seite behindert dies gerade die Investitionsbereitschaft der Wirtschaft, deren Leistungskraft als einziges aus der Misere helfen kann. Nur die Wirtschaft

---

[37] Inflation: lat. inflare - aufblähen

kann der wachsenden Geldmenge eine wachsende Menge an Waren und Dienstleistungen entgegenstellen und damit das wirtschaftliche Gleichgewicht wiederherstellen. Aus den oben genannten Gründen kann sie diese Aufholjagd niemals gewinnen. Außerdem stellt die Währungspolitik einen völlig falschen Ansatz dar. Sie führt nicht zum gewünschten Ergebnis: Erhöht die Bundesbank die Leitzinsen zur Geld*verknappung*, so steigt das allgemeine Zinsniveau. Höhere Zinsen haben aber genau den entgegengesetzten Effekt. Sie machen nicht die Geldmenge unschädlich, sondern steigern die Dynamik der Geldmengen*zunahme*. Diese ist aber gerade die eigentliche Ursache für die Inflation. In diesem Sinne ist der Zins das eigentliche inflationstreibende Problem. Wir werden weiter unten sehen, wie die Inflation ganz automatisch mit der Lösung des Zinsproblems verschwindet.

Wie geht die Geschichte aus? Wie oben gezeigt, wachsen die Schulden extrem an. Zum einen durch den „normalen" Zinseffekt. Andererseits steigt die Neuverschuldung in inflationären Zeiten. Dafür gibt es zwei Gründe: Erstens treibt der Kaufkraftverlust (altes) Geld zurück in die Wirtschaft. Zweitens kann man die Schulden von heute mit den gestiegenen Preisen von morgen bezahlen. In der Tat bewirkt eine kurzzeitige Inflation im allgemeinen eine Wirtschaftsbelebung. Man spricht von einem „Push" für die Wirtschaft. Etwas mehr aus der Notenpresse ist daher eigentlich gern gesehen. Das Schuldenmachen führt zu neuer Nachfrage. Man entdeckt, schafft und erobert neue Märkte. Dazu ist wiederum Kapital notwendig. Die verstärkte Kreditnachfrage treibt die Zinsen in die Höhe usw. Das Ganze treibt sich prächtig an. Es boomt. - Leider ist es so, daß die in der Inflation entstandenen Schulden, allen voran die durch den Zins hochgebuchten, nicht getilgt werden können. Die wirklich getätigte Nachfrage wächst nicht mit. Deshalb kommt es über kurz oder lang zum allgemeinen Zusammenbruch. Zunächst steigt die Zahl der Insolvenzen an. Die Schuldner krachen, wie man so schön sagt. Unternehmen melden Konkurs an oder müssen schließen. Manche Pleiten reißen gleich noch einige Gläubiger mit (vor allem USA). Aber man hört die Signale! Jetzt beginnen alle zu sparen, man macht weniger Schulden. Der Staat kürzt die Sozialausgaben. Er will die Steuern senken. Man denkt konservativ und wirtschaftspolitisch. Die Wirtschaft rationalisiert und entläßt. Die Wirtschaftsbosse lassen ein Interview nach dem anderen abschnurren. Das Selbstbewußtsein, mit dem sie auftreten, läßt die Kritiker verstummen und auf wirtschaftliche Stärke hoffen.

Alles scheint sich wieder zu stabilisieren. Man atmet auf. Das Zinsniveau wird „vernünftig", das Preisniveau ebenfalls (es fällt) usw. Mitnichten ist alles in Ordnung. Es bestehen nämlich immer noch die Schulden. Auf Teufel komm raus versuchen jetzt die Firmen, Umsatz zu machen, also zu verkaufen, um die Schulden bedienen zu können. *Das* treibt die Preise in den

Keller. Von der Inflation ist die Wirtschaft geradewegs und gesetzmäßig in die *Deflation* geraten. Die einzige Möglichkeit für den Unternehmer, flüssig zu sein, ist, die Preise zu senken. Durch die Preissenkung geraten jedoch *alle* Unternehmen in Schwierigkeiten. Wer die Schlußphase der Inflation überlebt hat, springt jetzt wegen der niedrigen Preise über die Klinge. Die sinkenden Preise versetzen ihn immer weniger in die Lage, seine in Inflationszeiten entstandenen Schulden abzutragen. Der Staat beginnt zu sparen! Damit fehlt die durch die Neuverschuldung bisher produzierte Nachfrage. Der Nachfragerückgang drückt weiter auf die Preise. Die Konsumenten warten lieber, bis die Preise noch weiter gefallen sind. Die Nachfrage geht weiter zurück usw. Auf der anderen Seite investieren aufgrund der fallenden Zinsen immer weniger Geldanleger. Dadurch stockt der Nachfragenachschub. Ist die Deflation erst angelaufen, gibt es kein Halten mehr. - Wohl dem, der keine Schulden hat. Doch auf dieser Basis gibt es keine Wirtschaft, wie oben gezeigt wurde. Während sich die Inflation lange hinzog, geht es jetzt Schlag auf Schlag. Entsprechend groß ist die Nervosität. Es gibt nur zwei Möglichkeiten, mit den Schulden *fertig*zuwerden: sie zu bedienen oder unterzugehen. Von der zweiten Möglichkeit wird immer häufiger „Gebrauch gemacht". Jeder Zusammenbruch vernichtet Schulden, also eine gewisse Menge Geld (Forderungen). Irgendwann ist alles überstanden, das „Spiel" kann neu beginnen. Ein neuer Zyklus von Inflation und Deflation beginnt.

Den ersten schwarzen Freitag an der Börse gab es am 24. September 1869, als durch Manipulationen amerikanischer Spekulanten zahlreiche Anleger ruiniert wurden. In den Jahren 1927, 1929 und 1931 folgten weitere. Beim großen Börsenkrach 1987 verschwanden innerhalb weniger Tage 1,5 Milliarden Dollar. Das zyklische Auftreten solcher Krisen weist auf eine strukturbedingte Instabilität hin, die uns nach den oben angestellten Berechnungen kaum noch wundern wird. Und doch waren viele der Börsenkrisen erwiesenermaßen sorgfältig ausgeklügelte und durchgeführte Ereignisse, an denen sich Privatleute bereicherten. Dabei geht es schon längst nicht mehr nur um Millionen. Für die staatlichen Notenbanken wird es immer schwieriger, durch gezielte Käufe oder Verkäufe das Schlimmste zu verhindern. Milliardenbeträge aus Privathand vagabundieren auf der Suche nach maximalem Kapitalertrag durch die Welt - nicht ohne Erfolg. Immer mehr Geld konzentriert sich in immer weniger Händen. Die Zahl der Milliardäre ist in den letzten Jahren drastisch gestiegen. Wer zahlt die Zeche? Der Ertrag, den die Geldanlage bringt, wurde an *anderer* Stelle erarbeitet. Und die Arbeitenden sind eben nur zum Teil, manchmal sogar überhaupt nicht, Nutznießer des Wachstums. „Lassen Sie Ihr Geld für sich arbeiten!", wirbt meine Bank (immer noch). Haben Sie schon mal Geld arbeiten sehen?

* * *

Ungeachtet der mit ihm verbundenen Probleme erfüllt der Zins in der heutigen Wirtschaft einige wichtige Aufgaben. Die meisten wirtschaftlichen Unternehmungen werden anfangs mit Hilfe geliehenen Geldes, also durch Kredite, finanziert. Dabei wirkt der Kreditzins in diesem Fall als der Preis des Geldes und sorgt im Sinne der Marktwirtschaft dafür, daß das Geld in die volkswirtschaftlich sinnvollsten Aufgaben fließt. Unternehmungen, die nicht einmal den Zins erwirtschaften können, werden gar nicht erst begonnen oder sogar abgebrochen. Würde man den Zins einfach abschaffen, würde der Wirtschaft ein wichtiges Steuerungssystem fehlen, das das Geld dorthin lenkt, wo es auch wirklich und in bester Weise der Schaffung von Waren und Dienstleistungen dient. Des weiteren spiegelt der Kreditzins den Versorgungsgrad an Investitionsgeldern wider. Er steigt (inflationsbereinigt), wenn der Bedarf an Krediten größer als das Angebot ist. Im umgekehrten Fall muß er sinken. Diese zweite Funktion dient also der Umlaufsicherung des Geldes. Wird Geld benötigt, so steigen die Zinsen, und der Anreiz steigt, zurückgehaltenes Geld wieder in Umlauf zu bringen, also zu verborgen. Besteht ein Überangebot an Geld, so sinken die Zinsen. Das führt zu einer Geldzurückhaltung; man wartet auf einträglichere Zeiten. Der Zins dient primär der *Umlaufsicherung*. Die Zinsen locken als Prämie immer wieder zurückgehaltenes Geld zurück in den Wirtschaftskreislauf. Wir hatten zuletzt am Beispiel der deflationären Talfahrt gesehen, welche verhängnisvollen Folgen mangelnde Nachfrage hat.

Jetzt versteht man auch besser, warum der Konsum in der kapitalistischen Wirtschaft permanent ausgeweitet werden muß. Wächst die Wirtschaft nicht, werden weniger Kredite nachgefragt. Das treibt die Zinsen in den Keller. Sinkende Zinsen haben verstärkte Geldzurückhaltung zur Folge. Das Wachstum bewahrt die Wirtschaft vor der deflationären Falle. Außerdem hält es die zinsbedingte Umverteilung von Arm zu Reich in Grenzen. Bei gleichbleibender Wirtschaftsleistung wachsen ja die Geldvermögen weiter. Das heißt, ein immer größerer Teil der Arbeitsleistung dient nur der Bedienung der Geldvermögen. Damit diese unvermeidliche Verarmung der Arbeitenden nicht eskaliert, muß die volkswirtschaftliche Leistung immerfort ausgedehnt werden. Daß diese Aufholjagd nicht zu gewinnen ist, wurde schon durch Rechenbeispiele veranschaulicht. - Sehr viele Probleme wären gelöst, wenn der Geldumlauf unabhängig vom Zins gesichert wäre. Ein solches Geldsystem wäre sozial neutral und würde die Wirtschaft nicht in gefährlicher Weise destabilisieren. Doch bevor wir zu einer konstruktiven Umlaufsicherung kommen, ist ein anderer Punkt zu klären: Die negativen Auswirkungen des Zinses hängen mit der Höhe des Zinssatzes zusammen. Deshalb stellt sich die Frage, warum die Kreditzinsen nur ausnahmsweise unter 6% liegen.

Noch nie wurde Geld zu Dumping-Preisen angeboten. Kaum denkbar, daß Geldbesitzer bis aufs Messer konkurrieren und mit immer bessere Konditionen versuchen, ihr Geld einem Investor aufzuschwatzen. Das mag absurd klingen, ist es aber nicht. Wenn die Zinsen der Preis des Geldes ist, müßte sich dieser dem Marktgeschehen mit der gewohnten Flexibilität anpassen. Man müßte erwarten, daß Geld mal sehr billig (Nennwert + ein „Abendessen") und mal sehr teuer (12% Zinsen) angeboten wird. Die obere Grenze stimmt. Aber die wird ja auch vom Kreditnehmer bestimmt. In den USA wurden vor einigen Jahren Staatsanleihen verkauft, die bei einer Laufzeit von 30 Jahren mit 14% verzinst wurden.[38] Für die untere Zinsgrenze sind die Geldbesitzer verantwortlich. Der Kapitalmarktzins folgt zwar dem Auf und Ab der Inflationsrate,[39] bleibt aber selbst bei verschwindender Inflationsrate bei etwa 6% kleben. Das funktioniert deshalb, weil die Geldanleger ihr Geld zu geringerem Zins einfach nicht mehr anbieten. Sie können das Geld vom Markt zurückziehen. Schließlich altert Geld nicht. Es verdirbt nicht, es wird nicht unmodern. Es verursacht eigentlich auch keine Lagerhaltungskosten. Beim Geld gibt es keinen Angebotszwang wie bei Waren und Dienstleistungen. Erscheinen die Konditionen zum Geldverleih ungünstig, so kann man ohne weiteres auf bessere Zeiten warten. Geld kann streiken. Da ohne Geld wirtschaftliche Tätigkeit nicht möglich ist, ziehen die Zinsen bei zunehmender Geldzurückhaltung wieder an.[40] Die Verknappung löst sofort einen Preisanstieg aus. In dieser Richtung funktioniert der Geldmarkt. Ein eventuelles Überangebot führt jedoch nicht zum Preisverfall. Es ist die gleiche Situation wie beim Boden. Natürlich entscheidet jeder Geldanleger ganz persönlich, ob er sein Geld verleiht oder nicht. Aber

---

[38] Das Beispiel zeigt, daß viele Leute nicht rechnen können. Nach 30 Jahren muß der Staat das 51-fache des Grundbetrages zurückzahlen. Selbst wenn man 4% jährliche Inflation abzieht, erhält man die 17-fache Kaufkraft zurück.

[39] Hieran kann man sehen, daß die Inflation vor allem die kleinen Leute trifft. Die Geldanleger schützen sich vor inflationsbedingten Nachteilen, indem sie die Inflationsrate mit einrechnen. Der Realzins bleibt etwa gleich und liegt zwischen drei und sechs Prozent.

[40] Bei freier Konvertierbarkeit der Währungen kann die Geldzurückhaltung durch Geldumschichtungen ersetzt werden. Das Kapital wandert stets in die Hochzinswährung und wird damit nicht im entsprechenden Ursprungsland investiert. Ein niedrigerer Zinssatz wird also nicht im gewünschten Maße wirksam. Spekulative Geldbewegungen können aber auch direkt zu einer Erhöhung des Zinssatzes führen: Die Devisenhändler leihen und verkaufen eine Währung, bis der betroffenen Notenbank die Reserven der Fremdwährung, die beim Umtauschen gekauft wird, auszugehen drohen. Um die Spekulation einzudämmen, erhöht die Notenbank das Risiko der spekulativen Geldbewegungen, indem sie die Zinsen erhöht. Die Devisenhändler machen ihren Schnitt spätestens, wenn die Währung der betroffenen Notenbank abgewertet wird.

wie auf allen Märkten beobachtet man sich gegenseitig. Die gleichgerichtete Reaktion der Geldbesitzer, bei einem Rückgang der Kapitalmarktzinsen ihr Geld eher zurückzuhalten als zu verleihen, resultiert einzig und allein in ihren gleichartigen privaten Interessen. Dadurch erscheint ihr Vorgehen *koordiniert*. Wenn in der freien Wirtschaft mehrere Anbieter koordiniert vorgehen, um einen Preis zu beeinflussen, hat man es mit einem *Kartell* zu tun. Deshalb liegt es nahe, auch bei unserem Geldsystem von einer kartellartigen Struktur zu sprechen.

Worin besteht dieser kartellartige Konstruktionsfehler? Das von der Notenbank herausgegebene Geld unterliegt zwar einem Annahme- aber keinem Weitergabezwang. Jemand, der Geld zurückhält, hat dadurch keine Sanktionen zu fürchten. Wer einen Geldschein erhält, erwirbt damit Eigentum an dieser Banknote. Er kann mit ihr machen, was er will. Nun ist das Geld aber als eine *öffentliche Einrichtung* anzusehen. Öffentliche Einrichtungen können von jedermann genutzt werden. Es ist aber undenkbar, daß jemand sein Fahrzeug mitten auf der Fahrspur einer Autobahn stehen lassen kann, ohne daß dies geahndet wird. Genau das passiert aber, wenn die Geldbesitzer ihr Geld in großem Stil liegenlassen: Der gesamte Verkehr kommt ins Stocken. Doch niemand muß mit einer Ordnungsstrafe rechnen. Statt dessen versucht man, den Falschparker mit einer Prämie dazu zu bewegen, den Verkehr wieder freizugeben, wobei der Parksünder noch frei bestimmen kann, wann ihm die Sondervergütung hoch genug erscheint.

Damit ist klar, wo die Reformen ansetzen müssen. Das Geld muß wie jede andere öffentliche Einrichtung behandelt werden. Parkgebühren sind die Lösung. Niemand wird gezwungen, sein Geld in Verkehr zu bringen. Eine *Rückhaltegebühr* übt allerdings einen fortwährenden Druck aus, das Geld der Wirtschaft wieder zur Verfügung zu stellen. Unabhängig davon hat jeder Geldanleger nach wie vor die Möglichkeit, sich für seinen Liquiditätsverlust durch Zahlung von Zinsen entschädigen zu lassen. Allerdings werden diese Knappheitsgewinne bei einem ausreichenden Kreditangebot eher gering ausfallen. Der Preis des Geldes ist damit den normalen Marktmechanismen unterstellt, weil die Zurückhaltung der Kreditmittel faktisch Kosten verursacht, wie es bei jeder „anderen" Ware der Fall ist. Auf den Warenmärkten verschwinden alle Knappheitsaufschläge, wenn das Angebot der Nachfrage entspricht. Es ist nämlich normalerweise nicht möglich, Waren für längere Zeit zurückzuhalten, ohne daß dies für den Anbieter mit laufenden Kosten oder mit einem Risiko verbunden ist. Äpfel können nicht streiken, sie verfaulen mit der Zeit. Möbel verursachen Lagerhaltungskosten. Computer veralten usw. Durch eine Rückhaltegebühr ist der Geldumlauf auch ohne Zins und Inflation gesichert. Damit ist es der Notenbank möglich, sich bei der Geldmengensteuerung am allgemeinen Preisniveau zu orientieren. Genauer gesagt, kann die Notenbank nicht mehr nur die

Geldmenge, sondern das Nachfragepotential steuern. Das Nachfragepotential ergibt sich ja aus der Geldmenge multipliziert mit der Umlauf- oder Einsatzhäufigkeit des Geldes. Da der Geldumlauf gesichert ist, kann wirklich das Nachfragepotential der wirtschaftlichen Leistungsfähigkeit angepaßt werden. (Dazu dürfen die Geschäftsbanken wirklich nur die oben als Guthaben definierten Gelder als Kredite weiterreichen und nicht auch Nachfragemittel (Sichteinlagen) beleihen.) Die sich ergebende Kaufkraftstabilität ist nicht nur für den Verbraucher von Vorteil, sondern ermöglicht der Wirtschaft realistische Kalkulationen. Nur so kann die Wirtschaft stabilisiert werden! Da die Marktwirtschaft einen guten Ruf genießt, sollte es eigentlich nicht schwerfallen, den Preis des Geldes mit Hilfe einer Rückhaltegebühr den Marktmechanismen zu unterwerfen. Dabei wird es helfen, daß es in der Geschichte verschiedene Beispiele für eine zinsunabhängige Umlaufsicherung gab. Einige wollen wir uns jetzt kurz anschauen.

* * *

Im Mittelalter, also so zwischen 1150 und 1450, wurden Münzen verwendet, die man Brakteaten[41] nannte. Sie wurden von den jeweiligen Herrschern herausgegeben und ein-, zwei- oder dreimal jährlich widerrufen. Bei dieser Art Währungsreform wurde beim Umtausch eine satte Gebühr von bis zu 25% erhoben. Obwohl dieses Geld seine Funktion als universelles Tauschmittel sehr wohl erfüllte, war es wohl nur begrenzt als Wertspeicherungsmittel einsetzbar und wohl auch nicht so recht als Schatzbildner. Es ist uns längst selbstverständlich geworden, daß jeder Geld haben möchte - *dieses* Geld war nicht sehr beliebt. Wie sollte man es sparen? Wem sollte man es verleihen? Stattdessen gab man es schnell wieder aus. Es wurde *investiert*. Die Kassen waren leer, und trotzdem oder gerade deshalb war der Wohlstand groß. Ende des 15. Jahrhunderts wurde der „dinarius perpetuus" und zusammen mit diesem wertbeständigen Geld auch wieder der Zins eingeführt.

In den dreißiger Jahren dieses Jahrhunderts wurden mehrere Experimente mit zinsfreiem Geld durchgeführt. Hauptziel dieser Versuche mit Freigeld in Deutschland, Österreich, der Schweiz, Frankreich und in den USA war die Bekämpfung der drückenden Arbeitslosigkeit.[42] Die Anfänge gehen auf die Wära-Tauschgesellschaft zurück, die im Jahre 1929 in Erfurt gegründet

---

41 Brakteaten (lat. braktea: Blech-): großflächige, aus dünnstem Blech geschlagene Münzen. Sie wurden mit nur einem Stempelschlag in eine Unterlage aus Blei getrieben und bekamen daher auch nur ein einseitiges Bild. Man konnte sie auch in Teilabschnitte zerbrechen und auf diese Weise passend machen.

42 Werner Onken: Ein vergessenes Kapitel der Wirtschaftsgeschichte, Die Selbsthilfeaktionen mit Freigeld; in: Helmut Creutz, Dieter Suhr, Werner Onken: Wachstum bis zur Krise? Drei Aufsätze; Basis Verlag GmbH, Berlin, 1986

wurde. Nach zwei Jahren gehörten ihr mehr als eintausend Firmen in ganz Deutschland an, die die Wära als Zahlungsmittel anerkannten. Diese Scheine hatten auf der Rückseite zwölf Felder, in die jeden Monat eine Gebührenmarke von 1% des Nennwertes aufgeklebt werden mußte. Die Idee geht auf den Volkswirtschaftler Silvio Gesell zurück.[43] Am erfolgreichsten war Schwanenkirchen, ein kleiner Ort in Niederbayern. Mitten in der Krise kam dort 1930 die Wirtschaft wieder in Gang, und die Arbeitslosigkeit ging zurück. Im Oktober 1931 verbot der Reichsfinanzminister die Herausgabe von Notgeld, zu der per Gesetz auch die Wära gerechnet wurde. - Die größte Beachtung fand die Freigeldaktion in einem kleinen Ort mit ca. 4000 Einwohnern in Österreich namens Wörgl. Die Stadt gab im Juli 1932 im Rahmen eines Nothilfeprogramms Arbeitsbestätigungsscheine heraus, die sehr bald von den Händlern, Handwerkern, anderen Geschäftsleuten und den örtlichen Banken akzeptiert wurden. (Dieses Geld war durch eine Summe „echter" Schillinge gedeckt.) Für das Freigeld wurde von der Stadt eine Benutzungsgebühr von 1% pro Monat erhoben. Ohne die neueste Gebührenmarke, die auf die Banknote aufgeklebt wurde, war das Geld ungültig. Natürlich gab ein jeder, der solches Geld erhalten hatte, es möglichst schnell wieder aus. Deshalb wechselten freie Schillinge den Besitzer sehr viel häufiger als die von der Staatsbank herausgegebenen. Und genau das war auch vorgesehen: Automatisch verdrängte das Freigeld das herkömmliche. Die eingenommene Umlaufgebühr wurde nicht privatisiert, sondern für öffentliche Aufgaben ausgegeben. Zwischen den Jahren 1932 und 1933, als die meisten Regionen in Europa mit der steigenden Arbeitslosigkeit zu kämpfen hatten (Österreich +10%), ging sie in Wörgl innerhalb dieses einen Jahres um 25% zurück. Aufgrund des Erfolgs dieses Experiments schloß sich im Januar 1930 auch die Nachbargemeinde Kirchbichl an. Weitere 170 Gemeinden in Österreich interessierten sich für das Freigeldmodell. Leider intervenierte die Österreichische Nationalbank, die ihren Einfluß gefährdet sah. Das Experiment mußte nach erfolglosem Rechtsstreit abgebrochen werden. - Im Jahre 1932 hatte man auch in verschiedenen Kommunen in der Schweiz die Absicht, dem Wörgl'schen Beispiel zu folgen. Aber auch hier setzte der Staat das Notenbankprivileg eisern durch. Ähnlich erging es Tauschgesellschaften in Frankreich. Etwa zur gleichen Zeit, 1933, gab es auch in den USA eine Markengeldbewegung. Allerdings mußte das amerikanische Markengeld jede Woche mit einer Gebührenmarke von 2% des Nennwertes beklebt werden. Das war absurd. Innerhalb eines Jahres hätte man mehr als den Nennwert an Gebüh-

---

[43] Der Erfinder des Freigeldes ist Silvio Gesell (1862 - 1930). John Maynard Keynes war davon überzeugt, daß die Welt mehr von ihm lernen könnte als von Karl Marx.

ren zahlen müssen. Damit war das Geld reifen Tomaten gleichgestellt, hatte aber gleichzeitig seinen Sinn verloren.

Eine Rückhaltegebühr würde bedeuten, daß die Freigabe des öffentlichen Tauschmittels Geld nicht mehr durch eine Prämie belohnt und dadurch gefördert wird, vielmehr wird für die Nichtfreigabe eine Gebühr erhoben. Bei diesem Modell handelt es sich keinesfalls um eine schrittweise Enteignung durch die Erhebung einer Gebühr. Vielmehr wird ein falsches Prinzip korrigiert: Statt daß es den privaten Geldbesitzern wie bisher honoriert wird (durch Zahlung von Zins), wenn sie das offenbar selbst nicht benötigte Geld für andere verfügbar machen, müssen sie jetzt eine Gebühr dafür entrichten, daß sie das Geld der Allgemeinheit vorenthalten. Es ist der Staat, der im Interesse der Allgemeinheit das Geld herausgibt und sich verpflichtet, für den Wert des Geldes und den Erhalt seiner Funktion gewissermaßen zu haften. Ein solches System wäre natürlich beim heute weitgehend bargeldlosen Verkehr viel einfacher abzuwickeln als in Wörgl. Die Höhe der Gebühr selbst bzw. der Zeitraum ihrer Fälligkeit könnte von der Notenbank sogar als Steuerungsinstrument eingesetzt werden. In einer auf Freigeld basierenden Wirtschaft ist alles ganz anders. Das Wettrennen nach fehlender Nachfrage entfällt. Die Geldmenge kann sich an der Produktivität orientieren. Die Produktion kostet immer noch Zeit. Direkt bezahlt werden muß aber die Zeit, die jemand verstreichen läßt, ohne sein Geld dazu zu benutzen, Leistungen abzurufen, also Nachfrage zu realisieren und damit Schulden zu tilgen. Wenn nicht gute Gründe dagegensprechen, wird deshalb jeder sein Geld möglichst in endgültigen Konsum umsetzen oder aber investieren. Das ist der Motor der zinsfreien Wirtschaft.

Wir haben scheinbar nichts und doch alles verändert. Erstens: Eine Million bleibt eine Million. Die Geldmenge wächst nicht automatisch, sondern kann zielgerichtet erhöht werden, wenn das Bruttosozialprodukt wächst. Die Währungs- und Haushaltspolitik des Staates gerät nicht fortwährend durch große Geldmengen in privater Hand unter Druck. Zweitens: Die Geldbesitzer können sich nicht mehr in dem bestehenden Maße bereichern, ohne daß sie etwas dafür leisten. Ihr Einfluß auf die Geschicke der Gesellschaft wächst auch nicht mehr so automatisch, da das autokatalytische Wachstum des Geldes gebremst ist. Drittens: Vom Zins geht ein enormer Wachstumsdruck auf die Wirtschaft aus. Ohne eine ständige Ausweitung der Wirtschaftstätigkeit können die Zinserträge ja nicht erneut zinsbringend angelegt werden. Den Verschuldeten geht es nicht anders. Da die Schuldenlasten im Normalfall (besonders wenn die pünktliche Zahlung des Zinses nicht möglich ist) schneller steigen als die normalen Einkünfte, haben sie nur dann eine Chance, wenn sie versuchen, ihre Umsätze zu steigern. Dazu nehmen sie häufig neue Kredite auf - ein Alles-oder-nichts-Spiel. Viertens: Bisher wächst die Menge der Zinseinnahmen schneller als das Bruttosozialprodukt, d.h. der Anteil der Vermögenden am Bruttosozialprodukt wird immer größer. Das bedeutet nun aber, daß der Anteil, der den Arbeitenden zufließen kann, immer kleiner wird - mit den bekannten sozialen Folgen. Dieser sich öffnenden Schere ist durch mehr Wachstum des Bruttosozialprodukts, so verständlich dieser Ansatz auch erscheinen mag, nicht beizukommen. Fünftens: Zur Zeit kann die Geldmenge nur durch Inflation in Schach gehalten werden. Die Inflation trifft jene, die ihr Geld nicht „arbeiten" lassen können, besonders hart. Sie nimmt ihnen das Wenige. Sechstens: Der geringere Wachstumsdruck zieht anderes nach sich. Beispielsweise besteht weit weniger ein Zwang zur Umweltzerstörung. Was für die Ausbeutung dieser Ressourcen gilt, trifft wohl auch für die menschliche Arbeitskraft zu. Ich bin sicher, daß die hier beispielhaft aufgezeigten Vorteile eine Reihe von hoffentlich positiven Sekundäreffekten hat.

Es ist nicht ohne Bedeutung, daß gegen die Weiterführung bzw. Verbreitung der verschiedenen Freigeldexperimente nicht etwa gewichtige Argumente ins Feld geführt wurden. Vielmehr wurden sie abgebrochen, weil sie dem Status quo widersprachen. - Und wieder kann die Weisheit der Bibel bewundert werden. Dort heißt es zum Beispiel im 5. Mose 23, 20-21:

> Du sollst von deinem Bruder nicht Zinsen nehmen, weder für Geld noch für Speise noch für alles, wofür man Zinsen nehmen kann. Von einem Ausländer darfst du Zinsen nehmen, aber nicht von deinem Bruder, auf daß dich der Herr, dein Gott, segne in allem ...

Ähnliche Stellen findet man im 2. Mose 22, 24-26, 3. Mose 25, 35-38 und Lukas 6, 35. Im Gesetzbuch für Gottes Volk (5. Mose 12-26 bzw. 2. Mose 20-23) wird sogar ein vollständiger Schuldenerlaß alle sieben Jahre gefordert. Wenn sich danach alle Christenmenschen richten würden...[44] Im 5. Mose 15, 4 heißt es dann auch:

> Wenn ihr auf den Herrn, euren Gott, hört und alle seine Weisungen befolgt, die ich euch verkünde, wird es allerdings gar keine Armen unter euch geben.

Noch das 1. ökumenische Konzil von Nizäa, der ersten großen Reichssynode im Jahr 325, bei dem auch das heutige Glaubensbekenntnis der Christen (Nizänum) formuliert wurde, verbot Amtsträgern das Zinsnehmen in aller Strenge. Hundert Jahre später wurde dieses Verbot auch auf Laien ausge-

---

[44] Auch im Bürgerlichen Gesetzbuch gibt es nette, mitfühlende Stellen. Die Paragraphen 248 und 289 untersagen das Aufrechnen von Zinseszins. Im Koran wird der Wucher verboten. Der islamisch geprägte Teil der Welt interpretiert die entsprechenden Suren in der Weise, daß der Zins verboten ist. (Dort gibt es dann dubiose Gewinnbeteiligungen usw.)

dehnt. Das 10. allgemeine Konzil 1139 (2. Laterankonzil) drohte Zinsnehmern Kirchenausschluß an. Unbußfertigen sollte das christliche Begräbnis verweigert werden. Auch der große Reformator Martin Luther (1483 - 1546) wendet sich vehement gegen das Zinsnehmen. Ich bin mir nicht sicher, ob die alten Israeliten oder Herr Luther über den wirtschaftspolitischen Durchblick verfügten, um die Explosivität des Zinses und all seine Folgen wirklich erklären zu können. Uns heutigen, die wir alle Mittel dazu in der Hand haben, wünsche ich, daß wir wenigstens halb so zornig reagieren würden wie Herr Luther.

Epilog

Die notwendigen Maßnahmen, von denen hier einige beschrieben wurden, werden unsere Welt grundlegend verändern. Der Umbruch wird nur dann erfolgreich vollzogen werden können, wenn die Menschen nicht nur die Notwendigkeit bzw. Unausweichlichkeit der erforderlichen Schritte erfassen, sondern es darüber hinaus auch gelingt, ihnen Vorteil, Wert, Nützlichkeit und Gewinn der Änderung ihrer Lebens- und Denkgewohnheiten zu vermitteln. Im 17. und 18. Jahrhundert hat es mit der *Aufklärung* eine geistige Bewegung gegeben, die in vieler Hinsicht Parallelen aufweisen könnte zu jener, die noch aussteht. Das betrifft nicht nur die Bedeutung der menschlichen Vernunft. In der Aufklärung haben Autonomie und Freiheit eine wesentliche Rolle gespielt. Ich bin der Überzeugung, daß uns die Umgestaltung des Wirtschaftssystems einiges an *Autonomie* zurückgeben wird. Sie muß begleitet werden von der *Befreiung* von aktuellen und erstrebten Besitzständen. Die Aufklärung würde damit, gewissermaßen in einem zweiten Durchlauf, vollzogen. Die Befreiung *von den Zwängen*, die sich aus der Organisation des Wirtschaftssystems und der dazugehörigen Lebensweise in diesem Umfeld ergeben, ist eine Voraussetzung für das, was da kommen soll, stellt also mehr Schritte auf einem Weg dar, dessen Richtung zunehmend durch eine positive Charakteristik der neuen Gesellschaft bestimmt wird. Der Terminus „Befreiung" wird nur dann seine Kraft entfalten können, wenn schon während der Beseitigung grundlegender Konstruktionsfehler der bisherigen Organisation sichtbar wird, *wofür* die Befreiung erfolgt. Viele hervorragende Humanisten haben Entwürfe einer neuen Gesellschaft versucht.[45] Ihr Wert wird aber erst dann offenbar, wenn sie ergänzt werden durch Vorstellungen zur Reform der materiellen und organisatorischen Grundlagen der Gesellschaft.

---

45 zum Beispiel: Erich Fromm: Haben oder Sein, Die seelischen Grundlagen einer neuen Gesellschaft; Deutscher Taschenbuch Verlag, München, 1986

Teil C - Systeme und deren Evolution

Korrekturen im *Wirtschaftssystem* sind zweifellos von großer Bedeutsamkeit. Deshalb wurde die Analyse der Wirtschaft auch ganz an den Anfang dieses Buches gerückt. Geht es um die Umsetzung entsprechender Vorschläge, so wird nicht nur die Verflechtung zwischen wirtschaftlichen Aktivitäten und anderen Bereichen des gesellschaflichen Lebens offenbar. Vielmehr zeigt sich, daß die Menschen, die diese Reformen ja wollen und letztlich herbeiführen müssen, in vielfältiger Weise in ihr gesellschaftliches Umfeld eingebunden sind. Doch bevor man, dieser Erkenntnis folgend, auch gleich noch die *politischen* Strukturen auf Schwachstellen hin untersucht und ein Bündel Verbesserungsvorschläge schnürt, was am Ende dieses Buches auch noch tatsächlich passieren wird, sollte man sich die Zeit für ein etwas gründlicheres Studium nehmen.

Aber: warum? Und: was sollte näher untersucht werden? Die Antworten auf diese beiden Fragen hängen miteinander zusammen. Tatsächlich wurden bislang naturwissenschaftliche Erkenntnisse zu wenig berücksichtigt. Ich vertrete die Ansicht, daß in den Naturwissenschaften wichtige Schlüssel zur Umkehr sehr viel eher zu finden sind als in den vielfältigen humanistischen Beiträgen für eine neue Gesellschaft. Allerdings ist die Frage, warum wir all die vorwärtsweisenden, schlauen Gedanken gerade jetzt entwickeln, durchaus naheliegend und nicht allein mit dem Hinweis auf den in den letzten Jahren stark angewachsenen Problemdruck abgetan. Allerdings haben sich in den letzten Jahrzehnten im Bereich der Naturwissenschaften ganz wesentliche Entwicklungen vollzogen, die eine Neuordnung unseres Weltbildes erforderlich machen. Aber keine Angst: Es wird nicht um Quantenphysik gehen, so gerne ich diese Fortschritte, die von manchen anderen Autoren nachdrücklich in den Vordergrund gerückt werden, auch beschreiben würde. Die Ration Naturwissenschaft, die hier verabreicht werden soll, stammt aus einer anderen, viel ergiebigeren Ecke. Der Leser wird entdecken, daß die Beschäftigung mit der Natur keine seelenlose, exakte und umbarmherzige Wissenschaft zu sein braucht. Naturwissenschaft kann in der Tat eine ertragreiche Quelle gesellschaftlich relevanten Wissens sein, das auch (oder gerade) für den Nichtfachmann einfach verständlich ist und überzeugende Entwürfe geradezu provoziert. Die zwei folgenden, in diesem Buch zwischen Wirtschaft und Politik angesiedelten Teile stellen also nicht ein Bindeglied dar, sondern vermitteln Grund- bzw. Hintergrundwissen über das Werden in der Natur und der Kultur und über den Menschen selbst.

„Wirklich grundlegend, wesentlich und ergiebig" - mit diese Attributen sind Naturwissenschaftler freilich schnell zur Hand. Indes fanden und finden Umwälzungen statt, für die der Begriff wissenschaftliche Revolution zwar nur bedingt passend erscheint, weil sich revolutionäre Energie nach einer kurzen Phase tiefgreifender Veränderungen im allgemeinen sehr rasch verbraucht. Die Tragweite dessen, was wir von der *Biologie* und allen anderen, mit dem Gegenstand Natur im engeren Sinne befaßten Wissenschaften erwarten können, wird einer wissenschaftlichen Revolution aber mit Sicherheit nicht nachstehen: Wir beginnen einen neuen Dialog mit der Natur. Wir treten mit unseren Fragen nicht mehr nur von außen an sie heran, sondern sehen uns in einem Prozeß, in dem wir ein komplexes Gebilde nach bestimmten Gesichtspunkten erkunden. Die Physik bot uns zunächst ein faszinierendes, allerdings totes und seelenloses Universum dar. Sie hat dann teilweise selbst den Wechsel vorbereitet, der durch eine allmähliche Abkehr von der Untersuchung isolierter, subjektunabhängiger Ereignisse bzw. dem mechanistischen, mono-kausalen Verständnis der Naturvorgänge gekennzeichnet ist. Heute helfen die physikalisch-mathematischen Disziplinen, ein tieferes Verständnis der *gestaltbildenden* und *selbstorganisierenden* Prozesse komplexer Systeme zu entwickeln. Davon handeln die ersten Kapitel in diesem Teil des Buches. Daß das Weltbild der Wissenschaften faßbarer und, man ist geneigt zu sagen, menschlicher wird, hat darüber hinaus mit der stärkeren Hinwendung zu den Beziehungen *lebender Systeme* zueinander bzw. zu ihrer Umwelt zu tun. Das biologische Prinzip der *Evolution* hat sich zum übergreifenden Paradigma entwickelt. Die Natur ist systemhaft, komplex. Und ihren Zauber, ihre Vielfalt und Funktionsfähigkeit verdanken wir den „Wundern" der Evolution. Die Prinzipien der Evolution und ihre Relevanz in Natur und Gesellschaft sind Thema der dann folgenden Kapitel.

Das Ganze hat noch nicht unmittelbar mit dem Menschen zu tun. Deshalb ist der dann folgende Teil D dem Menschen gewidmet, bevor wir uns am Ende des Buches, im Teil E, dem Thema Öffentlichkeit und Politik zuwenden. Evolutionsbiologen helfen mit ihrem Wissen über das Entstehen und die Funktion unseres Erkennens und unseres Verhaltens signifikant, Philosophie und Politik auf ein solides Fundament zu stellen. Doch diese Hintergründe werden erst später behandelt. Zunächst geht es um die gestaltbildenden Prozesse in der unbelebten Natur. Dem stelle ich ein kurzes Kapitel über Naturwissenschaft im allgemeinen voran.

Wissenschaft und Wirklichkeit

> Die Wissenschaft strebt nach dem Allgemeinen, die Kunst nach dem Exemplarischen.
>
> Robert Musil

Erfahrungsgemäß haben Schriftsteller, Künstler, manche Geisteswissenschaftler und andere Intellektuelle Schwierigkeiten damit, in den mathematischen Modellen der Naturwissenschaftler eine adäquate und das Wesen der Wirklichkeit treffende Beschreibung zu sehen. Bei vielen besteht sogar ein Mißtrauen gegenüber theoretischen Beschreibungen der Welt, speziell, wenn solche Mathematik benutzen. Auf der anderen Seite ist es aber auch für Naturwissenschaftler oft nicht leicht, mit den Schöpfungen eines Künstlers jeweils eine kulturelle Leistung in Verbindung zu bringen, die auf ähnliche Weise wie das Flaggschiff der Naturwissenschaften, die Physik, gleichfalls wesentlichen inneren Zusammenhängen der Realität nachzuspüren bemüht ist. Völlig zu unrecht wird stillschweigend angenommen, daß die divergenten Anliegen sich widersprechende Bilder liefern müssen, als ob es zwei Wirklichkeiten gäbe, die keinen Kontakt miteinander haben. Sind wir Bürger zweier Welten? - Ich glaube, daß die Kunst zwar das Exemplarische hervorbringt, ihre Aufmerksamkeit jedoch dem Allgemeinen schenkt. Wie könnte es sonst sein, daß zwei Menschen ein Kunstwerk betrachten und unverhofft wissen, daß dies für beide in gleicher Weise lohnend, vielleicht sogar lehrreich war, ohne dieses Etwas genau in Worte fassen zu können? Oft steht gerade das Reden darüber der beseelenden gemeinsamen Erfahrung entgegen. Wie sollte es eindeutige Präferenzen für bestimmte Werke geben? Wie könnten sich sonst Stilrichtungen entwickeln, deren Leitgedanken von ganzen Generationen von Künstlern, Architekten oder Schriftstellern verfolgt werden. Es gibt nur *eine* Wirklichkeit, in der es allerdings Bereiche extrem unterschiedlicher Komplexität gibt. Die einfachen Dinge, wie der atomare Aufbau eines Kristalls, sind einer mathematischen Beschreibung zugänglich. Meinungsumfragen, bei denen stichprobenartig etwa 1000 Menschen befragt werden, liefern erstaunlicherweise auch noch ein auf die Allgemeinheit übertragbares Ergebnis. Psychische Phänomene sind einer generalisierenden Beschreibung schon weitgehend verschlossen. Nicht die *Gültigkeit* der naturwissenschaftlichen Theorien unterliegt Einschränkungen, sondern ihre (praktische) *Anwendbarkeit*. Würden wir psychische Phänomene beobachten, die der physikalischen Theorie eindeutig widersprechen, müßten wir letztere modifizieren. Naturwissenschaftliche Laien sind immer wieder konsterniert, welches Vertrauen in die

Richtigkeit und Beständigkeit der physikalischen Formeln vorherrscht. Warum ist die Welt verstehbar? Und warum gerade mit Mathematik?

Etwas verstehen, unabhängig davon, ob wir den Vorgang intuitiv erfassen oder auch darlegen können, setzt zunächst ersteinmal voraus, daß wir das Ereignis auch dann als *gleich* erkennen, wenn es in einer etwas veränderten Form in Erscheinung tritt. Verstehen erfordert also die Unterscheidung von wesentlichen Eigenschaften und nebensächlichen Zugaben, bedeutet also Abstraktion und Klassifikation. Naturwissenschaft beruht auf Beobachtung. Sie liefert die Informationen. Bei deren Auswertung geht es jedoch darum, wiederkehrende Muster zu finden und von „unwesentlichem" Beiwerk abzusehen. Dies in adäquater Form zu bewerkstelligen, ist die Kunst der Naturwissenschaft. Verstehen heißt also, die Informationsmenge, die die Beobachtung liefert oder liefern könnte, geeignet zu *reduzieren*. Wer immer etwas von unserer Welt verstehen und mitteilen möchte, ist bemüht, die Beobachtung in einer neuen *kompakten Form* darzustellen, und die sich stets in einem etwas anderen Gewand offenbarenden Ereignisse in *einer* Form zu subsummieren. Künstler bedienen sich dazu eines Unikats als Träger, während Wissenschaftler ein standardisiertes Kunstprodukt verwenden.

Zufällige Ereignisse sind im eigentlichen Sinne nicht verstehbar. Das liegt daran, daß die in ihnen enthaltene Informationsmenge nicht reduzierbar ist. Nehmen wir als Beispiel eine Folge von Zahlen, die ein Würfel liefert: „6; 3; 1; 3; 5; 3; 2; 5; 1; 5; 2; ..." Jede Regel, die Sie aufstellen, um von der Folge eine verkürzte Darstellung zu erzeugen, wird beim nächsten Wurf widerlegt. Wenn Sie ein anregendes Würfelspiel beschreiben wollen, bleibt nichts anderes übrig, als die vollständige Folge der Würfelergebnisse aufzuschreiben. Im Gegensatz dazu erkennt man in der Zahlenfolge „1; 3; 5; 7; 9; 11; 13; 15; 17; 19; 21; ..." sofort die Menge aller ungeraden natürlichen Zahlen. Die abkürzende Darstellung lautet: $2n+1$, wobei für n alle natürlichen Zahlen eingesetzt werden. Die letzte Zahlenfolge heißt *algorithmisch komprimierbar*. Ich gebe ein eindeutig bestimmtes Verfahren an, mit dessen Hilfe Daten gewonnen werden können und behaupte, daß meine kompaktere Form dieselben Daten wie eine Beobachtung liefert. Diese Hypothese wird überprüft, indem aus der Abkürzung neue Glieder der Folge berechnet werden (Prognose) und diese Vorhersagen mit der beobachteten Folge selbst verglichen werden (Probe). John D. Barrow schreibt dazu[46]:

---

46 John D. Barrow: Theorien für Alles, Die philosophischen Ansätze der modernen Physik; Spektrum Akademischer Verlag, Heidelberg - Berlin - New York, 1992

So gesehen ist die Naturwissenschaft die Suche nach algorithmischer Kompression... Wären Daten nicht algorithmisch komprimierbar, wäre alle Naturwissenschaft eine Art stumpfsinniges Briefmarkensammeln - einfach eine Anhäufung aller verfügbaren Daten. Die Naturwissenschaft beruht auf der Überzeugung, daß das Universum algorithmisch komprimierbar ist.

Würden die Zahlen um einige Prozent von den in der obigen algorithmisch komprimierbaren Folge angegebenen abweichen, so würde ein Naturwissenschaftler zunächst von dieser Streuung absehen und die abkürzende Darstellung 2n+1 mit dem Hinweis ihrer begrenzten Genauigkeit angeben. Später könnte ein anderer Wissenschaftler genau in diesen Abweichungen ein neues Muster entdecken und eine neue Kompression angeben, die nichts an der Gültigkeit der ersten Darstellung ändert, aber zusätzlich die Abweichungen erklärt. Es ist ebenfalls möglich, daß die Abweichungen zunächst gar nicht wahrgenommen werden. Es sei hervorgehoben, daß eine solche Blindheit im nachhinein wohl als Fehler gilt, im allgemeinen aber Voraussetzung für eine naturwissenschaftliche Naturbeobachtung ist. Wären wir nämlich hypersensibel, würde unser Geist so mit Informationen überfrachtet, daß die Verarbeitungsgeschwindigkeit wesentlich absinken würde. Wir würden dann wohl keine nur begrenzt richtigen Regeln aufstellen; aber ob wir überhaupt welche aufstellen, wäre eben fraglich.

Wurde die Zahlenfolge bei einem Vorgang in der Natur beobachtet, würde man „2n+1" zunächst eine Hypothese, später ein Naturgesetz nennen. Eines der großen Probleme besteht dabei darin, festzustellen, auf welche Objekte und welche Klasse von Vorgängen das Gesetz wirklich zutrifft. Naturwissenschaftler müssen aus methodischen Gründen dazu neigen, den Gültigkeitsbereich ihrer Gesetzmäßigkeiten eher zu überschätzen als künstlich einzuengen, weil genau dann die Wahrscheinlichkeit groß ist, daß ein Widerspruch auftritt, dessen Untersuchung die für eine Revision der Theorie erforderlichen Informationen liefern kann. Die Physik hat es so weit gebracht, daß über die universelle *Gültigkeit* vieler ihrer Gesetzmäßigkeiten kein Zweifel mehr besteht. Über deren *Relevanz* darf jedoch gestritten werden. Man sollte nur beachten, daß dies die intime Kenntnis der physikalischen Theorie voraussetzt.

Warum ist die Physik mathematisch? Diese Frage ist nach dem oben Gesagten einfach zu beantworten: Die Mathematik ist die Sprache, die sich am besten für eine algorithmische Kompression eignet. Diejenigen, zu deren täglichen Geschäft der Umgang mit mathematischen Formeln nicht gehört, bringen ihnen eine gewisse Skepsis entgegen. Einige Gründe dafür sollen nun genannt werden. Zunächst einmal wird nicht bedacht, daß eine Formel eben nur eine Abkürzung ist: Sie hat nur deshalb einen realen

Bezug, weil die in ihr enthaltenen Abkürzungen mit Hilfe der deutschen Sprache in reale, beobachtbare Tatsachen und Zusammenhänge übersetzt werden können. Dieser Vorgang kann mitunter recht mühselig sein, ist aber wenigstens prinzipiell möglich. Er läuft darauf hinaus, für jeden Zusammenhang in einer physikalischen Formel ein Experiment zu beschreiben. Damit ist die Bildung von Begriffen verbunden. Die Interpretation einer Formel erfordert eine Meta-Sprache, d.h. (mindestens) eine nachfolgende Ebene; erst in dieser sind Entscheidungen über den Wahrheitsgehalt möglich. Über die Wahrheit einer physikalischen Formel kann mit mathematischen Mitteln nicht entschieden werden. Die Mathematik kann nur benutzt werden, um die Konsistenz bestimmter komprimierter Aussagen zu überprüfen. Darüber hinaus ist sie ein probates Mittel, nach mathematischen Regeln Manipulationen durchzuführen, denen wir auf den Meta-Ebenen nicht zu folgen vermögen. Wir arbeiten gewissermaßen im Untergrund fern von den Dingen der Wirklichkeit und steigen nur an markanten Punkten in die Höhen der Meta-Sprache(n), um den Wahrheitsgehalt der Ergebnisse festzustellen. Oft verbleiben ganze Forschungsgebiete lange Zeit in diesen Katakomben, und nur Eingeweihte kennen oder ahnen die Lage der die Meta-Ebenen verbindenden Schächte, durch die das Licht der Wirklichkeit dringen muß, um den Sinn ihres Tuns zu erhellen. Viele andere, die einen Blick in die Tiefen der Naturwissenschaften wagen, fühlen sich wie einer, dem gerade zum Kauf eines Bild für eine Million Mark gratuliert wird, das er sich nicht einmal in den Keller hängen würde.

Es trägt nicht gerade dazu bei, in einem mathematischen Instrumentarium etwas Zweckmäßiges zu erblicken, wenn uns die Physiklehrer in der Schule für ein Gesetz zu begeistern versuchen, nach dem Federn und Stahlkugeln gleich schnell fallen. Das widerspricht der Erfahrung. Doch das Mißtrauen sitzt noch tiefer: Warum sind die Gesetze so einfach, die Wirklichkeit aber so kompliziert? Das Verhalten eines Pendels läßt sich kontrollieren, während sich manche Spaghetti unserer Kontrolle entziehen. Geeignet abgefaßt, passen die meisten Naturgesetze in eine Zeile, während anderes völlig unpassend erscheint. Wie kann die Vielfalt der Wirklichkeit von einfachen Formeln widergespiegelt werden? Einen Grund dafür haben wir schon oben kennengelernt: Es liegt im Wesen der wissenschaftlichen Beschreibung, die Vielfalt in einer reduzierten Form wiederzugeben. Der Formel sieht man nicht an, welche Vielfalt an Lösungen sie enthält. Außerdem kommt es häufig zur *Symmetriebrechung*. Die Symmetrie, die in einer Formel enthalten ist, ist nicht in jedem Fall auch in der Lösung enthalten. Deshalb können übersichtlich und durchaus gutartig aussehende Formeln Dinge ausspucken, die so vielfältig, komplex und wirr sind wie die Wirklichkeit, die wir kennen. Genau gesagt, steckt hinter einer (spontanen) Symmetriebrechung ein Vorgang, bei dem das System (und die beschreibende Formel) zunächst mehrere Varianten an Zuständen zuläßt. Da sich das System aber nicht gleichzeitig in allen, wohl aber in einem Zustand befinden muß, nimmt es einen dieser Zustände spontan an.[47] Die anfängliche Gleichwertigkeit (Symmetrie) aller Zustände ist damit aufgehoben, die Symmetrie gebrochen. In den weitaus häufigsten Fällen erfolgt die Symmetriebrechung jedoch nicht spontan, sondern wird durch verfügte Anfangsbedingungen verursacht. Davon ist zweite Art von Symmetriebrechung zu unterschieden. Sie beruht darauf, daß gewöhnlich Objekte beteiligt sind. Die Sonne hat beispielsweise ein kugelsymmetrisches Gravitationsfeld. Nimmt man einen um dieses Zentralgestirn kreisenden Planeten hinzu, wird eine Ebene ausgezeichnet, und die Kugelsymmetrie ist zerstört. In der Realität sind in der Regel alle Symmetrien gebrochen. Unsere Formeln „wissen" davon nichts. Gleichwohl beschreiben sie die Natur korrekt.

Oft steckt der Teufel im Detail. Geeignet geschrieben, sieht die Formel, die die Bewegung eines einzelnen Massenpunktes beschreibt, genau wie die aus, die für, sagen wir, tausend Massenpunkte gilt. Eine genauere Betrachtung ergibt, daß beide Formeln zwar exakt sind, eine Berechnung der wirklichen Bewegung im zweiten Fall aber in der Regel unmöglich ist. Die Kenntnis einer Gesetzmäßigkeit zieht also keineswegs nach sich, in der Lage zu sein, jeden Satz von Daten, wie wir ihn beobachten könnten, auch auf mathematischem Wege gewinnen zu können. Dabei stehen einer solchen Berechnung nicht nur eine begrenzte Rechenleistung (Fähigkeit), sondern oft prinzipielle Gründe (Möglichkeit) entgegen.

Systemdynamik

Man kann die ordnenden und gestaltbildenden Prozesse bis zu einigen elementaren Prinzipien zurückverfolgen. Ganze Systeme entwickeln und gestalten sich infolge von Wechselwirkungen mit anderen Systemen nach den Prinzipien, die auf Charles Darwin zurückgehen. Evolvierende Systeme

---

[47] Ein Beispiel bietet die Magnetisierung eines Stabes. Bei hohen Temperaturen gibt es gerade einen Zustand niedrigster freier Energie, nämlich den verschwindender Magnetisierung. Die Kurve Energie-Magnetisierung ist U-förmig und symmetrisch. Auch bei geringeren Temperaturen besteht diese Symmetrie zunächst: Es ist gleichwertig, auf welcher Seite der Nordpol liegt. Keine Magnetisierungsrichtung ist ausgezeichnet. Die Magnetisierungskurve ist jedoch W-förmig und hat zwei Energieminima nichtverschwindender Magnetisierung. Der Stab muß sich für eine Magnetisierungsrichtung „entscheiden". Dadurch wird die Symmetrie gebrochen. - Solche Mechanismen spielen eine wichtige Rolle bei den Bemühungen der Elementarteilchenphysiker, alle Kräfte und bekannten Teilchen in einer einzigen Theorie zu vereinheitlichen und zu erklären.

sind selbst schon sehr kompliziert aufgebaut und zudem in ein Gefüge von Systemen eingebunden, so daß man sich fragen muß, wie ihre relative Autonomie, ihre Ordnung und Funktionsfähigkeit zustande kommt. Mit den Prinzipien der *Evolution* kann man dies nicht mehr erklären. Nun weiß man aber, daß es spontan zur Strukturbildung kommen kann. Erst in den letzten Jahrzehnten hat man diese Vorgänge, die unter dem Begriff *Selbstorganisation* zusammengefaßt werden, besser verstehen gelernt und entdeckt, daß die ursprünglich mannigfaltigen Formen einer solchen Strukturbildung wiederum auf einige wenige Prinzipien zurückführbar sind. Außerdem wurde der Stellenwert der Selbstorganisation im Gebäude unserer Naturbeschreibung offenbar. Diese Vorgänge liefern die Bausteine, an denen die Evolution angreifen kann.

Systeme, die zur spontanen Ordnungsbildung fähig sind, kann man häufiger antreffen, als man denkt. Nicht immer ist dagegen klar erkenntlich, daß es sich wirklich um eine spontane Strukturbildung handelt. Verständlicherweise geht man mit dem Begriff „spontan" in den Naturwissenschaften sehr vorsichtig um. Doch zur Selbstorganisation kommen wir erst später. Zunächst wollen wir nämlich noch eine Stufe zurückgehen. Zur Selbstorganisation kommt es nur in bestimmten Systemen oder Anordnungen. Besonders der letzte Begriff weist darauf hin, daß manche Strukturbildungsprozesse an die Existenz bestimmter Formationen gebunden sind. Woher kommen nun diese? Man wird solcherlei Fragen ohne Ende weitertreiben, solange man nicht wirklich verstanden hat, *woher die Ordnung kommt.* Wissenschaftlich formuliert hieße das: Wie entsteht Information? Derart formal wird das Problem im folgenden Kapitel jedoch nicht behandelt. Statt dessen werden physikalisch-mathematische Beispiele mit einem hohen Allgemeinheitsgrad bemüht. Die Annahmen, die man treffen muß, bzw. die Voraussetzungen, die erfüllt sein müssen, damit eine Fülle von Strukturen großer Variationsbreite entstehen kann, sind äußerst schlicht. Dies ist in höchstem Maß erstaunlich und eine der großen Überraschungen der mathematisch-physikalischen Forschung. Die phänomenale Entdeckung firmiert heute vor allem unter der Bezeichnung *Chaos* und hat in der Pracht fraktaler Darstellungen selbst die Titelseiten der Magazine erreicht. Wegen der Popularität der *Fraktale* habe ich ihnen einen eigenen Abschnitt gewidmet. (Die kurze Einführung geht über das Übliche hinaus und erfordert etwas mathematisches Einfühlungsvermögen. Das Verständnis der Fraktale ist allerdings für den Gesamtzusammenhang nur von geringer Bedeutung.) Mit einem Chaos im eigentlichen Sinne, nämlich einem vollständigen molekularen Durcheinander, befaßt sich der nächste, einleitende Abschnitt.

Die Bändigung des molekularen Chaos

Ein Gas besteht aus vielen durcheinanderirrenden Molekülen. In einer Gesellschaft agieren die vielen Individuen teils nach verbindlichen Regeln, oft aber nach eigenem Gutdünken. Das individuelle Verhalten ist nur sehr unvollständig vorhersehbar, und trotzdem ist das Erscheinungsbild solcher Systeme nicht so chaotisch, wie man es vermuten könnte, wenn man die Verhaltensweise seiner Teile betrachtet. - Naturwissenschaftlich gefragt: Wie gelangt man eigentlich zu definitiven Aussagen über das Verhalten eines so komplizierten Systems wie der Gesellschaft, von denen man mit Fug und Recht annehmen könnte, sie seien richtig? Auf alle Fälle müßte man sich wissenschaftlicher Methoden bedienen. In unserer Welt hängt alles von allem ab. Die Herausbildung großer Staatswesen und die rasante Entwicklung der Kommunikationstechnik und der Transportmittel hat zur Intensivierung solcher Interdependenzen beigetragen. Wollte man also sichergehen, daß etwas Rechtes dabei herauskommt, würde man vielleicht anfangen, Informationen in großer Zahl über jeden Menschen, sein Verhalten usw. zu sammeln, dann alles in einen Computer stecken und geduldig auf das Ergebnis warten. Es ist natürlich völlig aussichtslos, eine solche Sammlung zu beginnen. Immer werden irgendwelche noch so kleinen Informationen fehlen, und man könnte sich auch nie sicher sein, alles gesammelt zu haben.[48] Deshalb haben die Physiker schon im 19. Jahrhundert beschlossen, aus der Not eine Tugend zu machen. Tatsächlich kann man recht genaue Aussagen in Form von Erwartungswerten machen, auch wenn es am Detailwissen schmerzlich mangelt. Wie das funktionieren kann, will ich kurz zu beschreiben versuchen.

Auf den ersten Blick könnte man meinen, daß es nahezu unmöglich ist, das Verhalten und die Eigenschaften von Systemen zu beschreiben, die aus einer sehr großen Anzahl von (ähnlichen) Objekten bestehen, welche alle in vielfältiger Art und Weise miteinander wechselwirken. Es ist jedoch so, daß sich gerade wegen der großen Anzahl der einzelnen Objekte *spezielle statistische Gesetzmäßigkeiten* herausbilden, die eine Beschreibung erlauben, ohne daß das Verhalten jedes einzelnen Objekts genauestens betrachtet werden muß. Die spezifische Natur dieser Gesetzmäßigkeiten zeigt sich

---

[48] Wie brisant diese Aussage wirklich ist, zeigt sich weiter unten beim Thema Chaos. Ungeachtet dessen beruht die ganze Physik auf der Gültigkeit des Autonomieprinzips. Demnach lassen sich immer Bereiche finden, die beschrieben werden können, ohne daß der Rest des Universums betrachtet werden muß. Wäre dies nicht so, wären Experimente und strenggenommen jede Art einer zielgerichteten Handlung unmöglich.

darin, daß sie jeden Sinn verlieren, wenn man immer kleinere Subsysteme betrachtet. Sie gelten also nur für das Ganze bzw. genügend große Teile. Offensichtlich entstehen solche Eigenschaften gerade durch den komplizierten und verworrenen Charakter der Wechselwirkungen zwischen vielen Objekten. Anders ausgedrückt ist es für eine solche globalisierende Betrachtung wesentlich, daß sich jedes typische Untersystem innerhalb einer hinreichend langen Zeit im Idealfall in allen möglichen Zuständen befunden hat. Ein einzelnes Teilchen verfolgt also nicht einem individuellen Plan. Es sperrt sich nicht dagegen, alle Möglichkeiten auszuschöpfen. Es bewegt sich unvorhersagbar, bleibt aber in dem Sinne ein Teil des Ganzen, als es sich der Beeinflussung durch die anderen Teilchen nicht völlig verschließt. Die auf ein einzelnes Objekt hereinprasselnden Wirkungen der vielen anderen Objekte sorgen dafür, daß sich anfangs eventuell vorhandene Eigenheiten eines herausgegriffenen Objekts nach hinreichend langer Zeit verlieren. Deshalb braucht man sie bei der Beschreibung nicht zu berücksichtigen.

Natürlich ändert sich auch der Gesamtzustand des Systems jeden Augenblick, weil zu jedem Zeitpunkt eine Wechselwirkung zwischen mindestens zwei Objekten stattfindet. Deshalb arbeitet der Physiker mit dem Mittelwert des Zustandes. Da der wirkliche Zustand des Systems zu einem bestimmten Zeitpunkt in der Regel von diesem Mittelwert abweicht, haben Aussagen der statistischen Physik nur Wahrscheinlichkeitscharakter. Solche Abweichungen des Zustandes vom Mittelwert nennt man Fluktuationen. Die relativen Fluktuationen werden rasch kleiner, wenn die Zahl der Objekte im System zunimmt. Das ist das *Gesetz der großen Zahl*. Ein System befindet sich im statistischen oder *thermodynamischen Gleichgewicht*, wenn sein Zustand sowie derjenige genügend großer Teile nur sehr wenig vom Mittelwert abweicht. Das ist im Verlauf eines hinreichend großen Zeitraums in der Regel der Fall. Wird das System von außen gestört, so kehrt es aufgrund der beschriebenen Wirkungsmechanismen nach einer gewissen Zeit (Relaxationszeit) in den Gleichgewichtszustand zurück. Aus den genannten Gründen handelt es sich bei der Beschreibung des (Gleichgewichts-) Zustandes des Systems nicht um eine Wahrscheinlichkeitsaussage, sondern um eine *deterministische*. Der Wahrscheinlichkeitscharakter wird auch fern vom Gleichgewicht nur dadurch verursacht, daß man nicht jedes Einzelobjekt und seine Wechselwirkungen selbst beschreibt, sondern sich auf eine globalisierende Beschreibung beschränkt. Bei komplizierten Systemen ist man ohnehin gezwungen, den Weg der statistischen Physik zu gehen. - So fügen sich völlig wirre Zustände von einzelnen Teilchen (thermisches Chaos) zu einem determinierten, nach außen geordnet erscheinenden Zustand zusammen.

Das Gesagte soll durch ein einfaches Beispiel aus der Physik untermauert werden. Betrachten wir ein sehr großes Reservoir von Kugeln oder anderen

Teilchen, meinetwegen Atomen. Jedes dieser Atome soll eine bestimmte Energie haben, sich also bewegen. Dabei wird es vorkommen, daß die Atome zusammenstoßen; je dichter dieses „Gas" ist, umso häufiger. Bei einem solchen Zusammenstoß wird das schnellere Atom durch das langsamere abgebremst. Es gibt also Bewegungsenergie an das langsamere ab. Das kann man sich sehr bildlich genau wie beim Billard vorstellen (Reibung vernachlässigt): Schießt man eine Kugel auf eine ruhende, so wird die vorher ruhende in Bewegung versetzt und die erste Kugel bewegt sich langsamer weiter. Bei vielen solchen Zusammenstößen verlieren Kugeln, die sich schneller als der Durchschnitt der anderen bewegen, im Mittel Bewegungsenergie. Langsame Kugeln werden im Mittel beschleunigt. Das heißt, es besteht eine Tendenz, die Energieunterschiede auszugleichen. Da die Atome nie stillstehen, werden Unterschiede immer wieder erzeugt. Diese Prozesse sind aber seltener, so daß solche lokal auftretenden Energiedifferenzen wieder abgebaut werden. Es ist völlig aussichtslos, dieses heillose Durcheinander (thermisches Chaos) im Detail beschreiben zu wollen.

Das ist auch dann so, wenn die gesamte Bewegungsenergie in einem bestimmten Teil des Reservoirs sich nicht mehr von der eines gleichgroßen anderen Teils unterscheidet, sich das System also im thermodynamischen Gleichgewicht befindet. Deshalb benutzt der Physiker zur Beschreibung dieses Gewimmels die mittlere Bewegungsenergie pro Teilchen. Diese Größe nennt man Temperatur. Man verzichtet also ganz bewußt auf die Kenntnis der Bewegungsenergie jedes einzelnen Atoms und verwendet statt dessen ihren Mittelwert, also die Temperatur. Die Bewegungsenergie eines herausgegriffenen Teilchens kann auch im Gleichgewicht um diesen Wert beträchtlich schwanken. Deshalb erlaubt die Beschreibung keine konkrete Aussage über das Individuum. Betrachtet man aber einen bestimmten Teil des Reservoirs, der immer noch viele Teilchen enthält, so sind bei der Temperaturbestimmung nur noch Fluktuationen feststellbar. Je größer der betrachtete Teil, desto kleiner werden die (relativen) Fluktuationen. Deshalb kann man bei einem genügend großen Körper auch sagen, er habe die und die Temperatur. Die Aussage ist exakt. Natürlich muß anfangs etwas gewartet werden, bis sich das thermodynamische Gleichgewicht eingestellt hat. Bringt man einen heißen und einen kalten Körper zusammen, so ist es kaum möglich, von einer Temperatur des Gesamtgebildes zu sprechen. (Obwohl die sich schließlich einstellende Temperatur bei Kenntnis der Materialien, deren Menge und der Anfangstemperaturen berechnet werden kann.) Tatsächlich kann die Bezeichnung „mittlere Energie eines Teilchens" für die Temperatur etwas irreführend sein. Es handelt sich nicht um eine Angabe über ein einzelnes Atom, sondern um eine Aussage über ein Ensemble von vielen Teilchen. Die Verlässlichkeit der Angabe steigt mit der Anzahl der beteiligten Atome. Sie ist nur sinnvoll, wenn eine freie, ungehinderte und genügend intensive Wechselwirkung zwischen allen Teilchen stattfindet. Die Angabe der Temperatur trifft nur in sofern auf jedes Teilchen zu, als es an dem Stoßen und Gestoßenwerden in *gleicher*, ununterscheidbarer Weise wie die anderen Atome beteiligt ist. In diesem Sinne handelt es sich bei den einzelnen Objekten nicht um Individuen, sondern um ununterscheidbare Elemente.

Bei der Temperatur handelt es sich um eine sogenannte *intensive Größe*. Für solche Größen ist charakteristisch, daß sie (mit der oben gemachten Einschränkung) unabhängig von der betrachteten Menge bzw. Anzahl der Beteiligten ist. Aus diesem Grunde haben sie statistischen Charakter. *Extensive Größen* verdoppeln sich, wenn die Menge verdoppelt wird, sind also zur Menge proportional. (Die zur Temperatur komplementäre extensive physikalische Größe heißt Entropie.) Vielleicht haben Sie auch schon einmal irgendwo gelesen, daß eine Familie, vielleicht in Deutschland, etwa 1,3 Kinder hat. Glücklicherweise handelt es sich hierbei um einen Durchschnittswert oder eine statistische Größe: Beispielsweise haben zwei Familien jeweils 1 Kind, eine Familie hat 3 Kinder. Das ergibt 4 Kinder in 3 Familien, also etwa 1,3 Kinder pro Familie. Dieses Beispiel zeigt, daß die Zahl 1,3 weniger über die drei Familien sagt, sondern nur eine Tendenz der gesamten Gesellschaft anzeigt. Wenn man wissen will, wieviel Kinder in Deutschland leben, muß man die intensive Größe, in diesem Fall die Zahl 1,3, mit der Gesamtzahl der Familien multiplizieren. Diese Prozedur wird auch für ein einzelnes Bundesland mit vielen Millionen Einwohnern noch zu einem verläßlichen Ergebnis führen. Betrachtet man dagegen nur einen einzelnen Stadtteil, kann das Ergebnis erheblich vom tatsächlichen Wert abweichen. Die ersten beiden Beispiele zeigen aber, daß die Zahl 1,3 eine Bedeutung hat, ungeachtet des konkreten Wertes der Menge. Letztere kann sich ändern, während die intensive Größe ihre Bedeutung behält. Oft verzichten Physiker deshalb völlig auf die Kenntnis der Menge, sie nennen sie einfach „n" und überlassen es anderen, die richtige Zahl für „n" einzusetzen. Allerdings taucht dann in allen Formeln für extensive Größen die Zahl „n" als Proportionalitätsfaktor auf.

Viel unangenehmer ist es aber, daß man auch bei der Angabe von intensiven Größen genau sagen muß, worum es sich handelt. Sind es „Kinder pro Familie" oder „Mark / Sparkonto". Im einen Fall wäre „n" die Anzahl der Familien, im anderen die der Sparkonten. Dieses Problem kann durch das Verfahren der *Normierung* umgangen werden. Dieses Verfahren läuft darauf hinaus, daß man durch äquivalente Umformungen anstelle der extensiven Größe, nennen wir sie „k", jeweils den Ausdruck „k/n" verwendet und „x" nennt. Alle Formeln enthalten dann nur noch die Größe x. Das hat den Vorteil, daß es für „x" völlig unerheblich ist, ob es sich um Menschen, Geld, Briketts oder Birnen handelt, die Zahl „x" ist einfach ½, 3, oder 10. Oft wird nun noch - wenn möglich - die Zahl „n" so manipuliert, daß die

Formel nur „x - Werte" ausspuckt, die beispielsweise nur zwischen 0 und 1 liegen können. Wichtig ist, daß bei einer Normierung keine Informationen verloren gehen. Alle Faktoren müssen aufgehoben werden, so daß jederzeit eine Rückrechnung auf die wirklichen Werte möglich ist. Deshalb sollte man sich nicht über Aussagen wundern wie: Die Population hat von 0,6 auf 0,7 zugenommen. Das eigentlich Phantastische an der Normierung ist, daß die Formeln für völlig verschiedene Vorgänge plötzlich gleich aussehen. Deshalb lohnt es sich, bestimmte grundlegende Formeln einfach mathematisch zu untersuchen.

Wie Wachstum Gestalten bildet

Wir haben eben gesehen, daß sich hinter einer Menge, beschrieben durch die extensive Größe x, sehr Verschiedenes verbergen kann. Bei Untersuchungen des Verhaltens einer allgemeinen Größe x handelt es sich zwar um etwas Abstraktes, aber keinesfalls um etwas Praxisfernes. Das Gegenteil ist der Fall. Die Ergebnisse solcher abtrakten Untersuchungen könnten sich als auf viele Bereiche übertragbar erweisen. Physikalische Untersuchungen haben stets einen praktischen Hintergrund. Doch je weniger an konkreter Erfahrung einfließt, desto größer ist die Allgemeinheit und damit der Wert der gewonnenen Aussagen. Deshalb ist der Naturwissenschaftler bemüht, seine Abhandlungen recht hölzern abzufassen, und der Laie ist konsterniert, wenn Begeisterung gerade dann durchbricht, wenn x den Wert 0,815 erreicht und sich nicht mehr ändert. Andererseits ist nur diese Methode dazu geeignet, den Dingen so weit wie möglich auf den Grund gehen zu können. Es ist daher legitim, den Untersuchungsgegenstand von allem Beiwerk zu entblättern, also viele Eigenschaften wegzulassen und zu abstrahieren. Mehr noch, die Kunst besteht exakt darin, genau jene wesentlichen Eigenschaften oder Beobachtungen aus den vielen sich darbietenden herauszufischen, diese in die Beschreibung einfließen zu lassen und die anderen wegzulassen. Diesen Vorgang nennt man *Modellbildung*. In den mathematischen Naturwissenschaften liegen diese Modelle in Form mathematischer Formeln vor. Das Modell hat nur dann einen Wert, wenn - etwas vereinfacht ausgedrückt - bei dessen Untersuchung mehr herauskommt, als man hineinstecken mußte, um es aufzustellen. In fast allen Fällen bedeutet das, daß bei der Untersuchung des Modells etwas herauskommt, was die Natur auch ohne Verwendung komplizierter Formeln hervorbringt. Das heißt, Naturwissenschaft reproduziert. Sie ist per se auch nur am Reproduzierbaren, am Regelmäßigen interessiert. Anderes bleibt ihr auf ewig verschlossen. Der Erkenntnisgewinn ergibt sich daraus, daß bei der Modellbildung stets Annahmen gemacht wurden. Bestimmte Eigenschaften oder Beobachtungen wurden als wesentlich in die Beschreibung aufgenommen, andere nicht berücksichtigt. Reproduziert das Modell die Wirklichkeit oder einen kleinen Teil von ihr, so sind diese Annahmen bestätigt. Das Wesentliche ist gefunden. Das also ist des Pudels Kern.

Im Interesse eines tiefgreifenden Verständnisses gestaltbildender Prozesse werde ich den Leser jetzt mit einigen einfachen Berechnungen konfrontieren. Doch keine Panik, ein ausführliches Fazit folgt am Ende. Nun zurück zur Größe x, hinter der sich die Quantität von irgendetwas verbirgt. Wir wollen eine einfache Annahme machen und dann die Änderung von x untersuchen. Bei solchen Vorgängen spielt stets die Zeit t eine Rolle. Wir haben es also mit einer Funktion x(t) zu tun.[49] Statt eine kontinuierlich dahinfließende Zeit zu betrachten, können wir auch nach Ablauf bestimmter fester Zeitabstände Δt nachschauen. Ausgehend von der Startzeit $t = 0$ schreiben wir für den Wert x nach Ablauf von n (= 1, 2, 3, ...) solcher Zeitabstände Δt, also x(n Δt), abkürzend einfach x_n. Ist $\Delta t = 1$ Jahr, so ist der Zuwachs innerhalb eines Jahres $\Delta x_{n+1} = x_{n+1} - x_n$.

In der lebenden Natur verändert sich eine Menge durch Vermehrung und durch Tod. Nun ist es eine einfache Tatsache, daß tausend Eltern wohl mehr Nachkommen haben als zwei. Natürlich sterben auch mehr Individuen, wenn es mehr gibt. Der Zuwachs innerhalb einer bestimmten Zeit Δt ist also proportional zur Populationsgröße x:

$$\Delta x_{n+1} = x_{n+1} - x_n = (g - s) x_n.$$

(Eine Verringerung ist ein negativer Zuwachs.) Dabei ist g die Geburtenrate und s die Sterberate. In etwas anderer Form lautet die obige Formel:

$$x_{n+1} = (g - s + 1) x_n \qquad \text{oder} \qquad x_{n+1} = (k + 1) x_n$$

Die Population im Jahre n+1 ist also gleich jener im Jahr davor (x_n) abzüglich der Gestorbenen (s x_n) und zuzüglich der Geborenen (g x_n). (Wenn es mehr Geburten pro Individuum (g) gibt als Sterbefälle (s), so ist k+1 > 1, und es gibt im nächsten Jahr mehr Individuen. Bei g = s bleibt die Population konstant, bei g < s sinkt sie. Man muß die obigen Formeln wie folgt verstehen: Die beiden Raten g und s sind Systemparameter. Sie sind zunächst als fest anzusehen. Die Parameter sollen dadurch bestimmt sein, ob die Population aus Enten oder Elefanten besteht, aber weniger dadurch,

---

[49] Zum Funktionsbegriff: Eine Funktion ordnet den Werten der in Klammern angeführten Größen (Argumente, Eingabewerte) jeweils einen neuen Wert (Funktionswert, Ausgabewert) zu. Beispiel: x(y,z). Jeder Satz von Eingabewerten (z. B.: y=3, z=2) steht für eine konkrete Konstellation. In dieser Konstellation nimmt x einen bestimmten Wert (z. B.: x=4) an, der mit Hilfe der Funktion berechnet werden kann. Physikalische Funktionen beschreiben einen Zusammenhang, der für alle möglichen Konstellationen besteht.

welche Enten oder Elefanten konkret beteiligt sind (siehe oben). Der Wert der Größe x informiert uns über die Zahl der Individuen in der Population. Die Formel gilt für jedes Jahr. Will man x im fünften Jahr, also x_5, ausrechnen, so muß man in der Formel n = 4 setzen. Es wird also das Ergebnis vom vierten Jahr benötigt. Um dieses auszurechen, das vom dritten usw. Wir haben es hier mit einer *Rekursion* zu tun.

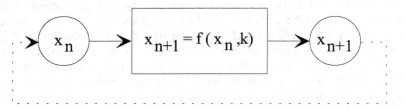

Kennt man den Wert x zu einem Zeitpunkt, so kann man alle anderen Werte berechnen. Die allgemeine Lösung lautet:

$x_n = (g - s + 1)^n \, x_0$ oder $x_n = (k + 1)^n \, x_0$

Dabei wurde das Jahr n = 0 als das Jahr gewählt, in dem x als bekannt angenommen ist. Der Wert x_n in jedem Jahr hängt vom *Anfangswert* x_0, vom Parameter k und von ihrer Verknüpfung (also der Struktur der Formel selbst) ab. Die angegebene Formel beschreibt eine Alles-oder-Nichts- Entscheidung: Ist der *Parameter* k+1 kleiner als Eins (z.B. 0,8), so stirbt die Population unweigerlich aus: x wird immer kleiner und irgendwann einmal Null. Ist x = 0, so bleibt es auch dabei (unabhängig von k), man sagt, x = 0 ist ein globaler *Fixpunkt der Gleichung*. Ist der Parameter k+1 größer als Eins, so wächst die Population (x > 0) unaufhörlich (x = ∞ ist der globale Fixpunkt). Für k = 0 bleibt alles beim alten (jeder Wert x ist ein Fixpunkt).

An dem, was unsere Formel da liefert, sieht man schon, daß sie nichts taugt (oder die Wirklichkeit nur für einen kurzen Zeitraum beschreibt). Die Modellrechnung liefert Fixpunkte, die in der Wirklichkeit nicht auftreten: x = ∞ ist ein wahrhaft theoretischer Wert. Da k+1 durchaus größer als Eins sein kann, stimmen unsere *Annahmen* nicht. Das Modell muß korrigiert werden. Doch zuvor sei darauf hingewiesen, daß die gräßlich dummen Eigenschaften dieser linearen Funktion nicht etwa dazu führen, daß sie kaum jemand benutzt. Leider ist das Gegenteil richtig: fast allen wirtschaftlichen und wirtschaftspolitischen Prognosen liegt die lineare Unbedarftheit zugrunde. Der Fehler ist folgender: In dem Modell ist die *Begrenztheit der Ressourcen* nicht berücksichtigt. Es gibt nicht unendlich viel Fläche zum Leben, die Individuen müssen ja auch irgendwo hin. Es gibt nicht unendlich viel Nahrung. Und wenn sie so dicht gedrängt beieinander sitzen und sich um die Nahrung streiten, vergeht ihnen vielleicht auch die Lust zur Vermehrung (oder umgekehrt). Vielleicht brechen dann auch mehr Krankheiten aus, und die Sterberate steigt usw. usf. Das zeigt uns, daß die Geburten- bzw. die Sterberate eben nicht allezeit konstant ist, sondern selbst von x abhängt, also eine Funktion von x ist, wie man sagt. Kurz gesagt gilt:

$$x_{n+1} = [k(x_n) + 1] \, x_n$$

Wie hängt der neue „Para"meter nun von x ab? Wir können zunächst von der trivial erscheinenden Erfahrung Gebrauch machen, daß es eine unendlich große Population nicht gibt, weil die Geburtenrate fällt bzw. die Sterberate steigt, wenn sich x auf einen Maximalwert, wir nennen ihn x^{max}, zubewegt. Wir führen daher $x^{max} - x_n$ als Bremsfaktor für unsere Funktion k (x_n) ein und teilen noch durch x^{max}, damit sich bei $x_n = 0$, für die unsere alte Formel schon richtig ist, nichts ändert.

$$k(x_n) = k \, (x^{max} - x_n) / x^{max} = k \, (1 - x_n / x^{max})$$

Auf diese Weise haben wir den Parameter k, der die Geburten- bzw. Sterberaten für kleine Populationen wie oben angegeben enthält, in der gewünschten Art und Weise korrigiert. Der Faktor x_n / x^{max} ist ein Maß für die Auslastung des maximal zur Verfügung stehenden Lebensraums und seiner Ressourcen. Ist die Auslastung sehr klein, so ist der Faktor auch sehr klein, wir erhalten k (x_n) = k und können die ursprüngliche Formel verwenden. Solche Grenzwerte sind wichtig. Ihre Kontrolle stellt sicher, daß die Formel nur in der gewünschten Richtung korrigiert wurde. - Steigt dagegen die Auslastung, so wird k (x_n) von k beginnend immer kleiner. Das heißt die Geburtenrate sinkt bzw. die Sterberate steigt. An dem Auftreten des Faktors x_n / x^{max} erkennt man auch, daß für die ganze Betrachtung eigentlich auch nicht die Menge der Individuen maßgeblich ist, sondern deren Dichte. Verdoppelt man gleichzeitig die Menge aller Ressourcen (x^{max}) und die Population selbst (x_n), so ändert sich überhaupt nichts. Deshalb gehen wir auf die Populationsdichte $y = x / x^{max}$ über:

$$y_{n+1} = (k+1) y_n - k y_n^2 \qquad \text{(Verhulst Gleichung)}$$

(Dieser Vorgang entspricht einer Normierung.) Mit der Einführung von k (x_n) haben wir die Formel für sehr kleine Populationen kaum verändert, den dramatischen Anstieg bei großen Populationen aber gedämpft. Die Verhulst-Gleichung kann durch Multiplikation mit k/(k+1) auf 1 normiert werden. Das entspricht der Populationsdichte $y = x / [(k+1) x^{max} / k]$; man erhält die logistische Gleichung:

$$y_{n+1} = (1+k) [y_n - y_n^2] \qquad \text{(Logistische Gleichung)}$$

An dieser Gleichung sieht man sehr gut, daß die Dichte niemals 1 übersteigen kann, weil es negative Dichten nicht gibt. Das kann aber nur für $k \leq 3$ garantiert werden[50].

Soweit zum Formelapparat. Anhand der letzten Gleichungen kann sehr gut die *Gestaltbildung* studiert werden. Schon das vorliegende einfache Modell produziert nämlich vielfältige Muster. - Wir berechnen jetzt die Fixpunkte der Rekursion, also jene „Lösungen", bei denen sich y nicht mehr ändert (gleicher Wert $y_{n+1} = y_n$). Durch Einsetzen findet man leicht bestätigt, daß diese quadratische Gleichung zwei Lösungen hat: $y^{(1)} = 0$ und zweitens $y^{(2)} = k / (1+k)$. Diese Lösungen für sich sind recht langweilig. Betrachtet man jedoch ihre Stabilität, so stößt man auf bemerkenswerte Ergebnisse. Eine Lösung ist stabil, wenn kleine Störungen im Laufe der Zeit ausgeglichen werden, sich also der ursprüngliche Wert wieder einstellt. Die Berechnung[51] zeigt, daß der *erste* Fixpunkt $y^{(1)}$ nur bei $k < 0$ stabil ist. Schon aus bloßer Anschauung erwartet man, daß die Population bei g < s (weniger Geburten als Sterbefälle) in jedem Fall zugrunde geht. Und wirklich ist $y^{(1)}$ der einzige Fixpunkt. Alle Anfangswerte für y führen auf $y = y^{(1)}$. ($y^{(2)}$ kann für $k < 0$ auch deshalb kein Fixpunkt sein, weil y sonst negativ wäre.) Für $k > 0$ kann $y^{(1)}$ kein stabiler Fixpunkt mehr sein, weil die Geburtenrate überwiegt. Mag y noch so klein sein, sofort setzt eine Vermehrung ein. Betrachten wir nun den *zweiten* Fixpunkt. Bei $k = 0$ sind beide Lösungen gleich, kurz danach ($k > 0$) löst der zweite Fixpunkt den ersten vollständig ab. Alle Anfangswerte laufen jetzt auf diese Lösung $y = y^{(2)}$ zu, die sich von $y^{(1)}$ mit steigendem k immer mehr entfernt. Auch Störungen können sie nicht beeindrucken. Bei $k = 2$ passiert es dann, auch die zweite Lösung kippt über den Stabilitätsrand. Wir haben für $k > 2$ keine Lösung mehr! Jetzt wird's spannend!

Es geht ab ins Chaos, langsam aber sicher... Aber noch nicht so bald. Zunächst entstehen *Muster*. Bei $k > 2$ ist zwar die Stabilität der Lösungen der quadratischen Gleichung $y_{n+1} = y_n$ „aufgebraucht". Wir haben es aber mit einer unendlichen Rekursion zu tun. Und schon die Funktion $y_{n+2} = y_n$ hat wieder Lösungen. Das sieht so aus: startet man mit $k = 2,25$ beispielsweise bei $y = 0,5$, so erhält man nacheinander $y = 0,8125$; $0,4951$; $0,8124$;

---

[50] Der Ausdruck $[y_n - y_n^2]$ hat bei $y_n = 0,5$ ein Maximum und nimmt dort den Wert 1/4 an. Deshalb könnte, wenn $(1+k) > 4$ wäre, y_{n+1} den Wert 1 übersteigen.

[51] Will man feststellen, ob ein Fixpunkt stabil ist oder nicht, berechnet man den Wert der Funktionaldeterminante am Fixpunkt. Ist der Absolutwert kleiner als 1, so ist der Fixpunkt stabil, anderenfalls indifferent oder instabil. Die Funktionaldeterminante hat für den ersten Fixpunkt $y^{(1)}$ den Wert 1+k, für $y^{(2)}$ berechnet man 1-k.

0,4953; 0,8124; 0,4953 usw. Die Lösung ($y^{(3)}$) wiederholt sich nach jeder zweiten Iteration[52]. Man sagt, daß sich die Periodendauer der Rekursionslösung bei k > 2 verdoppelt hat. Wenn sie jetzt die „alte" Lösung $y^{(2)}$ *exakt* einsetzen, wird sie sich ebenfalls reproduzieren. Das ist jedoch in der Natur unmöglich. Jede kleine Abweichung führt weg von dieser Lösung. Die einzige stabile ist die mit der doppelten Periodendauer. Erhöht man k weiter auf 2,44865, so ereilt $y^{(3)}$ das gleiche Schicksal wie $y^{(2)}$; sie wird instabil und wird durch $y^{(4)}$ ersetzt: Jetzt reproduziert sich der Wert y erst nach jeder vierten Iteration. Das gleiche passiert bei k = 2,54413. Es dauert jetzt acht Iterationen, bis sich der Wert wiederholt. Steigt k über 2,56445, so wechseln sich 16 verschiedene Werte periodisch ab. Die Abstände verkürzen sich rasant, und ab k = 2,56994 ist es mit jeder Ordnung vorbei. Es herrscht *Chaos*. Die Werte springen regellos hin und her, und es ist kein System mehr vorhanden. Die Formel spielt verrückt. Das Durcheinander geht soweit, daß Anfangswerte, die sich nur wenig unterscheiden, schon nach wenigen Iterationen sehr weit auseinander liegen und nichts mehr miteinander zu tun haben. Das ist das eigentliche Kennzeichen von Chaos: Schon kleinste Variationen der Anfangswerte führen zu einem vollständig anderen Verhalten. Vorhersagbarkeit ist so nicht möglich. Es geht im wahrsten Sinne des Wortes chaotisch zu. Man muß bedenken, daß ein Wert, der mit der Praxis zu tun haben soll, prinzipiell nicht unendlich genau bestimmbar ist. Eine Formel, in der ein Zustand den darauf folgenden eindeutig determiniert, liefert ein chaotisches Verhalten, das man, um es vom thermischen zu unterscheiden, *deterministisches Chaos* nennt. Doch das chaotische Band ist teilweise unterbrochen. Setzt man beispielsweise k = 2.83 ein, so findet man ein periodisches Fenster. Nach jeder dritten Iteration wiederholt sich der Wert y = 0,957416597... Genügend weit links und rechts dieses Fensters geht es recht chaotisch zu. So eng liegen Chaos und Ordnung zusammen. Doch der Zusammenhang reicht weiter.

Bemerkenswerterweise folgt die Periodendauerverdopplung, die schließlich zum Chaos führt, einem universellen Gesetz. Der Abstand zweier aufeinanderfolgender Periodendauerverdopplungen sinkt zwar ständig. Sie betragen 0,44865; 0,09548 und 0,02032. Der Quotient zweier aufeinanderfolgender solcher Verzweigungen (Bifurkationen) ist jedoch konstant gleich 4,699... Diese universelle Konstante wird nach ihrem Entdecker Feigenbaum-Konstante genannt. Es gibt Ordnung auf dem Weg ins Chaos. Man spricht von *Selbstähnlichkeit*. Der nächste Prozeß ähnelt dem vorhergehenden, so wie sich zwei verschieden große gleichseitige Dreiecke ähnlich sehen.

Das Erstaunliche an diesen Rechnereien ist *nicht*, daß sich irgendwelche Zahlen abwechseln usw. Es muß auch niemanden mit Ehrfurcht erfüllen,

---

[52] Iteration: wiederholte Anwendung der selben Rechenvorschrift.

daß die Zahlen plötzlich hin und her springen. Daß es wundersame Formen und komplexes Verhalten in der Natur gibt, sollte uns bekannt sein. Deshalb sollte es uns eher befriedigen als verwundern, wenn es uns gelingt, etwas von dieser Vielfalt zu reproduzieren. Die phänomenale *Entdeckung* besteht darin:

1. Wir gingen vom einfachen Wachstum (mit linearem Zuwachs) aus und haben lediglich den Wachstumsparameter linear so korrigiert, daß die Größe y nicht in den Himmel wächst. Wir haben dadurch die *einfachste* Form einer *Nichtlinearität* erzeugt. Schon diese einfachste Form der Nichtlinearität zeitigt ein vielfältiges Verhalten. Wir haben nur *eine Größe* betrachtet, die sich selbst beeinflußt. In der Natur wirken natürlich ganz verschiedene Dinge in sehr komplizierter Art und Weise aufeinander ein. In der logistischen Gleichung steckt nur *ein Parameter* k. Natürliche Systeme haben meist sehr viele Eigenheiten, deren Berücksichtigung jeweils einen eigenen Parameter erfordern würde. Solche Parameter könnten auch noch nichtlinear das System beeinflussen. Doch das ist in unserem einfachen Beispiel der logistischen Gleichung alles nicht der Fall: Wir haben einen einzigen Parameter, der linear eingeht, und nur eine Größe mit sich selbst, also nichtlinear verknüpft, und schon wird es interessant.

2. Die zweite bedeutende Eigenschaft ist natürlich mit dem Auftreten von Chaos verbunden. Dabei ist nicht der auftretende Wirrwarr, das Durcheinander der Werte von Bedeutung. Das einfache Wachstumsgesetz ohne Bremse liefert auch bei jedem Schritt einen neuen Wert. Und was soll die nichtlineare Rekursionsgleichung denn machen, wenn es keinen Fixpunkt gibt? Umherirren! Die lineare Gleichung sucht immer in der gleichen Richtung, die nichtlineare wird von Zeit zu Zeit zurückgeschickt, wo ist da der Unterschied? - Im Chaos führen schon kleinste Unterschiede im Startpunkt (Anfangswert) zu einem vollständig anderen Verhalten, während sehr verschiedene Anfangswerte zeitweise auch ähnliche Größen nach sich ziehen können. Dieses Durcheinander führt nun wiederum dazu, daß Ursache und Wirkung nicht mehr eindeutig zugeordnet werden können. Dazu müßten Anfangs- und Endzustand nämlich unendlich (extrem) genau bekannt sein. Das ist unmöglich. Die extreme Abhängigkeit des Systemverhaltens von den Startbedingungen kann mit obigen Formeln sehr einfach ausprobiert werden. Sie kann aber auch mathematisch gezeigt werden[53].

---

[53] Die für das Chaos charakteristische Abhängigkeit von den Anfangswerten läßt sich bei der logistischen Gleichung besonders gut für k = 3 demonstrieren, da es hier eine einfache allgemeine Lösung gibt, die die wiederholte Rekursion erspart. In der allgemeinen Lösung $y_n = \sin^2(p\, 2^n\, y_0)$ setze man den Startwert y_0 in Dualdarstellung ein. Jede Rekursion bedeutet eine weitere Multiplikation mit zwei, also eine Linksverschiebung um eine Dualstelle, wobei die

3. Bei natürlichen Systemen kommt nun noch hinzu, daß alle makroskopischen Größen prinzipiell *zufälligen Fluktuationen* unterworfen sind. Bei chaotischen Systemen können sich kleinste mikroskopische Schwankungen bis in den makroskopischen Bereich fortpflanzen und das System durcheinanderbringen. Aus diesem Grund sind beispielsweise langfristige Wetterprognosen prinzipiell unmöglich.

4. Es sollte uns schon erstaunen, daß das Chaos reichhaltig strukturiert ist. Es bilden sich teilweise wunderschöne Gestalten. Chaos kann nur dann auftreten, wenn das System *strukturell instabil* ist. Wer also zusehr auf Stabilität setzt, beschränkt nicht nur das Potential zur Veränderung, sondern schließt eigentliche Vielfalt aus.

Daß instabile Systeme schwer zu beschreiben sind, weiß man schon lange. Erst vor relativ kurzer Zeit schälte sich allerdings heraus, daß solche Systeme, denen man früher tunlichst aus dem Wege zu gehen versuchte, in der Natur eine ganz wesentliche Rolle spielen. Die breite Öffentlichkeit nahm die „Entdeckung" des Chaos durch die Naturwissenschafter vor allem wegen der Schönheit der Fraktale zur Kenntnis. Bevor wir zu diesen bizarren Gebilden kommen, noch ein Wort zum praktischen Wert des Chaos. Es ist oben anhand der logistischen Gleichung gezeigt worden, daß Chaos dann ausbricht, wenn alle regulären Lösungen instabil sind. Reguläre Lösungen (Fixpunkte) sind vom Typ $y_{n+m} = y_n$, wobei m alle natürlichen Zahlen 1, 2, ... annehmen kann. Das bedeutet, daß Chaos *eine Überlagerung unendlich vieler instabiler Lösungen* ist. Diese Erkenntnis ist (simpel) aber ganz fundamental. Sie eröffnet Wege zur Anwendung chaotischer Systeme. In der Regel ist man in der Technik ja an regulären Lösungen interessiert. Nur in Spezialfällen kann man die chaotische Lösung direkt nutzen (beispielsweise um Rauschgeneratoren aufzubauen). Da ein chaotisches System aber eine Vielzahl von regulären Lösungen enthält, kann man versuchen, diese abrufbar zu machen. Die reguläre Lösung stellt sich ja nur deshalb nicht ein, weil sie aufgrund ihrer Instabilität keinen Bestand haben kann. Gleichwohl existiert sie. Durch Einbau eines passenden Regelmechanismus kann erreicht werden, daß eine bestimmte Lösung stabil wird. Das Verhalten chaotischer Systeme kann gesteuert werden.[54] Ein solches Vorgehen mag paradox erscheinen, weil man doch wieder nur an regulären Lösungen interessiert ist. Dennoch ergeben sich aus der gezielten Steuerung chaoti-

---

Dualstelle vor dem Komma wegen der Periodizität der Sinus-Funktion weggelassen werden kann. Die beiden ersten Stellen nach dem Komma legen beispielsweise fest, ob y_n größer oder kleiner als 0,5 ist. Soll dies für y_{100} festgestellt werden, so müssen von y_0 mindestens 30 Dezimalstellen bekannt sein.

54 William L. Ditto, Louis M. Pecora: Das Chaos meistern; Spektrum der Wissenschaft, November 1993, S. 46-53

scher Systeme eine Reihe von Vorteilen, die zu phantastischen Anwendungen in verschiedensten Bereichen führen können. Der naheliegenste Vorzug besteht darin, daß unter diesen Umständen die allgegenwärtigen Nichtlinearitäten nicht mehr beseitigt werden müssen. Man kann die Systeme so einsetzen, wie sie nun einmal sind: in der Regel nämlich nichtlinear. Darüber hinaus gewinnt man ein beträchtliches Maß an Flexibilität und Vielseitigkeit. Während ein reguläres System üblicherweise für genau eine Lösung konstruiert wird und auch nur in der Lage ist, in dieser einen Weise zu reagieren, enthält ein chaotisches System eine Vielzahl von möglichen Reaktionen, von denen eine beliebige durch die Steuerung im Betrieb ausgewählt werden kann. Die Flexibilität wird dadurch entscheidend erhöht, daß man im Chaos sehr schnell (also effektiv) von einer Lösung zur anderen springen kann. Das liegt daran, daß alle Lösungen ja im Prinzip vorhanden sind und nur ein winziger Kick fehlt, daß sie erhalten bleiben können. Deshalb arbeitet man heute intensiv an der gezielten Beeinflussung chaotischer Systeme.

Glattgebügelte Systeme sind vollkommen uninteressant. Auch wenn es gewohnten Denkweisen vielleicht kräftig widerstrebt, eine Nichtlinearität ist notwendig. Allzu schnell sehen wir in Abweichungen von der Geradlinigkeit einen Mißstand. Dabei ist nur die Nichtlinearität in der Lage, Trends umzukehren und damit den Weg zu Neuem zu ebnen. Noch größere Probleme haben wir erfahrungsgemäß damit, uns daran zu gewöhnen, daß Vielfalt und Flexibilität nur im Zusammenhang mit Instabilität möglich sind. Wie anders aber sollte ein Zustand den anderen ablösen können, als daß der alte an Beharrungsvermögen einbüßt und der neue Form an Festigkeit gewinnt? Die beiden genannten Eigenschaften zusammen vermögen in etwa zu erklären, warum unsere Welt so komplex und faszinierend ist. Funktionsfähigkeit ist eine wichtige Voraussetzung für Beständigkeit, weil letzlich nur Anpassungsfähigkeit den Fortgang garantieren kann. Eine der wichtigsten Lehren der Untersuchungen zum Chaos, wie diese keineswegs seltene Systemeigenschaft etwas mehrdeutig genannt wird, ist darin zu sehen, daß anfänglich klein und unbedeutend erscheinende Abweichungen (Fluktuationen) sehr schnell und unvermittelt zu merklichen Veränderungen im Systemverhalten führen können. Das sollte uns hoffnungsfroh stimmen in bezug auf die bisher offenbar vergeblichen Bemühungen der wenigen Aktivisten, die unsere Welt grundlegend zu verbessern gewillt sind. Es sollte uns auch darauf hinweisen, daß sich die Diskriminierung marginal erscheinender Beiträge schnell als Fehleinschätzung erweisen könnte. Aber dies wird niemals nachweisbar sein, weil unsere im physikalischen Sinne chaotische Welt grundsätzlich nicht berechenbar ist.

Was ist ein Fraktal?

Oft fällt im Zusammenhang mit Chaos und selbstähnlichen Strukturen der Begriff Fraktal. Es wurde sogar schon die Frage aufgeworfen, ob „die Welt" ein Fraktal sei. Trickfilmstudios nutzen inzwischen fraktale Gleichungen, um in Sekundenschnelle „natürliche" Landschaften zu erzeugen, in denen kein Baum dem anderen gleicht und keine Wolke so aussieht wie eine andere und doch alles eindeutig Bäume bzw. Wolken sind. Auch manche Formen von Blütenständen, die charakteristische Zeichnung der Leoparden, die Streifen der Zebras und einzelne Muster auf Schneckenhäusern sind neuerdings „fraktal entschlüsselt". Die Vermutung, die Welt wäre fraktal, beruht aber nicht nur auf der Verwandtschaft natürlicher Wachstumsstrukturen mit fraktalen Verzweigungsmustern (siehe unten), sondern hat inzwischen auch einen kosmologischen Hintergrund. Es gibt Szenarien, wonach das Universum fortwährend inflationäre Domänen erzeugt, die sich aufblähen, wieder solche Domänen bilden und so fort. In dieser Kettenreaktion bilden sich immer wieder neue (fraktale?) Verzweigungen mit Tochter-Universen. Zu den populärsten Fraktalen gehört zweifellos das Apfelmännchen. Obwohl ein Zusammenhang zu den obigen Rekursionsgleichungen besteht, hat der folgende Abschnitt, in dem sehr kurz erklärt wird, was ein Fraktal ist, nur einen sehr lockeren Bezug zu den anderen Teilen dieses Buches und kann daher gegebenenfalls auch übersprungen werden.

Der Begriff Fraktal bezieht sich auf die Dimension des Objekts, die in diesem Fall gebrochen oder nicht ganzzahlig ist. Was ist *Dimension*? Will man die Größe eines Objekts ausmessen, so braucht man einen Maßstab, den man sich ruhig sehr bildlich vorstellen kann. Dieser dient als Maßeinheit. Genau genommen bedeutet Messen Vergleichen. Ich nehme einen bestimmten Maßstab (einen Zentimeter, ein Fuß, die Länge eines Ellenbogens oder meinen Taschenkalender) und vergleiche ihn mit dem Objekt. Als Größe des Objekts gebe ich an, wie oft mein Maßstab in das Objekt paßt (Maßzahl). Natürlich muß ich neben dieser Zahl auch den Maßstab bekanntgeben (Maßeinheit). Beides hängt voneinander ab. Verkleinere ich die Maßeinheit, so erhöht sich die Maßzahl. Die Art und Weise, wie die Zahl durch eine Veränderung des Maßstabs beeinflußt wird, hat mit der Dimension zu tun.

Wollte man die Länge einer („gutartigen") Linie, die keine Gerade zu sein braucht, ausmessen, so könnte man wie folgt vorgehen: Man wählt (wegen der möglichen Krümmung) Kreise mit einem bestimmten, nicht allzu großen Radius e und legt die Kreise so über die Linie, daß jeder ihrer Punkte von einem Kreis eingeschlossen ist. Dabei müßte man zusehen, mit möglichst wenig Kreisen auszukommen. Der Durchmesser der Kreise $2 \times \varepsilon$ wäre die Maßeinheit, die Anzahl der benötigten Kreise N, die Maßzahl. Die Länge der Linie ist dann gleich der Zahl der benötigten Kreise N(ε) bei der Maßeinheit 2ε. Halbiert man den Radius, so verdoppelt sich N. Die Anzahl der Kreise steigt umgekehrt proportional zur *ersten* Potenz des Radius ε. Man sagt, das Objekt (die Linie) ist eindimensional und die Dimension D ist 1. Allgemein ist die Dimension definiert zu:[55]

$$N(\varepsilon) \propto \varepsilon^{-D} \qquad (\varepsilon \to 0)$$

Wenn man eine Fläche mit der beschriebenen Methode ausmißt, erhält man D = 2. Auch hier müßte man versuchen, alle Punkte des Gebildes mit möglichst wenig Kreisen abzudecken. Wird der Radius der Kreise ε (die Maßeinheit) halbiert, so vervierfacht sich die Anzahl (Maßzahl). Sinkt der Radius auf ein Drittel, so werden neunmal soviele Kreise benötigt. Offensichtlich spielt bei diesem (zweidimensionalen) Gebilde die *zweite* Potenz eine Rolle. Bei den uns gewohnten Gebilden wird der in obiger Formel enthaltene Zusammenhang sofort klar, wenn man die Länge eines Stabes, die Kantenlänge einer Kachel bzw. eines Würfels entsprechend dehnt oder streckt.

Wie kann es nun aber Gebilde geben, die weder eindimensional (D = 1) noch flächig (D = 2), also Fraktale sind? Das ist im Grunde ganz einfach und soll am Beispiel der Koch'schen Kurve erklärt werden, die unten dargestellt ist. Die bizarre Gestalt ganz rechts wird durch eine einfache Rekursionsvorschrift konstruiert. Der Initiator, also der Startwert x_0 für die Rekursion ist ein gleichseitiges Dreieck. Die bei jeder Rekursion auszuführende Veränderung $f(x_n)$ (Generator) teilt jede Gerade in drei Teile und setzt an die Stelle des mittleren eine Spitze in Form eines gleichseitigen Dreiecks auf. Die erste Generation ist ein Stern mit sechs Ecken und zwölf Kanten. Die zweite Generation hätte also sechs + zwölf Ecken und 48 Kanten. Am Ende entsteht ein sehr schöner Stern mit unendlich vielen Ecken, die ich nicht alle aufzeichnen wollte.

---

[55] Die Formel bedeutet folgendes: Wenn der Maßstab e in Richtung Null verkleinert wird, steigt die Maßzahl N an. Der Zusammenhang zwischen beiden Größen wird durch eine Potenzfunktion beschrieben, in der D als Dimension definiert wird. Oder: Die Dimension D ist die Potenz, mit der ein (in Richtung Null) unaufhörlich verkleinerter Maßstab e die entsprechende Maßzahl N erhöht. (Es handelt sich um *einen* der vielen Dimensionsbegriffe.)

Systemdynamik 141

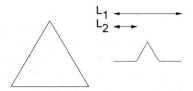

Initiator: x_0 Generator: $f(x_n)$

1.Generation: x_1 2.Generation: x_2 3.Generation: x_3

Zunächst muß man sich klarmachen, daß unser Maßstab (Kreise) keine Einteilung enthält, wie wir sie von herkömmlichen Linealen kennen. Strukturen, die feiner sind als der gewählte Maßstab, sind nicht wahrnehmbar. So erkennt man Feinheiten einer Küstenlinie (übrigens auch ein Fraktal) vom Satelliten aus nicht, aus einem Flugzeug erkennt man schon mehr, und mit einem Hubschrauber kann man schon sehen, wie die Wellen über den Strand spülen. Aus diesem Grund wird die Dimension bei $e \to 0$ bestimmt. Unendlich feine Gebilde sollen auch richtig ausgemessen werden. Natürlich wächst dabei die „Länge" $N(e)$, und wir sind genau an dieser Funktion interessiert. Wir beginnen bei irgendeinem Maßstab, sagen wir $e_0 = L_1$ (siehe Abbildung), und brauchen zum Ausmessen der Figur N_0 Kreise (beim Initiator genau 3). Reduziert man den Maßstab auf ein Drittel, also auf L_2, so vervierfacht sich die Zahl der notwendigen Kreise, wie man an der Abbildung (siehe 1. Generation, $N_1 = 3 \times 4$ Kreise) erkennt. Das Gleiche passiert, wenn wir den Maßstab L_2 wiederum dritteln. Die beiden Zahlen stehen über die Dimension D in Beziehung. Es gilt also:

$(e_0 / 3)^{-D} = 4 N_0$ $(e_0 / 9)^{-D} = 16 N_0$

Daraus kann man die Dimension D berechnen: Man eliminiert N_0, logarithmiert, dann kürzt sich e_0 heraus, und man erhält $D = 1{,}26...$ (genau $\ln 4 / \ln 3$). Die Koch'sche Schneeflocke ist ein Fraktal. Sie ist mehr als eine einfache Linie (D=1), aber noch lange keine Fläche (D=2).

Beginnt man mit einem Geradenstück, aus dem man das mittlere Drittel herausschneidet, wobei man dann mit den verbliebenen Geradenstücken auf die gleiche Weise verfährt usw., so entsteht die Cantor-Menge. Bei jeder Drittelung des Maßstabs erkennt man eine Lücke und benötigt deshalb nur zweimal soviel Kreise zum Abdecken der Figur wie bisher. Analog wie oben berechnet man dann für den Cantor-Staub einfach $D = \ln 2 / \ln 3 = 0{,}63\ldots$ Es handelt sich also um ein Gebilde, das nicht mehr ganz Linie, aber noch lange kein Punkt ist. Auf ähnliche Art und Weise kann man andere, sehr verschiedene Fraktale erzeugen und deren Dimension berechnen. Wenn sich beim Dritteln des Maßstabs die Anzahl N verdreifacht und beim darauf folgenden Dritteln verneunfacht, haben wir es allerdings mit einer gewöhnlichen Linie zu tun, deren Dimension $D = 1$ ist, wie man leicht errechnen kann.

Die Bedeutung der Fraktale wurde von Benoit Mandelbrot, einem Pionier auf dem Gebiet der Chaosforschung, in den 80er Jahren erkannt. Nach ihm wurde auch eine fraktale Menge benannt, die unter dem Namen Apfelmännchen heute die Titelseiten zahlreicher Zeitschriften ziert. Ihr liegt folgende Gleichung zugrunde:

$$Z_{n+1} = Z_n^2 - C \qquad \text{(Mandelbrot Prozeß)}$$

Dabei sind Z und die Konstante C komplexe Zahlen, die jeweils aus zwei Werten bestehen. Das Apfelmännchen entsteht, wenn man $Z_0 = 0$ wählt und für alle Werte des Parameters prüft, ob Z begrenzt bleibt oder unendlich groß wird. Liefert die Rekursion einen endlichen Wert, so wird der entsprechende Wert für C (zwei Werte: einer wird auf der Ordinate, einer auf der Abszisse aufgetragen) schwarz markiert. Geht die Funktion dagegen gegen Unendlich, so bleibt die Stelle weiß. Die Sache kann noch verfeinert werden, wenn man durch andere Farben kenntlich macht, wie schnell die Funktion gegen Unendlich geht. Schon Anfang dieses Jahrhunderts haben sich zwei französische Mathematiker, Gaston Julia und Pierre Fatou, mit obiger Gleichung beschäftigt. Ihre Ergebnisse blieben jedoch lange wenig beachtet. Die sogenannten Julia-Mengen, bizarre Gebilde phantastischer Schönheit, werden gebildet, indem der Parameter C fest bleibt und und das Verhalten der Gleichung an Abhängigkeit von der Wahl der Anfangsbedingung(en) Z_0 untersucht wird. Fraktale entstehen durch eine nichtlineare Rekursion und sind in der Regel selbstähnlich, wie man es an der Koch'schen Schneeflocke leicht erkennt. Eine Vergrößerung des Maßstabs bringt immer neuer Details zum Vorschein. Die Gestalt ändert sich jedoch nicht. Die Schönheit der Fraktale kann heute sogar in Kunstausstellungen bewundert werden, wo Physiker ihre Computerberechnungen zeigen. Daneben gibt es verschiedene Bücher, die zu den Abbildungen auch ihr Zustandekommen erläutern.[56]

Die komplexe Ordnung, die uns die Fraktale präsentieren, beruht auf der Nichtlinearität einer Rekursion. Solche Rekursionen sind chaotisch. Ohne Zweifel ist die Reichhaltigkeit der Fraktale darauf zurückzuführen. Dennoch ist eine Übereinstimmung von Chaos und Ordnungszuständen schwer beweisbar.[57] Die Schönheit der fraktalen Ordnung wird uns in Form von Bildern vermittelt, die Computer nach Millionen von numerischen Operationen hervorgezaubert haben. Jeder Computer arbeitet aber mit einer begrenzten Genauigkeit. Obwohl diese Supermaschinen eine Vielzahl von Dezimalstellen mehr ausspucken als ein üblicher Taschenrechner, wenn die Wurzel von 2 berechnet wird: Alle Stellen können auch hier nicht berechnet werden. Irgendwo wird die Zahl abgeschnitten, so daß Nachkommastellen fehlen. Die abgeschnittene Zahl dient aber nun wieder als Anfangsbedingung für folgende Rekursionen. Die Empfindlichkeit von der Wahl der Anfangsbedingungen ist aber ein Charakteristikum des Chaos. Deshalb kann man strenggenommen den Einzelheiten der fraktalen Ordnung in der Tat nicht über den Weg trauen. Es ist also im Falle chaotischer Systeme kaum möglich, sich ein richtiges Bild zu machen. Doch schon arbeitet man an selbstkontrollierenden Rechenverfahren. Man darf gespannt sein, was kommt.

Übergang zum Kontinuum

Die letzten Formeln in diesem Buch (eine Ausnahme) stehen bevor. - Die Veranschaulichung der gestaltbildenden Prozesse beruhte nur auf diskreten Gleichungen, bei denen die Zahlen in jeder Folge von Zuständen jeweils diskontinuierlich aufeinanderfolgen, also durch endliche Intervalle voneinander getrennt sind. Die Welt ist zwar aus Atomen, also diskreten Elementen, aufgebaut. In den makroskopischen Maßstäben, die für unserer tägliches Leben kennzeichnend sind, bietet sich die Welt aber als Kontinuum dar. Das Gleiche gilt im Prinzip auch für die Gesellschaft, in der Individuen zu unterschiedlichen Zeiten selbständig verschiedene Dinge tun. Die scheinbare Diskrepanz zwischen diskretem Aufbau und kontinuierlichem

---

56   Das schönste mir bekannte Buch ist: H.-O. Peitgen, P.H. Richter: The Beauty of Fractals, Images of Complex Dynamical Systems; Springer Verlag, Berlin, Heidelberg, New York, Tokyo, 1986; Eine allgemeinverständliche Darstellung (ebenfalls mit sehr schönen Bildern) gibt ein GEO Sonderheft: GEO Wissen, Chaos und Kreativität; Gruner+Jahr, Hamburg, 1990.

57   Peter Brügge: Der Kult um das Chaos; Der Spiegel 40/1993, S. 232-241

Erscheinungsbild wurde im ersten Abschnitt dieses Kapitels („Die Bändigung des molekularen Chaos") erörtert: Die Sprünge verschmieren zum Kontinuum aufgrund der Allgegenwart der Wechselwirkungen zwischen den Teilchen. Es wäre allerdings voreilig, daraus zu schlußfolgern, daß die mit Hilfe diskontinuierlicher Rekursionsgleichungen gewonnenen Erkenntnisse nur wenig mit der großen Welt zu tun haben. Der Zusammenhang wird jetzt, im letzten Abschnitt dieses Kapitels kurz erläutert.

Im Grunde genommen steckt in den benutzen Rekursionsgleichungen noch ein weiterer Parameter, der stillschweigend wegnormiert wurde. Es ist dies die Zeit, die eine jede Rekursion in Anspruch nimmt. Sie wurde auf den Wert $\Delta t = 1$ (Jahr) festgesetzt und fiel deshalb aus allen Formeln heraus. Die Quantität x bzw. y wurde nicht zu jeder Zeit t berechnet, sondern nur zu den Zeiten n Δt. Die Formeln machen keine Aussage darüber, wann die Vermehrung stattfindet. Es wird nur der Zustand nach einem Jahr berechnet. Wollte man nun Zwischenwerte berechnen, so müßte die Zeit als Variable eingeführt werden (siehe nächste Formel vorderer Teil). Das Wachstum Δx berechnet sich wie oben aus der aktuellen Menge x multipliziert mit der Nettowachstumsrate. Diese Nettowachstumsrate betrug, bezogen auf eine Zeitdifferenz von $\Delta t = 1$ Jahr, (g-s). Betrachte man eine beliebige Zeit Δt, so ist die Nettowachstumsrate (g-s) Δt. Das einfache Wachstumsgesetz lautet damit:

$$\Delta x \equiv x\,[(n+1)\,\Delta t] - x\,[n\,\Delta t] = (g-s)\,x\,[n\,\Delta t]\,\Delta t$$

(Für $\Delta t = 1$ erhält man mit $x\,(m\,\Delta t) \equiv x_m$ die ursprüngliche Formel.) Reagiert das System unendlich schnell, oder ändert sich x zu jedem Zeitpunkt, so kann für Δt jeder beliebig kleine Wert eingesetzt werden. Der Mathematiker schreibt $\Delta t \to 0$ und erhält folgende Differentialgleichung:

$$dx = (g-s)\,x\,dt \qquad dx = k\,x\,dt$$

Die Verwendung des Zeichens „d" anstelle von „Δ" weist darauf hin, daß es sich um eine beliebig kleine Änderung handeln kann. Durch diesen Übergang zum *Kontinuum* wurde der „stille" Parameter Δt, die Generationsfolge bzw. die Reaktionszeit, eliminiert.

Als Folge davon kann die Funktion x(t) jetzt allerdings nicht mehr springen! Das wilde Hin- und Herspringen der Zahlenwerte, wie wir es von den Rekursionsformeln im chaotischen Bereich kennen, kann es infolge des Übergangs zum Kontinuum (Δt und damit Δx beliebig klein) nicht mehr geben. Bevor diesem Umstand nähere Aufmerksamkeit geschenkt wird, einige Bemerkungen zu Differentialgleichungen im allgemeinen. Differentialgleichungen sind in der physikalischen Naturbeschreibung sehr häufig. (Dabei kann auch die endliche Ausbreitungsgeschwindigkeit einer Wirkung - Einstein'sches Relativitätsprinzip - durch eine Transformation berücksichtigt werden.) Offensichtlich ist die Beschreibung der Natur mit Hilfe von Differentialgleichungen deshalb so erfolgreich, weil diejenigen Größen, die unserer Beobachtung zugänglich sind, also makroskopische Größen sich nur kontinuierlich ändern. Das ist einfach zu verstehen: Die Dinge des täglichen Lebens bestehen aus einer Unzahl von kleinen Teilen. Die von uns beobachteten Größen werden durch diese kleinsten Bausteine letztlich bestimmt. Im Kleinsten ist die Natur also diskontinuierlich, sie macht Sprünge. Diese Sprünge verschmieren jedoch zum Kontinuum, wenn die Gesamtheit, bestehend aus nahezu unendlich vielen Teilchen, betrachtet wird (siehe Abschnitt „Die Bändigung des molekularen Chaos"). Die gesamte klassische Physik baut auf Differentialgleichungen auf. Es ist sogar so, daß sie sogar im Bereich der Atome und Elementarteilchen Verwendung finden. Die Diskontinuität der Natur wird dabei durch Einführung von Nebenbedingungen berücksichtigt.[58] So kommt es, daß fast die ganze mathematische Naturbeschreibung (bis auf einige phänomenologische Modelle) auf Gleichungen basiert, in denen die Größen x(t) nicht springen können. Gibt es also im Kontinuum kein Chaos?

Die Lösung obiger Differentialgleichung lautet:

$$x(t) = x(t=0) e^{kt} \qquad x(t) = x_0 e^{kt}$$

Die Größe x wächst also (für $x > 0$) unaufhörlich. Dieses Wachstum können wir auch nicht mehr umkehren, indem wir den Wachstumsparameter k wie oben reduzieren, wenn x sich einem charakteristischen Wert nähert ($k = k(x)$). Alles, was sich auf diese Art erreichen läßt, ist $x = $ const. Der mathematische Grund dafür ist folgender: Soll sich das Vorzeichen des Wachstums umkehren, so muß es im kontinuierlichen Fall zuvor Null werden. Ist das Wachstum aber Null, so bleibt x konstant. Das Wachstum kann nur umgekehrt werden, wenn der Parameter k nicht von x, sondern

---

[58] Bei den bisher betrachteten Fällen handelt es sich um sogenannte Cauchy-Probleme (eine spezielle Lösung für einen bestimmten Anfangswert wird gesucht). Daneben gibt es Rand- und Eigenwertprobleme. Eine Differentialgleichung hat (in der Regel) unendlich viele Lösungen. Werden jedoch zusätzlich Bedingungen gefordert, so werden Lösungen aussortiert. Auf diese Art und Weise hat die Gleichung (mit den Zusatzbedingungen) nur eine bestimmte Anzahl von Lösungen. Beispiel: Die Grundgleichung der nichtrelativistischen Quantenphysik ist die Schrödinger-Gleichung. Diese Gleichung ist eine lineare Differentialgleichung der Größe y. Die komplexe Wahrscheinlichkeitsfunktion y hat selbst keine physikalische Bedeutung, wohl aber ihr Betrag $y^* y$. Die Nebenbedingung $(y, y) = 1$ ist so selbstverständlich (Gesamtwahrscheinlichkeit im gesamten Raum = 1), daß sie oft nicht explizit hinter der Formel steht, ist aber letztlich für das quantenhafte Verhalten der Schrödingergleichung verantwortlich. Ohne die Nebenbedingung wäre die Schrödingergleichung eine gewöhnliche Wellengleichung.

von der Zeit t abhängt (k = k(t)). Man könnte sich vorstellen, daß in der warmen Jahreszeit die Geburtenrate überwiegt und im Winter die Sterberate. In diesem Fall ist die Gleichung vielleicht kompliziert, aber immer noch linear. Lauter gutartige Lösungen (bei gutartigem k(t)). Keine Spur von Chaos. Diesen Fall wollen wir deshalb auch nicht weiter betrachten.

Offenbar hat eine Differentialgleichung, bei der das Wachstum allein durch die Momentansituation bestimmt ist, aus dem eben genannten Grund kaum die Fähigkeit zu richtiger innerer Dynamik. Was der Differentialgleichung zunächst einmal fehlt, ist ein Gedächtnis für ihren letzten Zustand. Nur dann kann die Lösung die Richtung des Wachstums umkehren. Eine solche Umkehr muß ja durch den Punkt mit dem Wachstum Null hindurchführen. In diesem Punkt muß in der Gleichung eine „Erinnerung" stecken, die sie wieder antreibt. Dazu muß in die Gleichung die Änderung des Wachstums eingehen: Für den diskontinuierlichen Fall bedeutet das, daß neben den Zuständen zur Zeit n und n+1 auch der Zustand n-1 einfließen muß. Aus den beiden zuerst genannten Zuständen kann das augenblickliche Wachstum berechnet werden, das vom Zustand n zum Zustand n+1 führt. Aus dem Zustand n und n-1 erhält man das Wachstum, das zum Zustand n führte. Auf diese Weise kann die Gleichung in jedem Schritt aktuell „feststellen", ob das Wachstum steigt oder fällt (Links- oder Rechtskurve). Im kontinuierlichen Fall heißt das, daß die Änderung des Wachstums (die Krümmung) in die Differentialgleichung eingehen muß. Erreicht in diesem Fall das Wachstum momentan den Wert Null, dann kann die Gleichung entweder der Krümmung weiter folgen oder entgegengesetzt folgen (oder das Null-Wachstum beibehalten). Das Wachstum wird also gesteigert (bzw. verringert), wenn es sich vergrößert (bzw. verkleinert) hat. Im ersten Fall spricht man von einer konformen Strategie, im anderen von einer konträren. Indifferent ist die „Strategie", mit der die Wachstumsrate gesteuert wird, wenn sie durch die Populationszahl x nicht beeinflußt wird. Dieser langweilige Fall lag bei obiger Differentialgleichung vor. Dynamik können wir erwarten, wenn die Krümmung in die Differentialgleichung einfließt. Die Krümmung ist gleich dem Wachstum des Wachstums, die durch den Differentialquotienten d^2x/dt^2 bestimmt ist. Das heißt, dynamische Differentialgleichungen sind mindestens zweiter Ordnung.

Da Differentialgleichungen erster Ordnung unfähig zu innerer Dynamik sind, überrascht es nicht, daß die ganze Physik voller Differentialgleichungen zweiter Ordnung ist. So besagt das Newton'sche Grundgesetz der Mechanik, daß d^2x/dt^2 (die Beschleunigung) proportional zur aufgeprägten Kraft F ist. Als Proportionalitätsfaktor wird die (träge) Masse m eingeführt:

$$d^2x/dt^2 = F / m.$$

Im einfachsten Fall einer linearen Rückstellkraft durch eine Feder ($F \propto -x$) ergibt sich kurioserweise die gleiche Lösung wie bei der Gleichung erster Ordnung oben. Der Exponent (k) ist jedoch komplex und die dadurch beschriebene Schwingung ist sinusförmig, also gutartig und nicht chaotisch. (Bei allen aufgezeigten Beispielen handelt es sich um Bewegungen, die nicht durch eine Energiepumpe aufrechterhalten werden.) Obwohl der Zusammenhang zwischen Kraft und Beschleunigung linear ist, treten jedoch schon bei drei Körpern, die über die Gravitation aufeinander einwirken, Probleme auf. Die Gravitationskraft F hängt vom Abstand der Körper ab. Dieser Abstand wird nun wiederum durch die Bewegungszustände der einzelnen Körper bestimmt. Dadurch werden die Kräfte, die auf jeden dieser Körper wirken, nichtlineare Funktion der Zustände. (Physikalisch ausgedrückt, bewegt sich jeder Körper in einem Potential, das durch die Bewegungskoordinaten der anderen bestimmt ist. Die Bewegung selbst gehorcht auch in einfachen Fällen einer nichtlinearen Funktion der Ortskoordinaten.) Deshalb tritt schon beim sogenannten Dreikörperproblem Chaos auf. Bei einem einfachen Pendel haben wir es dagegen mit nur einem Körper zu tun. Treibt man dieses periodisch an, so schwingt es ordentlich. Doch schon eine kleine zusätzliche wiederkehrende Kraft kann es völlig aus dem Takt bringen. Es schwingt chaotisch.

Dessenungeachtet galt die Mechanik über hundert Jahre lang als ein im wesentlichen abgeschlossenes Kapitel. Nur einige scharfsinnige Denker, vor allem Henri Poincaré, ahnten, daß die im Grunde einfachen Gleichungen der Mechanik grundlegende Probleme in sich bargen. Die Lösungen, die in den Büchern behandelt werden, dürfen heute nicht mehr als typisch gelten. Auf dem Weg zum Chaos begegnet man auch bei den nichtlinearen Differentialgleichungen der sogenannten I-Bifurkation, also der schrittweisen Periodendauerverdopplung, die anhand der logistischen Gleichung oben demonstriert wurde. Die chaotischen Lösungen nichtlinearer Differentialgleichungen stellen Gebilde dar, die man als Fraktale bezeichnen kann.[59] Nicht immer tritt jedoch gleich Chaos auf. Vielmehr entstehen bei nichtlinearen Systemen komplexe Ordnungszustände. Oft erst bei relativ starkem nichtlinearen Einfluß schlägt vor allem das vormals einfache, periodische Verhalten in chaotisches um. Offenbar ist die Welt gerade so nichtlinear, verflochten und kompliziert, daß sie eine Vielfalt von Ordnungsständen und vielgestaltige Muster hervorzubringen imstande ist. Andererseits ist die Welt gleichzeitig so gutartig, linear und glatt, daß sie

---

[59] Das heißt: Der chaotische (seltsame) Attraktor füllt bei weitem nicht alle Dimensionen des Phasenraums aus, paßt aber auch nicht in einen Unterraum. Die Dimension ist nicht ganzzahlig. (Für die verschiedenen Definitionen der Dimension und deren spezielle Bedeutung muß auf Spezialliteratur verwiesen werden.)

wenigstens teilweise vorhersagbar und erkennbar ist. Wäre die Nichtlinearität nicht derart moderat „eingestellt", so wäre die Welt entweder einförmig, so daß es niemanden geben könnte, der sich über diese Monotonie wundert, oder die Welt wäre so chaotisch, daß sie nicht durchschaubar und zielgerichtetes Handeln gleichermaßen kaum möglich ist.[60]

Nichtlineare Rekursionsgleichungen gestatten es, mitunter recht komplexe Muster zu reproduzieren. Auch wenn ein Zusammenhang zu den kontinuierlichen Naturprozessen besteht, ist bisher noch kaum erklärt, wie die Strukturen wirklich entstehen. Für die Entstehung der Strukturen sind Kräfte und Energie zuständig. Wie man sich die Gestaltbildung im Zusammenhang mit physikalischen Gesetzmäßigkeiten vorstellen kann, ist Gegenstand des nächsten Kapitels. Die in diesem Kapitel diskutierten grundlegenden Systemreaktionen sind Voraussetzung zum Verständnis solcher physikalischen, sich selbstorganisierenden Systeme. Wiederum darauf aufbauend wird dann später die Evolution als der wichtigste, neue Formen entwickelnde Prozeß erörtert.

Selbstorganisation

> Die Natur ist verschwenderisch mit ihren Strukturen, aber nicht in ihren Prinzipien.
>
> Abdus Salam[61]

Gestalt

Das Bedürfnis, die Entstehung des Kosmos zu erklären, ist offenbar sehr alt. Wohl in allen Schriften der Völker findet man einen Mythos oder allgemein eine Erzählung, die den Ursprung dessen, das uns umgibt, zu erhellen versucht. In einer Sammlung nordischer Mythen, der „Jüngeren Edda", die

---

[60] Zusammenhänge dieser Art werden auch unter dem Begriff Anthropisches Prinzip zusammengefaßt. Die Tatsache unserer eigenen Existenz ist an zahlreiche Bedingungen geknüpft. Es muß berücksichtigt werden, daß die Beobachtung bestimmte Qualitäten mit sich bringt. Anders herum darf man nicht erwarten, daß ein Beobachter jedes beliebige (irgendein) Universum vorfinden könnte.

[61] Physiker, Nobelpreisträger 1979 (zusammen mit Sheldon Glashow und Steven Weinberg)

erst 1220 zusammengestellt wurde, heißt es:[62] Am Anfang gab es nichts. Jeder, der einigermaßen unbekümmert an die Sache herangeht, würde wohl erst einmal Gleiches feststellen, ehe er etwas entstehen läßt, wie den Riesen Ymir und die Kuh Andhumla im nordischen Mythos. Eine so geartete Erzählung wirft aber ebensoviele Fragen auf, wie sie zu klären versucht. Aus nichts wird nichts, lautet ein alter philsophischer Lehrsatz. - Bezeichnend für viele Schöpfungsmythen der alten Völker ist, daß am Anfang nicht Nichts war. In der meist als erster Schöpfungsbericht bezeichneten Erzählung der Bibel lesen wir (1. Mose, 1): „Und die Erde war wüst und leer, und es war finster in der Tiefe; und der Geist Gottes schwebte auf dem Wasser." Hier stößt man auf viele Worte, die die gestaltlose Urmasse, das Durcheinander ohne Ordnung beschreiben: wüst, leer, finster, Tiefe, Wasser. Das Wasser ist hier - wie in anderen Weltmodellen - nicht nur deshalb in so reichlichem Maße vorhanden, weil seine lebensspendenden Eigenschaften fraglos erschienen, sondern weil es als Inbegriff für das Gestaltlose und Ungeordnete gilt. Wir Heutigen könnten sagen: Am Anfang war die Gestaltlosigkeit (im Raum), und es war nichts, woran die Zeit zu messen gewesen wäre. Wir fühlen uns unwillkürlich an das thermische Chaos erinnert. Für den Physiker ist dieses „Chaos" ein hochsymmetrischer Zustand. Fortschreiten in eine vorgegebene Richtung oder der Blick in verschiedene Raumrichtungen bieten das gleiche Bild. Die Ursuppe ist hochgradig homogen und isotrop. - Es ist interessant und aufschlußreich, die biblische Geschichte weiter zu verfolgen. Die Schöpfung beginnt mit der (Unter-)Scheidung von Licht und Finsternis, Feste und Wasser, Kontinenten und Meeren usw. (im Text: da schied Gott...). Gewissermaßen im zweiten Schöpfungsakt werden jeweils Namen vergeben (im Text: und Gott nannte...). Der formalen Unterscheidung folgt die Begriffsbildung. Dies ist immer mit einer Abtraktion, also mit Klassifikation verbunden. Die Gestaltung (Schöpfung) wird also vollzogen durch Unterscheidung und Zuordnung von Objekten zu (unterscheidbaren) Klassen. - Die beiden Geschichten wurden hier angeführt, um darauf hinzuweisen, daß die Frage nach der Entstehung der Welt die Frage enthält, was die Welt ist. Kosmologie ist (zugleich) Ontologie! Das ist wohl auch der Grund, warum alle alten Völker an dieser Frage interessiert sind.

Philosophisch und tiefgreifender wird dieses Problem durch Aristoteles untersucht. Bei ihm geht es nicht um den Ablauf einer Weltentstehung, sondern um das ihr zugrundeliegende Problem der Ontologie. Die Welt ist nicht einfach Stoff oder Materie. Sie ist geformte Materie. Die Gleichheit und Beständigkeit realisierter Formen macht wissenschaftliches Erkennen der Welt, ihrer Entwicklung (kontinuierliche Schöpfung), des Werdens und

---

[62] Kurz beschrieben in: Steven Weinberg: Die ersten drei Minuten; Deutscher Taschenbuch Verlag GmbH & Co. KG, München, 1980

Vergehens möglich. Das zeigt eine einsichtige Lösung des in der Antike diskutierten sogenannten Wissenschaftsproblems an. Stoff ist nicht Realität, Stoff ist Möglichkeit (Potentia), ungeformt und gestaltlos, und damit Ursache dafür, daß Form (Gestalt) entsteht. Wir würden für Stoff heute Energie oder Materie (Einstein'sche Äquivalenz) sagen. Stoff existiert nur durch Form und wird damit zur Materie im heutigen Sinne. In der Natur geht also das Sein von der Möglichkeit (Stoff) durch die Form zum Faktischen (geformter Stoff) über. Alles Werden hat damit zwei Ursachen: Stoff und Form. Das Beständige ist in der Form, also vom Gesichtspunkt der Erkenntnis aus gesehen, der Begriff. Folglich ist das zu Erkennende die Gestalt (Form). Diese erscheint, wie Aristoteles hervorhebt, nur dann als Eines, wenn das Ganze mehr ist als die Summe seiner Teile. Dies verdeutlicht er anhand des Zusammenhangs einzelner Töne in einer Harmonie. Das legt auch nahe, als Eigenschaften der Gestalthaftigkeit neben der *Übersummenhaftigkeit* auch die *Transponierbarkeit* zu nennen. Für Aristoteles ist Gestalt das Wesen des Erkennbaren. Der Physiker Eugene Wigner dückt das so aus:

> Physik beschreibt nicht die Natur. Die Physik beschreibt das Regelmäßige unter den Ereignissen und nur das.

Das Wort „Ereignis" erinnert uns daran, daß Gestalt auf Ordnung in Raum und Zeit beruht. Ordnung ist alles, was sich vom thermischen Chaos abhebt. Es ist schwer zu definieren, was Gestalt genau ist. Wir können aber sagen, daß Gestalt sich in Mustern, Strukturen und Symmetrien zeigt. All diese Dinge spielen in der Physik eine wesentliche Rolle.

Erstaunlicherweise wissen wir heute recht genau, wie der Kosmos entstanden ist. Die erforderliche Mixtur ist das sogenannte Quantenvakuum. Gelangt dieses Vakuum in einen angeregten Energiezustand, explodiert es (Inflation). Ein solches „falsches Vakuum" genügte als Auslöser für den Urknall, bei dem sich jeder Raumabschnitt alle 10^{-34} Sekunden verdoppelte. Kurze Zeit danach kippte das angeregte Vakuum in seinen Grundzustand zurück, die unvorstellbar große abstoßende Kraft verschwand, aber der Schwung blieb. Gleichzeitig wurde die ganze, im falschen Vakuum gespeicherte Energie plötzlich frei, und das Universum, damals einige Zentimeter groß, wurde von einem unvorstellbaren Hitzeblitz erleuchtet. Aus der Hitze entstand Materie und Antimaterie. Einem kleinen Ungleichgewicht beider haben wir es zu verdanken, daß bei der anschließenden gegenseitigen Vernichtung Materie übrigblieb (außerdem jede Menge Photonen). Das Universum dehnte sich immer mehr aus und kühlte sich dabei ab. Dabei kristalisierte in diesem Schmelztiegel je nach eigener „Schmelztemperatur" nach und nach das aus, was wir heute vorfinden. Infolge der geringerwerdenden Störung durch die Hitze konnten sich immer größere Einheiten bilden: Atomkerne, dann Atome und schließlich Sterne und Planeten.

Durch die Gravitation sammelten anfängliche Klumpen immer mehr Materie an, bis der Druck das Innere des Stern so stark erhitzte, daß eine Kernfusion in Gang kam, die aus Wasserstoff Helium und schließlich die für das Leben unentbehrlichen Elemente Kohlenstoff und Sauerstoff erbrütete. Es wäre durchaus reizvoll, an dieser Stelle die Geschichte des Lebens vom Urknall bis zu den ersten Anzeichen des Lebens zu skizzieren. Es soll hier aber um Prinzipien der Strukturbildung gehen, deshalb wird auf die ausgezeichnete Literatur zu diesem speziellen Thema verwiesen.[63]

Im Schmelztiegel des Urknalls wurden also nacheinander alle Ingredienzien unserer heutigen Welt geboren. Der Begriff Bestand*teil* ist hier nur teilweise angebracht, weil auf diese Weise neben den elementaren Teilchen auch die bekannten Kräfte entstanden. Kräfte können bekanntermaßen Materie in eine bestimmte Ordnung zwingen. Diese Ordnungszustände sind reversibel. Sie können entstehen und vergehen und wiederum neu hervorgerufen werden. Es handelt sich um eine Zwangsordnung, die Sternensysteme ebenso wie Erbmoleküle definiert. Wie solche, *konservativen* Strukturen entstehen und erhalten werden, wird im nächsten Abschnitt beschrieben. Sie sind, wie die genannten Beispiele zeigen, Basis allen Lebens. Das Leben selbst ist auf eine weitere Art der Formenbildung angewiesen. Entwicklung, also irreversible Veränderung, gibt es nur bei *dissipativen* Systemen, die fortwährend Energie umsetzen. Hier entfaltet sich die Struktur als freie Ordnung innerhalb gegebener Grenzen. Nachdem beide Arten der Entstehung von Ordnungszuständen etwas näher beleuchtet wurden, wird es dann um das Leben und seine Evolution gehen.

Konservative Strukturen

Ordnung kann sich nur dann bilden, wenn Kräfte wirken, die auf die Nachbarschaft begrenzt sind oder deren Stärke mit der Entfernung genügend deutlich abnimmt. Läßt man einmal atomare Prozesse beiseite, so wird unsere Welt nur durch zwei Kräfte beherrscht: die elektrische Kraft und die

---

[63] Das wohl bekannteste Buch: Steven Weinberg: Die ersten drei Minuten; Deutscher Taschenbuch Verlag GmbH & Co. KG, München, 1980; Ein sehr schönes Buch mit zahlreichen Abbildungen: Reinhard Breuer: Mensch+Kosmos, Expeditionen an die Grenzen von Raum und Zeit; GEO im Verlag Gruner+Jahr, Hamburg, 1990; Tiefere Einblicke vermittelt: Harald Fritzsch: Vom Urknall zum Zerfall, Die Welt zwischen Anfang und Ende; R. Piper & Co. Verlag, München, 1987; Hochinteressant und gemessen am Gegenstand leicht verständlich geschrieben: Paul Davies: Die Urkraft, Auf der Suche nach einer einheitlichen Theorie der Natur; Deutscher Taschenbuch Verlag GmbH & Co. KG, München, 1990

Gravitationskraft. Die Reichweite beider Kräfte ist jeweils unendlich; die Kraft klingt jedoch mit dem Quadrat des Abstandes ab. Die Gravitationskraft wirkt immer anziehend, die elektrische Kraft kann beide Vorzeichen haben. Es gibt genausoviel positive wie negative Ladungen im Universum. Gleichartige Ladungen stoßen sich ab, negative und positive Ladungen ziehen sich an. Die elektrische Kraft (Coulomb-Kraft) zwischen zwei Elektronen ist um den Faktor 10^{42} größer als die Gravitationskraft. Im mikroskopischen Bereich überwiegen daher die elektrischen Kräfte, und es bilden sich schnell neutrale Klumpen (zum Beispiel Atome). Durch diese Neutralisation der elektrischen Kraft bekommt die Gravitationskraft bei großen Materieansammlungen eine Chance. Unser Planetensystem und die Galaxien werden durch die Gravitationskraft zusammengehalten. Die abstoßende Kraft zwischen zwei gleichartigen Ladungen kann man sich wie eine unendlich lange, superelastische Druckfeder vorstellen. Bringt man beide Enden näher zusammen, so wird die Kraft der Feder größer. Ist die Druckfeder dagegen fast entspannt, so ist die Kraft gering. Physiker arbeiten oft anstelle der Kräfte mit Potentialfunktionen. Das Potential V(x) ist die Energie, die man aufwenden muß, um die Druckfeder auf die Länge x zusammenzudrücken. Analoges gilt für anziehende Kräfte. Übrigens haben die elastischen Kräfte einer Feder ihre Ursache in elektrischen Wechselwirkungen zwischen den atomaren Bausteinen der Feder. Es hängt von vielerlei Umständen ab, in welchem Gewand sich die „Urkräfte" letztenendes präsentieren. Hängt die Potentialfuntion nicht explizit von der Zeit ab, so spricht man von *konservativen* Kräften. Das wäre bei unserer Feder der Fall, wenn sie nicht erlahmt, so oft sie auch zusammengedrückt wird. Die Energie, die zum Zusammendrücken aufgewandt wird, kann zurückgewonnen werden, wenn ihre Entspannung zugelassen wird. In der Zwischenzeit ist sie verlustlos in der Feder gespeichert. Es ist verständlich, daß diese Art der Energieerhaltung die *Reversibilität* nachsichzieht.

Man kann leicht nachvollziehen, wie die Gravitationskraft unser Sonnensystem zusammenhält und wie negativ geladene Elektronen von positiven Kernen angezogen werden, so daß sich Atome bilden können. Obwohl ganze Heerscharen von Gelehrten Jahrhunderte um ein tiefgreifendes Verständnis dieser Gebilde ringen, handelt es sich dem Anschein nach um eher einfache konservative Strukturen. Konservative Strukturen, die durch konservative Kräfte hervorgebracht werden, können aber sehr komplex sein. Ein Beispiel dafür ist das Proteinmolekül, Grundbaustein allen Lebens (wie wir es kennen). Die Struktur dieses Moleküls ist ungleich komplizierter als die eines Kristalls (und geht im Gegensatz zu den vergleichbar einfachen Kristallstrukturen nicht aus einfachen Symmetrieoperationen hervor.) - Bei konservativen Strukturen hat die freie Energie ein Minimum. Dies ist gewissermaßen das Geheimnis ihres Daseins. Sie sind Gleichgewichtsstrukturen. Es kommt nicht zum Energieaustausch mit der Nachbarschaft. Die

Struktur ist deshalb kaum von der Umgebung abhängig, was ihnen einen hohen Grad an absoluter Stabilität verleiht. Konservative Strukturen sind zerlegbar und können (oft) aus den Überresten wiederhergestellt werden (Reversibilität). Außerdem können sie mitunter einfach überlagert werden (Superponierbarkeit). All das sind praktische Eigenschaften. - Neben den statischen Strukturen sind auch Gestalten in Raum *und* Zeit möglich. Bei solchen stationären Strukturen kehrt ein räumliches Muster periodisch wieder. Oft ist die Stabilität stationärer Strukturen jedoch scheinbar, wie man an den Planetenbewegungen illustrieren kann. Durch Reibung in noch so dünnem Gas oder Reibung der durch Gezeitenkräfte bewegten Ozeane wird ein Teil der Bewegungsenergie unwiederbringlich aufgefressen. Irgendwann ist die quasi-statische Struktur zerstört, die uns auf Grund unserer vergleichbar winzigen Lebensdauer so beständig erscheint.[64]

Konservative Kräfte haben große Bedeutung für die Gestaltenbildung im molekularen, kristallinen und subzellulären Bereich. Alle Atome und die chemischen Verbindungen vom einfachen Wasserstoffatom bis zu komplexen organischen Verbindungen sind konservative Strukturen. Selbst die genetischen Informationen, verantwortlich für die Herausbildung von Lebewesen bis zu den höheren Säugetieren, werden in konservativen Strukturen abgespeichert. Konservative Strukturen werden durch permanente Wechselwirkung aller Untereinheiten gebildet, die dann feste Lagen zueinander einnehmen bzw. eine solche räumliche Struktur periodisch reproduzieren. Leben erfordert dagegen, wie bereits erwähnt, dynamische Ordnungszustände. Sie sind Thema des nächsten Abschnitts.

Dissipative Strukturen

Während die Erde selbst auf „ewig" gleicher Bahn um den Zentralstern zieht, macht sie selbst keinesfalls den Eindruck eines erstarrten Kristalls. Obwohl es auch auf der Erde konservative Strukturen großer Kompliziertheit gibt, geht es insgesamt eher rege zu: Wasser rauscht seit Jahrmillionen talwärts dem Energieminimum entgegen; ein Hase hoppelt wie von einer

---

[64] Der Kosmos kann aus einfachen Gründen, die auch Isaak Newton schon bekannt waren, nicht stationär sein. Henri Poincaré fand heraus, daß die Planetenbahnen zum Chaos neigen. Seit dem Ende der 50er Jahre versteht man das besser: Durch kleine Störungen in Hamilton'schen Systemen bleiben die quasiperiodischen Lösungen zunächst erhalten (Theorem von Kolmogorow, Arnold und Moser - KAM). Dazwischengelagert treten jedoch chaotische Bereiche auf, die durch die Störung resonanter (also periodischer) Bahnen entstanden sind. Mit Zunahme der Störung dehnen sich diese Bereiche im Phasenraum aus. Bei einer großen Störung ist ein globales Chaos möglich.

Kraft gezogen durchs Gebüsch, verharrt dann minutenlang und läuft hakenschlagend plötzlich schräg davon; ein Vogel erhebt sich in die Lüfte. Keine Anhaltspunkte für Minimierung der Energie, stattdessen Energieverschleiß; keine Spur von Gleichgewicht, es quirlt. Wir wissen aus Erfahrung, daß sich Bewegungsenergie in der Regel durch die allgegenwärtige Reibung verbraucht; sie endet in Wärme. Aus der Wärme kann nun die Bewegungsenergie nie wieder vollständig reproduziert werden. Deshalb sind Prozesse, in denen Wärme im Spiel ist, nicht umkehrbar; man nennt sie *irreversibel*.[65] Wenn es trotzdem auf der Erde scheinbar keinen Stillstand gibt, so muß es eine gewaltige Energiequelle geben, die die Erde speist. Der Motor, der alle Bewegung immer von neuem antreibt, ist natürlich die Sonne. Dieser Stern mit einer effektiven Oberflächentemperatur von etwa 6000 °C kann die vergleichweise kalte Erde mit der benötigten Energie versorgen. Obwohl die Sonne die Erde seit mindestens 4 Milliarden Jahren erwärmt, hat sich der blaue Planet bisher nicht in unzuträglicher Weise erhitzt. Das läßt nur den Schluß zu, daß die Erde ihre Energie fast vollständig wieder los wird. Sie strahlt ihre Energie mit einer Temperatur von etwa -10 °C hinaus in den kalten Weltraum, dessen Temperatur bei - 270 °C liegt. Das ist die Pumpe, die alles antreibt: die Sonne im Rücken, vor uns das kalte All. Das gleiche Prinzip ist bei allen Vorgängen auf der Erde anzutreffen. Natürlich ist in all diesen Systemen Energie gespeichert. Was ihre Struktur am „Leben" erhält, ist jedoch der Energiedurchsatz. Man nennt diese Verschwender deshalb auch dissipative Strukturen. Ihr Entstehen ist untrennbar mit der Existenz von Ketten von *Energieumwandlungen* verbunden.

Offensichtlich eignet sich nicht jede Energie gleichermaßen dazu, etwas zu verrichten. Die Wärme des kalten Kosmos spielt eine rein passive Rolle. Der Luft, die den Hasen von oben umgibt, ergeht es nicht anders. Der Hase erwärmt sich nicht *an* der Luft, sie wird in der Regel durch ihn erwärmt. (Im Sommer braucht er von innen nicht so stark zu heizen wie an kalten Tagen. Nur an selten heißen Tagen mit Temperaturen über 37 °C kann er seine Heizung ganz zudrehen. Entsprechend würde sich unser Hase an solchen Tagen fühlen, weshalb man sie treffenderweise Hundstage nennt.) Doch zurück zur Energie. Die physikalische Größe, die den Wert der Energie beschreibt, also ihre Fähigkeit, Arbeit zu verrichten, heißt Entropie. Hochwertige Energie ist Wärme hoher Temperatur (oder großer potentieller Energie), minderwertige Energie ist durch geringe Temperatur (oder eine kleine potentielle Energie) gekennzeichnet. Der mathematische Ausdruck

---

[65] Dieser Sachverhalt wird durch den zweiten Hauptsatz der Thermodynamik in seinen sehr unterschiedlichen Formulierung beschrieben. Bemerkenswerterweise ist der zweite Hauptsatz das einzige physikalische Gesetz, das eine Zeitrichtung auszeichnet. Ohne den zweiten Hauptsatz könnten alle Vorgänge (mit der gleichen Wahrscheinlichkeit) auch in umgekehrter Richtung ablaufen.

für die Entropiezunahme eines Systems lautet: dS = dQ/T, wobei dQ die Energieaufnahme und T die zugehörige Temperatur ist. Systeme, die Energie hoher Temperatur aufnehmen und etwa die gleiche Menge mit verminderter Temperatur abgeben, exportieren also fortwährend Entropie. Ohne diesen Entropieexport würde die Entropie im Innern des Systems aufgrund der irreversiblen Vorgänge permanent anwachsen, bis das thermodynamische Gleichgewicht erreicht ist.[66] Im Gleichgewicht ist das System aber nicht mehr fähig, seine eigene Dynamik aufrechtzuerhalten (Wärmetod). Die Entropie ist also gleichfalls ein Maß für den Wert der im System enthaltenen Energie (große Entropie - geringer Wert). Sie ist ebenso ein Maß für den erreichten Grad an geschaffener Ordnung (große Entropie - geringe Ordnung). *Entropieexport* ist eine grundlegende Bedingung für das Entstehen von dissipativen Strukturen. Die Energie, die dem Aufbau der inneren Struktur dient, ist stets hochwertiger Natur. Nach dem Gesagten ist ohne weiteres verständlich, daß sich dissipative Strukturen im Gegensatz zu den konservativen stets *fern vom Gleichgewicht* befinden.

Soll Kompliziertes entstehen, ist eine *Nichtlinearität* erforderlich, die das Vorhandene in genügend verwickelter Weise verknüpft und durchmischt. Der Nichtlinearität fällt die Aufgabe der Verstärkung und Aufsteilung zu, während die Dissipation von Energie eine Abflachung bewirkt. Die Nichtlinearität sorgt für Divergenz, die Dissipation für Konvergenz. Beides zusammen läßt komplexe Strukturen entstehen, die oft nicht in erster Linie durch ihre Umwelt (Randwerte), sondern durch innere Faktoren bestimmt sind. Diese *innere Bedingtheit* ermöglicht ihnen ein Eigenleben. Dissipative Strukturen sind relativ *stabil* gegenüber Störungen. Erst größere Störungen zerstören die Strukturen; es gibt also innere Regelmechanismen, die einen Ausgleich bewirken. Dissipative Strukturen sind dynamische Ordnungszustände, die stationäre Muster bilden. Sie sind nicht additiv aus Unterstrukturen zusammensetzbar. Oft sind sie fähig, in andere Modi überzugehen. Sie entstehen gewissermaßen plötzlich, durch *kritische Übergänge*. Man spricht von *Selbstorganisation*.

Einige Beispiele sollen das Gesagte verdeutlichen. Die Luft auf unserer Erde ist im Normalfall genügend „durchsichtig", so daß die Sonne den Erdboden direkt und damit die Luft indirekt erwärmt. Das führt dazu, daß die Luft am Erdboden eine hohe Temperatur und damit eine geringe Dichte hat, während die Luft in den höheren Schichten entsprechend kühl ist und eine große Dichte besitzt. Da sich infolge der Schwerkraft die schweren, dichten Gase stets unter die leichten schieben, sich also unten sammeln, ist die durch die Sonnenerwärmung erzeugte Konstellation instabil. Das klingt

---

[66] Dies ist eine weitere Formulierung für den zweiten Hauptsatz der Thermodynamik.

beunruhigend, ist es aber ganz und gar nicht. Die strukturelle Instabilität infolge zweier widerstrebender Prinzipien sorgt nämlich für Frischluftzufuhr (Konvektion). Die wärmere, verbrauchte Luft aus Bodennähe steigt auf, und kältere sinkt herab. Die herabsinkende wird durch den Erdboden und die Abwärme einer Stadt erwärmt, die aufsteigende kühlt in den oberen Luftschichten wieder ab. Diese Luftströmungen sind durch Selbstorganisation aus einer instabilen Situation entstanden und helfen, die verunreinigte Luft abzutransportieren. - Wenn Ordnung einkehrt, wird es fatal. Die Meteorologen nennen die stabile Luftschichtung Inversion. Sie ist für Smogsituationen typisch. Überschreitet die Luftverschmutzung gewisse typische Werte, so wird die Luftumwälzung jäh unterbrochen; die oberen Luftschichten werden stärker erwärmt, die bodennahen Luftschichten sind dagegen kühler. Die bodennahe Luft ist dick und bleibt es auch. Das kann ernste Konsequenzen haben: So erkrankte Ende Oktober 1948 innerhalb einer Woche die Hälfte der Bevölkerung der Stadt Donora (Pennsylvania, USA). Am 5. November 1952 kam es in London zu einer ähnlichen Smog-Situation. Innerhalb von 2 Wochen starben daran 4000 Menschen. Das Ereignis wiederholte sich 1956 mit 1000 Toten.

Sehr interessante Muster kann man beobachten, wenn eine abgedeckte Pfanne mit Öl von unten erhitzt wird. Überschreitet die Temperaturdifferenz zwischen Ober- und Unterseite einen kritischen Wert, so setzt Selbstorganisation ein. Es bilden sich regelmäßig geformte Strömungszellen, z.B. sechseckige, bienenwabenartige Muster aus, und der Wärmestrom steigt sprunghaft an (Bernard-Effekt). Schöne Muster bilden sich auch aus, wenn ein Wärmestrom durch eine Phasengrenze tritt. An der Oberfläche eines heißen Kaffees kann man Nebelschwaden beachtlicher Formenvielfalt beobachten. Viele Beispiele für Selbstorganisation bieten chemische Reaktionen. Hier kommt es zum Beispiel zu periodischen Farbumschlägen. Dem Reaktor werden dabei kontinuierlich die Ausgangsmaterialien zugeführt und die Reaktionsprodukte entfernt. - Das Paradebeispiel der Wissenschaft von der Selbstorganisation, der Synergetik, ist der LASER. Ein Atom kann von außen zum Beispiel durch einen Lichtblitz angeregt werden. Dieser angeregte Zustand ist jedoch nicht stabil. Irgendwann springt das Atom spontan in seinen Grundzustand zurück. Dabei gibt es die von außen eingestrahlte Energie in Form eines Lichtblitzes wieder ab. (Der Zeitpunkt ist aus prinzipiellen Gründen nicht vorhersagbar.) Der Lichtblitz kann ein anderes Atom treffen und dieses in einen angeregten Zustand bringen, der wiederum nicht stabil ist usw. usf. Auf diese Art und Weise wird der Lichtblitz gewissermaßen von Atom zu Atom gereicht. Es ist wichtig, daß sich die Atome völlig zufällig und vollständig unkorreliert ihrer Anregungsenergie entledigen. Sorgt man nun durch eine spezielle Konstruktion, zum Beispiel durch Verspiegelung, dafür, daß sich die von außen hineingepumpte Energie nicht einfach davonmacht, so kann man den eigentlichen LASER-

Effekt beobachten. Übersteigt nämlich die Energiedichte einen kritischen Wert, so beginnen die angeregten Atome plötzlich, ihre Lichtblitze korreliert und nicht mehr zufällig abzugeben. Alle Atome senden ja zunächst Lichtblitze aus. Die Summe dieser Lichtblitze, anfangs ein Wirrwarr, zwingt die Atome schließlich ohne einen ordnenden Einfluß von außen in einen Rhythmus. Es ist sehr anschaulich, wenn man in der Sprache der Synergetik von der durch die vielen Atome gebildeten Lichtwelle als *Ordner* spricht, der die Bewegung der einzelnen Atome *versklavt*. Mancher glaubt, es sei auch im Leben so: beim LASER erhöht der Verzicht auf Eigenständigkeit und Demokratie erwiesenermaßen die Effizienz.

Die meisten makroskopischen Strukturen auf unserem Planeten sind dissipativ. Ihre Gestalt verdanken sie selbstorganisatorischen Effekten. Obwohl wir ihre Entstehung ständig beobachten, haben wir kaum ein Gefühl dafür, auf welche Weise sie sich bilden. Erfahrungsgemäß scheint das Auftreten plötzlicher, kritischer Übergänge unseren Denkgewohnheiten besonders zu widersprechen. Dabei kann man im täglichen Leben eine Unzahl davon beobachten. Geben Sie sich einen Takt vor, in dem Sie beide Hände nach links bzw. rechts (also gleichphasig) bewegen. Wird dieser äußere Takt nun langsam erhöht, wird man feststellen, daß der Gleichtakt irgendwann schwindet, und sich die Hände zunehmend mehr gegeneinander bewegen. Ähnliches kann man bei der Gangart vieler Tiere, insbesondere aber beim Pferd beobachten. Fällt das Pferd bei schnellerer Bewegung von Trab in den Galopp, so werden die Hufe plötzlich in völlig veränderter Weise gesetzt.

Solcherart Selbstorganisation kann man nur in offenen Systemen beobachten, also in solchen, die durch ständigen Energie- oder Stoffaustausch mit der Umwelt in Kontakt stehen. Es handelt sich um Fließgleichgewichte. Instabilität und Nichtlinearität sind Grundvoraussetzung für Formenvielfalt; im strengen Determinismus gibt es keine Komplexität und nichts Neues. Die Dissipation verursacht die Irreversibilität, gibt damit die Richtung der Veränderung vor und bewirkt so Entwicklung. Konkrete Anfangsbedingungen verlieren sich und nehmen die Gestalt allgemeiner Randbedingungen an. Diese kanalisieren die weitere Entwicklung. Es zeigt sich, daß der Selbstorganisation stets wiederkehrende Prinzipien zugrundeliegen, die man an vielen Beispielen auch aus dem täglichen Leben bis in den politischen Bereich hinein beobachten kann[67]. So kommt es im Übergangsbereich stets zu starken Schwankungen des Ordners. Langsam adjustierende Größen versklaven vor allem schnell veränderliche. In dem Augenblick, wo

---

67 Hermann Haken: Synergetik im Management; in: Henning Balck und Rolf Kreibich (Hrsg.): Evolutionäre Wege in die Zukunft, Wie lassen sich komplexe Systeme managen?; Beltz Verlag, Weinheim und Basel, 1991

sich die neue Ordnung herausbildet, kommt es zu einer spontanen Entscheidung, welche der möglichen und in diesem Sinne gleichwertigen Varianten realisiert wird. Die Wahl hängt von mikroskopischen Schwankungen ab. (Man spricht von einem spontanen Symmetriebruch.) Auch hier zeitigen kleine Ursachen große Wirkungen. Das Verhalten des Systems wird letzlich nur durch einen oder eine überraschend kleine Zahl von Parametern, sogenannten *Kontrollparametern*, bestimmt. Diese Kontrollparameter sind zwar von außen aufgeprägte Größen, sie legen aber keinesfalls das Verhalten jedes einzelnen Teils des Systems fest. Vielmehr sind sie als Durchschnittsgrößen für das gesamte System einschließlich seiner Teile charakteristisch. Mit Hilfe der Kontrollparameter lassen sich selbstorganisatorische Systeme sehr wirkungsvoll und vor allem effektiv steuern. Es kommt also wesentlich darauf an, die richtigen Kontrollparameter aufzufinden.

Im Gegensatz zur Synergetik, wo das System unter Ausnutzung innerer Wirkungs- und Ordnungsmechanismen „sanft" beeinflußt und geführt wird, basiert das veraltete *kybernetische* Modell[68] auf direkter Einflußnahme auf die Teile des Systems. Dabei wird der gewünschte Ordnungszustand dem System aufgezwungen. Aus diesem Grund ist nicht nur die benötigte Energie weitaus höher, sondern die zur Ordnungsbildung erforderliche Systemkenntnis ist unvergleichbar größer. Ein kybernetisch erzeugter Ordnungszustand wird nämlich in der Regel gegen den inneren Ordnungs„willen" des Systems durchgesetzt. Das ist auch einer der Gründe, warum solcherlei Systemführung häufig nicht das gewünschte Ergebnis bringt. Außerdem überschätzen wir permanent unsere Systemkenntnis. Die Komplexität und die Nichtlinearität natürlicher Systeme bringt es mit sich, daß unsere Systemkenntnis immer lückenhaft ist und wir nicht sicherstellen können, daß die vorhandene Kenntnis die für die Ordnung erforderlichen Informationen enthält. Dazu kommt, daß die kybernetische Führung die genaue Einhaltung der Vorgaben erfordert, während die Kontrollparameter meist größere Schwankungsbreiten zulassen. - Wir leben in einer komplexen Welt, in einem Netz voller wechselseitiger Abhängigkeiten. Nicht erst heute ist uns klar, daß es wesentlich darauf ankommt, die richtigen Entscheidungen zu treffen. Angesichts der globalen Probleme rückt uns dies aber mit einer größeren Dringlichkeit ins Bewußtsein. Die Synergetik verschafft über zentrale Zusammenhänge Klarheit und kann daher helfen, die anstehenden Aufgaben besser zu bewältigen. Weiter unten werde ich versuchen,

---

[68] Zweifellos bereichert die Kybernetik unser Wissen über die inneren Wechselbeziehungen und deren Bedeutung für das Systemverhalten insgesamt. Die durch die kybernetische Betrachtungsweise gewonnenen Einsichten sind bedeutungsvoll, werden hier aber nicht extra behandelt. Leider hat man jedoch die Relevanz der Kybernetik etwas überschätzt, weil man noch zu sehr einer mechanistischen Denkweise verhaftet war.

einige Handlungsanleitungen zu formulieren, die dieses Wissen berücksichtigen. Im Moment ist es hierfür jedoch noch zu früh, weil noch mancherlei aus der Welt der Biologie zu berichten ist.

Biologische Evolution

Damit ist der physikalische Teil dieses Buches abgeschlossen. Ohne Zweifel hat die *Physik* gerade in diesem Jahrhundert dem Fortschritt vielfältige Impulse verliehen. In die Reihe der neuen Entdeckungen, die unser Weltbild enorm bereichert haben, gehören ganz sicher auch die gerade skizzierten aus dem Bereich der mathematisch-physikalischen Wissenschaften. Ohne sie ist die Welt nicht verstehbar. Das gilt auch für soziale und gesellschaftspolitische Belange. Ich werde deshalb weiter unten noch des öfteren auf Aspekte der nichtlinearen Dynamik und der Selbstorganisation bezugnehmen und in anderem Zusammenhang erneut diskutieren. Das für die Folgezeit ausschlaggebende Wissen steuert jedoch die *Biologie* bei. Das tritt immer deutlicher zutage. Die Bedeutung der Biologie resultiert nicht allein aus ihrem direkteren Bezug zum Menschen und allem Leben. Vielmehr steuert sie mit den Prinzipien der Evolution ein universelles Erklärungsmodell bei, das sich für die Analyse außergewöhnlich komplexer Einheiten eignet und es gestattet, ihr Aufkommen und ihre Beschaffenheit besser zu verstehen. Es zeigt sich, daß die Evolutionsprinzipien über die eigentlichen Domänen der Biologie hinaus Bedeutung besitzen. Soziologie, Politologie, Geschichte usw. beschäftigen sich ebenfalls mit einem sehr komplexen Gegenstand, und es ist interessant zu untersuchen, ob sich auch hier der Ansatz der Evolutionsbiologie als fruchtbar erweist. Die beispielsweise in der Physik übliche zergliedernde Beschreibungsweise ist hier völlig überfordert. Aber auch die Biologie selbst hat sich durch konsequente Anwendung der Evolutionsprinzipien neue Felder erschlossen. Besonders im Bereich des Sozialverhaltens konnten große Fortschritte erzielt werden. Bevor wir vom biologischen Prinzip der *Evolution* als übergreifendes Paradigma auch in anderen Disziplinen Gebrauch machen können, muß es freilich um die Frage gehen, was Evolution eigentlich ist und welche Gesetzmäßigkeiten ihr zugrundeliegen.

Bestand durch Reproduktion und Vererbung

Die Wiederholung ist die einzige Form der Dauer, die der Natur zugänglich ist.

George Santayana

Obwohl die Grundbausteine aller Lebewesen konservative Strukturen, also Atome und Moleküle, sind, ist das Leben selbst an dissipative Strukturen gebunden. Offensichtlich ist der Spielraum, den die „Konservativen" lassen, zu gering. Doch Beständigkeit ist bei beiden Arten nicht garantiert. Fortwährend werden Moleküle und Molekülverbände durch chemische und physikalische Einflüsse zerstört, aber auch wieder aufgebaut. So wie der atomare Bereich keine Ruhe kennt, ist auch der makroskopische einer steten Änderung unterworfen. Dissipative Strukturen werden aber nicht nur dadurch zerstört, daß ihre Bausteine ihren Dienst versagen. Sie stehen untereinander in einer *Konkurrenzsituation* um die Ressource Energie. Wir erinnern uns, daß man Energie nicht einfach aufnehmen kann. Ein Körper kann sich nicht an einem kühleren erwärmen, auch wenn letzterer noch heiß ist im Vergleich zu anderen Teilen seiner Umgebung. Um die Struktur aufrechtzuerhalten, ist ein ständiger Energiedurchsatz notwendig, wobei hochwertige Energie (niedriger Entropie) aufgenommen und minderwertigere (also solche hoher Entropie) abgegeben wird. Man sagt, daß ein ständiger Entropieexport für die Aufrechterhaltung der Struktur notwendig ist. Je komplexer und geordneter die Welt ist, um so schwieriger ist es, hochwertige Energie aufzunehmen. Diese Konkurrenzsituation betrifft nicht nur die eingestrahlte Wärmeenergie, sondern ebenso Träger der hochwertigen chemischen Energie. Sie reicht also vom „Streit" um das Licht der Sonne bis zu „Reibereien" um ein Pfund hochwertiger Moleküle. So nimmt schnellwachsendes Kraut anderen Pflanzen das Licht, so daß diese verdorren. Und der Mensch brät sich einen Hasen, um seinen Hunger zu stillen, wobei der österliche Eierbringer auf der Strecke bleibt. Es darf uns nicht wundern, daß wir nur solche Strukturen beobachten, die sich zum Teil äußerst cleverer Methoden bedienen, um sich mit adäquaten Formen von Energie zu versorgen. Vom biologischen Standpunkt aus gesehen, können wir durchaus den menschlichen Geist als eine dieser Methoden verstehen.

Die prinzipielle Unbeständigkeit auch von dissipativen Strukturen infolge physikalischer und chemischer Einflüsse, die durch die Konkurrenz um hochwertige Formen von Energie noch verstärkt wird, macht eine stetige *Reproduktion* der Systeme, also eine Vermehrung der Lebewesen, erforderlich. Es ist unmittelbar einleuchtend, daß die neuen Individuen auch zur

Vermehrung fähig sein müssen. Das bedeutet, daß die Elterngeneration ihren eigenen Bauplan an die nächste Generation weitergeben, also *vererben* muß. Die Vermehrung des einen mindert jedoch oft die Chancen des anderen. Lebensunterhalt und Vermehrung benötigen Energie. Wir werden deshalb weiter unten untersuchen, wie es dem Leben gelingt, die Strukturen selbst und ihre Fähigkeiten zur Energiegewinnung weiterzuentwickeln, um in der Konkurrenz auf Dauer zu bestehen. Doch zunächst betrachten wir den Reproduktions- und Vererbungsmechanismus etwas näher. Die Details sind genaugenommen von untergeordneter Bedeutung. Sie werden dennoch erwähnt, weil ein konkreter Hintergrund die Erörterung in den folgenden Abschnitten erleichtert.

Ein Blick in die Natur zeigt, daß es äußerst verschiedene Typen von Lebewesen gibt. Andererseits sind alle Lebewesen aus den gleichen Arten von Atomen aufgebaut. Erst die Entwicklung der Biochemie offenbarte jedoch die wirkliche Einheit bzw. Verwandtschaft der gesamten belebten Welt im mikroskopischen Maßstab. Die Bestandteile aller Lebewesen sind chemisch die gleichen, und sie bedienen sich desselben Mechanismus, um diese zu synthetisieren. Alle Lebewesen bestehen im wesentlichen aus nur zwei Klassen von Makromolekülen[69]: den Proteinen und den Nukleinsäuren. Die Proteine werden aus zwanzig verschiedenen Aminosäuren aufgebaut, während die Nukleinsäuren aus nur vier unterschiedlichen Nukleotiden bestehen. So wie verschiedene Moleküle durch gleiche Atome gebildet werden, bestehen die Proteine und Nukleinsäuren aus einer kleinen Anzahl von bestimmten Makromolekülen. Das Geheimnis der Vielfalt der Lebewesen besteht in der Verschiedenartigkeit einer langen Kette von Nukleotiden, der *Desoxyribonukleinsäure (DNS)*. So wie alle Worte der deutschen Sprache Buchstaben-Ketten (unterschiedlicher Länge) darstellen, wobei es dreißig Klein- und neunundzwanzig Großbuchstaben gibt, sind die Informationen über ein Lebewesen in einem DNS-Strang kodiert, also einer Kette von nur vier verschiedenen Nukleotiden. Der Umfang eines Alphabets bestimmt keinesfalls das Maß an Information, das in der Kette gespeichert werden kann, sondern nur die dafür erforderliche Länge der Kette. So verwendet ein Computer Bit-Ketten, wobei jede Stelle nur einen von zwei Werten annehmen kann. Da die Ketten dadurch in der Regel sehr lang sind, verwenden Programmierer häufig ein Umschrift, in der 3 Stellen des binären Alphabets in eine Stelle eines oktalen bzw. vier Stellen in eine Stelle eines Alphabets übersetzt werden, das sechzehn Zeichen kennt. Entsprechend könnte man das aus vier Zeichen bestehende genetische Alphabet in ein Sechzehn-Zeichen-Alphabet übertragen und zwei Stellen zu einer

---

[69] Zusätzlich spielen die Proteide eine wichtige Rolle. Sie bestehen aus einer Proteinkomponente und einer sogenannten prosthetischen Gruppe (Farbstoffe, Kohlenhydrate, Fette oder Phosphorsäure).

zusammenfassen, wobei dann allerdings der chemische Hintergrund verlorenginge. Die vier „Zeichen" des genetischen Alphabets sind nämlich die vier Basen Adenin (A), Guanin (G), Cytosin (C) und Thymin (T).

Damit sind wir bei der Frage angelangt, was nun eigentlich in der DNS kodiert ist. Während die Syntax der DNS schon erläutert wurde, interessiert jetzt ihre Semantik. Man kann sehr schnell aus einem Alphabet Wörter zusammensetzen, ohne ihre Bedeutung zu kennen. Die Wörter im DNS-Strang bestehen grundsätzlich aus drei Zeichen, so daß $4^3 = 64$ Bedeutungen möglich sind. Von diesen 64 möglichen Bedeutungen werden jedoch nur 20 benutzt, 3 Kombinationen dienen als Interpunktionszeichen und 41 sind redundant. Die 61 Wörter kodieren die 20 Aminosäure-Radikale. Diese Zuordnung nennt man den *genetischen Code*.[70] Sätze, also Folgen solcher Wörter im DNS-Strang, kodieren dann eine Sequenz von Aminosäure-Radikalen, die sich über eine Peptidbindung zu einem Polypeptid, einem Protein, zusammenschließen. Dabei falten sie sich zu hochkomplexen stereochemischen Verbindungen. Proteine bestehen aus mehr als hundert Aminosäuren. Sie sind Bestandteil aller Zellen. Die Enzyme und zahlreiche Hormone sind Proteine. Proteine erfüllen also hochkomplexe und unverzichtbare Funktionen. Nur grüne Pflanzen können Aminosäuren und damit Proteine aus anorganischen Substanzen aufbauen. Tiere und Menschen müssen die Proteine über die Nahrung aufnehmen und diese in Aminosäuren zerlegen, um dann körpereigene Proteine erzeugen zu können.

Die Proteinsynthese kann man sich wie folgt vorstellen: Die in der DNS enthaltene Information (Reihenfolge der Nukleotide) wird zunächst in eine Boten-Ribonukleinsäure (Boten-RNS oder m-RNS, m: message = Nachricht) kopiert. Diesen Vorgang nennt man Transkription. Die Boten-RNS, eine Art Arbeitskopie der DNS, transportiert die Information zu den Ribosomen. Ribosomen sind Zellorganellen, die für die Proteinsynthese verantwortlich sind. Darüber hinaus gibt es sogenannte Transport-RNS (t-RNS), deren Baupläne ebenfalls im Erbgut jedes Lebewesens verzeichnet sind. Ihr Aufbau wurde jedoch im Laufe der Evolution nur wenig verändert. Eine t-RNS hat zwei Enden: An das eine Ende paßt genau eine Aminosäure, während an das andere Ende genau ein Wort aus drei Nukleotiden paßt. Es muß mindestens 64 t-RNS geben. Diese enthalten den genetischen Code, also die Zuordnung zwischen einem Wort aus drei Nukleotiden auf der einen Seite und einer der zwanzig Aminosäuren auf der anderen. Die t-RNS transportiert die im Zellplasma vorhandenen Aminosäuren zu den Ribosomen. Dort lagert sich die t-RNS nacheinander an je drei Nukleotide auf der

---

[70] Genaugenommen dient die Boten-RNS als Matrize für die Anordnung der Aminosäuren. Die RNS unterscheidet sich in einigen Struktureinzelheiten von der entsprechenden DNS.

m-RNS. Die transportierte Aminosäure wird mit der letzten im Strang verbunden. Dabei wird eine t-RNS wieder freigesetzt. Wird der Stopp-Code erkannt, ist eine Kette von Aminosäuren, ein Protein, entstanden. Es ist in höchstem Grade erstaunlich und im einzelnen wohl kaum verstehbar, daß auf diese Weise aus einem DNS-Strang ein Lebewesen entstehen und dann mit den notwendigen Makromolekülen versorgt werden kann, die sich zu hocheffizienten chemischen Fabriken zusammenfinden und so den Organismus am Leben erhalten. Aber Stoffwechsel ist nicht das einzige Kennzeichen des Lebens.

Das Dasein eines jeden Lebewesens beginnt mit einer einzigen Zelle. In dieser Zelle sind in Form der DNS alle Informationen gespeichert, die zum Aufbau eines lebenden Organismus benötigt werden. Aus der ersten Zelle entwickelt sich ein komplexer Organismus, indem durch Zellteilung Tochterzellen entstehen, die ihrerseits wieder Tochterzellen hervorbringen, die wiederum Tochterzellen produzieren können usw. Alle Zellen enthalten am Ende die gleiche DNS, führen aber spezifische Funktionen aus. Da die DNS letztlich alles steuert, wäre also zuerst zu erklären, wie die DNS kopiert wird. Und das ist im Prinzip ganz einfach. Die DNS besteht aus einem gewundenen Doppelstrang, wobei die langen Stränge wie bei einer Leiter durch Sprossen miteinander verbunden sind. Die Sprossen werden durch chemische Bindungen gebildet, wobei ein Nukleotid nicht mit einem beliebigen anderen Nukleotid verkoppelt werden kann. Es verbinden sich nur Adenin (A) mit Thymin (T) und umgekehrt und Guanin (G) mit Cytosin (C) und umgekehrt. Die beiden Stränge sind komplementär, und zu einem der beiden Stränge kann der passende, komplementäre durch einfache Ersetzung gefunden werden. Auf diese Art und Weise vollzieht sich auch die Vermehrung von Zellen: Zuerst trennen sich die beiden komplementären Stränge, indem die Wasserstoffbrücken, die die Nukleotide miteinander verbinden, gelöst werden. Danach werden in beiden Strängen die komplementären Nukleotide angelagert, so daß sich aus beiden Einzelsträngen Leitern bilden. Nach der *DNS-Replikation* besteht jeder der beiden neuen Stränge zur einen Hälfte aus „altem" und zur anderen Hälfte aus „neuem" Material. Diese Replikation wird durch ein bestimmtes Enzym, eine Polymerase, ausgelöst.

Wie vermehren sich nun Lebewesen? Vermehrung bedeutet, daß der alle Informationen enthaltende DNS-Strang dupliziert werden muß. Dieser Strang ist die Invariante eines Typs von Lebewesen. Von besonderem Interesse ist beim Vermehrungsvorgang die geschlechtliche Fortpflanzung, weil sie phantastische Möglichkeiten bereithält, die in unserem Zusammenhang von Bedeutung sind. Normale Körperzellen enthalten einen doppelten Satz der vollständigen Erbinformation (diploider Chromosomensatz), einer stammt von der Mutter und einer vom Vater des Individuums. Aus solchen

Zellen werden zum Zweck der Fortpflanzung spezielle Geschlechtszellen gebildet, die nur über einen einfachen (reduzierten oder haploiden) Chromosomensatz verfügen dürfen, weil zwei solcher Zellen später verschmelzen und so die erste Zelle eines neuen Individuums bilden. Das Spannendste daran ist die Produktion der Geschlechtszellen, die im jeweiligen Organismus aus normalen Körperzellen gebildet werden. Dabei werden nämlich aus dem doppelten Satz der Erbinformation in komplizierten Vorgängen einzelne DNS-Stränge der einen *oder* anderen Seite zufällig ausgewählt. Die Geschlechtszelle enthält dann also *einen* vollständigen Satz der Erbinformation, der teils von der Mutter und teils vom Vater stammt. Darüber hinaus werden auch neuartige Stränge zusammengestellt, indem Stücke zwischen der mütterlichen und der väterlichen Seite ausgetauscht werden. Auf diese Weise können eine einzige bzw. viele identische Körperzellen eine kaum vorstellbare Vielfalt von Geschlechtszellen hervorbringen. Es erfolgt eine stetige Neuorganisation der Erbinformation. Die Variationsbreite wird aber noch weiter vergrößert. Die erste Zelle eines neuen Individuums wird geboren, indem Geschlechtzellen verschmelzen, die von zwei unterschiedlichen Individuen stammen. Die geschlechtliche Fortpflanzung vergrößert also die Vielfalt der Typen enorm, was die weiteren Entwicklungsmöglichkeiten entscheidend erweitert.

All diese Vorgänge laufen gewissermaßen von selbst ab, wenn die notwendigen Partner vorhanden sind. Komplizierte Makromoleküle werden aufgebaut und als Material für andere Aufbauprozesse verwendet. Die Natur kennt keinen Abfall. Die Verwandtschaft aller Lebewesen ermöglicht es, alle Materialien wiederzuverwerten. Mehr noch, sie bauen alle aufeinander auf. Die Existenz des einen bedingt die des anderen.

Entwicklung durch vererbte Veränderung

Obwohl in den Nukleotiden-Strängen alle Informationen gespeichert sind, um einen komplexen Stoffwechselapparat aufzubauen, erfüllen sie doch keine weitere Funktionen. Die für das Leben essentiellen physiologischen Wirkungen gehen allein von den Proteinen aus. Erst nachdem die bestimmten Aminosäuren in der vorgegebenen Reihenfolge aneinandergefügt sind, beginnt sich die Kette zu falten. Dann bildet sich auch erst die spezifische Funktion des Proteins aus. Dabei ist es wesentlich, daß die Information vom Informationsspeicher zum Protein fließt. Es gibt keine direkte Rückmeldung vom Protein und seiner Wirksamkeit auf die Struktur der DNS. Es ist also prinzipiell unmöglich, die Struktur eines Proteins zu verändern und diese Veränderung an die Nachkommen weiterzuvererben. Eine Veränderung des Proteins muß *zuvor* im Bauplan, also in der DNS, abgelegt sein;

sie kann *danach* realisiert werden. Solche Veränderungen des Erbguts sind im Erbmechanismus keineswegs vorgesehen. Im Gegenteil, die Doppelsträngigkeit der DNS ermöglicht ein Korrekturlesen. Zudem ist ein nicht geringer Teil der genetischen Information redundant, er hat einzig und allein den Zweck, den Unterschied zwischen Eltern- und Kindergeneration gering zu halten. Diese Konservativität der Evolution wird an der Struktur von solchen Makromolekülen deutlich, die wir in fast allen Lebewesen wiederfinden: Die Transfer-RNS t-RNS ^{phe} (für den Transport der Aminosäure Phenylalanin zuständig) besteht aus 76 Nukleotiden. Sie unterscheidet sich bei der Fruchtfliege Drosophila und beim Menschen lediglich in zwei Positionen! Anhand des aus 104 Aminosäuren zusammengesetzten Enzyms Cytochrom c kann man sehr gut einen Stammbaum des Lebens auf der Erde zeichnen. Doch auch hier sind die Unterschiede überraschend gering. Die Aminosäure-Sequenzen des vom Menschen bzw. vom Rhesusaffen stammenden Cytochrom c unterscheiden sich in nur einer Position. Vom Menschen zum Hund sind es schon elf, zum Frosch siebzehn von insgesamt 104 Aminosäuren.

Trotz der geringen Fehlerquote des Replikationsmechanismus, ohne die eine derart gigantische Informationsmenge, wie sie in der DNS eines Säugetieres enthalten ist, keinen langen Bestand haben würde, kommt es natürlich zur Veränderung des Erbgutes: Es liegt im wahrsten Sinne des Wortes in der Natur der Sache, daß es ganz *spontan*, rein *zufällig*, also prinzipiell *unvorhersehbar* zu Veränderungen im DNS-Strang kommt. Die meisten dieser *Mutationen* werden durch Korrekturmechanismen wieder ausgemerzt. Einige bleiben aber bestehen und werden vererbt. Nicht selten dürfte es dabei geschehen, daß nach der Übersetzung in Proteine deren Funktion derart beeinträchtigt ist, daß der Organismus nicht oder nur beschränkt lebensfähig ist. Hin und wieder gibt es jedoch offensichtlich solche Mutationen, die zu Verbesserungen führen. Sonst gäbe es uns heute nicht. Es ist wesentlich, daß sich der „Wert" einer Mutation erst zeigt, wenn das Protein produziert und vollständig gefaltet ist. In diesem Sinne sind Mutationen wirklich „blind", was für die Evolution als ganzes, wie wir weiter unten sehen werden, nicht zutrifft. Zufällige Veränderungen treten natürlich nicht nur im Erbgut auf. Doch allein dort besteht die Möglichkeit, daß sie an die nächste Generation weitergegeben werden, und auf diese Weise nicht nur erhalten bleiben, sondern vervielfältigt werden können. Eine Mutation schafft vollendete Tatsachen. Hat ein Mutant erst den Wettbewerb mit den anderen nicht oder anders Mutierten gewonnen, gibt es kein Zurück mehr. Aufgrund der Unwahrscheinlichkeit der zufälligen Veränderung ist letztere *irreversibel*. Einen Prozeß irreversibler Veränderung bezeichnen wir als *Entwicklung*. Der Begriff Entwicklung ist hier völlig wertfrei gemeint und ist nicht mit Fortschritt gleichzusetzen. Es handelt sich allein um eine Veränderung, die umgekehrt nicht abläuft, weil die Aufeinanderfolge dieser Würfelergebnisse wegen der gigantischen Zahl der potentiellen Ereignisse unmöglich ist. Analog reicht die Zeit, die unser Universum existiert, bei weitem nicht aus, daß sich auch nur einmal ein Gegenstand, wie zum Beispiel eine Vase, ohne äußeres Zutun, allein durch eine korrelierte Wärmebewegung der Atome aus ihren Scherben zusammengesetzt haben könnte.

Natürlich ist jede Mutation in der Kette der unendlich vielen, die vom einfachen Reproduktionsapparat bis zum Menschen führte, in dem Sinne unwahrscheinlich, daß zu jeder Zeit viele andere Mutationen hätten eintreten können. Wir sind deshalb, naturwissenschaftlich gesehen, unwahrscheinlich. Dies ist aber nur so lange von Belang, wie wir von der konkreten Gestalt des Ergebnisses ausgehen. Eine solche Betrachtung *geschichtlicher Vorgänge*, um die es sich hier ja handelt, ist aber nicht zulässig bzw. wenig hilfreich. Die Menschheitsgeschichte, manchmal auch die eigene Biographie, zeigt uns, wie qualitativ verschieden die Dinge im Werden selbst und in der Rückschau aussehen. Manchmal wissen wir nur, daß etwas passiert, und haben keine Vorstellung davon, wie es ablaufen wird. Oft werden auch unsere Vorstellungen oder Pläne durch die Realität völlig über den Haufen geworfen, ohne daß wir uns vorstellen können, wie es eigentlich dazu kam. Sehr wahrscheinlich ist es dagegen, so zeigen uns auch Experimente, daß so etwas wie Leben entsteht. Warum die Natur diese Tendenz zum Komplexen bis hin zum Lebendigen hat, werden wir vielleicht nie erfahren. Wir haben zur Kenntnis zu nehmen, daß der Auslöser aller biologischen Entwicklung der Zufall ist. Das bedeutet jedoch nicht, daß wir Produkte des Zufalls sind.

Dynamik durch Kooperation

Wir verfügen heute (nur) über eine ungefähre Vorstellung davon, wie sich eine solche bio-chemische Maschinerie zur Vermehrung und zur Proteinproduktion herausbilden konnte. Schließlich besteht das Erbgut der „einfachen" einsträngigen RNS-Viren schon aus 4000...30.000 Nukleotiden. Die Coli-Bakterie besitzt bereits 4 Millionen davon; die Keimzelle des Menschen enthält etwa 3 Milliarden Nukleotide. Ein jedes Nukleotid kann entweder Adenin (A), Thymin (T), Guanin (G) oder Cytosin (C) sein. Natürlich kommt es auch auf die Reihenfolge an. Wie kann eine solche gigantische Menge an Information entstehen? (Der Begriff Information[71] ist sehr

---

[71] Information hat zwei Bedeutungen: 1. Vor allem im wissenschaftlichen Sprachgebrauch steht der quantitative Aspekt im Vordergrund. Information ist hier mit dem Aufwand zur eindeutigen Identifikation verbunden: Wie viele Fragen müssen gestellt und beantwortet (entschieden) werden, um den

problematisch. Hier und im folgenden ist unter Information eine Abstraktion von Gestalt zu verstehen. Der Begriff soll Bedeutung und Bestimmung einschließen, geht also über die Angabe einer Sequenz hinaus und betrifft die Semantik dieser Sequenz...) - Zunächst einmal können einfache organische Moleküle aus anorganischen spontan unter geeigneten Bedingungen, wie sie in der Uratmosphäre der Erde herrschten, entstehen. Dies läßt sich experimentell nachvollziehen. Einfache organische Moleküle konnten sich dann zu komplizierteren verbinden. Auf diese Weise sind sowohl Nukleotide, also die Bausteine des Informationsspeichers, als auch Aminosäuren, die Bestandteile der Proteine, entstanden. Die Nukleotide können dann einsträngige RNS-Ketten gebildet haben. Schließlich erfolgte der Schritt von der chemischen Synthese zur Replikation. An einer einsträngigen RNS-Kette lagern sich dabei die komplementären Nukleotide an. Schließlich spaltet sich die neue, komplementäre Kette ab. Wiederholt sich dieser Vorgang mit letzterer, hat sich die ursprüngliche dupliziert. Nach der Erfindung der identischen Replikation setzte ein verstärkter Wettbewerb ein. Diejenigen Moleküle, die sich am effektivsten vermehren konnten, verdrängten die anderen. Durch Mutation entstanden immer neue Varianten. Manche von ihnen waren effektiver als die bisher effektivsten. So wurden die Nukleotid-Stränge immer komplizierter; immer mehr Information sammelte sich in ihnen.

Doch Leben ist komplizierter gebaut. Es benötigt mehr Information, als sie diese frühen, konkurrierenden Nukleotid-Stränge enthalten konnten, die aus nicht mehr als 10.000 Nukleotiden bestanden haben dürften, weil der Kopierapparat zu fehleranfällig war, um eine größere Informationsmenge genügend stabil zu erhalten. Wahrscheinlich haben wir die Entstehung längerer Nukleotidketten und den Übergang zur doppelsträngigen DNS, die eine drastische Verringerung der Kopierfehlerquote mit sich brachte, einem *kooperativen Effekt* zu verdanken. Offenbar gab es eine Reihe von Nukleotid-Ketten N_x, die Proteine P_x produzieren konnten, wobei das vom Nukleotid-Strang N_1 produzierte Protein P_1 die Vermehrung des Nukleotid-

---

genauen Aufbau eines DNS-Strangs zu „erfahren"? Die Informationsmenge hängt demnach von der Anzahl der Zeichen und der Anzahl der verwendbaren Zeichen ab. 2. Gebräuchlicher ist es dagegen, mit dem Begriff Information auch qualitative Gesichtspunkte zu verbinden. Damit findet neben der Anzahl prinzipiell möglicher Varianten auch deren Bedeutung Berücksichtigung. - Der Unterschied beider Bedeutungen entspricht etwa der substanziellen Differenz im Begriffspaar „kompliziert" und „komplex". Eine zufällige Würfelfolge ist kompliziert zu übermitteln; die Komplexität ist aber gering. Eine DNS ist darüber hinaus komplex, weil das Lebewesen, das sie kodiert, eben nicht nur eine beliebige Variante ist, sondern einen Sinn hat. Ein Maß für Komplexität läßt sich, das wird an diesem Beispiel deutlich, nur sehr schwer finden.

Strangs N_2 förderte, das Protein P_2 die Vermehrung von N_3 usw. Schließlich fördert das vom letzten Nukleotid-Strang produzierte Protein die Vermehrung des Nukleotid-Strangs N_1, und der Kreis schließt sich (Hyperzyklus). Mit Hilfe dieser kooperativen Wirkung könnte sich sowohl die Länge der Stränge und damit die gespeicherte Information drastisch vergrößert, als auch die Kopierfehlerquote ausreichend verringert haben. Bei einem solchen Hyperzyklus handelt es sich aufgrund der Kopplung einzelner Wechselwirkungen um ein nichtlineares System, das zur *Selbstorganisation* fähig ist. Es kann also zur Ausbildung neuer Eigenschaften und zum Übergang in neue Modi kommen. Der Vorteil des kooperativen Effekts und der daraus resultierenden Entwicklungsmöglichkeiten dürfte so groß sein, daß sich genau ein Hyperzyklus durchsetzt, falls es mehrere gibt. Von da an bis zum Lebewesen ist es allerdings trotz allem noch ein weiter Weg. Der Hyperzyklus mußte sich vor der Umwelt schützen, sich also letzlich umhüllen. Irgendwann entstand die erste Zelle, Baustein aller Lebewesen, wie wir sie kennen.

Betrachtet man den inneren Aufbau einer Zelle, so fällt auf, daß nicht nur der für die Vermehrung der Zelle verantwortliche Zellkern, sondern auch die Mitochondrien und die Chloroplasten der grünen Pflanzen eine eigene DNS besitzen. Das relative Eigenleben der Mitochondrien erwies sich nicht nur für die Erforschung der Abstammung des Menschen als hilfreich, es legt darüber hinaus den Gedanken nahe, daß es sich bei der Zelle um einen Zusammenschluß ursprünglich getrennter Lebewesen handeln könnte, die im Schutze der Zelle eine allen zum Vorteil gereichende *symbiotische Existenz* führen. Dabei haben die Einwanderer sicher ihre Struktur im Laufe der Zeit ganz wesentlich geändert, die eigene DNS weist aber nach wie vor auf einen gewissen Grad an Selbständigkeit. Überhaupt scheint die Evolution reichlich von der Möglichkeit Gebrauch gemacht zu haben, Vorhandenes neu zu kombinieren, wobei auch oder vor allem *kooperative Effekte* zwischen den zunächst getrennten Partnern zur Bildung neuer Funktionen führten, was bis zur Integration in einer neuen Einheit führen konnte.

Fortschritt durch Selektion

Um es gleich vorwegzunehmen: Selektion ist keineswegs etwas Herbeigeführtes oder gar aktiv von jemandem Verrichtetes. Wir gingen davon aus, daß die Natur nichts beim alten läßt. Ohne Gegenmaßnahmen geht die Tendenz zur Unordnung. Strukturen zerfallen. Ebenso wie dem Zerfall nur durch Reproduktion begegnet werden kann, wofür eine Vererbung des eigenen Bauplans unumgänglich ist, treten dabei unausweichlich zufällige Veränderungen des Erbguts (Mutationen) auf, die ihrem Wesen nach irreversibel sind und folglich eine Entwicklung nach sich ziehen. In diesem Sinne ist Selektion eine weitere Konsequenz: Verschiedene Typen vermehren sich nicht gleich stark, und die einen kommen mit dem Energieangebot besser zurecht als andere. Aufgrund der Begrenzheit des Bestandes an Energie und Stoffen kann die Vermehrung des einen zu Lasten eines anderen Typs gehen. Schließlich stirbt der weniger effektive Typ aus. Mit einem Kampf ums Dasein hat dies aber nichts zu tun. Häufig haben die konkurrierenden Individuen selbst gar nichts miteinander zu tun. Die Selektion ist ein völlig unblutiges Prinzip, das am Individuum nur als Mittelwert „interessiert" ist. Eine andauernde Tendenz zu weniger Nachkommen kann ausreichen, um das Ende eines Typs zu besiegeln. In der Regel kommt kein einziges Individuum einer aussterbenden Art mehr zu Schaden als in seinen „goldenen Zeiten".

Mit der „Erfindung" des Vielzellers wurde eine Spezialisierung möglich. Einzelne Zellgruppen konnten beispielsweise der Fortbewegung dienen, während andere für die Orientierung nützlich waren. Die Verbindung beider, zunächst eine Art Schaltzentrale, entwickelte sich weiter: Neben einfachen Reaktionen wurden bald auch kompliziertere Verhaltensmuster abgespeichert und damit dem Individuum zur Verfügung gestellt. Natürlich ist es ein weiter Weg [72] von der einfachen Ausweichreaktion eines Pantoffeltierchens bis zum vernunftbegabten Verhalten eines Menschen (mehr dazu im *Teil D*). Eine primitive Nervenleitung hat nun einmal nicht die Komplexität des menschlichen Zentralnervensystems. Und man muß sich die Entwicklung bis hin zu den höheren Tieren äußerst kompliziert vorstellen. Immer wieder drohte die Entwicklung in Sackgassen zu versiegen. Doch stets wurde eine Möglichkeit offenbar, aus der Not eine Tugend zu machen. Ein Zurück gab es jedoch nie. So entstanden in Jahrmilliarden immer kompliziertere Lebensformen. Arten entstanden, sie veränderten sich, und die überwiegende Zahl von ihnen (ca. 99%) starb wieder aus.

Auf dieser Stufe der Evolution kann man sich den Vorgang des Informationsgewinns in den Bauplänen der Organismen recht anschaulich vorstellen. Flossen werden sich so formen, daß sie der Fortbewegung und der Ausrichtung im Wasser möglichst gut dienen. Beine, die auf dem Wasser laufen, werden sich anders formen als solche eines Landbewohners. Stets werden jedoch Informationen über die Umgebung im Körperbau gespeichert. Das heißt, der Körperbau paßt sich dem Milieu an. Evolution ist ein fortschreitender Lernvorgang über die Bedingungen in der Umwelt. Die Tiere (und manche Pflanzen) sind auf andere Organismen als Nahrungs-

---

[72] Hoimar von Ditfurth: Der Geist fiel nicht vom Himmel, Die Evolution unseres Bewußtseins; Deutscher Taschenbuch Verlag GmbH & Co. KG, München, 1986

quelle angewiesen. Deren Nahrungsaufnahme- und Verdauungsapparat muß sich auf die Gegebenheiten der potentiellen Beute einstellen. Handelt es sich bei der Beute um flüchtige Tiere, so muß sich der Bewegungsapparat des Jägers den Fähigkeiten der Beute anpassen. Allgemein gesagt, erhöht jede hinzukommende Leistung und jede verbesserte Funktion die Vielgestaltigkeit der Umwelt; sie erhält neue Eigenschaften. Die Arten beginnen sich durch Änderung ihres Körperbaus und ihres Verhaltens auf die neuen Bedingungen einzustellen. Dies führt wiederum zu neuen Eigenschaften der Umwelt. Dadurch beschleunigt sich der *Wissenserwerb durch Anpassung*. Das Wort Anpassung könnte den Eindruck erwecken, es handle sich um einen Vorgang, bei dem ein Objekt in der Weise passiv ist, daß es nichts selber beisteuert, sondern primär durch das Milieu geformt wird. Dies mag in einigen Fällen zwar belegbar sein, gewöhnlich sind jedoch Ursache und Wirkung nicht derart einfach trennbar. Die durch die Selektion gelenkte Entwicklung der Lebensformen ist ein *Selbstorganisationsprozeß*. Ein Räuber-Beute-System kann geradezu als Modellfall gelten, an dem dies sofort deutlich wird. Eine einfache lineare Kausalbeziehung besteht aber auch in anderen Fällen nicht, weil die neue Eigenschaft sofort in Erscheinung tritt, auf das Milieu einwirkt und damit diejenigen Umweltbedingungen *formt*, „an" denen die neue Eigenschaft „ursprünglich" selektiert wurde. Dabei muß berücksichtigt werden, daß diese Anpassungsprozesse ja pausenlos in allen Organismen vonstatten gehen, die auf vielfältige Weise miteinander in Beziehung stehen und aufeinander einwirken.

Die Evolution zeigt, daß geordnete Strukturen offenbar leistungsfähiger sind als ungeordnete. Dies ist der Grund dafür, daß das, was uns umgibt, uns als Gestalt erscheint. Ein Baum ist ein Baum, ein Blatt ist ein Blatt, auch wenn ein jedes sich vom anderen unterscheidet. Als die perfekte Form der Ordnung gilt die Symmetrie. Eine genauere Untersuchung zeigt jedoch, daß keinesfalls immer die symmetrische Variante bevorzugt wird. Oft gibt es aus gutem Grund Abweichungen von der vollständigen Symmetrie. Symmetrie hat eine Reihe von Vorzügen, aber nicht immer. Ist mit der Symmetrie eine Funktionsverbesserung verbunden, wird sie realisiert. Deshalb drängt die Selektion die Entwicklung in Richtung Ordnung.

Die Evolution entwickelte Lösungen, die wir, stammten sie vom Menschen, ohne Zweifel intelligent nennen müßten. Da wir - außer bei uns selbst - Phantasie und Kreativität nur an ihren Ergebnissen erkennen können (auch wenn ein Bekannter den Einfall hatte), gibt es keinen Grund, diese Eigenschaften der biologischen Evolution abzusprechen. Phantasie und Kreativität gab es, lange bevor es Gehirne gab. Diese Leistungen, die für die Entwicklung der Typen bzw. Arten charakteristisch sind, wurden zunehmend auch zu Fähigkeiten der einzelnen Organismen. Es entstanden immer kompliziertere Erkenntnisapparate und umfangreichere Verhaltensprogramme, die es dem Tier immer besser ermöglichten, verschiedenste Informationen über die Umwelt aufzunehmen, über kurze Zeit zu speichern, zu verarbeiten und gegebenenfalls entsprechend zu reagieren. Beim Menschen erreichte die Entwicklung schließlich einen solchen Stand, daß dieser sich seiner selbst bewußt wurde. Der Mensch begann, seine Umwelt bewußt umzugestalten. Die geistigen Fähigkeiten des Menschen sind, verglichen mit denen hochentwickelter Tiere, gigantisch. Trotzdem sollten wir nicht vergessen, daß wir die Resultate der einzelnen Entwicklungsstufen mit uns herumtragen. Das wird besonders an der Struktur und den Aufgaben unserer Sinnesorgane und unseres Gehirns deutlich. Sie dienen nicht der Erlangung objektiver Informationen über die Welt, sondern sie gestatten uns, solche Signale aufzunehmen und zu verarbeiten, die für das Überleben in wesentlichen Abschnitten von einigen hunderttausend Jahren wichtig waren. In den letzten Jahrhunderten hat sich unsere Umwelt schnell verändert. Die genetische Entwicklung kann in solchen Zeiträumen nicht gleichziehen. Die Unvergleichbarkeit der Zeitskalen der biologischen und der kulturellen Evolution ist, wie noch deutlicher herauszuarbeiten sein wird, eine der Ursachen unserer heutigen Probleme.

Wir gingen oben von einem irreversiblen Prozeß der Veränderung (Entwicklung) aus, der im wesentlichen durch Vererbung und Mutation vorangetrieben wird. Welche zusätzliche Qualität bekommt dieser Prozeß durch die natürliche Selektion? Am ehesten könnte man sagen, daß die durch die Selektion erreichte Anpassung der zunächst zufälligen Entwicklung einen *Sinn* (eine Bedeutung) verleiht. Die auftretenden Veränderungen werden ja bewertet je nach ihrem Nutzen für das Überleben der Individuen bzw. der Vermehrung des Typs. Die Wunder der Anpassung erklären sich allein aus der Selektion, hinter der sich nichts anderes als die triviale Tatsache verbirgt, daß ein Mutant, der auf Dauer mehr Nachkommen haben kann, sich durchsetzt, während ein anderer aufgrund der Begrenztheit der Ressourcen tendenziell auf der Strecke bleibt. Wir werden für diese grundlegende Tatsache elementarer Logik kaum eine höhere Ebene finden, die eine Erklärung liefern könnte. Es darf uns deshalb nicht erstaunen, daß eine Beschreibung des Wechselspiels von Selektion und Anpassung im Effekt auf eine Tautologie hinausläuft: Der am besten angepaßte Typ wird selektiert (überlebt). Welcher Typ ist nun der am besten angepaßte? Antwort: der, der selektiert wird, also überlebt. Aus diesem Grund kann man nicht davon sprechen, daß die Evolution ein Ziel verfolgt. Durch die Selektion, die für die Wunder der Anpassung verantwortlich ist, nimmt die Entwicklung aber überhaupt eine *Richtung*. Die Entwicklung schreitet fort, immer mehr Information sammelt sich im Erbgut, immer phantastischere Methoden des Überlebens bilden sich heraus. Die zusätzliche Qualität, die die Selektion der Entwicklung verleiht, soll durch das Wort *Fortschritt* zum Ausdruck kommen.

Chancen durch Organisation

Mit der Entwicklung der Informationsmenge in der DNS ist jedoch unmittelbar ein Problem verbunden. Die Wahrscheinlichkeit einer verbessernden Mutation sinkt nämlich drastisch mit der Komplexität des Typs. Verdoppelt sich die Länge der Nukleotid-Kette, so quadriert sich die Zahl der Möglichkeiten und die Trefferchance sinkt entsprechend. Es ist so, als ob man erst mit einem Würfel eine Sechs und dann mit zwei Würfeln zwei Sechsen würfeln muß. Im ersten Fall war die Erfolgschance 1/6, im zweiten ist sie 1/36. Wird die Informationsmenge verdreifacht, indem noch ein dritter Würfel hinzukommt, so ist die Erfolgschance dreier Sechsen nur noch 1/216; sie beträgt also nur noch knapp 3% der ursprünglichen. Damit ginge die Steigerung der Informationsmenge auf Kosten der Entwicklungsfähigkeit. Bei einer solchen Reduktion der Erfolgschancen infolge Verlängerung der Nukleotid-Ketten hätte sich die Evolution wohl kaum allein durch den Zufall innerhalb von wenigen Milliarden Jahren zu solchen Höhen aufschwingen können. Wahrscheinlich wäre sie sogar irgendwann zum Stillstand gekommen. Das Gegenteil ist jedoch der Fall. Die Entwicklung ging weiter und gewann überdies an Fahrt. Wie ist es also nun möglich, daß die Höherentwicklung auf unserem Planeten (kompliziertere DNS) nicht wenigstens zu einer merklichen Verminderung ihrer Geschwindigkeit führte?

Die Lösung besteht darin, die Würfel funktionell derart miteinander zu koppeln, daß der Spielraum des Zufalls eingeengt wird, die tatsächlich gespeicherte Information aber nicht in gleichem Maße reduziert wird. Das klingt zunächst paradox. Offensichtlich gibt es aber eine Unzahl von sogenannten Strukturgenen, die gravierende Unverträglichkeiten der neuen Mutation mit dem bisherigen Bauplan feststellen, bevor diese in der nächsten Generation zum Tragen kommen. Entsprechend gibt es auch Reparaturgene, die widersprüchliche Mutationen nach einiger Zeit wieder rückgängig machen können. Dies alles spielt sich im Zellkern ab und gleicht einem genetischen Sandkastenmanöver: Mutationen werden getestet und ihre Auswirkungen gewissermaßen durchgespielt. Die landläufige Vorstellung von der Wesensart der Erbinformation ist damit nur schwer in Einklang zu bringen. Die Erbinformation ist eben nicht einer technischen Zeichnung vergleichbar, in der die Modifikation einer einzigen Maßzahl entweder das komplette Überarbeiten des gesamten Projekts erfordert oder aber seine Realisierung ernstlich gefährdet. Bei der Erbinformation handelt es sich eher um eine Beschreibung der Abhängigkeiten und der gegenseitigen Bezüge der einzelnen Maße. Wesentliche Verbindungen sind mehrfach vermerkt, so daß die zufällige Veränderung eines Eintrags die Wiederherstellung der ursprünglichen Information nicht zu verhindern vermag. An anderen Stellen kann eine Mutation dagegen mit einem Wurf drei Sechsen zuwege bringen. Mit anderen Worten: In der Erbinformation ist eher die Gestalt vermerkt als das Detail. Das führt auch dazu, daß Mutationen gerade diese entwickeln können. Durch Veränderung von struktursteuernden Kontrollparametern kann sehr viel mehr erreicht werden als durch Einflußnahme auf alle Teile des Systems. Dies unterschied, wie im Abschnitt „Selbstorganisation, Dissipative Strukturen" dargelegt wurde, die synergetische von der kybernetischen Steuerung. Darüber hinaus ist es durchaus wahrscheinlich, daß Selbstorganisationsprozesse des hinreichend komplizierten Systems des Vererbungsmechanismus zu Sprüngen in der Evolution geführt haben. Es liegt durchaus im Bereich des Denkbaren, daß eine vollständige Reorganisation von Teilen der DNS die entscheidenden Neuerungen bewirkte.

Eine der genialsten Erfindungen der Evolution war die geschlechtliche Fortpflanzung, die wir bei vielen Pflanzen und bei allen höheren Tieren finden. Hier enthält jede Zelle einen doppelten Satz der Erbinformation (Chromosomen). Die Keimzellen besitzen jedoch nur einen Satz der Erbinformation. Bei der Vermehrung verschmelzen zwei solche Keimzellen, die von zwei verschiedenen Individuen stammen, so, daß der doppelte Satz der Erbinformation wiederhergestellt wird. Dieses Verfahren hat eine Reihe von Vorzügen: Da die beiden Zellen erst zueinander finden müssen (meist bewegt sich nur die männliche), haben Keimzellen einen ersten Überlebenstest zu bestehen. Eine weitere Auslese von Mutationen erfolgt bei der Kombination der Erbinformation der Eltern zum doppelten Satz. Eine Mutation eines Elternteils trifft das neu entstehende Individuum nur dann mit aller Konsequenz, wenn die Erbinformation des anderen Elternteils zufällig an der gleichen Stelle mutiert ist. Anderenfalls wird ihre Wirkung unterdrückt. Oft bleibt die Mutation aber gespeichert und wird als rezessive Mutation der Genvielfalt der Art (Genpool) hinzugefügt. Irgendwann kann es vorkommen, daß sie auf ein ebenfalls mutiertes Gegenstück trifft und damit wirksam wird. Bevor das geschieht, werden in einer Art mikroskopischen Sandkastenspiel die Mutationen auf ihre Konsequenzen hin getestet: Reparatur-Gene sorgen dafür, daß unverträgliche Mutationen beseitigt werden. Es ist interessant, daß die meisten höheren Tiere schon früh Tabus und Verhaltensregeln entwickelten, die eine Partnerwahl innerhalb einer zu kleinen Gruppe von Individuen verhindern oder erschweren. Auf diese Weise wird dafür gesorgt, daß der Genpool stets eine große *Vielfalt* aufweist, was die Entwicklungschancen beträchtlich erhöht, und daß die „Sandkastenmanöver" genügend lange Zeit haben, Mutationen auf ihre *Verträglichkeit* zu testen und gegebenenfalls auszumerzen. Die stetige Neukombination unterschiedlicher Erbinformationen vergrößert auf der einen Seite das Entwicklungspotential erheblich und sichert auf der anderen Seite gleichzeitig, daß die eintretende Entwicklung sinnvoll ist, also einen Fortschritt bedeutet.

Zukunft durch Koordination

Es ist ein in uns tief verankertes Prinzip der biologischen Evolution, es erst einmal mit den bekannten Methoden zu versuchen. Ohne Grund setzt die Natur das Bestehende nicht aufs Spiel. Mit aller Zähigkeit hält sie an einmal Bewährtem fest. Andererseits ist die Natur für die Veränderung auf Mutationen angewiesen, deren Häufigkeit nicht gesteuert werden kann. Sie hängt von der Sonnenaktivität und von der Abschirmwirkung der Erdatmosphäre und des Erdmagnetfeldes ab. Konstanz und Veränderung müssen aber aufeinander abgestimmt sein. Zuviel Beharrungsvermögen schränkt die Möglichkeiten ein, auf veränderte Situationen reagieren zu können, zuviel Veränderung gefährdet das Bestehende. Die Konservativität der die Vererbung steuernden Mechanismen ist offenbar so *abgestimmt*, daß das Dasein unter konstanten Lebensbedingungen nicht aufs Spiel gesetzt wird, eine Anpassung an veränderte Umstände aber möglich bleibt.

Es ist in der Tat unwahrscheinlich, daß der Zufall einen Volltreffer an Effektivitätsverbesserung landet. Nur bei Volltreffern bestünde allerdings die Chance, so könnte man meinen, genügend viele Nachkommen hervorbringen zu können, um „die anderen" ausstechen zu können. Die große Anzahl der möglichen Erbgutveränderungen und damit ihre Unwahrscheinlichkeit bedeuten ja auch, daß eine neue Mutation zunächst nur in einem einzigen Individuum auftreten kann. Dieser Engpaß besteht aber in Wirklichkeit nicht. In der biologischen Evolution werden nämlich nicht nur die besten, sondern die verwandten, fast ebenso effektiven Mutanten begünstigt. Die Zahl der letzteren ist ungleich größer als die der Volltreffer. Ohne diese *Toleranz* hätte sich die Evolution auf unserem Planeten in den vier Milliarden Jahren, die es die Erde überhaupt gibt, nicht in solche Höhen aufschwingen können, daß Menschen an Computern sitzen und über die biologische Evolution nachdenken. Das Prinzip der Toleranz zieht sich von den Auslesemechanismen auf mikroskopischer Ebene durch bis zum „Kampf" der Arten (Reproduktionsgemeinschaften) ums Überleben, wo häufig Kooperation vor Konfrontation geht. Der Auslesemechanismus ist gerade so wirksam bzw. unerbittlich, daß er eine Verbesserung durch Anpassung garantiert. Auf der anderen Seite ist seine Wirksamkeit aber auch beschränkt: Eine rigorose Auslese würde unweigerlich Typen beseitigen, deren Erbgut gerade eine der folgenden Umweltveränderungen zu meistern gestattet. In einer Welt, die in Bewegung ist, ist es höchst uneffektiv, nur auf ein Pferd zu setzen. Im Gegenteil, da sich die Umweltbedingungen in nicht (im Detail) vorhersehbarer Weise ändern werden, ist es unabdingbar, auch solche Varianten zu erhalten, also nicht der vollen „Härte" der Auslese auszusetzen, deren Fähigkeiten nicht dem schon erreichten Stand entsprechen. Die Möglichkeit dauernden Fortschritts setzt *Flexibilität* voraus, die wiederum nur durch *Pluralität* erreichbar ist. Deshalb ist es bei Strafe des Untergangs geboten, unter gegebenen Bedingungen weniger effektive Varianten zunächst zu *isolieren*, bis offenkundig ist, ob es sich um völlige Nieten oder aber um einen großen Wurf gehandelt hat.

Die Evolution ist ein geschichtlicher und kein finaler Prozeß, sie ist offen und verfolgt kein Ziel. Man könnte annehmen, daß es bei gegebenen Umweltbedingungen stets eine optimale Anpassung gibt, auch wenn sie niemand kennt und selbst wenn sie bekannt wäre, nicht herbeigeführt werden kann.[73] Die Evolution ist aber allein auf das Material angewiesen, das der Zufall liefert. Aus diesen Gründen strebt der Optimierungsprozeß, den die Evolution zweifelsfrei darstellt, keinesfalls ein globales Optimum an. Vielmehr sammelt die Evolution Veränderungspotential und verwirklicht nach der Devise „Es gibt nichts Gutes, außer man tut es" diejenigen Mutationen, die überhaupt eine Verbesserung versprechen. Der Optimierungsmechanismus zielt also auf ein lokales Optimum. Die Evolution gleicht vielleicht einem Wanderer, der, vom Zufall geführt, ziellos durch ein Gebirge wandert in dem Bestreben, immer höher zu gelangen. Er geht also stets bergauf und ist nur eingeschränkt bereit, einmal ein Stück hinunterzugehen, obwohl ihn dieser Pfad eventuell auf einen viel höheren Gipfel führen könnte. Auf diese Weise wird er kaum den Mont Everest, das globale Optimum, erreichen, doch offenbar paßt seine Strategie so gut zum Gelände, daß er manchen beachtlichen Gipfel erreicht (lokales Optimum). Das Verhalten unseres Wanderers darf nicht verwundern, verfügt er doch über keinerlei Kartenmaterial von dem Gelände, das sich zudem stetig ändert. Selbst wenn er den höheren Gipfel in der Nachbarschaft erblicken könnte, ist er doch völlig unfähig, wieder soweit abwärtszugehen, um den Weg auf den Nachbargipfel zu nehmen. Es wimmelt jedoch in dem Gebirge von Wanderern, denn es handelt sich bei ihnen um ein pluralistisches, sehr verschiedenes Völkchen. Einige dieser Wanderer, die sich mitunter viel später, aus dem Tal kommend, auf den Weg ins Gebirge machten, wird es bisweilen gelingen, in bisher ungeahnte Höhen aufzusteigen. Doch das Terrain ist nicht sicher. Stetige Regenfälle haben schon manchen See gebildet, und nicht selten versank ein Gipfel in den Fluten oder rutschte wie eine Lawine talwärts. Es ist klar, daß auf diese Weise viele Wanderer den Tod fanden. Doch immer wieder treibt der Zufall ganz neue Wanderer in die Höhen. Besonders Pfiffige gehen in Gruppen, so daß die Chance steigt, daß es einer von ihnen schafft. Es kann auch vorkommen, daß ein Wanderer angesichts

---

[73] Ich bin mir der mit dieser Art von Argumentation verbundenen Schwierigkeit bewußt: Die Biologie kennt nur Fitneß (Angepaßtheit). Diese ist nur in bezug auf Konkurrenten definiert. Ein Maß gegenüber der arttypischen Umwelt gibt es eigentlich nicht.

des steigenden Wassers flinke Füße bekommt, während es sich ein anderer auf einem Sattel oder Gipfel bequemgemacht hat. Doch auch ersterer ist allein an die Wege gebunden, die ihm zufällig einfallen. - Jeder Wanderer verkörpert in unserem Bild von der Evolution einen Typ (Art). Ihre Position (projiziert in die Ebene) entspricht der artspezifischen genetischen Ausstattung. Gruppen von Wanderern gehören biologisch zu einer Art, die genetisch jedoch sehr divers ist (Populationen). Die Höhe, in der sich der Wanderer gerade befindet, ist ein Maß für seine Anpassung. Dabei ist es zumeist wenig sinnvoll, Vergleiche über erreichte Höhen in sehr verschiedenen Gebieten des Gebirges anzustellen. Die Wanderer sind durch tiefe Täler voneinander getrennt, und ihre „Leistung" kann nur in der näheren Umgebung beurteilt oder noch besser einfach bewundert werden.

* * *

Es fällt mir nicht leicht, dieses Kapitel zusammenzufassen. Ich habe versucht, die „Strategie der Evolution" in einer Form darzustellen, die Assoziationen provoziert und dazu anregt, Vergleiche zur Menschheitsgeschichte und aktuellen Entwicklungen in der Gesellschaft anzustellen. Im *ersten* Abschnitt wurde deutlich, daß der Status quo nicht von allein bestehen bleibt, sondern durch Konkurrenz und natürlichen Verfall ständig gefährdet ist. Eine Bestandssicherung verlangt einen steten Aufwand. Vorhandenes muß immerfort nachgebildet werden, und auf die Weitergabe gegenwärtigen Wissens muß großes Augenmerk gerichtet werden. *Zweitens* erfolgen Veränderungen meist ungeplant und zufällig. Unter den scheinbar unendlich vielen Möglichkeiten haben nur wenige Varianten einen Wert. Im physikalischen Sinne sind sie daher unwahrscheinlich. Die Unwahrscheinlichkeit solcher Neuerungen hat die Unumkehrbarkeit (Irreversibilität) und damit die Geschichtlichkeit der in Frage stehenden Prozesse zur Folge. Die Entwicklung wird *drittens* durch kooperative Effekte entscheidend beschleunigt. Ursprünglich eigenständige Einheiten finden sich zu hoch effektiven, komplexeren Funktionsgruppen zusammen. *Viertens* wird ein wirklicher Fortschritt nur durch Auswahl (Selektion) möglich. Das erfordert zunächst, daß das Angebot die Zahl der benötigten bzw. dann realisierten Varianten übersteigt. Die Natur ist in diesem Punkt besonders „verschwenderisch". Die Auswahl aus den blind und zufällig entstandenen Varianten produziert aufgrund des Einflusses der selektierenden Umwelt durchaus intelligente Lösungen. Die Selektion verleiht den Varianten einen Sinn, eine Bedeutung und der Entwicklung eine Richtung. Auswahl ist das Geheimnis des Fortschritts. Die strenge, perfekte Ordnung, wie wir sie in Form der Symmetrie finden, ist zwar aufgrund der oftmals hohen Effektivität sehr häufig. Sie ist aber selbst ein Selektionsprodukt und damit eben nur die Regel.

Die beiden letzten Abschnitte beschäftigten sich damit, wie die Aussicht, dauerhaften Fortschritt zu erreichen, verbessert werden kann. *Fünftens*: Die wachsende Informationsmenge macht nicht nur die Einrichtung und feste Verankerung von Korrektur- und Reparaturmechanismen erforderlich. Um dem drastischen Absinken der Trefferwahrscheinlichkeit entgegenzuwirken, müssen gewisse Komplexe so miteinander verkoppelt werden, daß Veränderungen unentbehrliche Leistungspotentiale nicht gefährden, sondern obligate Zusammenhänge allenfalls transponieren oder transformieren. Das setzt voraus, daß die Systeminformation nicht alle Einzelheiten enthält, sondern wesentliche, innere Zusammenhänge dokumentiert werden. Es ist schwierig, sich vorzustellen, wie Gestalt verzeichnet ist. Diese Schwierigkeit steht mit unserem Unvermögen in Zusammenhang, ein adäquates Maß für Komplexität zu entwickeln. Aber schon die langwierigen Forschungen auf dem Gebiet der automatischen Bild- und Mustererkennung zeigen, daß es äußerst schwer ist, wenigstens den Vorgang der Abstraktion zu verstehen bzw. nachzubilden. Auf der anderen Seite geben selbstorganisatorische Prozesse wertvolle Hinweise, an welcher Art von Größen sich eine Struktursteuerung orientieren muß. Dessenungeachtet kommt dem Probieren im geschützten Raum (Sandkastenmanöver) eine große Bedeutung zu. Dazu sind neben klaren Zielvorstellungen (Selektionskriterien) nicht zuletzt Unmengen von Varianten unerläßlich. Die Natur produziert eine Flut von abweichenden Formen und macht von der Möglichkeit geschützter Experimente und gewagter Feldversuche reichlich Gebrauch. Im *sechsten* Abschnitt wird darauf hingewiesen, daß die Reichhaltigkeit der aussichtsreichen Varianten nicht allein ein Geschenk des Zufalls ist. Große Würfe gelingen nur dann, wenn man chancenreiche Kandidaten soweit isoliert, daß sie sich ausreichend lange unbehindert entwickeln können. Unzureichende Behutsamkeit bei der Selektion (Toleranz) ist dem Erfolg ebenso abträglich wie ein zu großes Beharrungsvermögen (Konservativität). Wie immer kommt es auf die genaue Abstimmung beider Mechanismen an.

Kulturelle Evolution

Daß die Evolutionsprinzipien innerhalb der menschlichen Gesellschaft fortwirken, ist unbestritten. Ob und in welcher Form sie aber die Entwicklung unserer Kultur bestimmen, ist nicht so einfach ersichtlich. Viele Autoren vertreten die Auffassung, daß wir viel von der Evolution lernen können. Nun ist es relativ einfach, Parallelen zwischen dem Werden in der Natur und der kulturellen Fortentwicklung aufzuzeigen. Allerdings ist es keinesfalls trivial, die Bedeutung dieser Entsprechung zu erklären und aus der Analyse ebenso nützliche wie konkrete Hinweise für die Gestaltung unserer

Welt abzuleiten. Um dies bewerkstelligen zu können, ist es notwendig, sich zu verdeutlichen, in welchem Maße der Mensch in das Naturgeschehen eingebunden ist. Dies wird man wiederum nur dann substantiell nachempfinden können, wenn man über Grundzüge der Entwicklung auf unserem Planeten informiert ist. Im ersten Abschnitt wird die Geschichte von der Erdentstehung bis zum Menschen grob skizziert. Die Entstehung des menschlichen Selbstbewußtseins markiert den Punkt, an dem die kulturelle Evolution einsetzt und die biologische ablöst. Der Ablösevorgang offenbart die Parallelen zwischen biologischer und kultureller Evolution und weist gleichzeitig auf das grundlegend Neue hin. - Eine solche Analyse mag Bemerkenswertes offenbaren, ohne Schlußfolgerungen ist sie jedoch allenfalls von akademischem Interesse, vielleicht sogar wertlos, in jedem Fall aber unwirksam. Eine ordentliche Darstellung muß deshalb auch Konsequenzen aufzeigen. Der Hauptteil dieses Kapitels ist deshalb bevorzugten gesellschaftlichen Prozessen gewidmet, die vor dem Hintergrund der oben geschilderten Beziehungen und Relationen bewertet bzw. kritisiert werden. (Im *Teil D* wird die Analyse in andere Richtungen weitergetrieben und vertieft. Dabei ergeben sich wiederum neue Ansatzpunkte für eine gesellschaftskritische Diskussion.) Zum Schluß des vorliegenden Kapitels und damit auch am Ende des *Teils C* dieses Buches gestatte ich mir eine kleine Abschweifung, indem ich einen Bezug zu technischen Optimierungsproblemen herstelle.

Nichts Neues unter der Sonne?

Die Sonne strahlt jede Stunde eine gewaltige Energiemenge von ca. 10^{14} kWh auf die Erde ein. Obwohl die Erde etwa die gleiche Wärmemenge an den kalten Weltraum abgibt, erfährt die Energie vorher eine Reihe von arbeitverrichtenden Umwandlungen. Aus der hochwertigen Energie von der Sonne (hohe Temperatur) wird minderwertigere (also geringerer Temperatur). Dieses Temperaturgefälle treibt die irdische Mühle seit Jahrmilliarden an. Wir können noch so viel arbeiten und Entropie erzeugen. Ein Stillstand ist nicht denkbar. Die Menschheit war wirklich lange Zeit nur ein kleines und für den Energiehaushalt der Erde völlig unbedeutendes Rädchen. Das änderte sich vor erdgeschichtlich extrem kurzer Zeit. Die Menschheit begann sich drastisch zu vermehren und über Jahrmillionen gespeicherte Energie in wenigen Jahrzehnten freizusetzen. Doch das eigentliche Problem ist nicht die zusätzlich eingebrachte Energie: Dadurch, daß die fossilen Energieträger verbrannt werden, reichern sich gewisse Gase (vor allem CO_2) in der Atmosphäre an. Dies führt nun wiederum dazu, daß die Erde ihre Energie nicht mehr in gleichem Umfang an den kalten Weltraum abgeben kann (Treibhauseffekt). Die resultierende, bisher noch geringe

Erwärmung der Erdatmosphäre stört schon jetzt sichtbar ein fein abgestimmtes Gleichgewicht, auf dessen Bestand unser Leben baut. Schon nimmt die Anzahl und Größe der Gletscher beispielsweise in den Alpen deutlich ab. Der Meeresspiegel wird deutlich steigen, wenn das Eis der polaren Regionen schmilzt. Es läßt sich nur erahnen, was passiert, wenn die mittlere Temperatur weiter ansteigt. Am deutlichsten zeigt sich zur Zeit aber ein Sekundäreffekt: Alle globalen Luftströmungen werden letztlich durch Temperaturunterschiede angetrieben. Ein verhältnismäßig geringer Anstieg der mittleren Temperatur in der Atmosphäre (kleine Ursache) hat schon jetzt zu einer starken Klimaveränderung geführt (große Wirkung): Die Anzahl und Stärke der Zyklone und Stürme hat besorgniserregend zugenommen. Die Komplexität, Nichtlinearität und Trägheit des gewaltigen Systems Weltklima macht nicht nur den Klimaforschern Probleme, wenn sie durch Berechnungen ihren uninteressierten Regierungen den Verlauf und die Auswirkungen des Treibhauseffektes beweisen sollen, angeblich damit diese einen Kurswechsel „rechtfertigen" können, sondern nimmt auch uns bald jede Möglichkeit, das Gleichgewicht, auf das wir seit langem festgelegt sind, wenigstens in gewissem Umfang zu stabilisieren.

Eigentlich schade, alles fing so verheißungsvoll an. Vor ca. 4,6 Milliarden Jahren entstand unsere Erde. Sie kühlte sich langsam ab; die ältesten bekannten Gesteine sind 3,7 Milliarden Jahre alt. Erste Formen von Leben sind vor etwa 3,5 Milliarden Jahren entstanden. Es dauerte mindestens 2,5 Milliarden Jahre, bis erste Vielzeller auftraten. In dieser Zeit bis vor etwa 1 Milliarde Jahren hat sich die Zusammensetzung der Erdatmosphäre wesentlich verändert. Dieser Wandel von einer reduzierenden zu einer oxydierenden (sauerstoffhaltigen) Atmosphäre, den wir anfangs vor allem den blaugrünen Algen, später auch den anderen Pflanzen zu verdanken haben, war Voraussetzung für die Entstehung tierischen Lebens. Im Kambrium, also vor knapp 600 Millionen Jahren, kam es dann auch zu einer explosiven Bereicherung des Lebens. Fast alle heute bekannten Tierstämme sind damals entstanden. Warum sich danach keine wesentlich neuen Lebensformen entwickelt haben, ist eines der großen Rätsel der Geschichte unseres Planeten. Die gewaltige Entwicklung im Kambrium dauerte nur 60 Millionen Jahre. Vor ca. 400 Millionen Jahren eroberte das Leben das Festland, nachdem einige zig Millionen Jahre zuvor erstmals Wirbeltiere auftraten. In der Zeit vor 200 bis vor etwa 100 Millionen Jahren (Trias, Jura, Kreide) sind unsere Gebirge entstanden. Vor etwa 50 Millionen Jahren erschienen die Primaten, also Vorfahren, die wir mit den Menschenaffen gemein haben. Heute sind insgesamt etwa 1,8 Millionen Arten von Organismen identifiziert. Man nimmt an, daß es mindestens 5 Millionen Arten gibt.

Die ganze Entwicklung immer komplizierterer Formen des Lebens kann als ein fortschreitender Prozeß der Abgrenzung von der Umwelt angesehen werden. Die Zelle ist von einer Membran umgeben, die Umwelteinflüsse soweit abschirmt, daß ein eigenständiger, durch die Zelle bestimmter Stoffwechsel möglich ist. Nur durch Abschirmung von der unbelebten Umwelt und deren wirren physikalischen und chemischen Vorgängen kann eine Zelle ihre innere Ordnung bewahren. Auf der anderen Seite erfordert die Aufrechterhaltung dieser Ordnung (dissipative Struktur) den Energie- bzw. Stoffaustausch mit der Umwelt. Zu den wesentlichen Leistungen jedes Lebewesens gehört es also, Eigenschaften der Umwelt zu erkennen, zwischen bedrohenden und lebenswichtigen zu unterscheiden und entsprechend zu reagieren. Im Laufe der Evolution erhöhte sich die Zahl und die Qualität der erkannten Umwelteigenschaften beträchtlich. Gleichzeitig wurden immer neue Techniken zur angemessenen Reaktion entwickelt.

Mit dem Entstehen der Vielzeller war jedoch ein Problem verbunden: Eine koordinierte Tätigkeit der einzelnen Zellen im Interesse des Gesamtverbands mußte bewerkstelligt werden, wobei die inneren Zellen von der Außenwelt abgeschnitten waren. Zunächst lieferten die Stoffwechselprodukte, also die Abfälle der einzelnen Zellen, die der Nachbarzelle gewissermaßen vor die Füße gekippt werden mußten, Informationen über deren Tätigkeit. Damit war eines der ersten Prinzipien der gegenseitigen Information entstanden. Eine revolutionäre Neuerung! Diese Methode wurde ausgebaut: Chemische Botenstoffe (Hormone) wurden einzig zu dem Zweck produziert, damit sie sich im Zellverband verteilen und von anderen Zellen als Steuerinformation aufgenommen werden. Schließlich veränderte sich die Informationsverteilung derart, daß sie gezielt erfolgen konnte und bestimmte Zellgruppen in unterschiedlicher Art und Weise beeinflusst werden konnten. Es bildeten sich feste Nachrichtenwege (Nervenleitungen). Mit der wachsenden Zahl der Zellen wurde es immer dringlicher, die Tätigkeit der einzelnen Zellen im Interesse der zentralen Bedürfnisse des Organismus zu koordinieren. Es entstand eine zentrale Verarbeitungseinheit (Gehirn), die zunächst rein vegetativen Funktionen diente (Stammhirn), bald jedoch umfangreiche Reaktionsmuster speicherte (Zwischenhirn). Es ist klar, daß jede Lösung einer Aufgabe Informationen über die Umstände enthält, denen das Problem entspringt. Die Evolution ist deshalb ein fortschreitender Prozeß des Wissenserwerbs über die Außenwelt. Zunächst handelt es sich bei den gespeicherten Informationen überwiegend um überindividuelle Erfahrungen, also um Fähigkeiten, die die Art im Laufe der Zeit erworben hatte. Angeborene Lernprogramme und Prägungsphasen sorgten dabei für die notwendige Flexibilität. Alle substantielle Weiterentwicklung erfolgt grundsätzlich über die Vererbungs- und Selektionsmechanismem und ist damit an den durch die Generationsfolge bestimmten zeitlichen Rahmen gebunden. Deshalb verblüffen Bakterien durch ihre erstaunlich schnelle Anpassungsfähigkeit, während wir eine Entwicklung von Säugetieren nicht wahrnehmen.

Kulturelle Evolution

Die Zusammenführung aller Informationen in dem äußerst kleinen Bereich des Zwischenhirns ist für Eigenarten der Hirnfunktionen kennzeichnend: Es findet eine beträchtliche Reduktion der Information statt mit dem Ziel, übergreifende Kennzeichen erkennen und in Standardsituationen reagieren zu können. Die Leistungsfähigkeit dieser Funktionen wird deutlich, wenn man sich vergegenwärtigt, mit welcher Treffsicherheit Vögel und andere Tiere ihre Artgenossen erkennen, als Partner bzw. Nahrungskonkurrent einordnen, und welche komplexen Verhaltensweisen zur Abwehr eines anderen als Feind erkannten Tieres entwickelt wurden. - In dieser Situation setzt die Evolution zu einer neuerlichen gigantischen Innovation an: Frei programmierbare Stellen im Hirn werden benutzt, um zusätzliche Informationen aufzunehmen und daraus ein „realistisches" Bild der Außenwelt aufzubauen.[74] Der Nutzen einer Repräsentation der außerindividuellen Realität im Hirn erreicht seinen vorläufigen Höchststand, als dessen Träger sich als in dieser Umwelt befindlich und agierend begreift, also ein Ichbewußtsein entwickelt, und beginnt, seine eigenen Handlungen im Geiste vorwegzunehmen. Damit erreicht die Evolution die Ebene des Psychischen. Ein neuer Vorgang übernimmt die Herrschaft: Die kulturelle Evolution löst die biologische ab.

Einigen aufschlußreichen Aspekten der Menschwerdung will ich später nachgehen. Hier soll die Erwähnung einiger Markalsteine genügen, bevor, dem eigentlichen Thema dieses Kapitels folgend, Grundprinzipien der kulturellen Evolution skizziert werden. Irgendwann vor weniger als 10 Millionen Jahren muß es die ersten Menschenähnlichen gegeben haben. Innerhalb von einigen Millionen Jahren vergrößerte sich die Gehirnmasse entscheidend, und es entwickelte sich mit der Sprache eine Form der Kommunikation, deren Möglichkeiten alles Bisherige in den Schatten stellte. Vor vielleicht 3 Millionen Jahren begann der Mensch, einfache Steinwerkzeuge zu verwenden. Noch vor etwa 100.000 Jahren führten die Menschen jedoch ein sehr primitives Leben. In der Zeit vor 100.000 - 40.000 Jahren entwickelte der Neandertaler die Abschlagtechnik, die es gestattete, Werkzeuge mit scharfen Schnittkanten herzustellen. Der moderne Mensch beginnt, aus Ostafrika kommend, sich nach Europa und schließlich in alle Welt aus-

---

[74] Bedauerlicherweise kann die Evolution auch hier nicht wirklich neu ansetzen. Alle Informationen werden nach wie vor durch den „Engpaß" Zwischenhirn geschleust, ehe sie den neuen Bereich, das Großhirn, erreichen. Das Zwischenhirn wirkt dabei nicht wie ein Transportkanal, sondern seinen Fähigkeiten entsprechend als Filter. Es gehört zu den großen (allerdings mehrmals vollbrachten) Wundern der Evolution, daß auf einem archaischen Organ eine weit über dessen Leistungsfähigkeit hinausgehende Funktion aufgebaut wurde.

zubreiten.[75] In dieser Zeit (bis vor ca. 10.000 Jahren) sind die heutigen Rassen entstanden. Vor vielleicht 20.000 Jahren hatte Europa etwa 10.000 Einwohner. Vor 15.000 Jahren wurden Pfeil und Bogen erfunden. Fast insgesamt 600.000 Jahre lang lag Nordeuropa unter einem gewaltigen Eispanzer begraben. Die letzte Eiszeit endete vor 12.000 Jahren. Erst seit etwa 3000 Jahren ist das Pflanzenreich in Europa so, wie wir es heute kennen. Während der mittleren Steinzeit (vor 12.000 - 8500 Jahren) wurden die Streitaxt erfunden, erste Tongefäße hergestellt, man hielt sich Haustiere und hackte seinen Acker. Weitere 3000 Jahre vergingen bis zur Weberei und den ersten Städten. An einigen anderen Stellen der Welt war man schon weiter: Die Stadt Jericho hatte schon vor 10.000 Jahren eine Mauer und zweitausend Einwohner. Vor 6000 Jahren gab es im heutigen Irak schon Wagen mit vier Rädern.

Voraussetzung für die sich beschleunigende Entwicklung, nicht nur der Technik, war, daß das sprichwörtliche Rad nicht in jeder Generation neu erfunden werden mußte. Viele Erfahrungen würden unweigerlich verlorengehen, wenn sie nicht mit Hilfe der Sprache jederzeit, situationsunabhängig mitgeteilt und auf diese Weise verbreitet werden könnten. Wie man mit einem wilden Tier fertigwird, kann man nur demonstrieren, wenn dieses angreift. Dann kann es für den unvorbereiteten Schüler schon zu spät sein. Auch in anderer Hinsicht erweist sich die Sprache als effektive Methode, Wissen auch über Generationen hinweg weiterzugeben. Während auch Tiere zur einfachen Art der Kommunikation fähig sind, findet sie nur beim Menschen auf der Ebene der Beschreibung und der Argumentation statt. Mit Hilfe der Sprache kann der Bestand von Erfahrungen der Art gesichert werden, ohne daß diese genetisch gespeichert werden. Damit setzt eine Vorgang ein, den wir *kulturelle Evolution* nennen.

Es findet eine Abkopplung von der biologischen Evolution statt, da die Weitergabe von Erfahrungen nicht länger an die durch die Fortpflanzung bestimmte Zeitspanne gebunden ist. Genaugenommen gibt es für die kulturelle Evolution überhaupt keine echte Generationsfolge mehr, weil die Neuheiten zwischen den Zeitgenossen hin- und herlaufen können. An die Stelle der Vererbung tritt die *Tradition*. Sobald neue *Ideen*, vergleichbar den Mutationen in der biologischen Evolution, eine Erneuerung und Erweiterung des Überkommenen bewirken, setzt eine Entwicklung ein, da die so veränderten Inhalte und Erfahrungen erneut tradiert werden. Besonders er-

---

[75] Dies ist zwar eine gängige These, die allerdings keinesfalls unbestritten ist. Alternativ werden multiregionale Modelle diskutiert, nach denen sich der moderne Mensch erst nach dem Auszug aus Afrika herausbildete, wobei ein Genaustausch besonders in den Randbereichen der Lebensräume für eine stete Angleichung der regionalen Entwicklungslinien sorgte.

gebnisreich erweist sich dieser Vorgang, wenn mehrere Individuen zusammenarbeiten, sich austauschen und ergänzen. Auch hier wird also Dynamik durch *Kooperation* erreicht. Bei der biologischen Evolution können alle Ideen (Mutationen) weitervererbt werden, die der Minimalvoraussetzung genügen, der Fortpflanzungs- und Lebensfähigkeit nicht entgegenzustehen. Erst die Zahl der Nachkommen bewertet die überkommene Veränderung und verleiht ihnen gewisserweise einen Sinn. Bei der kulturellen Evolution ist auch dieser Vorgang nicht mehr an den Zeitmaßstab der Generationsfolgen gebunden. Die Idee (also das Neue) kann und wird schon kurz nach ihrer Entstehung auf ihren Wert hin überprüft, also bewertet. Von Irrtümern abgesehen, haben nur solche Ideen ein Chance, tradiert zu werden, deren Wert bereits erwiesen ist. D.h., nur solche Ideen, die den Test in der *Praxis* bestehen, werden selektiert und weitergegeben, die anderen werden vergessen. Mit zunehmender Komplexität unseres Wissens ersetzen immer stärker analytische, auf Erfahrung aufbauende Methoden den unmittelbaren Test in der Praxis. Das ändert aber nichts am Prinzip, daß der Fortschritt der *Auswahl* bedarf.

Ebenso liegt es auf der Hand, daß nur ein großer Überschuß an Ideen es genügend wahrscheinlich macht, daß die schließlich selektierte Variante auf dem Weg zu einem (lokalen) Optimum liegt. Wie bei der biologischen Evolution kann es sich einmal als ein nicht wiedergutzumachender Fehler erweisen, sich auf *einen* Weg festgelegt zu haben, wenn dieser in eine Sackgasse führt, aus der es kein Zurück mehr gibt. Die biologische Evolution verbessert ihre Chancen auf eine dauerhafte Entwicklung dadurch, daß sie sich auf das Wesentliche (die Gestalt) „konzentriert" und mit Hilfe von Struktur- und Reparaturgenen in einer Art Sandkastenspiel aufgetretene Mutationen zurechtrücken bzw. korrigieren kann. Da in der biologischen Evolution die Mutationsrate nicht steuerbar ist, werden Mutationen nicht gleich verworfen, wenn sie keinen erkennbaren Nutzen bringen. Die entsprechenden Mechanismen sind offenbar so organisiert, daß erkennbare Unverträglichkeiten zwar ausgemerzt werden können, die Vielfalt aber nicht unnötig eingeschränkt wird. Manche Mutationen werden sogar über lange Zeit nur gespeichert, bevor sich deren Tragweite zeigen kann. Die mutierten Gene bereichern den Genpool der Art. Sie werden immer wieder mit anderen Mutanten kombiniert. Die Mutantenfamilie besteht aus vielen Varianten, deren Leistungsfähigkeit sich nicht wesentlich unterscheidet, die aber sehr unterschiedliche Entwicklungsmöglichkeiten in sich tragen. In einer Welt sich ändernder Umweltbedingungen ist Flexibilität eine grundlegende Voraussetzung für dauernden Fortschritt. Flexibilität wiederum ist nur durch anhaltende Pluralität erreichbar. Die Menschheit hat eine Fülle von *Organisationsformen* geschaffen, die die Konzentration auf das Wesentliche, also das Gemeinwohl, zum Ziel haben, die für die Verbreitung von Neuem sorgen und Korrekturen bewirken, um auf diese Weise beständigen Fortschritt zu gewährleisten.

Seit es menschliche *Gehirne* gibt, sind die Möglichkeiten, Neues durchzuspielen, im voraus einer Überprüfung zu unterziehen und gegebenenfalls zu verwerfen, enorm gewachsen. Die Evolution hat sich nahezu vollständig davon gelöst, die Veränderung im Genotyp festzuschreiben und durch Vererbung verbreiten zu müssen. Die Vorteile dieser Umgehung der genetischen Vererbung liegen auf der Hand. Doch allein mit Hilfe der *Sprache* hätte der Mensch mit seinen intellektuellen Fähigkeiten den heutigen Stand von Wissenschaft, Technik und Kunst nicht erreichen können. Die Erfindung der *Schrift* schuf die Möglichkeit, auch auf die persönliche Begegnung verzichten zu können. Eine weitere, in seiner Bedeutung nicht zu unterschätzende Beschleunigung der kulturellen Evolution erbrachte die Erfindung des Buchdrucks. Der Beginn des elektronischen Zeitalters markiert schließlich die vorerst letzte Zäsur. Für viele unter uns ist es zur täglichen Selbstverständlichkeit geworden, Bilder, Zeichnungen, Texte und andere Daten in Minutenschnelle auf andere Kontinente zu befördern oder eine eigentlich viele Bände füllende Datensammlung auf Knopfdruck in Sekunden nach bestimmten Mustern zu durchforsten.

Während die Natur die Zahl der zu Erneuerungen führenden Mutationen nicht beeinflussen kann, kann der Mensch durch Schaffung geeigneter Bedingungen erreichen, daß mehr Neues entsteht. Die Phantasie kann angeregt werden, und schon ein innovationsfreundliches Klima fördert die Zahl der Ideen. Die Qualität des Erziehungs- und Bildungswesen beeinflußt ebenfalls sehr direkt die diesbezüglichen Fähigkeiten der nächsten Generation. Diese wahrhaft gigantischen Möglichkeiten haben die Welt und unsere Lebensweise völlig verändert. Vieles ist möglich, an das noch vor Jahren niemand dachte bzw. zu denken wagte. Und doch können wir kaum ungetrübten Stolzes auf das Geschaffene zurückblicken. Was wir nämlich nur sehr unvollkommen beherrschen, ist die *Feinabstimmung* der einzelnen Evolutionsmechanismen. Bilden sie nicht ein *harmonisches Ganzes*, ist die Stärke der Teile unwirksam, ihre Qualität vergebens, und die Leistungsfähigkeit wird den Erwartungen nicht entsprechen können. Es wird sich zeigen, daß uns nur die rechte *Koordination* für eine weitere *Zukunft* qualifiziert.

Der Schein der modernen Gesellschaft

Die biologische Evolution setzt sich auf der Ebene des Geistes bzw. der Kultur fort. Das Wissen wird tradiert (vererbt) und durch die Phantasie erneuert. Die einzelnen Individuen kooperieren, was die Entwicklung beschleunigt. Die verschiedenartig erfolgenden Auslesen bestehen jene Ideen, von denen wir wissen bzw. annehmen, daß sie bei der tätigen Auseinandersetzung mit der Wirklichkeit (Praxis) einen Nutzen haben. Andere Neuerungen werden verworfen. Diese Auslese verleiht der Entwicklung eine Richtung, und wir sprechen von Fortschritt. Bis in Einzelheiten gleichen die der kulturellen Evolution zugrundeliegenden Mechanismen denen, die mit einer Handvoll Moleküle beginnend schließlich den Menschen hervorbrachten. Im Zeitmaß des Werdens der Arten dauert die kulturelle Evolution gerade einen flüchtigen Augenblick. Es gibt sie gerade erst. Die moderne Industriegesellschaft ist das jüngste Produkt der kulturellen Evolution. Die grundlegenden Mängel und die Gefahren für das Fortbestehen der menschlichen Zivilisation behandelt dieses Buch. Von elementaren Defekten im Sinne der oben beschriebenen Mechanismen der kulturellen Evolution soll nun die Rede sein. Ich beginne mit einigen Bemerkungen zu den Schwachstellen Geschichtsbewußtsein und Fehlerfreundlichkeit, bevor das Problem der Koordination ausführlicher behandelt wird.

Die menschliche Kultur genießt einen unschätzbaren Vorteil im Vergleich zur biologischen Evolution: Die Natur kann nur aus ihren Erfolgen lernen, aus „Fehlern" grundsätzlich nicht. Mutationen, die die Überlebenschancen nicht verbessern oder sie gar gefährden, treten immer wieder auf. Obwohl es in der biologischen Evolution einige Mechanismen gibt, die Veränderungen auf ihre Verträglichkeit hin untersuchen und gegebenenfalls verhindern, daß die Mutation wirksam werden kann, hat sie doch keinen Einfluß auf die „Ideen" selbst. Sie kann deren Rate nicht steuern und nichts über die Art der Mutation bestimmen. Außerdem ist sie bei allen Neuerungen an das Korsett der Gene gebunden. Was in deren Syntax nicht hineinpaßt, kann es nicht geben. Die kulturelle Evolution beruht auf einem in vieler Hinsicht freieren und flexibleren Speichermedium. Das heißt zunächst, daß Gedankensprünge möglich sind. Doch damit nicht genug. Ideen, die nicht realisiert sind, können durchaus gespeichert bleiben. Der Mensch ist dadurch in einem neuen Sinne lernfähig. Er ist fähig, sich an frühere Probleme, verwendete Lösungsansätze und deren Resultate zu erinnern. Er braucht also nicht immer wieder blind in die gleichen Sackgassen zu rennen. Neben den negativen Ideen und deren Resultaten sind aber auch positive frei abrufbar gespeichert. Treten vergleichbare Probleme wiederum auf, können frühere Lösungen abgerufen werden, wobei sie meist der aktuellen Situation angemessen zu modifizieren sind. Der Mensch ist vernunftbegabt; er kann sich also Vergangenes vergegenwärtigen und ist fähig, sein Tun entsprechend auszurichten. Die daraus resultierenden phantastischen Möglichkeiten können jedoch nur dann genutzt werden, wenn wir uns wirklich (und richtig) erinnern, also ein *Geschichtsbewußtsein* entwickeln und pflegen. Daran scheint es unserer vorwärtsstürzenden Kultur etwas zu fehlen.

Als ein weiteres Kriterium für den Bestand wird *Fehlerfreundlichkeit* der Technik genannt.[76] Dieser vielleicht etwas unglücklich gewählte Begriff ist nicht mit Fehlertoleranz gleichzusetzen. Er umfaßt zwar die Robustheit, die ohnehin von jedem technischen System zu fordern ist. Mit zunehmender Mächtigkeit der Technik reicht Robustheit jedoch nicht mehr aus. Es kommt immer mehr darauf an, daß die Risiken beherrschbar bleiben, also die Auswirkungen möglicher Fehler begrenzt werden. Deshalb sind Atomkraftwerke nicht fehlerfreundlich. Eine Kernschmelze ist möglich. Die Auswirkungen sind aber nicht begrenzbar. Offenbar muß es aber Grenzen geben, damit Technik nicht ihren Zweck verfehlt. Alle lebenden Systeme haben Barrieren. Die äußeren schützen sie vor Fremdeinwirkung und die inneren dämmen lokale Unregelmäßigkeiten ein. Natürlich sind die inneren Grenzen mit der Arbeitsteilung, also der Entwicklung vielfältiger Reaktionen entstanden. Das zeigt den engen Zusammenhang von Funktionsvielfalt und Begrenzung. Auch Ökosysteme können ihre Komplexität nur erhalten, wenn sie durch Barrieren geschützt sind. Mit dem Zusammenwachsen der Welt, wie man so schön formuliert, also der immer stärkeren gegenseitigen Abhängigkeit, sinkt die Fehlerfreundlichkeit des Gesamtsystems dramatisch. Außerdem kommen immer mehr Technologien zur Anwendung, deren Versagen gravierende Folgen haben kann. Wir können uns keine Technik leisten, in der es keine Fehler geben *darf*. Eine fehlerfreundliche Technik versucht nicht nur, Fehler zu verhindern, abzuwenden und ihre Folgen kleinzuhalten bzw. einzudämmen. Ideal wäre, wenn sie daraus lernen könnte. Es ist wie in der Schule: Man kann nur wirklich lernen, wenn auch Fehler gemacht werden dürfen.

Gefährden durch Erhalten

Unser Erfolg und unsere Freude am Vereinfachen hat uns, in Kombination mit unseren nicht übermäßig entwickelten Fähigkeiten, mit vielfältigen, komplizierten und vernetzten Sachverhalten umgehen zu können, dazu verleitet, die Gesellschaft in Form einer *Monokultur* zu etablieren. Grundlegende Organisationsformen sind mittlerweile weltweit die gleichen. Darüber hinaus verbinden uns weltweit die Art der Energieversorgung, die Form der Versorgung mit Nahrungsmitteln und das Wirtschaftssystem. Der Gebrauch gleicher Methoden zur Bewältigung der Aufgaben und Probleme schweißt uns alle zusammen, auf Gedeih und Verderb. Das gemeinsame Desaster wird den Erfolg zunehmend verdrängen. Spezialisierung ist näm-

---

[76] Christine und Ernst Ulrich von Weizsäcker: Warum Fehlerfreundlichkeit; in: Das Ende der Geduld, Carl Friedrich von Weizsäckers „Die Zeit drängt" in der Diskussion; Carl Hanser Verlag, München, Wien, 1987, S. 97-101

lich nur in bezug auf konstante Umweltbedingungen zweckmäßig. In einer Welt wie der unsrigen beschränkt sie langfristig die Überlebenschancen. Wer sich immer nur im Gewichtheben übt, wird in Schwierigkeiten geraten, sobald es darauf ankommt, einen Langlauf zu bestehen oder einen Fluß zu durchschwimmen. Das ist klar. Durch den Vergleich mit einer landwirtschaftlichen Monokultur wird das ausschlaggebende Defizit deutlich: Eine solche künstlich am Leben gehaltene Anbauform verspricht zwar hohe Ertragsmengen und erlaubt arbeitsparende Bodenbearbeitung, sie ist aber anfällig gegenüber Störungen, die in diesem Falle von Krankheiten und Schädlingen ausgehen. Deshalb wird vorbeugend schon einmal alles vernichtet, was der Monokultur schaden könnte. Und dann? Was tun, wenn „es" doch passiert? Dann kann man sich glücklich schätzen, wenn der GAU nur begrenzten Schaden anrichtet und eine anders bewirtschaftete Kultur bereitsteht. Genau dieser beiden Möglichkeiten berauben wir uns aber zunehmend. Alles wird immer riesiger und umfassender. Die Abhängigkeit vom reibungslosen Ablauf der Riesenmaschinerie nimmt besorgniserregend zu. Die Folgen eines möglichen GAUs wachsen. Zugleich verschwinden immer mehr Alternativen, auf die man ausweichen könnte. Die Krone der Schöpfung paßt nicht auf jedes Haupt. Sie droht abzurutschen und, statt auf den grünen, weichen Rasen zu gleiten, auf dem inzwischen luxusgefliesten Boden zu zerschellen.

Unverzichtbare Voraussetzung für Beständigkeit ist *Pluralität*, also das gleichzeitige Vorantreiben verschiedenartiger Ansätze. Ohne Vielfalt gibt es keine Flexibilität. Leider sind unsere Weltenlenker derart voreingenommen und kurzsichtig, daß sie nicht die Möglichkeit bedenken, Alternativen zu schützen. Im Gegenteil: Wann immer sich etwas Neues zeigt und zielbewußt sein Existenzrecht fordert, greift man in die Trickkiste Wettbewerb. Diese scheinbar unanfechtbare Instanz muß zur Rechtfertigung der eigenen Ressentiments herhalten. Die Idee ist nicht neu: Wer seinem gesunden Menschenverstand (oder dem anderer) nicht traut oder nicht wagt, aus moralischen oder anderen abstrakten Erwägungen zu entscheiden, schickt die (bekanntlich blinde) Justitia ins Feld. In unserem Fall hält Gevatter Markt die Waage, welche unserem Weltbild entsprechend - auch im übertragenen Sinne - genau zwei Waagschalen hat. Neigt sich die eine, hebt sich die andere. So einfach ist das. Eine Alles-oder-Nichts-Entscheidung kann jedoch letztlich nur den unter den gegebenen Bedingungen Effektivsten selektieren. Eine in zehn Jahren dringend benötigte Alternative kann diesen Vergleich (oder Wettbewerb) nicht gewinnen. Ihre Effektivität *muß* unter den gegebenen Bedingungen geringer sein, weil sie ihre Leistungsfähigkeit erst unter veränderten Voraussetzungen entfalten kann und soll. Werden nicht besondere Maßnahmen getroffen, um die Alternative zu schützen, kann sie sich weder zur vollen Leistungsfähigkeit entwickeln, noch kann sie überleben. Deshalb ist es dringend erforderlich, daß wir erfolgversprechende Ansätze abschirmen, also *isolieren*.[77]

Wäre die Industrie nicht immer auch nach dieser Methode verfahren, gäbe es heute vieles mit Sicherheit nicht. In Wirtschaftskreisen versteht man sehr wohl, wie wichtig Investitionen in die Zukunft sind und wie man sie tätigt. Da werden Technologien über Jahrzehnte durchgefüttert in der Hoffnung, eines Tages wären sie selbst und der Markt *reif,* um endlich den erhofften Vorteil zeigen zu können. Was für die Technik gilt und weitgehend auch ihren Erfolg gewährleistete, trifft leider nicht auf allgemeine Organisationsformen und gebräuchliche Methoden in Gesellschaft, Politik und Wirtschaft zu. Hier bewegt sich im Grunde nichts. Viel zu viele Ideen werden verworfen, bevor sie richtig untersucht wurden. Sie werden abgetan mit Formulierungen wie „Das Alte hat sich bewährt, ich sehe keinen Bedarf für solche Experimente...", „Das kann und wird nicht funktionieren..." oder „Der Vorschlag xy hat noch nicht die erforderliche Reife, um jetzt in großem Maßstab eingesetzt werden zu können..." Diese drei Aussagen können als typisch gelten. Wir gehen sie der Reihe nach durch. Die erste Formulierung entlarvt sich vor dem oben geschilderten Hintergrund gewissermaßen selbst. Hinter ihr verbirgt sich eine Abneigung gegenüber dem Neuen und vor allem die Angst, das gegenwärtige (oft scheinbare) Maß an Sicherheit verlieren zu können. Die zweite Aussage ist meist eine plumpe Diskreditierung. Es handelt sich um eine Prophezeiung, die sich oft selbst erfüllt, weil wegen der gegebenen Einschätzung alles unterlassen wird, was die existierenden Schwachstellen beseitigen könnte. Aus der dritten Formulierung spricht schließlich eine Geisteshaltung, die man „Singularismus" nennen könnte. Solche Leute glauben an die „Monokratie", sind also der Meinung, daß es nur *eine* alleinherrschende Methode, Organisationsform usw. geben kann. Das ist eine völlig irrige Ansicht. Sie kann nur mit Wettbewerbsbesessenheit und/oder mäßiger Intelligenz erklärt werden. Und warum bitte, muß alles in großem Maßstab eingesetzt werden?

Die mächtigen Lenker, die sich so gern als Realisten und Pragmatiker in Szene setzen, sind weder das eine noch das andere. Sie sind keine Realisten, weil sie die Komplexität der Welt, die Anzahl der wichtigen Interdependenzen und Einflußgrößen, die Vielschichtigkeit der Aufgaben und Probleme und den Charakter des Fortgangs in der Welt nicht wirklich erfassen. Sie sind in Wirklichkeit auch keine Pragmatiker, sondern einäugige Theoretiker. Denn jeder Theoretiker weiß, daß seine Vorstellungen letztlich *ausprobiert* werden müssen. Das auf theoretischem Wege erschließbare Wissen ist immer begrenzt und auf keinen Fall vollständig. Davon abge-

---

[77] Der Evolutionsbiologe Ernst Mayr hob die Isolation in den Rang eines eigenständigen Evolutionsfaktors.

sehen, kann es nur die Praxis sein, die über den Wahrheitsgehalt theoretisch erworbener Erkenntnisse entscheiden kann. Hier zeigt sich erneut die tiefe Weisheit von Erich Kästners Ausspruch „Es gibt nichts Gutes, außer man tut es" und seine Gültigkeit über den politisch-moralischen Bereich hinaus. Neue Ideen müssen praktiziert werden. Auf anderem Wege sind viele Informationen einfach nicht beschaffbar. Viele der notwendigen Erfahrungen kann man nur am Objekt sammeln. Daß dieses Sammeln von Erfahrungen zunächst im mehr oder minder geschützten Bereich vonstatten gehen muß, versteht sich von selbst. (Leider sind die sonst so ordentlich vorgehenden Deutschen so wenig Pragmatiker.)

Ich möchte betonen, daß das unverständliche Festhalten am Bisherigen vorrangig den Bereich der Politik und der Institutionen betrifft und damit primär *tiefergehende Ideen* vom Markt der Möglichkeiten fernhält. Wir werden gleich sehen, daß es auf dem Gebiet der Technik, das von wirtschaftlich denkenden Pragmatikern beherrscht wird, gerade umgekehrt ist. In beiden Fällen handelt sich um ein Problem in der Zeit. Es wird zu wenig Sorgfalt darauf verwendet, das wirklich Vorteilhafte zu suchen und Wertvolles von weniger Gutem bzw. Nützliches von Schädlichem zu scheiden. Aller Voraussicht nach wird uns die Vielfalt der Ansätze für neue gesellschaftliche Organisationsformen und grundlegende Methoden im entscheidenden Moment fehlen. Sie aber ist die Voraussetzung für die Fortführung der kulturellen Evolution. Das grundlegende Problem ist die Abstimmung zwischen dem Beharrungsvermögen auf der einen Seite und dem Veränderungswillen auf der anderen. Während die Konservativität sicherstellt, daß das Bewährte erhalten bleibt, ist die Variabilität wichtig für die Verbesserung und die Anpassung an kommende Bedingungen. Die großen Entwürfe, die kulturtragenden Ideen fehlen bisher. Wir benötigen sie, um die Zukunft meistern zu können.

Zersetzen durch Erneuern

Eine geringe Innovationsrate (wenig Mutationen) oder aber eine sehr starke endgültige Auswahl (Selektion) führen dazu, daß die Vielfalt und damit die Reaktionsmöglichkeiten des Systems irgendwann einmal zu gering sind. Mit anderen Worten: Die Flexibilität, also die Fähigkeit, unter veränderten Bedingungen neue Lösungen bzw. Reaktionen bereitstellen zu können, geht in Folge einer geringen Innovationsrate oder einer sehr starken Selektion verloren. Die mangelnde Anpassungsfähigkeit des System kann bedrohliche Züge annehmen und sich lebensgefährlich auswirken. Anpassen ist ja mehr als ein rein adaptiver Vorgang. Anpassen heißt, in der Lage zu sein, neue Lösungen, neue überlebensnotwendige Strategien für eine inzwischen veränderte Situation entwickeln zu können. Das ernüchternde Ergebnis des vorangegangenen Abschnitts war, daß es uns an grundlegenden Ansätzen und tiefergreifenden Ideen fehlt.

Natürlich können die Flexibilität bzw. die Innovationsrate der Kultur nur vor dem Hintergrund der Änderungsgeschwindigkeit der Umweltbedingungen *bewertet* werden. Das negative Urteil kann nur dann richtig sein, wenn sich die in bezug auf die zu bewertenden Vorgänge *äußeren* Umstände wirklich schnell ändern. Wandeln sich die Umweltbedingungen nur sehr langsam, kann eine geringe Innovationsrate völlig ausreichend sein. Freilich muß die passende Mutante gerade dann verfügbar sein, wenn der Selektionsdruck sehr hoch wird (alte Lösungen funktionieren nicht mehr...). Das setzt voraus, daß es gelingt, die wenigen Mutanten in der Zeit geringen Selektionsdrucks (alte Variante erfüllt ihre Aufgabe noch recht gut...) zu erhalten. Werden die Innovationen „vergessen", so muß die passende Variante gerade zum rechten Zeitpunkt erscheinen, was nur durch eine generell hohe Innovationsrate sichergestellt werden kann, also unserer Voraussetzung widerspricht. Wenn ich nun behauptet habe, daß sich unsere Kultur einer großen Gefahr aussetzt, weil ihre wirksame Innovationsrate der tiefergehenden Ideen zu gering ist, so bedeutet das gleichzeitig, daß der Selektionsdruck kritisch geworden ist und daß sich die Umweltbedingungen rasch ändern. Nun gestaltet jeder evolutive Prozeß seine Umweltbedingungen auch selbst. Dies wird durch die reflexive Form „sich entwickeln" sehr schön zum Ausdruck gebracht. Darüber hinaus kann er in einen umfassenderen Prozeß eingebettet sein, so daß dieser die Änderung der Umweltbedingungen verursacht. Zum Leidwesen des Analytikers ist jene Konstellation sehr häufig, in der Prozesse ineinander verwoben sind. Innen und Außen sind hier nicht leicht trennbar, sie werden relativ: „A" ist Teil der Umwelt (Außenwelt) von „B" und umgekehrt. Denkt man an die biologische Evolution, wird dieser Sachverhalt sofort ersichtlich. Selbst in einem so klar erscheinenden Fall wie dem Jäger-Beute-Szenario ist die Hierarchie nicht so deutlich, wie man zunächst glauben könnte. Die Fähigkeiten des Jägers wirken zwar sehr direkt auf die Population der Beute ein. Auf der anderen Seite ist der Jäger aber auch von der Beute und ihrer Fähigkeit zur Fortpflanzung abhängig, weil er auf sie als Nahrungsquelle angewiesen ist.[78] Genauso schwierig ist es in der kulturellen Evolution, äußere und innere Bedingungen voneinander zu trennen. Das System selektiert sich

---

[78] Der amerikanische Chemiker Alfred Lotka und der italienische Mathematiker Vito Volterra haben sich schon in den zwanziger Jahren bemüht, diese wechselseitige Abhängigkeit zu beschreiben. Die Populationszahlen, so zeigte sich später, variieren unberechenbar. Das System ist chaotisch. Wen wundert es? (Siehe hierzu Klaus Bachmann: Wenn Räuber Opfer ihrer Beute werden; in: GEO Wissen, Chaos und Kreativität, Gruner + Jahr, Hamburg, 1990, S. 88-96)

Kulturelle Evolution 191

selbst. Dies kann sehr ernste Konsequenzen haben, wenn selbstorganisatorische Effekte das System nicht stabilisieren und für eine ständige Konsolidierung sorgen.

Die diagnostizierte geringe Innovationsrate an tiefergreifenden Ideen führt zu einer Gefährdung der Kultur, weil es andere Prozesse gibt, die die Umweltbedingungen relativ dazu sehr schnell ändern. Die vergleichbar sehr langsam fortschreitende biologische Evolution kommt dafür als Ursache nicht in Frage. Es gibt also einen zweiten Bereich innerhalb der kulturellen Evolution, der alles so schnell umwälzt, daß jene grundlegenden Lösungen, von denen bisher die Rede war, nicht mehr passen. Diese treibende Kraft ist die Technik und deren Entwicklung. Durch die inzwischen vollzogenen technischen bzw. technologischen Veränderungen ist der Evolutionsdruck auf den politisch-wirtschaftlichen Bereich so stark geworden, daß wir alle untergehen werden, wenn dieser Bereich nicht nachzieht bzw. die technologische Entwicklung kanalisiert und unter Kontrolle bringt. Analogien zum Jäger-Beute-Szenario sind denkbar: Die Population der Beutetiere hat unermeßlich zugenommen. Die Jäger sind träge und freuen sich über das ausufernde Nahrungsangebot. Ab und zu schnappen sie wahllos zu, den Rest des Tages verschlafen sie, verwöhnt durch den Erfolg. Sie sehen keinen Anlaß, mehr und besser zu jagen. Die Beutetiere bringen immer neue Varianten hervor. Durch die fehlende Selektion treten bei den Beutetieren aber auch immer mehr Mißbildungen auf. Doch die Vermehrung geht weiter. Schließlich schlägt die Begrenztheit der Ressourcen durch. Es kommt zum Zusammenbruch, der auch die fettgefressenen Jäger mitreißt. Es sind viele Tote zu beklagen. Die Übriggebliebenen versuchen, mit der neuen Situation fertigzuwerden, die beide völlig unvorbereitet trifft, da weder Jäger noch Beute die Situation herbeigeführt haben. Leider sind beide so schwach und degeneriert, daß sie nicht die Kraft haben, neu anzufangen. Wer ist verantwortlich? Schließlich gab es immer wieder Warnungen. Jeder wird dazu neigen, den Jäger verantwortlich zu machen. Der Jäger ist der Aktive. Er hat „die Sache" in der Hand, wenigstens prinzipiell. Was sollen die Beutetiere schon machen, anstatt sich zu vermehren, wenn alles so gut geht. Ein solches Urteil hält einer eingehenden Analyse aber nicht stand. So wenig wie die Umwelt der beiden voneinander getrennt werden kann, so wenig lassen sich die Auswirkungen der Verhaltensweisen trennen. Es waren also beide. Damit verlasse ich die Metapher und wende mich der Entwicklung der Technologie zu, einem Bereich mit hoher Mutationsrate und geringer Selektion. Die Politiker und die Wirtschaftslenker werden sich kaum in dem Begriff Jäger wiederfinden, und es besteht kein Anlaß, daß sich Techniker, Wissenschaftler und Unternehmer als Beutetier sehen.

Der Vergleich mit dem Jäger-Beute-Szenario bot sich deshalb an, weil die von Politik und Rechtssprechung ausgehenden ordnenden Einflüsse eher mit Aktivität in Verbindung gebracht werden, während die Technik - der landläufigen Auffassung nach - nur das tut, wozu sie bestimmt ist. Nun ist es sicherlich keine falsche Diagnose, daß das Gesamtsystem außer Kontrolle geraten ist. Wie kam es dazu? Unter wandelnden Umweltbedingungen kann eine zu große Konservativität unheilvolle Folgen haben. Auf der anderen Seite kann eine übermäßige Innovationsrate die innere Struktur und Lebensfähigkeit ebenso gefährden. Ähnlich wie im Jäger-Beute-System kann man jedoch in der modernen Gesellschaft Außen und Innen kaum noch voneinander trennen. Es gibt kein Außen mehr im eigentlichen Sinne. Das bedeutet jedoch nicht, daß es nicht auf die feine Abstimmung von Konservativität und Innovation ankäme. Die Verlagerung der Selektionsfaktoren „nach Innen" zieht im Gegenteil nach sich, daß auch sie aktiv und sorgsam gestaltet werden müssen. Genau an deren verantwortlicher Gestaltung fehlt es bisher. Das, was oben Utopie genannt wurde, stellt „äußere" Rahmen- oder Randbedingungen dar, die bisher unzureichend entwickelt sind. Doch darum sollte es hier nicht gehen. Die Frage lautet: Wie können unschuldige Innovationen die Lebensfähigkeit eines Systems bedrohen? Und welche Bedeutung besitzt die Koordination zwischen den einzelnen Evolutionsmechanismen?

Die neuen Entwicklungen in der Kommunikation, der Informationsverarbeitung usw. usf. eröffnen wahrhaft phantastische Möglichkeiten. Ein jeder ahnt, wie diese Technologien helfen könnten, unser Leben zu erleichtern und zu bereichern. Wir wissen, daß das Leben reich, glücklich und unbeschwert sein könnte. Dieses Wissen indes ist mehr durch den Intellekt vermittelt, als daß wir es als gewiß empfinden würden. Wenn wir die neuesten Nachrichten sehen, beschleicht uns unwillkürlich das schwer widerlegbare Gefühl, daß sich scheinbar alles zum Schlechten entwickelt. Dann *machen* wir uns *bewußt*, daß es auch Zeichen des Guten gibt. Wir *argumentieren*. Der resignierenden jungen Generation versuchen wir zu *erklären*, daß ihr negatives Weltbild nicht stimmen muß. Schon die Tatsache, daß man hier argumentieren muß, zeigt untrüglich, daß sich wirklich „alles zum Schlechten" hin entwickelt. Aber ist es nicht so, daß die Menschheit lediglich das tut, was die Evolution seit Jahrmilliarden tut? Innovationen hervorbringen, diese bewerten und auswählen? Was machen wir falsch? Enthält der Raum der Möglichkeiten, in dem wir tasten, keine besseren Varianten mehr? Eine Eventualität, die wir bedenken sollten, die aber fatal wäre, weil wir unter diesen Umständen keine Chance mehr hätten, unsere Lage zu verbessern. Zum Glück ist es nicht so. Wir machen alles „richtig", aber zu schnell, wie Peter Kafka glänzend analysiert.[79] Es ist wieder einmal die Rolle der Zeit, die alles entscheidet.

Um dies aufklären zu können, müssen wir noch einmal zu einigen Grundlagen zurückkommen: Es ist unbestreitbar, daß durch willkürliches Herumhämmern auf einer Schreibmaschine nicht zufällig Goethes Werke entstehen. Dieser antiquierte, falsche Einwand gegen die Evolutionstheorie stellt eines richtig dar: Das Wahrscheinliche ist das Ungeordnete. Diese Aussage entspricht dem Entropiesatz. Das bedeutet aber folgendes: Ist die Auslese wenig wirksam, so geschieht nur das Wahrscheinliche. Was bedeutet aber Wirksamkeit der Selektion? Es wird uns kaum helfen, wenn wir über die konkreten Kriterien einer Auswahl zu diskutieren anfangen. Hier wird jeder seine eigenen Ansichten haben. Sie sind an das konkrete Objekt gebunden, kaum verallgemeinerungfähig, und wahrscheinlich sind (fast) alle falsch. Würde es nämlich so etwas wie klare feststehende Kriterien für die Selektion geben, so hätten wir es nicht mit einem evolutionären Prozeß, also einem prinzipiell offenen Vorgang, zu tun. Dennoch lassen sich Randbedingungen formulieren, die die grundsätzlich bestehende Lücke überbrücken helfen. Daß wir nicht angeben können, *was* getan werden muß, heißt nicht, daß man nicht sagen könnte, *wie* man verfahren muß, damit etwas Bestimmtes passiert bzw. etwas anderes nicht. Ein sehr allgemeines Auswahlkriterium haben wir schon kennengelernt: die sogenannte Fehlerfreundlichkeit. Es wird nicht viele solcher allgemeinen Kriterien geben. Die wichtigste Bedingung fehlt noch. Offenbar hängt alles an der Wirksamkeit der Selektion. Der Effekt der Selektion ist prinzipiell nicht im voraus bestimmbar. Also: Unter welchen Bedingungen ist die Selektion wirksam? Die gesuchte Antwort lautet: Wenn die Selektion stattfinden kann. Auf die Frage: Unter welchen Bedingungen wird die „erforderliche" Lösung selektiert?, kann man nur antworten: Wenn diese Lösung selektiert werden kann. Diese Aussage ist tautologisch. Alle Aussagen, die die Zukunft eines evolutionären Vorgangs betreffen, müssen aufgrund seines nichtdeterministischen Charakters tautologisch sein. Das braucht uns zunächst nicht zu stören. Aus der lapidaren Antwort läßt sich nämlich einiges ableiten. Kurz und gut muß die Auswahl der erforderlichen Variante genügend wahrscheinlich sein.

Damit die erforderliche Variante selektiert werden kann, muß sie zunächst einmal auftreten. An einer zu geringen Mutationsrate fehlt es im Bereich der Technik nun wirklich nicht. Die entsprechende Variante muß aber auch

---

[79] Peter Kafka: Das Grundgesetz vom Aufstieg; Vielfalt, Gemächlichkeit, Selbstorganisation: Wege zum wirklichen Fortschritt; Carl Hanser Verlag, München, Wien, 1989 und
Peter Kafka: Gegen den Untergang, Schöpfungsprinzip und globale Beschleunigungskrise; Carl Hanser Verlag, München, Wien, 1994

genügend lange leben, um sich zu ihrer vollen Funktionsfähigkeit entwickeln zu können. Wenn es während dieser Zeit jedoch zu großen Veränderungen kommt, kann sich die „bessere" Mutante nicht zur vollen Komplexität entwickeln. Genauer gesagt, können sich in diesem Fall die Varianten nicht zu einem funktionierenden Subsystem zusammenfinden, weil die zur Verfügung stehende Zeit dafür nicht ausreicht und die Umweltbedingungen zu instabil sind. Eine zu große Innovationsrate verhindert also, daß sich die existierenden Varianten zu einem stabil funktionierenden Ganzen verbinden. In einer Welt, in der so vieles miteinander zusammenhängt, ist es wichtig, daß sich Funktionszusammenhänge bilden und stabilisieren können. Bestehende Einheiten müssen sich auf die neue Situation einstellen können. Die neuen Einheiten müssen sich entwickeln und ins Gesamtsystem einbinden. Dies alles braucht Zeit. Treten Innovationen mit einer Geschwindigkeit (Rate) auf, die z. B. über der typischen Lebensdauer einer funktionierenden Variante liegt, so werden die neuen Varianten einfach hinzugefügt, ohne daß die Möglichkeit besteht, daß sie sich *einfügen*. Das wahrscheinliche Ergebnis ist, daß die für seine Lebensfähigkeit so wichtige Komplexität des Gesamtsystem abnimmt. Aus dem Aufstieg zum Besseren wird Niedergang. In der kulturellen Evolution hat die Innovationsrate immer auch etwas mit der Art der Selektion zu tun. Die segensreichen Schöpfungen der Technik landen ja nur dann auf unseren Gabentischen, in den Fabrikhallen, den Büros oder in den Arsenalen, nachdem sie schon eine Reihe von Selektionen hinter sich haben. Bei der heutigen schnellen Folge der neuen Varianten kann keine wirksame Auswahl im Interesse des Funktionierens des Gesamtsystems stattfinden. Die Wirksamkeit der Selektion wird durch die hohe Innovationsrate untergraben. Wir können alle nur das Gute wollen und fördern, es zerrinnt uns in den Fingern. Die Welt treibt dem Niedergang zu. Zwei Illustrationen sollen für mehr Klarheit sorgen.

Stellen Sie sich vor, Sie haben eine Bibliothek, die hervorragend funktioniert: Ein Hinweis, Autor, Titel oder auch nur ein Stichwort, schon können Sie eine Reihe von Büchern oder Zeitschriftenartikeln empfehlen. Die Bücher und Hefte sind schnell gefunden, und der Besucher kann sich in die Lektüre vertiefen. Alles funktioniert prima. Die Bibliothek ist ein hochkomplexes System, ein effizient arbeitender Dienstleistungsbetrieb. Plötzlich steigt die Zahl der Neuerscheinungen rapide an. Anfangs besteht das Hauptproblem darin, die Publikationen zu beschaffen. Kurze Zeit später werden Sie immer häufiger erst durch Bibliotheksbesucher auf Neuheiten aufmerksam. Das eigentliche Problem, welches auch zunehmend Verärgerung hervorruft, ist jedoch, daß Sie mit der Titelaufnahme, dem Einsortieren und der Pflege Ihrer Kataloge immer mehr in Rückstand geraten, obwohl Sie extra dafür neue Mitarbeiter eingestellt bzw. selber ausgebildet haben. Es ist nicht zu schaffen, immer mehr Bücher und Zeitschriften kommen heraus. Im Falle einer extrem hohen Quote an Neuerscheinungen stehen alle Bibliotheksbesucher schließlich nur noch vor dem Regal „Neuerscheinungen". Kaum einer benutzt die zwangsläufig veralteten Kataloge. Niemand fragt Sie. Die Bibliothek ist eine Anhäufung von Büchern geworden, nichts weiter. Den komplexen Dienstleistungsbetrieb gibt es nicht mehr. Was ist passiert? Die Bibliothek hat alles getan, um der Flut Herr zu werden, hat sich vergrößert, auf elektronische Datenverarbeitung umgestellt usw. Die Verlage haben ihre strengen Auswahlkriterien nicht verwässert, sie mußten sogar aufgrund der einsetzenden Flut verstärkt werden. Die Lektoren machten Überstunden. Wer hat den Zerfall der Bibliothek verschuldet? Niemand. Es kam einfach so. Es geschah so unmerklich. Als die ersten warnend die Stimme erhoben, waren die Weichen schon gestellt. Kaum einer wollte oder konnte auch etwas ändern, denn allen war intuitiv klar, daß es der Bedarf an Informationsmaterialien war, der früher oder später den Niedergang der Bibliothek herbeiführen würde. Konnte man der Nachfrage die „Schuld" geben, sollte man sie steuern? Eine wahrhaft heikle Frage. Deshalb ließ man lieber alles laufen. Dabei war mindestens den Entscheidungsträgern klar, daß alle auf das Funktionieren der Bibliothek angewiesen waren. - Genau das gleiche Schicksal ereilt gerade unsere Kultur. Ein folgenschwerer Organisationsfehler zerstört die Komplexität der Gesellschaft. Wer ist verantwortlich? Obwohl alle, die in dem Unternehmen Gesellschaft mitwirken, für den Mißerfolg haften müssen, wäre es absurd, alle gleichermaßen für einen „betrieblichen" Organisationsfehler verantwortlich machen zu wollen. Das Management hat seine Pflichten vernachlässigt. Aber darum sollte es hier gar nicht gehen. Das Beispiel Bibliothek und Verlage hat gezeigt, daß eine übermäßig anwachsende Flut an zu verarbeitender Information jedes geordnete System zerstören kann.

Die kritische Grenze der Belastbarkeit bzw. Leistungsfähigkeit soll mit dem zweiten Beispiel verdeutlicht werden. Wir stellen uns einen Ingenieur vor, der, wie sollte es anders sein, Technik der Spitzenklasse entwickeln soll. Nach Abschluß seines Studiums beginnt er - hochmotiviert und bestens ausgebildet - seine Tätigkeit in einem Industriebetrieb, der technisch, personell und finanziell zureichend ausgestattet ist. Nach einer relativ kurzen Einarbeitungszeit ist unser Ingenieur fit, die Wunder, die man von ihm erwartet, zu vollbringen. Das gelingt ihm und seiner Arbeitsgruppe auch. Warum nicht. Der Erfolg ist da, doch er währt nicht lange. Nach kurzer Zeit ist das „Wunder" veraltet. Unser junger Freund arbeitet sich in eine neue Technologie ein. Vielleicht entwickelt er sie selbst maßgeblich mit. Man könnte sogar annehmen, daß er zu einer Art Guru der neuen Technologie avanciert. Sein Chef ist glücklich und wartet auf marktfähige Produkte. Da kommt die nächste bedeutende Neuerung. Der Ingenieur aus unserem Beispiel kommt ins Schwitzen, wälzt erneut Bücher, belegt Kurse und bildet sich weiter. Schließlich beherrscht er auch das neueste Wissen. Indes wartet sein Chef immer noch auf die Produkte. Zum Entwickeln marktfähiger Produkte war einfach nicht genug Zeit. Aus dem Entwicklungskollektiv ist ein Studierverein geworden, ein Funktionsverlust, den die Firma auf die Dauer nicht überleben wird. (Es handelt sich um ein hypothetisches Beispiel. In der Realität würde sich alles vermutlich nicht derart zuspitzen.) Wer Lust hat, kann die Geschichte noch weiterspinnen. Steigt die Innovationsrate weiter an, wird der junge Ingenieur irgendwann die Segel streichen müssen (zumal wenn er eben nicht mehr ganz jung ist). Es ist ihm nicht möglich, die Übersicht zu behalten, die neuesten Entwicklungen zu überschauen, weiterzudenken, zu verstehen und seiner eigentlichen Aufgabe entsprechend Spitzenprodukte herzustellen. Seine Aufnahmefähigkeit (Informationen pro Zeit) ist einfach begrenzt. Die Zeit bis zum Ende kann durch Ausdehnung der Arbeitsteilung verlängert werden, verhindern läßt es sich nicht. Ein Mensch kann umfassende Bildung oder Gelehrtheit nur dann erwerben, wenn die Innovationsrate einen bestimmten Wert nicht überschreitet. Dieser Wert ist durch die geistige Aufnahmefähigkeit des Menschen bestimmt. Aus diesem Grunde bricht unsere Gesellschaft auseinander, wenn das Maß der Veränderung innerhalb einer Generation sehr groß ist. *Das* ist das Krankheitsbild unserer Kultur. Der Entwicklungsprozeß, in dem sich unsere Gesellschaft befindet, wird immer instabiler. Die Klammer, die alles irgendwie zusammenhält oder miteinander verbindet, kann es nicht mehr geben.

Vielleicht würden wir besser verstehen, was mit uns derzeit passiert und in welcher Gefahr wir schweben, wenn wir über ein brauchbares Maß für Komplexität verfügen würden. Ich habe gesagt, daß die Komplexität des betrachteten Systems drastisch abnimmt, wenn die Innovationsrate in unverträglicher Weise zunimmt. Das scheint der Beobachtung zu widersprechen: Unsere Welt wird immer komplizierter und undurchschaubarer. Ja, komplizierter, aber nicht komplexer! Was „verwirrend" ist (so der Wortstamm) muß noch lange nicht „umfassend, alles verknüpfend" sein. Kompliziertheit signalisiert mögliches Versagen, Komplexität weist dagegen auf Funktionieren hin. Ich bin auch nicht fähig, eine einigermaßen vernünftige Definition für Komplexität zu geben. Ich will auch nicht, daß es so aussieht, als würde ich es versuchen. Nur soviel sei noch gesagt: Komplexität ist eine Eigenschaft evolvierender Systeme. Sie ist notwendig für das Funktionieren oder die Lebensfähigkeit des Systems. Das Maß an Komplexität zeigt gewissermaßen den Gesundheitszustand oder die vorhandene Lebenskraft an. Komplexität ist ein Ergebnis der Evolution und vielleicht deshalb so schwer als deren Grundlage zu beschreiben. Komplexe Systeme weisen einen hohen Grad an Stabilität auf, weil sie infolge ihrer Komplexität über eine Vielzahl von Reaktionsweisen und -möglichkeiten verfügen.

Das Hauptproblem unserer Kultur ist die fehlende *Koordination*, wie ich es oben genannt habe. Die mangelnde Abstimmung von Tradition und Idee oder Konservativität und Veränderungsfähigkeit wird uns allem Anschein nach das Genick brechen. Die Entscheidung, ob Fortschritt ein wirklicher Aufstieg oder aber eigentlich ein Niedergang ist, entscheidet sich dadurch, wie viel Zeit und Sorgfalt darauf verwendet wird, im Raum der Möglichkeiten nach dem Vorteilhaften zu tasten und wieviel Mühe darauf verwendet wird, Wertvolles von weniger Gutem, Nutzlosem und Schädlichem zu scheiden. Im Moment jagen wir einfach dem Neuen nach. Die Flut vor allem technischer bzw. durch Technik bedingter Innovationen *zersetzt* unsere Kultur und raubt ihr den Lebensnerv. Peter Kafka empfiehlt daher im vollen Bewußtsein der Schwierigkeit des Unterfangens, auf *schnellstem* Wege auf *Gemächlichkeit* zu setzen. Dabei darf sich die geforderte Gemächlichkeit nicht allein auf die Sorgfalt der Auslese usw. beziehen, die von sich aus schon die Innovationsflut eindämmen wird, sondern sie muß auch die Ausbreitung des Neuen einschließen. Breiten sich nämlich die Neuerungen wie bisher in Windeseile global aus, so wird die unentbehrliche Komplexität und Vielfalt wiederum reduziert, und es besteht die Gefahr, daß sich ein vermeintlicher Erfolg schon global ausgebreitet hat, bevor er seine Nützlichkeit (oder Unbedenklichkeit) unter Beweis stellen konnte. Auch in dieser Hinsicht nehmen also *Isolation* bzw. *Regionalisierung* der Aktivitäten einen wichtigen Rang ein.

In der Tat wird es darauf ankommen, inwieweit wir den Innovationsterror durch Wissenschaft und Technik drosseln können. Es handelt sich nicht um ein Problem der Technik oder der Ingenieure und Wissenschaftler. Wir haben es mit einem ernsten *Koordinationsproblem* zu tun, das, wenn es nicht bald gelöst wird, den Erfolg der gesamten kulturellen Evolution in Frage stellen wird. Das hat nichts mit Technikfeindlichkeit zu tun. Leider machen wir uns zu wenig Gedanken über den Einfluß der Technik. Dazu drei Zitate von Neil Postman [80]:

> Neue Technologien konkurrieren mit alten - um Zeit, um Aufmerksamkeit, um Geld, um Prestige, aber vor allem um die Vorherrschaft ihrer Weltdeutung.
> Eine neue Technologie fügt nichts hinzu und zieht nichts ab. Sie verändert vielmehr alles.
> Neue Technologien verändern die Struktur unserer Interessen - die Dinge, *über* die wir nachdenken. Sie verändern die Beschaffenheit unserer Symbole - die Dinge, *mit* denen wir denken. Und sie verändern das Wesen der Gemeinschaft - die Arena, in der sich Gedanken entfalten.

Ich will diese Gedanken nicht näher ausführen und mich auf zwei Bemerkungen beschränken. Wenn wir den direkten Einfluß der Technik auf die

---

[80] Neil Postman: Das Technopol: Die Macht der Technologien und die Entmündigung der Gesellschaft; S. Fischer Verlag, Frankfurt/Main, 1992

Geschicke der Gesellschaft eindämmen, werden wir sehr genau über unsere Bedürfnisse nachdenken müssen. Dabei sei daran erinnert, daß viele technische Entwicklungen in der Tat lediglich „verbesserte Mittel zu einem unverbesserten Zweck" sind, wie Postman so treffend anführt. Immer mehr und schnellere Computer werden eingesetzt, um der steigenden Flut von Information Herr werden zu können. Gleichzeitig ist aber nur dieser Computer in der Lage, eine entsprechende Flut von Informationen zu erzeugen und fortzuschicken. Mit Sicherheit lassen sich noch mehr Konstrukte dieser Bauart finden. Dabei wäre es absurd, „den Computer" zu verfluchen. Technik ist immer ambivalent. Sie zeigt stets all ihre Vorteile und versucht, all ihre Vorzüge auszuspielen. Eine Technik, die sich nicht auf diese Weise exponiert, ist schwer vorstellbar. Wir müssen jedoch mehr Mühe darauf verwenden zu *erforschen*, wem die Vorzüge vorrangig zuteilwerden und wer die Nachteile auszugleichen hat. Es ist nicht von vornherein klar, wer verliert und wer gewinnt.

Als letztes möchte ich daran erinnern, daß die Zeit zwischen dem frühen 17. Jahrhundert und der Mitte des 19. Jahrhunderts auch beachtliche, bis heute tragende kulturelle Werte hervorgebracht hat. Ein Bildungssystem wurde etabliert, also ein Schulsystem geschaffen, wie wir es heute im wesentlichen noch haben. Außerdem wurde mit dem Parlamentarismus ein neues politisches System entwickelt, auf das sich auch die modernen Industriestaaten noch stützen. In diesen also durchaus fruchtbaren 200 Jahren hatte die Kultur Zeit, sich auf den Buchdruck einzustellen. Es wurden keine Erfindungen gemacht, die die Informationsverarbeitung revolutionierten oder wesentlich veränderten. Wir glauben heute, daß viele unserer jetzigen Probleme den Einsatz von neuer Technik unbedingt erforderlich machen und daß sie damit im Zusammenhang stehen, daß nicht genügend Informationen zur rechten Zeit zur Verfügung stehen. Das ist falsch. Falsch ist auch die Vorstellung, daß wir unsere Ziele nur dann erreichen können, wenn wir den Methoden und Verfahrensweisen eine möglichst große Eigenständigkeit und Freiheit zugestehen. Ständig blockieren wir die Wege zu wirklichen Lösungen, weil unsere Überlegungen stets unmittelbar bei der Frage einsetzen, wie zu verfahren sei, statt mit der viel wichtigeren Analyse des Ziels und der Frage nach dem Warum.

Künstliche Evolution

Die Mechanismen der Evolution wurden bereits ausführlich erläutert, ihre Zweckdienlichkeit ist auch ausreichend gewürdigt worden. Wenn ich das Thema abschließend nochmals kurz aufgreife, dann, um auf die praktische (technische) Anwendbarkeit der Strategien der Evolution hinzuweisen.

Motivierend wirkt dabei die Überzeugung, daß die Prinzipien der Evolution eines Tages zu einem Modell für den kulturellen Fortschritt werden. Schon heute gibt es, wenn auch vereinzelt, Anwendungen auf dem Gebiet der Technik. In dem Maße, wie sich dort evolutionäre Strategien etablieren können und zu eindrucksvollen Resultaten verhelfen, werden auch andere Gebiete des gesellschaftlichen Lebens diese Ideen aufgreifen und zu nutzen versuchen. Immer ist zu bedenken, daß es von der Erkenntnis, daß ein Entwicklungsprozeß den Prinzipien der Evolution unterliegt, über das genaue Verständnis der zugrundeliegenden Vorgänge bis hin zur Fähigkeit, dieses Wissen zur Lösung von anstehenden Aufgaben und Problemen gezielt einsetzen zu können, ein langer Weg ist.

Die biologische Evolution verbessert schrittweise die Tauglichkeit der Organismen und löst damit ein Optimierungsproblem auf sehr effektive Weise. In der Technik werden seit langem Optimierungsaufgaben auf mathematischem Wege gelöst. Ein einfaches Beispiel einer solchen Aufgabe, wie wir sie alle einmal in der Schule gelöst haben, besteht darin, eine (zylindrische) Konservendose vorgegebenen Fassungsvermögens (Volumen) so zu konstruieren, daß möglichst wenig Blech verbraucht wird. Die zu minimierende Zielfunktion ist hier die Oberfläche O der Konservendose; als Nebenbedingung tritt ein bestimmtes Volumen V auf.

$$O = 2 \times \pi r^2 + 2 \pi r \times h \Rightarrow \text{Min.} \qquad \text{mit:} \qquad V = \pi r^2 \times h$$

In diesem Fall ist nicht nur die Aufgabe rasch in die mathematische Form gebracht, sondern auch einfach gelöst. Der Radius muß entsprechend $r^3 = V / (2 \pi)$ gewählt werden[81], die zugehörige Höhe erhält man aus der Nebenbedingung. Die Lösung lautet also:

$$2 r = h.$$

(Der Durchmesser ist gleich der Höhe.) Nicht immer gelingt es, die Lösung in einer solch allgemeinen Form zu präsentieren. Aber auch mit folgender Antwort wäre man zufrieden: Für ein Fassungsvermögen von 1 Liter lauten die Optimalwerte: $r = 5{,}42$ cm und $h = 10{,}84$ cm. Zahlreichen physikalischen Theorien liegen Extremalprinzipien zugrunde. So können die Bewegungsgesetze mechanischer Systeme aus dem Prinzip der kleinsten Wirkung (Hamilton'sches Prinzip) gewonnen werden usw. Doch das soll hier nicht weiter vertieft werden.

---

[81] Lösung: Man ersetzt mit Hilfe der Nebenbedingung (Volumengleichung) in der Zielfunktion O(r,h) die Höhe h des Zylinders durch ihren Radius r und erhält eine neue Zielfunktion O(r). Darin muß der Radius r so gewählt werden, daß die Oberfläche minimal wird. An Extremalstellen verschwindet der Differentialquotient $dO/dr = 4 \pi r - V / r^2$. Eine Prüfung der zweiten Ableitung ergibt, daß es sich wirklich um ein Minimum handelt.

Die Anwendung dieser klassischen Optimierungsverfahren ist immer dann angeraten und effektiv, wenn man viel Wissen über das Objekt besitzt und die Zahl der Variablen des Systems verhältnismäßig gering ist. Um ein Optimum auf mathematischem Wege finden zu können, muß das Systemverhalten natürlich in Form eines mathematischen Modells vorliegen. Die Forderung der Modellierbarkeit ist bisher nur bei relativ einfachen Systemen erfüllt, über deren innere Wirkungsweise wir genauestens informiert sind. Ein weiteres Kriterium betrifft die Umwelt des Objekts. Wird es durch zufällige Störungen maßgeblich beeinflußt, so kann dies eine mathematische Lösung unmöglich machen. Nicht immer kann das Optimum durch Berechnung gewissermaßen in einem Zug ermittelt werden. Häufig gelingt es nicht einmal, ein geschlossenes mathematisches Modell des Objekts zu erstellen. In wieder anderen Fällen ist die Anzahl der freien Variablen einfach zu groß. Um die optimale Variante eines solch komplizierten Systems zu finden, muß man dann die Strategie der Evolution anwenden. Ein derartiges Vorgehen ist mehr als nur ein Ausprobieren zufälliger Mutanten. Vielmehr müssen klare Kriterien formuliert werden, nach denen schlechtere Lösungen verworfen werden, während bessere Lösungen die Chance erhalten, in der nächsten Generation weiter verändert zu werden. Demzufolge ist auch hier eine Qualitätsfunktion erforderlich. Meist enthalten technische Fragestellungen automatisch eine eindeutige Formulierung der zu optimierenden Größe. In nicht-technischen Gebieten ist das Ziel dagegen oft nicht allgemein anerkannt, oder es kann nicht präzise entschieden werden, welche der Varianten die bessere ist. Als die grundlegendste Voraussetzung für eine Anwendbarkeit evolutionärer Optimierungsstrategien erweist sich daher eine klare *Zielvorstellung* sowie die Kenntnis der tatsächlichen, manipulierbaren *Einflußfaktoren*. Diese Informationen müssen in einer geschlossenen Form zusammengefaßt vorliegen. Ein Versuchsaufbau mit einer Meßvorrichtung zur Bestimmung der erreichten Qualität und Einstellschrauben, mit deren Hilfe die Einflußfaktoren verändert werden können, erfüllt bereits die Aufgaben einer Qualitätsfunktion. - Die wichtigste Voraussetzung für den Erfolg einer solchen Optimierung ist die richtige Wahl der Regeln, nach denen die existierenden Varianten zufällig variiert werden. Das betrifft weniger die Verteilung der Mutationen (große Schritte sind seltener als kleine Veränderungen) als vielmehr deren absolute Größe. Bei sehr kleinen Mutationsschritten kann man erwarten, daß Verbesserungen und Verschlechterungen etwa gleich wahrscheinlich sind. Dafür sind die erreichbaren Verbesserungen aber ebenfalls sehr klein. Sind die Mutationsschritte dagegen groß, so sind die erreichbaren Verbesserungen ebenfalls groß, aber entsprechend unwahrscheinlich bzw. selten. Trotz dieser objektiven Schwierigkeiten konnte eine Reihe von technischen Optimierungsaufgaben mit evolutionären Mitteln erfolgreich gelöst werden, deren Bearbeitung auf mathematischem Wege unmöglich war.

Epilog

Für die meisten von uns ist die Welt unfaßbar und kaum zu begreifen. Dieser Eindruck resultiert nicht so sehr aus der Komplexität der Schöpfung, von der wir einen immer größeren Teil erforschen: Wir können davon ausgehen, daß die Welt den Menschen in früheren Zeiten nicht minder rätselhaft erschien. Vielmehr fehlt uns Heutigen ein in sich konsistentes Weltbild, in das sich die meisten Tatsachen, Fakten und Befunde einfügen, wobei Verbindungen, Beziehungen und Wechselwirkungen zwischen ihnen sichtbar werden, die letzlich zu einer Bewertung der neuen Einzelheiten führen. Die Leistungsfähigkeit eines Weltbildes ist nicht dadurch bestimmt, wie adäquat es die Welt widerspiegelt, sondern allein dadurch, inwieweit es in der Lage ist, die täglich auf uns einströmenden Tatsachen in einer Weise zu integrieren, daß der einzelne daraus Orientierungs- und Entscheidungshilfen beziehen kann. Noch stärker als bei anderen komplexen Systemn resultiert die Leistungsfähigkeit eines Weltbildes nicht aus der Zahl der enthaltenen Teilsysteme, sondern aus dem Grad ihrer Vernetzung und der Stärke und Ausgewogenheit der Wechselwirkungen untereineinander. In dem Maße, wie wir ein integrierendes Gesamtbild zurückgewinnen, werden wir uns aus der Rolle der unmündigen Objekte und Opfer der Geschichte befreien und zu potenten Gestaltern unserer gemeinsamen Zukunft entwickeln können. Dazu wird es notwendig sein, daß an unseren Schulen weniger die Vermittlung von Tatsachen im Vordergrund steht, sondern die Darstellung der Entwicklung unseres Wissens über die Welt und der zu ihrer Gestaltung jeweils angewandten Methoden. Eine solche geschichtsorientierte Bildung wird sich nicht in der Aufreihung historischer Daten erschöpfen, sondern die Probleme, Aufgabenstellungen, Ziele, Absichten, Intentionen, Träume, Motivationen und Vorstellungen unserer Vorfahren einbeziehen, also all jene Dinge berücksichtigen, deren Kenntnis für das Verständnis unserer heutigen Umwelt erforderlich ist. Wir beginnen, das Rätsel des Lebens zu begreifen, indem wir die Geschichte seiner Entstehung nachzuzeichnen versuchen. Wir werden die Probleme unserer Kultur nur dann lösen können, wenn wir über ihre Entwicklung Bescheid wissen, das Werden der Kultur als Evolution eines komplexen lebendigen Systems begreifen und anfangen, unsere Methoden entsprechend zu gestalten.

Teil D - *Menschheit in der Fremde*

Der Mensch selbst und all seine Fähigkeiten sind Ergebnis eines Hunderte von Millionen Jahre währenden evolutiven Prozesses. Wir tragen diese Geschichte in uns. Die Evolution verfolgt kein Ziel. Jede der schrittweisen Verbesserungen stellten Fortschritte hinsichtlich der jeweiligen, aktuellen Gegebenheiten dar. Alle Neuerungen bauen auf dem Bestehenden auf. Die Eigenheiten dieses Prozesses haben ihre Spuren hinterlassen. Das gilt natürlich auch für den Menschen und seine Geistesgaben. Geht es um *menschliches Erkenntnisvermögen* und *soziales Verhalten* wird diese im Prinzip allgemein bekannte Tatsache allerdings gern verdrängt. Wegen der weitreichenden Konsequenzen ist es dringend erforderlich, daß wir uns mit den Fähigkeiten und Fertigkeiten des Menschen unvoreingenommen und sachlich auseinandersetzen. Dies ist möglich auf der Grundlage der wissenschaftlichen Betrachtungsweise der Evolutionsbiologie.

Den abenteuerlichen Aufstieg typisch menschlicher Eigenschaften zu verfolgen, ist nicht nur eines der spannendsten Unterfangen überhaupt. Die Analyse führt darüber hinaus zu einigen Konsequenzen. Auch wenn die steile Karriere des Menschengeschlechts kaum etwas an Größe verliert und die Fähigkeiten menschlichen Erkennens keineswegs weniger faszinierend sind, erscheint doch manches in einem anderen Licht. Althergebrachte Annahmen über die Leistungsfähigkeit der menschlichen Auffassungsgabe müssen zumindest teilweise revidiert werden. Dies lehrt die Geschichte ihrer Entstehung. Doch das Problem kommt aus einer anderen Ecke. Alle Tiere sind angepaßt. Warum soll die Leistungsfähigkeit des Menschen dann plötzlich unzureichend sein? Der Grund dafür wurde bereits genannt. Die kulturelle Evolution hat die biologische abgelöst. Sie ist ihr davongeeilt. Die Brisanz dieser Tatsache wird erst dann klar, wenn man sich vergegenwärtigt, daß konstitutive Elemente menschlichen Erkenntnisvermögens sowie wesentliche Teile des Sozialverhaltens in der biologischen Phase der Evolution entstanden sind und daß die Ausformung dieser Leistungen innerhalb unermeßlich langer Zeiträume erfolgte, in denen sich die Lebensumstände von unseren heutigen gravierend unterschieden. Nach der Analyse der Beschaffenheit dieser Leistungen und eventuellen Aussagen über deren Leistungspotential, die sich aus der Betrachtung der Entstehungsgeschichte ergeben, wird eine Grundthese dieses Buches untermauert: Demnach resultieren viele unserer heutigen Probleme daraus, daß der Mensch sich in eine Welt gestellt sieht, die ihm aufgrund seiner inneren Konstitution eigentlich fremd ist und für die er nur unzureichend gerüstet ist. Der etwas provokative Titel „Menschheit in der Fremde" ist in diesem Sinne zu verstehen und durchaus ernst gemeint. Die in mancher Hinsicht niederschmetternde Diagnose fällt aber kein fatalistisches Urteil. Doch dazu bald mehr.

Evolution des Erkenntnisvermögens

Entstehung des Erkenntnisapparates

Eine Erkenntnis ist stets ein unmittelbar oder doch mittelbar biologisch förderndes psychisches Erlebnis.

Ernst Mach [82]

Es wurde oben schon erläutert, daß Evolution ein Prozeß des Wissenserwerbs über die Außenwelt ist. Durch den Einfluß der Umwelt auf die Selektion finden bestimmte Eigenschaften eben dieser Umwelt notwendigerweise ihren Niederschlag in den Merkmalen der Lebewesen, also z. B. im Körperbau. Alle Lebewesen sind demnach *Abbilder* von Eigenschaften ihrer Umwelt. Nun würden wir kaum auf den Gedanken kommen, daß beispielsweise ein Photo allein eine Erkenntnis verkörpert. Die Erkenntnisfähigkeit würden wir einem solchen System nur dann zugestehen, wenn die aus der Umwelt aufgenommenen Informationen in irgendeiner sichtbaren Weise Konsequenzen zeitigt. Von Erkenntnis reden wir nur, wenn das Abbild oder der *widerspiegelnde* Apparat auch zu passenden Reaktionen fähig ist, also das Bild, das er hat oder sich macht, zu nutzen weiß. Es gibt zwei grundsätzlich unterschiedliche Formen solcher Reaktionen. Im *ersten* Fall driftet die typische Ausstattung der Individuen einer Art über lange Zeiträume hinweg dadurch, daß die Individuen in unterschiedlichem Umfang dazu fähig sind, unter den gegebenen Bedingungen Nachkommen hervorzubringen. Die Reaktion besteht hier also in der biologischen Evolution, die immer neue Formen, Typen und Fähigkeiten der Individuen hervorbringt. Die *zweite* Art von Reaktionen sind die Antworten des Individuums auf kurzfristige Änderungen von Eigenschaften der eigenen Umwelt. Das können Regelvorgänge zur Aufrechterhaltung des inneren Milieus sein oder motorische Reaktionen, die das Lebewesen aus einem ungünstigen äußeren Milieu entfernen oder in ein angenehmeres bewegen sollen. Die beiden Formen sind nicht nur deshalb so grundsätzlich verschieden, weil hier sehr ungleiche Zeitmaßstäbe eine Rolle spielen, sondern weil die biologische Evolution

---

[82] Ernst Mach (1838-1916): österreichischer Physiker und Philosoph.

eine bleibende Änderung konstituiert, während die individuelle Reaktion im Prinzip wiederhol- und umkehrbar ist. Das heißt natürlich nicht, daß die biologische Reaktion und die individuelle Reaktion unabhängig nebeneinander stünden. Im Gegenteil. Die wechselseitige Verstrickung der beiden Reaktionsweisen ist unübersehbar und eine der Ursachen für die Vielgestaltigkeit unserer Welt bzw. für unsere Probleme, sie zu verstehen.

Ohne Zweifel sind alle individuellen Leistungen Ergebnisse der biologischen Evolution. Je reichhaltiger die individuellen Reaktionen, desto breiter ist auch die Varianz, an der die Selektion angreifen kann. Das ist der Grund dafür, warum die biologische Evolution sich selbst beschleunigen konnte. Da alle dem Individuum zur Verfügung stehenden Leistungen Ergebnisse der biologischen Evolution sind, wurden sie nach Maßgabe ihrer Prinzipien entwickelt. Das bedeutet, daß auch die Vernunft des Menschen als Krone solcher Leistungen das Ergebnis einer Reihe von zufälligen Veränderungen ist, von denen einige nach dem Kriterium des relativen Überlebensvorteils im aktuellen Milieu selektiert wurden und damit für eine weitere Entwicklung erhalten blieben. Obwohl uns allen diese Tatsache inzwischen bekannt ist, sind wir doch kaum mit den sich daraus ergebenden Implikationen vertraut. Ganz davon zu schweigen, daß wir entsprechende Konsequenzen aus solcherlei Einsicht gezogen hätten. Bevor dieser Schritt vollzogen werden kann, müssen wir um die Grenzen unserer Erkenntnisfähigkeit wissen. Aufschluß über die Funktion des Erkenntnisapparates und seine Fähigkeiten kann nur das genaue Studium seiner Entstehungsgeschichte geben, weil es in unserer Welt, in der alles einen Ursprung hat, grundsätzlich keine unabhängige höhere Warte, keine Metaebene geben kann, von der aus eine Beurteilung möglich wäre.

Meine Skizze der Entstehungsgeschichte des Erkenntnisapparates muß lückenhaft bleiben. Vollständigere Beschreibungen wurden an anderer Stelle gegeben.[83] Um Wiederholungen im fortlaufenden Text nach Möglichkeit vermeiden zu können und dem Leser von vornherein die rechte Einordnung zu erleichtern, möchte ich vier Bemerkungen vorausschicken, die ich für so wichtig halte, daß ich sie numeriert habe.

1) Neue Systeme mit erweitertem, komplexeren Leistungsvermögen entstehen stets durch Zusammenschluß aus Untersystemen, die die Eigenschaften des neuen Systems noch nicht hatten. Dabei waren die Untersysteme vor

---

[83] Konrad Lorenz: Die Rückseite des Spiegels, Versuch einer Naturgeschichte menschlichen Erkennens; Deutscher Taschenbuch Verlag GmbH & Co. KG, München, 1987;
Hoimar von Ditfurth: Der Geist fiel nicht vom Himmel, Die Evolution unseres Bewußtseins; Deutscher Taschenbuch Verlag GmbH & Co. KG, München, 1986

der Integration voll funktionsfähig; sie hätten sonst nicht bestehen können. Sie verlieren auch ihre Funktionsfähigkeit im neuen Systemzusammenhang nicht. Ihre Funktion verschwindet nicht oder wird entbehrlich, sondern erscheint in dem neuen Kontext integrierter Einzelfunktionen verwandelt. Unseren Denkgewohnheiten kontinuierlicher Folgen entsprechend und der philosophischen Tradition (Aus nichts wird nichts...) folgend, versuchen wir immer wieder, die Wurzeln der neuen Funktion des Gesamtsystems in den integrierten Teilsystemen zu finden. Ein solches Unterfangen ist verständlich, wenn man die Entstehungsgeschichte des Neuen mit dem Ziel untersucht, seine Funktion zu verstehen, wie wir es hier auch vorhaben. Dem Leser wird aber bereits klar sein, daß eine solche Betrachtungsweise unangemessen und vergebens ist. Das Ganze ist stets mehr als die Summe seiner Teile, so lautet eine Definition für ein System. Es ist völlig müßig, in den Eigenschaften von Elektronen und Nukleonen nach atomaren Eigenschaften zu fahnden. Natürlich tragen die Elementarteilchen Eigenschaften, die sie in die Lage versetzen, Atome unterschiedlichen Typs zu bilden. So etwas wie Chemie gibt es auf der Ebene der Elementarteilchen einfach nicht, obwohl auch dort die Elektronen eine wichtige Rolle spielen. Würde es sich um ein biologisches System handeln, würden wir uns dabei ertappen zu fragen, warum sich die Elementarteilchen überhaupt zu Atomen und diese zu Körpern zusammenfinden konnten, wo doch eigentlich erst das Ausgedehnte, Stoffliche zu den Wundern der Chemie und damit zur Funktion im eigentlichen Sinne fähig ist. Das Beispiel muß konstruiert erscheinen, und ist es auch, weil wir die Existenz der Elementarteilchen mit all ihren Eigenheiten als Bestandteile unserer Welt akzeptiert haben.

Geht es jedoch darum, das Zustandekommen des menschlichen Selbstbewußtseins zu verstehen, so sperren wir uns plötzlich davor einzusehen, daß auch diese Funktion durch Integration mehrerer Funktionen entstanden sein kann, die für sich genommen in keiner Weise zu so etwas wie Bewußtsein in der Lage waren. Wenn eins aus dem anderen evolviert, so bedeutet dies ja keinen dumpfen Mechanismus, der das Ergebnis in irgendeiner Weise abwertet. Das Gegenteil ist der Fall. Das Entstehen neuer Systemeigenschaften ist ein *Schöpfungsakt* par excellence, der all unsere Bewunderung und Ehrfurcht verdient. Der Begriff Schöpfung ist mit Bedacht gewählt. Man sollte nicht versuchen, die mit diesem Begriff verbundenen Vorstellungen durch Ketten wissenschaftlicher Argumentation zu verdecken oder aus der Welt zu schaffen. Wer am Ende denkt, ein Phänomen wie die Psyche wäre durch eine Reihe von physiologischen Vorgängen erklärbar, hat nicht verstanden, was Selbstorganisation und Evolution wirklich bedeuten. Unsere Welt besitzt in der Tat Schichten unterschiedlicher Seinskategorien im Sinne von Nikolai Hartmann, die durch eine prinzipielle Andersheit ihrer Eigenheiten voneinander getrennt sind, obwohl es Entwicklungszusammenhänge gibt, die über sie hinweggreifen.

2) Integration von Teilsystemen in einen neuen Zusammenhang bedeutet, daß die Teile durch neue Kombination eine neue Qualität generieren. Sie lösen sich dabei nicht etwa auf und durchmischen sich nicht wie die Zutaten eines Mixgetränks. Die neue Qualität ist eben keine Superposition der Merkmale der Zutaten. Vielmehr behalten die Teilsysteme ihre Struktur im wesentlichen bei. Gerade dadurch, daß sie ihre relative Eigenständigkeit und ihre spezifische Funktionsfähigkeit erhalten, können sie in einem neuen Zusammenhang eine zuvor nicht existente Qualität hervorbringen. Das Auftreten von *Ordnung* ist untrennbar damit verbunden, daß die integrierten Teilsysteme ihre Identität im wesentlichen erhalten. Die Ordnung der Natur besteht also darin, daß wir auf wiederkehrende Typen von Bausteinen treffen. Der innere Zusammenhalt dieser Teilsysteme ist stärker als die Wechselwirkungen zwischen ihnen. Der Systemzusammenhalt ist dadurch gewährleistet, daß er in spezifischer Weise eine Entlastung für die Teilsysteme mit sich bringt. Die Stärke ihres Zusammenhalts untereinander nimmt mit jeder zusätzlichen Integration ab. Deshalb treffen wir in der Natur auf eine *Hierarchie* von Systemen.

3) Mit der Herausbildung des Lebens ist unmittelbar ein Prinzip verbunden, das für alle folgenden Enwicklungsprozesse einschließlich der Bildung komplizierter Erkenntnisapparate von grundlegender Bedeutung ist. Die innere Ordnung eines Lebewesens kann nur dann bewahrt bleiben, wenn eine *Abgrenzung* von der Umwelt stattfindet. Schon mit der Herausbildung der ersten Zelle fand eine Scheidung zwischen Innen und Außen statt. Auf der anderen Seite ist ein kontrollierter Austausch von Stoffen und Informationen mit der Umwelt unumgänglich. Das Lebewesen muß ja wenigstens seine Entropie exportieren, um seinen gegenüber der Umwelt höheren Ordnungszustand aufrechterhalten zu können. Durch diese Verselbständigung entsteht in bezug auf das Lebewesen eine objektive Außenwelt. Die Gleichzeitigkeit von Abgrenzung und Kontakt gelingt der Zelle durch die Halbdurchlässigkeit ihrer äußeren Zellmembran. Schon dieses Organ ist in der Lage, Eigenschaften der Außenwelt zu *unterscheiden*, durch *Vergleich* den günstigen bzw. ungünstigen Einflüsse zuzuordnen und zwischen ihnen *auszuwählen*. Auch wenn es sich auf dieser Ebene nur um die Eigenschaft der Molekülgröße handeln sollte, finden wir schon bei der Zellmembran einige wesentliche Komponenten der Erkenntnisfähigkeit.

Dieses Beispiel verdeutlicht nicht nur den engen Zusammenhang zwischen Erkennen und Leben, sondern weist auf die Gegensätzlichkeit von Abgrenzung und Austausch hin, die die Entwicklung des Lebens begleitet hat. Die Evolution kann diese widerstrebenden Tendenzen nur vereinbaren, indem sie die Abgrenzung nur dann lockert, wenn sie die Eigenständigkeit der Lebewesen nicht in unzulässiger Weise gefährdet und wenn dabei die Überlebenstüchtigkeit wirksam verbessert wird. Die Eigenständigkeit ist Voraussetzung für eigene Aktivität. Diese Konservativität gilt natürlich auch für die Entwicklung potentieller Verbesserungen. Die Maxime der Evolution, unter der auch alle Erkenntnisapparate entwickelt wurden, lautet daher: *Nur so viel Umwelteinfluß zulassen wie nötig.* Es ging ausnahmslos *nie* darum, möglichst viele Informationen über die Umwelt zu verarbeiten oder gar wie ein Briefmarkensammler auf Vollständigkeit Wert zu legen. Einen Selektionsdruck in diese Richtung gibt es nicht. Er wirkt sogar in die umgekehrte Richtung: keine Energie für Verarbeitungsvorgänge verpulvern, deren Nutzen nicht aufzeigbar den damit unvermeidlich verbundenen Aufwand übertrifft. Die Überlebenstüchtigkeit unter den aktuellen Bedingungen ist das einzige Kriterium.

4) Die Organe der Lebewesen sind durch den schon beschriebenen Prozeß der biologischen Evolution entstanden. Untersucht man die Funktion irgendeines Organs, so muß man immer nach dem *Zweck* der neuen Einrichtung, also letzten Endes nach dem mit der neuen Funktion erreichten Reproduktionsvorteil fragen. Oder mit Konrad Lorenz: „*Wozu* aber hat das Vieh diesen Schnabel?" Der Mensch hat seine intellektuellen Fähigkeiten sicherlich nicht dafür, daß kluge Professoren ihre Artgenossen mit Erkenntnissen über Philosophie und Kernphysik beglücken können. Die Erkenntnisapparate stehen immer unmittelbar im Dienste der Lebensfunktionen, und sie verdanken ihre Existenz der Tatsache, daß ihre Fähigkeiten dem entsprechenden Lebewesen einen Reproduktionsvorteil verschafften, an dem die Selektion angreifen konnte. Daß sich das menschliche Gehirn unter den genannten Bedingungen zu seiner heutigen Leistungsfähigkeit entwickeln konnte, ist erstaunlich genug. Noch phantastischer muß das Ganze anmuten, wenn man bedenkt, daß die biologische Evolution nicht etwa eine bestimmte Methode entwickeln oder wählen kann, um einen gewissen Weg gehen zu können. Die Evolution ist kein finaler Prozeß, sie verfolgt kein Ziel. Die angewandten Methoden ergeben sich daher aus der vorliegenden Situation, und die verfügbaren Methoden bestimmen den weiteren Weg. Nach all unseren Erfahrungen hätte ein solches Vorgehen sehr bald in einer Sackgasse enden müssen. Die Wahrheit ist, daß die überwiegende Zahl der Ansätze tatsächlich in einer Sackgasse landete.

Es ist das große Wunder der Natur, daß sie mit einer solchen Variabilität und einem so gigantischen Potential möglicher Reaktionen ausgestattet ist, daß die Entwicklung nicht zum Stillstand kam und sogar Lebewesen entstanden sind, die den Prozeß, der sie und ihre Fähigkeiten hervorgebracht hat, heute zu durchschauen beginnen. Dabei wäre es wiederum verfehlt, es als wahrscheinlich oder zwingend zu betrachten, daß die Fähigkeiten des menschlichen Verstandes für eine solche Leistung gerüstet ist. Hinter einer solchen Annahme verbirgt sich die allgegenwärtige Annahme, Mutter Natur hätte unseren Erkenntnisapparat mit möglichst umfangreichen und vollständigen Fähigkeiten ausgestattet. (Wieder der Satz:) Das Gegenteil ist der Fall. Da wir das Ergebnis eines evolutiven Prozesses sind, kann unser Erkenntnisapparat nur über solche Fähigkeiten verfügen, deren Überlebensvorteil wirksam war. Daß wir unsere Erkenntnisfähigkeit durch technische Mittel derart erweitern können, daß wir radioaktive Strahlung und außer dem Licht auch andere elektromagnetische Wellen registrieren können, die im täglichen Überleben keine wirkliche Rolle spielen, ist erstaunlich genug. Daraus aber abzuleiten, auf diese Art wäre alle Information über die Welt erreichbar, ist absurd und sonst nichts.

Soweit zu den Vorbemerkungen. - Wissen bedeutet, in einer bestimmten Situation zweckmäßig zu operieren. Besonders augenfällige Formen passender Reaktionen sind die *Bewegungen* der Lebewesen. Ein Organismus, der sich rein zufällig bewegt und dabei lediglich seine Bewegung beschleunigt, sobald die Umweltbedingungen ungünstig werden, und sie verlangsamt, wenn das Milieu freundlicher erscheint, erreicht allein dadurch einen Vorteil. Im Hinblick auf die Überlebenschancen dieses Organismus müßten wir sein Verhalten zweckmäßig nennen. Die Wirkung wird erhöht, wenn sich der Organismus nicht geradlinig bewegt, sondern zu Richtungsänderungen fähig ist, wobei die Richtungsänderung dann besonders groß zu wählen ist, wenn die Bedingungen sich verschlechtern, und klein ausfallen muß, wenn die Umweltbedingungen günstig sind. Durch diesen einfachen Mechanismus ist das Tier in der Lage, ein größeres Gebiet z.B. nach Nahrung zu durchsuchen. Wir finden diese einfachen Reaktionen bei Pantoffeltierchen, kleinen Insekten und bei Pilze suchenden Menschen. Der Organismus stellt die Tendenz (den Gradienten) einer Umweltbedingung fest und reagiert passend. Auf diese Weise erfährt er etwas über die Richtung, in der die Bedingungen sich verschlechtern bzw. verbessern. Der Organismus ist jedoch nicht in der Lage festzustellen, in welcher Richtung das günstigste Milieu zu finden ist. Doch auch das kann ganz einfach gelöst werden. Dazu muß der Organismus zwei Rezeptoren (Reizempfänger) besitzen, die möglichst weit auseinanderliegen und so miteinander verschaltet sind, daß sie ein Differenzsignal abgeben. Befinden sich die beiden Rezeptoren an den Seiten (Steuerbord und Backbord), so dreht sich das Tierchen solange, bis beide Rezeptoren das gleiche Signal abgeben (Differenzsignal Null). Sind sie dagegen in Bewegungsrichtung angeordnet (Bug und Heck), so ist das maximale Differenzsignal maßgebend. Da beide Rezeptoren Tendenzen wahrnehmen (Differenz: aktueller minus vorhergehender Zustand), kann man mit zwei Rezeptoren hervorragend navigieren und die Körperachse in die günstigste Richtung bringen. Die beste Lage wird direkt bestimmt, ohne Versuch und Irrtum.

Bisher war nur von den Bewegungen als Reizreaktionen die Rede. Nun ist es aber sehr uneffektiv, wenn das Tierchen ständig umherirrt und Energie verbraucht, um das optimale Milieu zu suchen, obwohl es auch am Ort ausreichend Nahrung findet. Noch schlimmer wird es, wenn es nicht zur Nahrungsaufnahme kommen würde, weil es fortlaufend besseren Nahrungsquellen zustrebt. Nicht einmal ein Roboter würde mit dem blanken Mechanismus von Reiz und Reaktion annehmbar durchs Leben kommen. Die Geschichte mit dem Zauberlehrling zeigt: Was man anschalten kann, muß man auch abschalten können. Sonst kann es eine Katastrophe geben. Deshalb besitzen fast alle Tiere einen Reizfilter, den man angeborenen Auslösemechanismus, AAM, nennt. Dieser Filter sperrt die Reaktion zunächst und läßt sie zu, wenn charakteristische Reize empfangen werden, nämlich solche, die mit hoher Wahrscheinlichkeit von einer Umweltsituation herrühren, zu der die nun ausgelöste Reaktion paßt. Solche charakteristischen Reize nennt man Schlüsselreize. Damit der ganze Mechanismus seinen Zweck erfüllen kann, müssen die Schlüsselreize stets wiederkehrende, typische Eigenschaften von Situationen verkörpern, deren konkretes Erscheinungsbild stets etwas anders ist. Das bedeutet aber, daß mit jeder Art des Erkennens eine Abstraktion verbunden ist.

Wir sind geneigt, die Komplexität eines solchen Verrechnungsapparates zu überschätzen. Attrappenversuche zeigen jedoch häufig, daß es sehr einfache Merkmale sind, an denen zum Beispiel ein Küken einen Raubvogel am Himmel erkennt und sich vor ihm in Sicherheit bringt. Die starke Reduktion ist möglich, weil unter natürlichen Verhältnissen nicht beliebig verschiedene Dinge durch die Luft fliegen, sondern eben nur gewisse Typen von Vögeln. Der angeborene Auslösemechanismus versagt, wenn statt eines Raubvogels dessen Pappsilhouette am Himmel erscheint. Doch schon ein einfaches Kreuz, bei dem der Kreuzungspunkt in Flugrichtung deutlich vorn liegt, löst die Fluchtreaktion aus. Das heißt nicht anderes als: Raubvögel sind kurzhälsig (Mäusebussard, Weihe, Sperber, Turmfalke); ein Vogel, der einen langen Hals hat, ist ungefährlich (Ente, Reiher, Storch), kleine Vögel ebenfalls. So einfach ist die Welt. Eine Zecke sticht alles, was eine Temperatur von 37°C hat und nach Buttersäure riecht. Kann man ein Säugetier einfacher definieren? Eine solche Abstraktionsleistung möchte ich genial nennen. Es braucht uns nicht zu wundern, daß die angeborenen Auslösemechanismen, die wir beobachten können, stimmen. Die damit ausgestatteten Tiere wären sonst schon ausgestorben. Wir dürfen aber darüber staunen, wie einfach und in diesem Sinne treffend diese Reizfilter etwas beschreiben. Mit einem solchen biologischen Auslöser haben wir täglich in Form unserer vier Geschmackssinne (süß, sauer, salzig und bitter) zu tun. Die angenehme Süße weist den Weg zu den wichtigsten Energiespendern. Unreife und deshalb schlecht bekömmliche Früchte schmecken sauer. Am größten ist die Treffsicherheit der Geschmacksempfindung „salzig": Es gibt nur eine einzige chemische Verbindung, die „richtig" salzig schmeckt, und zwar Kochsalz, das das unentbehrliche und absolut unersetzliche Natrium enthält. Die Geschmacksqualität „bitter" hat die wichtige Funktion, uns vor giftigen Naturstoffen zu warnen. Die Abstraktionsleistung ist auch hier enorm, und wir haben nicht die Freiheit, „bitter" als angenehm zu empfinden.

Schon primitive Tiere sind zu recht komplexem Verhalten fähig, das aus verschiedenen Teilreaktionen zusammengesetzt ist. Man könnte annehmen, daß jeder dieser Teile einen eigenen Schlüsselreiz hat. Wahrscheinlich wäre eine solche Konstruktion zu störanfällig. Versuche zeigen auch, daß bestimmten Bewegungsfolgen nicht eine Kette von Reflexen zugrundeliegt. Vielmehr sind sie als vollständige, zusammenhängende Programme gespeichert, die ohne die Mitwirkung von Rezeptoren ablaufen können. Solche Programme nennt man Erbkoordinationen (oder Instinktbewegungen). Sie besitzen jeweils ihren spezifischen Auslöser (AAM). Beide faßt man unter dem Begriff einer artspezifischen Triebhandlung zusammen. Die bisher besprochenen Leistungen sind lediglich in der Lage, kurzfristig Informationen über die Umwelt zu speichern. Indem der Rezeptor ein Signal empfängt und weitergibt, ist sein augenblicklicher Zustand ein Abbild eines Teils der Außenwelt. Es ist sehr aufschlußreich, diesen Meßvorgang etwas genauer zu betrachten. Ein biologischer Meßfühler besteht ja aus Zellen, die ihren eigenen Stoffwechsel haben. Wenn eine bestimmte Reizsituation registriert und weitergegeben wird, wird Energie verbraucht. Da der Vorrat an energieliefernden Molekülen in der Zelle begrenzt ist, kann der Rezeptor sein Ausgangssignal immer weniger und nach einer gewissen Zeit überhaupt nicht mehr aufrechterhalten, obwohl die Reizsituation in der Außenwelt unverändert besteht. Das bedeutet, für das Individuum verschwindet der Reiz mit der Zeit. *Biologische Systeme ermüden!*

Dieser Vorgang der *Gewöhnung* ist von fundamentaler Bedeutung für das Verständnis aller selbständigen Handlungen von Tieren und Menschen. Gleiche Reize lösen nie gleiche Reaktionen aus. Die Sensibilität hängt von der Vorgeschichte des Individuums ab. Mit dem Konstruktionsprinzip biologischer Rezeptoren ist unmittelbar verbunden, daß sie die Reizsituation wahrscheinlich nie auf einer absoluten Skala ermitteln. Der Hunger-Rezeptor im Stammhirn eines Säugetiers registriert also lediglich den abnehmenden Zuckergehalt im Blut und löst die Programme Nahrungssuche, Nahrungsaufnahme aus, die den Zuckergehalt als Maß für den Versorgungszustand des Organismus wieder auf den erforderlichen Wert regeln. Alle Regelvorgänge erfordern eine Meßstelle (Rezeptor). Messen heißt aber Vergleichen. Die Abweichung zwischen Istwert (aktueller Zuckergehalt) und einem Sollwert löst die Reaktion aus. Wie wird der Sollwert bestimmt? Da alle biologischen Vorgänge auf einem Stoffwechsel beruhen, dessen Energievorrat schwankt, müssen wir davon ausgehen, daß sich ein Rezeptor nur am Mittelwert orientieren kann. Das heißt, der Maßstab ist ein *relativer*.

Damit leisten biologische Rezeptoren jedoch genau das, was im Interesse des Organismus auch notwendig ist: Abstraktion von zufälligen Schwankungen durch Orientierung an statistischen Mittelwerten und Meldung nur bei neuen Zuständen. Die Rezeptoren veranlassen den Organismus nur dann zum Handeln, wenn eine *wesentliche Veränderung* eingetreten ist. Sie entlasten ihn damit entscheidend und ermöglichen damit überhaupt erst, im chaotischen Herniederprasseln von Umweltreizen „ordentlich" bestehen zu können. Nichts ist absolut, alles ist „bezogen auf", selbst der Maßstab wird fortlaufend entwickelt.

Der Ablauf der eben genannten Verhaltensprogramme (Erbkoordinationen) ist fest. Eine nächste Stufe ist erreicht, wenn ein Verhaltensprogramm abhängig von einer bestimmten Umweltsituation modifiziert werden kann. Offene Programme sind in der Lage, kurzfristigen Veränderungen in der Umwelt Rechnung zu tragen, und bilden die Basis für alle *Lernvorgänge*. Die in einem solchen *offenen* Programm enthaltene Information ist nicht kleiner, sondern sehr viel größer als bei einer Erbkoordination. Die ein offenes Programm modifizierenden Umwelteinflüsse sind nicht etwa beliebig; vielmehr ist festgelegt, welche Reize wann und in welcher Form das Programm beeinflussen können. Ansonsten gäbe es ein heilloses Durcheinander, und der Vorteil dieser Neuerung wäre dahin. In vielen Fällen wird das durch den AAM gestartete offene Programm in seinem Verlauf durch Umweltreize modifiziert. Die Modifikation ist also reversibel. Es leuchtet ein, daß es nicht immer günstig ist, die Modifikation an die aktuelle Situation zu binden. Gemeinhin verbinden wir mit dem Wort Lernen sogar das Aufnehmen und *Behalten*. Besonders bei sozialen Programmen findet man es daher häufig, daß einmal Gelerntes (modifizierende Information) nicht ohne weiteres wieder gelöscht oder überschrieben werden kann. Dies ist aus dem eigenen Erleben bestens bekannt. Häufig ist die Lernfähigkeit an eine bestimmte Zeitspanne bzw. Lebensphase gebunden. Man spricht von Prägung.

Das erste bewegliche Objekt, das Gänseküken wahrnehmen, wird von ihnen als Mutter angesehen. Die Zweckmäßigkeit dieses Verhaltens ist offensichtlich. Zu einer grotesken Situation kommt es erst, wenn ein Experimentator einem Küken irgendeine Gerätschaft präsentiert. Das Küken folgt diesem Objekt auf Schritt und Tritt in der sicheren Erwartung von Schutz, Beistand und Hilfe. Das Beispiel der Nachfolgeprägung zeigt, warum die Evolution gezwungen war, überhaupt von dem Konzept fester, genetisch vollständig fixierter Programme abzuweichen. Gleichzeitig erhellt, warum Prägungsphänomene besonders im Sozialverhalten häufig anzutreffen sind. Durch die Prägung wird eine Verbindung geschaffen, und wir haben es erstmalig mit einer genetisch nicht vollständig fixierten Assoziation zu tun. Ich möchte nachdrücklich darauf hinweisen, daß sich deshalb angeborene und erworbene Erfahrung nicht so grundlegend ausschließen, wie man es anzunehmen geneigt ist. - In dem Maße, wie die Komplexität genetisch verankerter Verhaltensprogramme zunahm, wuchs die Notwendigkeit, diese durch offene Programmteile modifizieren zu können. Dem entsprechenden Selektionsdruck haben wir es zu verdanken, daß die Zahl der beschreibbaren Speicherstellen überhaupt zunahm und so etwas wie ein individueller Erfahrungsschatz überhaupt entstehen konnte. Man darf bei der Beurteilung solcher immer freieren Verhaltensweisen jedoch deren Entstehungsgeschichte nicht aus dem Auge verlieren. Buchfinken lernen ihren komplizierten Gesang, indem sie aus dem Gemisch aller Vögelgesänge unfehlbar den der Buchfinken heraussuchen. Die Lernfähigkeit entfaltet ihre Vorzüge nur unter der Bedingung, daß sie darauf beschränkt ist, *etwas Bestimmtes zu lernen*.

Die bisher erwähnten Verhaltensprogramme sind als lineare Kette (mit einem Anfang und einem Ende) zu verstehen. Ein Rezeptor, eventuell in der erweiterten Gestalt mit einem Reizfilter als angeborenem Auslösemechanismus, empfängt ein Signal. Daraufhin startet ein Verhaltensprogramm, welches durch Umweltinformationen schon modifiziert bzw. spezialisiert ist (Prägung) oder aber, während es abläuft, angepaßt wird. Die Gewöhnung verhindert, daß selbst bei konstanter Reizsituation das Verhaltensprogramm dauernd wieder gestartet wird. Nun gibt es viele solcher Programme, und jedes bewirkt eine Veränderung und bringt einen spezifischen Zustand hervor. Ein solcher neuer Zustand kann wiederum Auslöser eines anderen Verhaltensprogramms sein. Es bedarf sicher keiner näheren Erläuterung, daß etwas völlig Neues und viel Leistungsfähigeres entstand, als sich diese Kette schloß. Das bedeutet nämlich, daß das Ergebnis einer Handlung modifizierend auf ihre Auslöser bzw. einleitenden Verhaltensweisen einwirken kann. Rückgekoppelte, also geschlossenen Kreisläufe sind Voraussetzung für jede Art von *Regelung*. Die Selbstbeeinflussung von Verhalten in Abhängigkeit von ihrem Ergebnis stellt die Grundlage für alles das dar, was wir im engeren Sinne den Begriffen Lernen und Erfahrungen sammeln zuordnen würden. Eine Rückkoppelung ist zwar auch bei genetisch vollständig determiniertem Verhalten möglich, führt aber dort nur zu einem veränderten Ansprechverhalten. Seine eigentliche Leistungsfähigkeit entfaltet eine *Rückmeldung* erst bei offenen Programmen. Es wird nämlich jetzt möglich, aus Erfolg oder Mißerfolg zu lernen und zukünftiges Verhalten entsprechend zu modifizieren. Etwas vereinfacht ausgedrückt: Der erste Versuch ist willkürlich. Sein Ergebnis modifiziert das Verhalten (offenes Programm) und führt beim nächsten Mal zu einem besseren oder zielgerichtet zum guten Ergebnis. Dies ist die Struktur aller Lernvorgänge im engeren Sinne. Man darf nicht glauben, daß sich mit Hilfe von rückgekoppelten Kreisen nur einfache Verhaltensweisen erklären lassen. Sobald verschiedene Regelkreise ineinandergreifen und sich gegenseitig beeinflussen, wird es sehr schnell komplex und unübersichtlich, wie die Beispiele auch räumlich begrenzter Ökosysteme (Teiche, Wälder usw.) beweisen.

Mit dieser neuen Erfindung rückgekoppelter Verhaltensprogramme sind zwei Phänomene verbunden, deren Untersuchung sehr aufschlußreich ist. Auch komplexe Verhaltensprogramme werden durch einen angeborenen Auslösemechanismus (AAM) aktiviert. Der entsprechende Schwellwert ist, wie oben dargelegt, nicht absolut, sondern wird aus einem Mittelwert des Reizangebots bestimmt. Wenn der Schlüsselreiz lange Zeit ausbleibt, so sinkt der Mittelwert und damit die Einschaltschwelle. Auf diese Weise kann es passieren, daß der gesamte Verhaltenskomplex abschnurrt, ohne daß der Schlüsselreiz eigentlich vorhanden war. Danach ist durch die Rückwirkung der Auslöser wieder richtig geeicht. Solche Leerlaufhandlungen kann man bei Tieren in der Tat häufig beobachten. Bei einer Katze kann man manchmal sehen, wie sie ihr ganzes Verhaltensrepertoire durchspielt. Sie fängt Mäuse, obwohl keine da sind usw. Tiere geraten bisweilen auch in eine unerklärliche Unruhe. Es scheint dann, daß sie nach Schlüsselreizen suchen. Ein solches Verhalten nennt man *Appetenzverhalten*. Sinkt die Hungerschwelle, so durchforstet das Tier die Umwelt nach allen Reizen, die auf Nahrung hindeuten könnten. Das bedeutet, daß aus dem reichhaltigen Informationsangebot alle Reize überbetont und schließlich selektiert werden, die als Auslöser für das Programm Nahrungsaufnahme in Frage kommen. Auch bei hungrigen Menschen verengt sich das Weltbild zunehmend. Der eigene Zustand wirkt wie ein Filter und interpretiert die Welt, ohne daß eine Möglichkeit besteht, die „Objektivität" wiederherzustellen. Der Nutzen liegt auf der Hand. Warum Aufmerksamkeit und Energie für anderes verschwenden, wenn es am Notwendigsten fehlt? Das heißt aber nichts anderes, als daß die Umweltinformationen je nach Wichtigkeit eingeordnet werden und grundsätzlich bewertet werden. Zweitens: So wie es eine Hierarchie der Auslöser gibt, können Verhaltensmuster auch aus einer Vielzahl von Verhaltensprogrammen zusammengesetzt sein. Viele der Größen, die das Auslösen, den Ablauf und die Rückmeldung einer Handlung bestimmen, sind durch Regelmechanismen stabilisiert. Das gilt für alle Verhaltensprogramme ab einer bestimmten Komplexität. Aus prinzipiellen Gründen hält ein Regelkreis die entsprechende Größe nicht absolut konstant. Vielmehr vollführt sie eine Schwingung um die Ruhelage aus. Man muß davon ausgehen, daß solche Schwingungen durchschlagen und dem Erleben des Individuums eine spezifische Zeitstruktur in der Weise aufprägen, daß Phasen höherer Sensitivität mit solchen niedriger abwechseln. Der Wechsel der *Stimmungen* beim Menschen und sein „Biorhythmus" können solche Ursachen haben.

* * *

Das alles hat noch nichts mit Vorstellen und Denken zu tun, obwohl die beschriebenen Fähigkeiten Voraussetzungen dafür darstellen. Doch bevor ich zu den Wurzeln des begrifflichen Denkens komme, möchte ich auf die *Anatomie* der kognitiven Apparate zu sprechen kommen.[84] Sehr aufschlußreich ist es, die Entwicklung des Ohres und des Auges, also der beiden wichtigsten Sinnesorgane, zu verfolgen. Das *Gehör* ist ein weiterentwickelter Tastsinn, so könnte man etwa sagen. Beide haben den gleichen Ursprung; auch das Trommelfell ist ein Stück Haut. Merkwürdig zwitterhaft bietet die Haut einerseits Begrenzung bzw. Schutz, stellt aber gleichzeitig auch das einzige Fenster zur Welt dar. Durch den Tastsinn werden Berührungsempfindungen wahrgenommen, die entweder wichtige Informationen zur Bewegungskoordination (Orientierung) liefern oder eine gefährliche bzw. unangenehme Fremdeinwirkung signalisieren. In beiden Fällen muß der Organismus sofort reagieren, weil er bereits betroffen ist. Wenn man in einer Diskothek laute Popmusik genießt oder neben einem Flugzeug mit laufenden Turbinen steht, wird klar, daß die Haut und dort insbesondere die Bauchdecke „hören" kann. Schallwellen tiefer Frequenz und hoher Intensität fühlen wir, weil sie wie mechanische Einwirkungen einen Druck auf die Haut ausüben. Im Laufe der Jahrmillionen hat sich ein Stück Haut auf diese Druckempfindlichkeit spezialisiert. Natürlich war dies mit der Schutzfunktion der Haut nicht mehr vereinbar. Deshalb wurde das Trommelfell in einer Vertiefung geschützt, die sich später zu einem komplizierten Gehörgang weiterentwickelte. Je besser das Trommelfell gegen mechanische Beschädigung geschützt war, desto eher konnte dessen akustische Sensitivität erhöht werden. Nun mußte nicht erst die Erde beben, der Organismus konnte die Blätter rauschen und das Wasser plätschern hören. Der Vorteil ist enorm und betrifft nicht nur die zusätzlich verfügbaren Informationen. Vielmehr ist durch die Entwicklung vom Nah- zum Fernsinn die Distanz zum möglichen Feind vergrößert und damit die verfügbare Reaktionszeit verlängert. Um die Richtung unterscheiden zu können, aus der der Schall kommt, besitzen die Tiere zwei Ohren. Eine Zeitdifferenz von nur 0,03 ms löst beim Menschen bereits einen Richtungseindruck aus. Das Phantastische aber ist, daß der Entwicklung verbesserter Schallempfänger die Entwicklung dazu passender Sendeorgane folgen konnte. Mit Hilfe lauterzeugender Organe läßt sich trefflich kommunizieren.

Pflanzen haben keine Augen. Sie können nicht sehen, weil sie das Licht als Energiequelle benötigen. Tiere können Licht dagegen als Informationsquelle nutzen, weil sie andere Energiequellen haben. Das Augentierchen (eigentlich eine Pflanze) besitzt eine lichtempfindliche Geißelwurzel und einen pigmentierten, undurchsichtigen Fleck. Damit ist eine Orientierung möglich. Der Fleck wirft einen Schatten; erreicht dieser die lichtempfind-

---

[84] siehe hierzu noch einmal: Hoimar von Ditfurth: Der Geist fiel nicht vom Himmel, Die Evolution unseres Bewußtseins; Deutscher Taschenbuch Verlag GmbH & Co. KG, München, 1986

liche Geißelwurzel, ist die Lichtrichtung bestimmt. Bei einem Vielzeller kann den Schattenwurf der eigene Körper übernehmen. Die lichtempfindlichen Zellen werden also einfach auf einer Seite konzentriert. Lichtrezeptoren sind (wie das Trommelfell) empfindliche Teile. Deshalb wurden sie in einer Vertiefung geschützt. Infolgedessen konnte die Richtung der Lichtquelle viel genauer bestimmt werden. Schließlich befanden sich die Lichtrezeptoren in einer tiefen Wanne. Mit der Erfindung des Becherauges war jetzt ein weiterer Vorteil verbunden: Da bei einer solchen Konstruktion immer nur ein Teil der lichtempfindlichen Zellen beleuchtet wird, taugte das Becherauge auch als Bewegungsmelder. Diese völlig neue Perspektive erforderte, daß die lichtempfindlichen Zellen nicht mehr wie bisher im Interesse einer maximalen Empfindlichkeit einfach ihre Ausgangssignale addieren, sondern in Gruppen getrennt ausgewertet werden mußten. Um die Lichtrichtung immer genauer bestimmen zu können, verengte sich die Öffnung immer mehr, bis die Augenhöhle die Form einer Hohlkugel erreicht hatte. Obwohl ich schon von Anfang an von einem Auge sprach, hatten alle vorhergehenden Konstruktionen nichts mit Sehen zu tun. Erst in der Hohlkugel mit der kleinen Öffnung entstand wirklich ein Bild, wie man es von einer camera obscura (Lochkamera) kennt. Das Abbild auf dem Augenhintergrund muß schemenhaft und meist unscharf sein; aber immerhin. Leider war gleichzeitig ein Nachteil entstanden. Der ursprüngliche Zweck der Vertiefung, nämlich der Schutz der Zellen, kehrte sich ins Gegenteil. Das Hohlkugelauge konnte schnell verschmutzen und so für immer unbrauchbar werden. Aus diesem Grund wurde die kleine Öffnung von einer durchsichtigen Haut überzogen. Das beeinträchtigte zunächst die eigentliche Funktionsfähigkeit des Auges. Deshalb entstand gleichzeitig ein beträchtlicher Selektionsdruck, die optischen Eigenschaften dieser Haut zu verbessern. Sie entwickelte sich bis zur Linse. Die Entwicklung vom ersten Augenfleck bis zum Linsenauge dauerte ca. 2,5 Milliarden Jahre.

Ein gleichbleibendes Bild mußte jedoch schnell verblassen. Aufgrund der Gewöhnung können die Lichtrezeptoren nach einer gewissen Zeit nichts mehr melden. Das Auge taugt nur dazu, Abbilder von Dingen zu liefern, die sich bewegen, also veränderliche Bilder auf dem Augenhintergrund erzeugen. Man kann sich schwerlich vorstellen, was auch die meisten höheren Wirbeltiere wirklich sehen. Das Auge ist ein Bewegungsmelder und kein Photoapparat. Daß wir Menschen ein stehendes Bild wahrnehmen, verdanken wir einem weiteren phantastischen Entwicklungssprung. Irgendwann wurden die Augenmuskeln veranlaßt, das Bild hin- und herspringen zu lassen. Das muß bei der Auswertung natürlich kompensiert werden. Das menschliche Gehirn ist dazu in der Lage. Bringt man die Augenmuskeln medikamentös zur Ruhe, wird man für stehende Bilder blind und kann sich einen Eindruck davon vermitteln, wie viele Tiere ihre Umwelt „sehen". Daß ein Frosch buchstäblich nichts sieht, wenn sich nichts bewegt, darf man aber nicht als Nachteil ansehen. Schließlich besteht dann ja kein Handlungsbedarf. Es ist sogar so, daß über komplizierte Verrechnungen im Gehirn die eigene Bewegung zum Beispiel infolge der Atmung kompensiert wird. Der Frosch *soll* nichts sehen. Das ist auch bei Vögeln so. Beim Auge handelt es sich, wie Ditfurth immer wieder betont, um einen Alarm- und Orientierungsapparat und nicht um eine Kamera. Nur ein winziger Teil der menschlichen Netzhaut von etwa 0,2 mm Durchmesser ist in der Lage, scharfe Bilder abzubilden. Nur in diesem Bereich sind die Sinneszellen mit einer eigenen, einzelnen Nervenleitung verbunden, wie man es für eine punktweise Übertragung eines Bildes voraussetzen mag. Am Netzhautrand teilen sich schon mehr als 100 Zellen eine Leitung.

Sehr aufschlußreich ist es auch, den weiteren Weg der von den Rezeptoren ausgehenden Nervenleitungen zu verfolgen. Der Sehnerv führt zum Zwischenhirn, jenem archaischen Hirnteil, der das Steuerungszentrum aller angeborenen Bewegungsabläufe darstellt und die bisher beschriebenen instinktiven Verhaltensweisen speichert. Darunter liegt ein stammesgeschichtlich noch älterer Hirnteil, das Stammhirn, das unmittelbar mit dem Rückenmark verbunden ist und die lebensnotwendigen Stoffwechselfunktionen (Atmung und Blutkreislauf) steuert. Die Mehrzahl der Hauptnervenpaare entspringt bzw. endet am Stammhirn. Dahinter liegt das Kleinhirn, ein zentraler Verrechnungsapparat für Bewegungsabläufe. Darüber befindet sich das schon erwähnte Zwischenhirn, in welchem auch wichtige vegetative Funktionen gesteuert werden (Wärme-, Wasser- und Energiehaushalt). Wiederum über dem Zwischenhirn liegen die „frei programmierbaren Speicherstellen", die für das Lernen benötigt werden. Beim Menschen heißt dieser stammesgeschichtlich jüngste Teil zu Recht Großhirn, da es fast 90% der Hirnmasse ausmacht. Eine befriedigende Relation. Finden Sie nicht? Bemerkenswert ist aber der Aufbau des menschlichen Hirns. Alle von den Rezeptoren eintreffenden Signale gelangen zunächst in einen relativ kleinen, stammesgeschichtlich alten Hirnteil. Erst über diesen Weg gelangen manche Informationen in den jüngeren Hirnteil, das Großhirn. Das ist mehr als nur eine Frage der Verschaltung. Man muß bedenken, daß das Gehirn in jeder Phase seiner stammesgeschichtlichen Entwicklung stets *voll* funktionsfähig war. Deshalb muß man annehmen, daß die Weiterleitung mit einer Vor*verarbeitung* einhergeht. Schon rein äußerlich werden die eingehenden Informationen erst in einem recht kleinen Hirnteil zusammengeführt (Integration) und gelangen dann gegebenenfalls in das sehr viel größere Großhirn, wobei sie extrem aufgefächert werden. Das korrespondiert mit den stammesgeschichtlich sehr neuen Aufgaben des Großhirns, nämlich dem Aufgliedern, Untersuchen und Analysieren. (Man hat sogar herausgefunden, daß die Entitäten Form, Farbe, Tiefe und Bewegung getrennt wahrgenommen und verarbeitet werden. Erst nachträglich werden sie zu einem Gesamteindruck zusammengefügt.)

* * *

Das Gehirn hätte kaum seine vielfältigen Funktionen entwickeln können, wenn es nicht mit den notwendigen Informationen gefüttert worden wäre. Der Entwicklung der Sinnesorgane kommt demnach eine besondere Bedeutung zu. Viele der Wahrnehmungsfunktionen dienten anfangs allein der Warnung. Die Sinnesorgane begannen ihre Karriere als Alarmglocke oder Kompaßnadel. Der Aufstieg des Auges belegt, daß die Entwicklung stets durch das plötzliche Auftauchen neuer Systemeigenschaften eine völlig unvorhersehbare Wendung nahm. Es handelt sich bei der Entwicklung der Wahrnehmungsfähigkeit *nicht* um die Verfolgung jeweils eines Weges. Das trifft nur dann zu, wenn man die verarbeiteten Informationen sehr grob einteilt (chemisch, mechanisch, elektromagnetisch, thermisch). Es kann also nicht davon gesprochen werden, daß die entsprechende Wahrnehmungsfähigkeit einfach schrittweise verbessert wurde. Vielmehr wurden völlig neue Welten erschlossen, obwohl kein einziges Organ von Grund auf völlig neu entwickelt wurde. Das trifft in analoger Weise auch auf die Struktur der Verarbeitungseinheit, das Gehirn, zu. Ungeachtet dessen sind die (potentiellen) Fähigkeiten eines menschlichen Gehirns phantastisch. Wenn man darangeht, die Entstehung bestimmter Fähigkeiten zu untersuchen, muß man sich über folgendes im klaren sein: Es ist sicher nicht möglich, die Entwicklung des Erkenntnisvermögens in der Weise sukzessive zu verfolgen, daß man irgendwann einmal ausrufen kann: Und hier beginnt das Denken. Alle wesentlich neuen Leistungen sind gewissermaßen plötzlich als neue Systemeigenschaften entstanden. Wie es zu diesem neuartigen Systemzustand im einzelnen kam, ist nicht nachvollziehbar. Man wird sich damit begnügen müssen, einige Komponenten zu benennen, die man als unverzichtbare Vorläufer des Neuen ansieht. Einige der Wurzeln des begrifflichen Denkens sollen abschließend genannt werden.

Das, was die Sinnesorgane an Informationen an das Gehirn weiterleiten, ist immer schon das Ergebnis höchst komplexer Verrechnungen. Während sich eine Kamera oder ein Diktiergerät kaum für den Sinn eines eintreffenden Signals interessieren wird, wurden die Sinnesorgane für den Zweck entwickelt, dem Lebewesen etwas über seine Umwelt *mitzuteilen*. Der Organismus kann mit dem Bild selbst eigentlich nichts anfangen. Informationswert besitzt nur die Bedeutung des Gesehenen. Deshalb wird die Wahrnehmung nach Möglichkeit von allem Zufälligen entkleidet. Eine solche Abstraktion ist die Vorstufe zu den Fähigkeiten, Typen unterscheiden und Klassen bilden zu können. In dem Bestreben, die den Dingen wirklich anhaftenden Eigenschaften wahrnehmen zu können, wurden sehr leistungsfähige *Konstanzleistungen* entwickelt. Die Farbe eines Hemdes oder eines Blattes Papier nehmen wir auch dann selbstverständlich als weiß wahr, wenn die Beleuchtung gelblich (normale Glühlampe) oder gar rot ist

(Abendrot, Schummerlicht). Die Farbe der Beleuchtung wird durch eine irgendwie geartete Mittelwertbildung ermittelt und von der Farbe abgezogen, in der das betreffende Objekt erscheint. Durch diese Subtraktion hat das Objekt stets seine wirkliche Farbe unabhängig von der Farbe des Umgebungslichts. - Den Tatsachen entsprechend wird die Größe eines Objektes auch nicht in dem Maße kleiner eingeschätzt wie sich sein Bild verkleinert, wenn es sich entfernt oder weiter entfernt befindet. Ein anderes Beispiel: Während sich die Abbilder der Gegenstände auf unserer Netzhaut verschieben bzw. wilde Sprünge ausführen, wenn wir laufen, den Kopf bewegen oder blinzeln, nehmen wir die Dinge doch stets am selben Ort befindlich wahr. Wesentlich komplizierter dürften die Leistungen des Verrechnungsapparates sein, der uns einen Gegenstand als unverändert meldet, obwohl sich dieser vor unseren Augen bewegt, sich entfernt, näherkommt oder um eine beliebige Achse im Raum dreht.

Der Selektionsdruck, aufgrund dessen all diese Konstanzleistungen entwickelt wurden, ging offensichtlich von der Notwendigkeit aus, Dinge der Umwelt verläßlich *wieder*erkennen zu können. Diese Leistungen sind nun aber erwiesenermaßen auch zu einer wirklichen Abstraktion imstande, also nicht nur ein Ding, sondern in den Dingen wiederkehrende Eigenschaften zu entdecken, letztere als etwas Eigenständiges festzuhalten und die Dinge diesen Gattungen, Klassen oder Typen zuzuordnen. Wenn wir nicht nur jede Katze als Vertreterin *der* Katzen als solche erkennen, sondern einen Leoparden zielsicher der gleichen Familie zuordnen, dann bringen wir zwar einen evolutionsbiologisch völlig richtigen Sachverhalt zum Ausdruck, fügen dem eigentlich Beobachtbaren jedoch etwas hinzu. Diese Tiere haben nämlich aktuell nichts miteinander zu tun. Hier zeigt sich aufs neue die enge Verbindung der Erkenntnisweise oder -methodik auf der einen Seite und der Entstehungsgeschichte allen Lebens auf der anderen. Natürlich handelt es sich bei dieser Feststellung um eine Tautologie, allerdings um eine aufschlußreiche. Für kleine Kinder ist ein Schwan ein „Piep-Piep" (Vögel) und die Katze ein „Wau-Wau". Erst später lernen sie, genauer zu unterscheiden. Alle Leistungen der Konstanzauffassung, der Abstraktion und Gestaltwahrnehmung bauen auf einer ausgeprägten *Lernfähigkeit* auf. Dieser, als ratiomorph bezeichnete Apparat muß unglaublich viele Daten speichern können, mit denen er echte Statistik betreibt. Der ratiomorphe Apparat vermag um Größenordnungen mehr Daten zu speichern als der rationale. Dagegen mangelt es ihm an der Fähigkeit, diese Informationen willkürlich abrufen zu können.

Damit bin ich bei einer neuen Voraussetzung des begrifflichen Denkens angelangt: der *Willkürbewegung*. Je vielfältiger der Lebensraum, desto größere Anforderungen werden auch an die motorischen Fähigkeiten gestellt. Viele der angeborenen festen Verhaltensprogramme (Erbkoordinationen) mußten daher den neuen Bedingungen angepaßt werden. Dafür gibt es zwei Möglichkeiten: erstens die weitere Öffnung der Programme, also verstärkte Modifikation durch aktuelle Umwelteinflüsse, und zweitens das Auseinanderbrechen der Erbkoordinationen mit dem Ziel, diese neu kombinieren zu können. Die Evolution ist beide Wege gegangen, und es ist meist nicht einmal feststellbar, welche Lösung vorherrscht. Es ist bereits erwähnt worden, daß die in einem offenen Programm enthaltene Information sehr viel größer ist als bei einer Erbkoordination. Das gilt für jede Öffnung der Programme. Doch nicht nur deshalb modifiziert die Evolution ihre Strategie später etwas. Die neue Flexibilität verringert die Sicherheit in unzulässiger Weise, wenn der Organismus andere wesentliche Lektionen nicht schon bzw. weiterhin sicher beherrscht. Im Unterschied zu anderen Leistungen sind Willkürbewegungen zu jedem Zeitpunkt aktivierbar. Der Vorteil einer solchen Verfügbarkeit braucht nicht näher erläutert zu werden. Auf den Zusammenhang zwischen den Anforderungen an die Motorik und der Komplexität des Lebensraums ist bereits hingewiesen worden. In der Tat sind Bewegungen nur dann sinnvoll, wenn der Raum, in den sie vorgreifen, bereits begriffen oder wenigstens wahrgenommen wird. Die Entwicklung der Motorik hängt also eng mit den Fähigkeiten zur *Raumwahrnehmung* zusammen. Für die Raumorientierung wie für die echte Willkürbewegung spielt die Rückmeldung eine wesentliche Rolle. Beide erfordern die Fähigkeit, aus Erfolg und Mißerfolg lernen zu können.

Alle Lerninhalte sind bewährte Hypothesen einer Wenn-Dann-Verbindung. Vielleicht ist uns deshalb die Denkform aus „A" folgt „B" so tief eingeprägt. Es ist sicher nicht einfach nur ein Zirkelschluß, wenn man behauptet, daß sich all die kognitiven Fähigkeiten nur deshalb herausbilden konnten, weil in unserer Welt Dinge *wiederkehren* und zwingend *aufeinanderfolgen*. Schon der bedingte Reflex basiert auf einer Konstanz von Dingen in Raum und Zeit und der Gültigkeit der Kausalität. Alle Erbkoordinationen bis hin zu den Fähigkeiten des menschlichen Geistes unterstellen diese Eigenschaften der Welt. Wenn diese Erwartungen nicht ein adäquates Bild der Welt enthalten würden, wäre die Evolution des Erkenntnisvermögens unverständlich, weil diese auf der Zweckmäßigkeit der entstehenden Leistungen beruht. All diese Leistungen bergen die Erwartung eines Zusammenhangs in sich. Sie assoziieren damit zwei Ereignisse. Ein neue Qualität wird erreicht, wenn die Wenn-Dann-Verbindung gar nicht faktisch einzutreten braucht. Allein die Existenz des Zusammenhangs beeinflußt das Verhalten. D.h., allein die Erwartung, daß unter den gegebenen Umständen etwas Bestimmtes eintreten wird, veranlaßt den Organismus, die aktuellen Umstände so zu beeinflussen, daß sich etwas anderes ereignet. Organismen, die mit Fernsinnen ausgestattet sind, sollten zu solchen Leistungen in der Lage sein. Wenn sie ein Hindernis sehen, so weichen sie aus, bevor sie es berühren, weil sie wissen, daß sie nicht weiter kommen, wenn sie sich wie bisher weiterbewegen. Das Beispiel ist einfach, zeigt aber den engen Zusammenhang zwischen der „Denkform" *Kausalität* und den Fähigkeiten der Sinneswahrnehmung. Der Raum zwischen Organismus und Hindernis wird wahrgenommen, aber die Kollision ist *vorgestellt*. Da der Organismus einen Zusammenhang unmittelbar erfaßt und seine Reaktion passend ändert, müßte man von *einsichtigem* Verhalten sprechen. Die Qualität solchen Verhaltens variiert stark und wird zweifelsohne ganz entscheidend dadurch bestimmt, welche Vorstellung der Organismus vom Raum besitzt. Neben der Art der Repräsentanz des Raumes ist maßgebend, welches Verfahren der Organismus anwendet, um seine Ausweichreaktion zu bestimmen.

Bei Menschenaffen kann man wiederum eine neue Qualität von einsichtigem Verhalten beobachten. Sie haben nicht nur eine genaue Vorstellung vom dreidimensionalen Raum, sondern sind nachweislich auch in der Lage, sich vorzustellen, wie dieser aussieht, wenn sie sich so oder so bewegen würden. D.h., Menschenaffen können ihre Reaktionen nach dem Muster „was wäre wenn..." auswählen. Verschiedene Handlungen werden probeweise im Gehirn durchgeführt und das Ergebnis im vorgestellten Raum abgelesen. Nicht nur Menschen sind zur Antizipation in der Lage. Dazu ein Beispiel: Eine Banane ist in einem Raum so hoch angebracht worden, daß der Affe sie nicht erreichen kann. An einer anderen Stelle steht eine Kiste. Nachdem sich der Affe davon überzeugt hat, daß er die Banane nicht auf einfachem Wege erreichen kann, setzt er sich still hin und plant! Seine Blicke wandern schließlich zwischen der Banane und der Kiste hin und her. Dann springt er auf, schiebt die Kiste unter die Banane, steigt auf die Kiste und frißt die Banane auf.[85] Bei einer solchen Planungsphase handelt es sich eindeutig um ein Handeln im vorgestellten Raum. Was anderes soll Denken sein?

Man mag sich fragen, wie es kommen kann, daß Tiere so viel lernen können. Wen wundert es aber noch, daß die Evolution auch hier durch Ausbildung eigener Verhaltensweisen vorgesorgt hat? Die Rede ist von Neugierverhalten und der Selbstexploration. Wie oben schon erwähnt, können viele Verhaltensweisen durch Rückmeldungen über das Ergebnis modifiziert werden. Natürlich erfährt der Organismus auf diese Art etwas über seine Umwelt. Man kann aber nicht davon sprechen, daß die Verhaltensweise abläuft, um etwas zu erfahren. Obwohl das Verhalten mit einem Lernvorgang verbunden ist, wird sie doch durch eine triebbefriedigende Endsituation motiviert. Das gilt auch dann, wenn ein Tier in einer bestimmten Situa-

---

[85] Eine Vielzahl anderer, teilweise noch beeindruckenderer Versuche ist beschrieben in: Evolution des Menschen, 3. Studienbrief: Evolutionsökologie und Verhalten der Hominoiden, 2. Teil; Deutsches Institut für Fernstudien an der Universität Tübingen, Tübingen, 1990

tion nacheinander verschiedene Verhaltensweisen durchprobiert oder ein und dieselbe Verhaltensweise unter verschiedenen Gegebenheiten anwendet. Immer liefert die Befriedigung die Motivation. Der Lernvorgang ist Bestandteil der Handlung; man würde aber wohl kaum von „Interesse" sprechen, was ja eine Absicht unterstellen würde. Demgegenüber zeigen viele Tiere ein ausgesprochenes *Neugierverhalten*, bei dem viele Verhaltensweisen nacheinander durchprobiert werden. Beim Spiel- oder Neugierverhalten wird jedoch kein akutes Problem gelöst. Die Motivation stammt auch nicht aus der für die durchprobierten Verhaltensprogramme charakteristischen befriedigenden Endsituation. Es wird wirklich auf einem entspannten Schauplatz spielerisch probiert. Die neue Erfindung der Evolution besteht also darin, daß die Lernsituation selbst (Erfahrungen sammeln) ausgelöst wird, weil sie selbst einer triebbefriedigenden Endsituation gleichkommt. Das Neugierverhalten findet nicht in Ernstsituationen statt. Dadurch kann es zu einem sachlichen Umgangsverhältnis zu den Dingen kommen. Das Wissen über bestimmte Dinge ist nicht mehr automatisch situationsbezogen. - Einen nächsten großen Sprung markiert die *Selbstexploration*. Sobald der eigene Körper ins Blickfeld rückt, tun sich ganz neue Möglichkeiten auf. Insbesondere bei Tierarten mit Greifhänden im Gesichtsfeld ist plötzlich eine sehr direkte Rückmeldung des Handlungserfolgs realisierbar.

> Wenn der explorierende Anthropoide die eigene greifende Hand und den von ihm ergriffenen Gegenstand gleichzeitig als Dinge der realen Außenwelt wahrnimmt, nähert sich die Aktivität seines Greifens einem Begreifen und das Wissen des ergriffenen Dings einem Begriff.[86]

Kürzer und prägnanter als Konrad Lorenz kann man es wohl kaum ausdrücken. Natürlich war auch diese Annäherung noch ein langer komplizierter Prozeß. Aber wir beginnen eine Vorstellung von der Entwicklung des Erkenntnisapparates zu bekommen, die mit der urtümlichen Bewegungsweise der Amöbe ihren Anfang nahm und in den Fähigkeiten des menschlichen Bewußtseins seinen bisherigen Endpunkt fand.

---

[86] Konrad Lorenz: Die Rückseite des Spiegels, Versuch einer Naturgeschichte menschlichen Erkennens; Deutscher Taschenbuch Verlag GmbH & Co. KG, München, 1987

Denkzwänge und Unvermögen

Das menschliche Denken basiert auf einigen Hypothesen, die nicht weiter hinterfragt werden (können) und deren Gültigkeit allen Urteilen einfach unterstellt wird. Das sind zunächst *Raum und Zeit*, also Immanuel Kants (1724 - 1804) reine Anschauungsformen a priori. Ohne Präpositionen (Verhältniswörter) können wir kaum einen Gedanken fassen. Man findet sie wohl in allen Sprachen wieder, was die Relevanz der Kant'schen a priori zusätzlich unterstreicht. Für unsere ererbte Vorstellung ist die Zeit ein eindimensional dahinfließendes Schema, das keinen Anfang und kein Ende besitzt. Wie unentbehrlich und mit dem Denken eng verflochten die dreidimensionale Raumvorstellung ist, mögen die vielen Begriffe zeigen, mit denen wir Denkvorgänge beschreiben: begreifen, dahintersteigen, erfassen, mitbekommen, vorstellen, auffassen, aufgreifen, aufnehmen, vorschweben, darstellen, verarbeiten, einprägen, darlegen, auseinandersetzen, ausdrücken usw. usf. Nicht zufällig haben all diese Wörter etwas mit dem Räumlichen zu tun. Auch in anderer Hinsicht besteht ein Zwang zur dreidimensionalen Deutung: Zeichnungen und Abbildungen werden automatisch räumlich interpretiert. Das wird meist erst dann bewußt, wenn die Deutung nicht gelingt oder gleichwertige Sichtweisen konkurrieren wie zum Beispiel beim Umspringen des Necker'schen Würfels, wo Drauf- und Druntersicht gleichgestellt sind. Es war bereits davon die Rede, daß die Sinneswahrnehmungen einer Vorverarbeitung unterliegen. Ganz absichtsvoll und unbemerkt nimmt der Erkenntnisapparat Korrekturen vor, auf die man erst dann aufmerksam wird, wenn man Abbildungen betrachtet, die perspektivische oder sogenannte optische Täuschungen veranschaulichen. Der biologische Zweck solcher „Täuschungen" liegt auf der Hand. Es ist gefährlich, die Größe eines Tieres oder einer Barriere zu unterschätzen, bloß weil sie noch etwas entfernt sind. Es ist hilfreich, daß Kontraste verstärkt werden usw. Manche optischen Täuschungen zeigen auch, daß wir bei unseren Erwartungen Dinge ergänzen, die gar nicht zu sehen sind. Doch davon gleich mehr.

Auch die folgenden vier Unterstellungen oder Hypothesen unseres Erkenntnisapparates [87] ähneln Kant'schen Apriori. Die erste Hypothese enthält die Erwartung, daß ähnliche Ereignisse unter ähnlichen Bedingungen auftreten und daß sich ein Ereignis unter ähnlichen Bedingungen wiederholt. Das Ereignis wird daher erwartet und kann vorhergesagt werden. (Wie ähnliche Bedingungen erkannt werden, wird später betrachtet.) Mit jeder bestätigten

---

[87] Rupert Riedl: Evolution und Erkenntnis, Antworten auf Fragen aus unserer Zeit; R. Piper GmbH & Co. KG, München, 1984

Prognose nimmt die Wahrscheinlichkeit zu, die jedem zukünftigen Eintreten des Ereignisses zugerechnet wird. Gegen diese Unterstellung ist nichts zu sagen. Andererseits entstehen auf diese Art sehr schnell verkappte Gesetzmäßigkeiten, die manchmal eine merkwürdige Stabilität und Immunität gegen offensichtliche Widerlegung entwickeln. Ein harmloses Beispiel dafür, wie wir der Realität unsere Gesetze aufzuprägen geneigt sind, bietet der Würfel: Die (richtige) Beobachtung, daß alle Zahlen gleich wahrscheinlich sind, führt zu der (falschen) Vorstellung, daß sie dann regelmäßig aufzutreten haben und daß eine Zahl, die längere Zeit ausblieb, beim nächsten Wurf wahrscheinlicher ist als eine andere. Das ist nachweisbar Unsinn; dennoch gelingt es kaum, jedem Wurf wirklich mit gleicher Erwartung entgegenzusehen. Aus den genannten Gründen können Spielbanken in Ruhe Gewinne auszahlen, um dann seelenruhig zuzusehen, wie das Geld wieder verspielt wird. Wären Glücksspielapparaturen nach unseren Vorstellungen vom Zufall konstruiert, wären alle Spielbanken pleite.[88] Daß unsere Unterstellungen oder Hypothesen beim Zufall versagen, zeigt eigentlich ihre Stärke - und dies in zweierlei Hinsicht. Die Festigkeit gegen Widerlegung wurde schon erwähnt. Eigentlich erstaunlich ist es aber, daß sie auch noch im Zufälligen ein „Gesetz" entdeckt. Es ist eindeutig von Vorteil, überhaupt zu einer Vorhersage fähig zu sein. Nur dann ist es möglich, Vorbereitungen zu treffen und Aufgaben zu koordinieren. Offenbar ist die Fähigkeit zur Prognose derart überlebenswichtig, daß daraus im Laufe der Stammesentwicklung ein *Zwang zur Regelbildung* wurde.

Es ist aufschlußreich, sich diese Regelbildung genauer anzusehen. Sie beruht nämlich nicht nur auf dem Vergleich von Bedingungen und Umständen, was weiter unten betrachtet werden soll. Schon das Würfelbeispiel zeigt, daß der Mensch Wahrscheinlichkeiten berechnet und echte Statistik betreibt. Es ist biologisch sinnvoll, Vorbereitungen für solche Ereignisse zu treffen, die besonders wahrscheinlich sind. Wenn mit hoher Wahrscheinlichkeit nichts passiert, kann dies heißen, eben nichts vorzubereiten, weil dies das Prinzip der Sparsamkeit mit den eigenen Kräften gebietet. Wahr-

---

[88] Wie wenig wir mit Unvorhersehbarem umgehen können, zeigt ein anderes, ernsthaftes Beispiel. Der große Teil der Bevölkerung beruhigt sich damit, daß die Wahrscheinlichkeit einer Atomkraftwerkkatastrophe sehr gering ist (nur 1 Super-GAU / X Jahre), also erst in X Jahren erwartet werden muß. Hier wird erstens aus der Wahrscheinlichkeit eines einmaligen Ereignisses automatisch eine periodische Folge (Gesetz) konstruiert (alle x Jahre...) und dann zweitens geschlußfolgert, daß das unwahrscheinliche Ereignis am Ende der Periode liegt. Das Erste verdeutlicht den Zwang zur Gesetzbildung. Die zweite Schlußfolgerung beruht auf einem im Prinzip richtigen Sachverhalt: Wahrscheinlichere Ereignisse sind häufiger als weniger wahrscheinlichere und deshalb als wichtiger und naheliegender (!) einzustufen.

scheinlichkeiten werden aufgrund der Häufigkeiten von Ereignissen ermittelt. Der Vergleich der Häufigkeiten bringt eine *Bewertung* der Ereignisse mit sich. Oder anders herum, der Bewertung eines Ereignisses liegt immer auch dessen statistisch ermittelte Dringlichkeit zugrunde. Häufigere Ereignisse sind naheliegender und deshalb als wichtiger einzustufen als weniger häufige, so lautet der Grundsatz unseres zeitlichen Verrechnungsapparates. Mittlere Wahrscheinlichkeiten können durch einfaches Zählen von Ereignissen innerhalb eines genügend langen Zeitraumes ermittelt werden. Für die aktuelle Entscheidungsfindung sind solche Werte jedoch kaum verwendbar, weil sie von möglichen Häufungen innerhalb des langen Zeitraumes absehen. Die Wahrscheinlichkeit eines Ereignisses kann aber von vielerlei Umständen abhängen und sich mit der Zeit ändern. Außerdem kann das Individuum nicht erst lange Statistik treiben, um dann später angemessen entscheiden zu können. Die aktuelle Entscheidungsfindung muß auf gegenwärtig gültigen Wahrscheinlichkeiten beruhen, deren Werte permanent verbessert werden. Die Häufigkeiten werden kontinuierlich erfaßt durch eine fortlaufende statistische Verrechnung von Beobachtungsdaten.

Um eine solche Statistik beginnen und betreiben zu können, müssen *Regeln unterstellt* werden, die das Auftreten und die Verteilung der Häufigkeiten betreffen. Die einfachste Unterstellung ist, von Häufungen abzusehen. Die Wahrscheinlichkeit der Ereignisse ist dann zeitlich konstant, und der berechnete Wahrscheinlichkeitswert wird lediglich im Laufe der Beobachtung verbessert. Diese Regel (Unterstellung) ist für einen Würfel genau richtig. Die falsche Interpretation dieses Falls zeigt, daß der Mensch andere Regeln unterstellt. Das Problem ist ganz sicher zu kompliziert, um mit ein paar Überlegungen geklärt werden zu können. Ein letzter Zusammenhang erscheint mir allerdings ebenso auffallend wie wichtig zu sein. Ich hatte behauptet, daß die Wahrscheinlichkeiten, ausgehend und basierend auf Anfangsannahmen, durch kontinuierliche Verrechnung von Beobachtungsdaten ermittelt werden. Dazu müssen wir uns die Beobachtungsdaten erst einmal merken (ohne sie in jedem Fall aktiv abrufen zu können). Niemand wird bestreiten, daß wir uns Ereignisse, die in schneller Folge und häufig auftreten, besser einprägen als solche, die selten und in großen zeitlichen Abständen in Erscheinung treten. Letztere vergessen oder übersehen wir manchmal einfach. Diese Spezifik biologischer Lernfähigkeit führt dazu, daß wir kurzzeitige Korrelation sehr viel besser bzw. deutlicher wahrnehmen als statistische Zusammenhänge, die sich über einen langen Zeitraum erstrecken. Dies beeinflußt unsere Sicht der Dinge wirklich maßgebend. Der Wechsel von Tag und Nacht ist uns vertraut. Das Wochenende und die Urlaubszeit gliedern bei vielen das Arbeitsleben. Das Jahr markiert etwa den maximalen Zeitrahmen, in dem wir wiederkehrende Ereignisse als solche wahrnehmen. Im Vierjahresrhythmus (am Ende einer Legislaturperiode) wiederkehrende Vorkommnisse scheinen im allgemeinen keinen bleibenden Eindruck zu hinterlassen. Wie man an den jahreszeitlichen Wetteränderungen sieht, sind wir aber ohne weiteres in der Lage, innerhalb der Zeitspanne eines Jahres auch mehr oder minder kontinuierliche Veränderungen zu bemerken und Zusammenhänge herzustellen. Längerfristige, allmähliche Änderungen nehmen wir oft gar nicht oder erst dann wahr, wenn sie unseren unmittelbaren Lebensrhythmus beeinflussen. Die Kinder sind „plötzlich" herangewachsen. Vor vielen Jahren hatten wir nicht nur in den Hochlagen Schnee. Oder: der Verkehr hat drastisch zugenommen in den letzten zehn oder zwanzig Jahren. Es kommt ganz entscheidend darauf an, die Merkfähigkeit zu trainieren und Erinnerungen zu bewahren und zu pflegen.

Die zweite der Hypothesen steht mit der Eigenheit unseres Erkenntnisapparates in Verbindung, eher für das *Wieder*erkennen als fürs Erkennen konstruiert zu sein. Der Erkenntnisapparat schreitet offenbar von den sehr allgemeinen zu den konkreteren Begriffen vor und sieht ganz absichtsvoll von Ungleichem ähnlicher Dinge ab. Das sichere Einordnen und Wiedererkennen ist offenbar nur um den Preis möglich, daß „störende" Ungleichheiten einfach ausgeglichen werden und daß das Erwartete dem Wahrgenommenen unbemerkt hinzugefügt wird. Auf diese Weise führt die Existenz von Erwartungen dazu, daß eventuelle Spezifika einfach unter den Tisch fallen, während anderes ergänzt wird. Ein anderer Haarschnitt, eine andere Brille wird oft erst sehr spät bemerkt. Auf der anderen Seite ist der Anblick einer knusprigen Panade mit der sicheren Erwartung verknüpft, darunter - je nach Form des Ganzen - ein Schnitzel oder einen Camembert zu finden. In beiden Fällen orientiert sich unser Erkenntnisapparat nur an wenigen Kennzeichen und geht davon aus, daß Merkmale nicht in beliebig kombinierter Form auftreten, sondern eindeutige Rückschlüsse erlauben. Mit der Spezialisierung auf das Wiedererkennen ist außerdem verbunden, daß wir uns außerordentlich schwertun, Phasenübergänge und das Auftreten neuer Qualitäten zu verstehen. Für das Entstehen neuer Systemeigenschaften scheint uns einfach ein Sinn zu fehlen. Das hängt wohl damit zusammen, daß in solchen Fällen vertraute Merkmalsverknüpfungen widerlegt werden, was gewohnten Gedankenverbindungen den Boden entzieht.

Die dritte Hypothese betrifft die Annahme, daß gleiche Dinge dieselbe Ursache oder Herkunft haben. Natürlich handelt es sich auch hierbei um eine sinnvolle Annahme. Leider beinhaltet diese erbliche Erwartung auch, daß für jede Beobachtung eine Hauptursache benennbar ist und daß Ursachenzusammenhänge stets in solchen (monokausalen) Ketten vorliegen. Der Mensch scheint so stark auf einfache Ursachenketten fixiert zu sein, daß er die Vernetzung von Ursache-Wirkungs-Zusammenhängen kaum wahrnehmen kann. Für eine Kausalkette ist darüber hinaus ein klarer Zeitrahmen fixiert. Sie hat einen Anfang und ein Ende. Die Tiefe der Ursachenverfolgung wird dadurch begrenzt, daß das Interesse des Betrachters sehr schnell erlahmt. Mit der Verfolgung möglicher Wirkungen sieht es aufgrund des beschränkten Zeithorizontes nicht anders aus. Ein wahrhaft ernsthaftes Problem resultiert jedoch daraus, daß Wirkungen oftmals ihre eigenen Ursachen modifizieren. Solche *rück*wirkenden Systeme haben kein Anfang und kein Ende. Der Mensch ist zwar in der Lage, die Rückwirkung zu entdecken, und beschreibt sie wiederum als eigenständige Kausalkette. Er ist jedoch unfähig, Wirkung und Rückwirkung zusammen zu denken und damit nicht in der Lage, rückgekoppelte Systeme wirklich zu verstehen. Erst die mathematische Analyse erhellt in diesen Fällen, welcher Zustand sich einregulieren wird, wenn es sich um ein stabiles System handelt. Diese Unfähigkeit ist deshalb so folgenschwer, weil rückgekoppelte Systeme meist auch noch vernetzt sind.

Die vierte und letzte These besagt, daß Dinge Zwecken dienen und ähnliche Dinge gleiche Funktionen haben. Der Sinn dieser Unterstellung ist wiederum völlig klar. Es ist wichtig für das Überleben, Zwecke und Absichten richtig einzuordnen und zu prognostizieren. Spitze Gegenstände, wie große Zähne, Schnäbel oder Krallen, können als Waffen eingesetzt werden. Man sollte sich deshalb vor ihnen in acht nehmen. - Gegen all diese Unterstellungen kann man nichts Prinzipielles unternehmen. Wir können nicht einfach lernen, anders wahrzunehmen. Dennoch wird es helfen, wenn die bewußte Vernunft der Existenz unbewußter Anleitungen gewahr wird. Nur dann nämlich kann die erreichbare Gewißheit des Wahrgenommenen überhaupt eingeschätzt werden. Automatisch stellt sich vernünftiger Zweifel am Wahrheitsgehalt der eigenen Wahrnehmung ein. Nur der Zweifel gibt Anlaß, nach Kontrollmöglichkeiten zu suchen bzw. Methoden zu erfinden und zu etablieren, die Unzulänglichkeiten ausgleichen oder Unfähigkeiten beseitigen helfen. Nicht immer wird man diesen Weg gehen können. Dann wird es notwendig sein, sich daran zu erinnern, daß die Leistungen unseres Erkenntnisapparates unter den ursprünglichen Lebensbedingungen völlig ausreichten und daß sie heute nur deshalb mangelhaft erscheinen, weil sie nicht mehr auf unsere Lebensverhältnisse passen. Unser Erkenntnisapparat mußte sich zu Zeiten seiner Entstehung an teilweise ganz anderen Aufgaben bewähren und ist deshalb in der vorliegenden Form konstruiert. Es scheint mir daher unausweichlich, die Organisationsstruktur unserer Gesellschaft so zu ändern, daß sie diesem Sachverhalt besser Rechnung trägt. Sie wird dadurch keinesfalls primitiver werden. Doch zur Organisation der Gesellschaft später mehr. An dieser Stelle geht es um die Existenz, die Bedeutung und die Auswirkungen grundlegender Qualitäten, die mit der Tatsache der Evolution unseres Erkenntnisapparates untrennbar verbunden sind.

Alle Leistungen wurden nach den Kriterien des unmittelbaren, relativen Überlebensvorteils im augenblicklichen Milieu selektiert. Deshalb kann der

Erkenntnisapparat selbstverständlich nur über solche Fähigkeiten verfügen, deren Reproduktionsvorteil wirksam war. Von Anfang an war mit der Entwicklung der eigenständigen Leistungen auch eine Abgrenzung von der Umwelt verbunden. Die Devise lautete stets: nur so viel Umwelt wie nötig. Natürlich hat sich das Leben dadurch von möglichen Wahrnehmungen für immer abgeschnitten. Ein anschauliches Beispiel für die Endgültigkeit einer solchen Entscheidung sind die Pflanzen. Da sie auf das Licht als Energielieferant angewiesen sind, können sie es nicht als Informationsquelle nutzen. Die Tiere nutzen die Energie der Pflanzen und können sich deshalb den Luxus leisten zu sehen. Nie ging es aber auch hier darum, soviel Informationen wie möglich zu gewinnen oder sich gar ein objektives Bild von der Welt zu machen. Daß unser Weltbild dennoch paßt, darf uns nicht verwundern. Die Denkordnung wird sich als Selektionsprodukt der Naturordnung erweisen. Daß unser Weltbildapparat dagegen ausreicht, um das Kunstprodukt Industriegesellschaft mit all seinen Folgen zu durchschauen, können wir wohl kaum erwarten. Hier müssen noch viele Untersuchungen angestellt werden. Wir haben einen phantastischen Prozeß der Selbst-Unter-Suchung und Selbstfindung vor uns. Er ist notwendig und überlebenswichtig. Die Bedeutung bzw. die Auswirkungen des oben beschriebenen Modus der Sollwertbildung, des Mechanismus der Gewöhnung, der Implikationen von Prägung, dem Auftreten von Schwingungen, der Wirkungsweise der Konstanzleistungen und der zahlreichen mit der Lernfähigkeit verbundenen Umstände sind bisher noch nicht ausreichend untersucht worden. Sollen solcherlei Analysen dabei helfen, Probleme mit komplexen Systemen zu bewältigen, so müssen sie praktische Konsequenzen erkennbar machen. Im folgenden Kapitel werden die kognitiven Defizite deshalb praxisnah diskutiert und Vorschläge unterbreitet, wie in verzwickten Situationen günstigerweise vorgegangen werden kann.

Management komplexer Systeme

Methode haben heißt, mit dem Weg der Sache gehen.

Ernst Bloch

Komplexe Systeme bestehen aus einer Vielzahl von relativ eigenständigen Einheiten, die miteinander auf vielfältige Weise verknüpft sind und aufeinander einwirken. Dabei fließen die Wirkungen nicht nur in eine Richtung. Ursachen rufen Wirkungen hervor, die wiederum ihre Auslöser beeinflussen. Wirkungsketten schließen sich also und bilden Regelkreise. Auf diese Weise entstehen charakteristische Ordnungszustände, die dem Ganzen zugehörig sind und auch bei genauester Kenntnis eines Teils nicht verstanden werden können. Will man solche komplexen Systeme gezielt und erfolgreich beeinflussen, so ist ein Verständnis wesentlicher innerer Zusammenhänge ebenso erforderlich wie ein dieser Situation angepaßtes Verhalten. Bisher wurde wenig dafür getan, diesbezügliche Fähigkeiten zu entwickeln. Dieser Mangel wiegt inzwischen schwer, weil sich die wirtschaftlichen und gesellschaftlichen Systeme in einem Maße entwickelt haben, daß wir sie mit dem althergebrachten Problemlösungsverhalten nicht beherrschen können. Die Folgen sind für jeden offenkundig. Deshalb werden im folgenden einige wichtige Eigenheiten komplexer Systeme vorgestellt. Inwiefern der *untrainierte* Zeitgenosse den sichtbar werdenden Anforderungen gewachsen sein kann, wird im Zusammenhang mit dem im letzten Kapitel Gesagten deutlich. Der Schwerpunkt liegt im folgenden zunächst darauf, typische Fehler im Umgang mit komplexen Systemen aufzuzeigen, die erfahrungsgemäß ebenso hartnäckig wie regelmäßig gemacht werden. Daraus ergeben sich dann Hinweise, wie wir unsere Fähigkeiten verbessern können.

Auf analytischem Wege zu Einsichten gelangen ist die eine Sache. Solcherlei Verstehen setzt mindestens eine Bereitschaft voraus, bestimmten Vorstellungen Raum zu gewähren. Das muß nicht gleich heißen, daß man zu der beabsichtigten Einsicht nur dann gelangen kann, wenn man schon über eine Vor-Einstellung verfügt. Unbestreitbar aber bleibt, daß die *Argumentation* einen steinigen Weg geht. Viel leichter lassen wir uns von *Beispielen* überzeugen, wohl wissend, daß aus der Beobachtung weniger Einzelfälle keine allgemeinen Regeln oder Urteile abgeleitet werden dürfen. Das deutet darauf hin, daß der Mensch vor allem durch Anschauung begreift. Eine gute Erklärung leistet deshalb beides: sie argumentiert und veranschaulicht. - Während meines Studiums nahm ich mit meinen Kommilitonen an einem Planspiel teil, bei dem wir die Geschicke eines Großbetriebes und seiner Angestellten bestimmen sollten. Eine Ausgangssituation war zwar vorgegeben. In den verschiedenen Phasen der Simulation konnte jedoch frei über die Vergabe von Mitteln usw. entschieden werden. Investieren? Wo? Wieviel? Personal aufstocken? Welche Märkte? Neue Produkte? Arbeitsbedingungen verbessern? Bestimmte Entscheidungen mußten natürlich getroffen und Haushaltspläne aufgestellt werden. Darüber hinaus hatten wir freie Hand. Gewisse Randbedingungen durch die Wirtschaftslage und das Verhalten der anderen Wirtschaftsteilnehmer waren fix, aber unbekannt oder wurden während der Simulation erwürfelt. Zu jeder neuen Planungsrunde lagen Eckdaten der inzwischen auf dem Computer simulierten wirtschaftlichen Entwicklung auf dem Tisch. An Informationen hat es nicht gefehlt. Sie waren auch eindeutig und kaum interpretationsbedürftig. Das Problem lag in ihrer Bewertung. Wenn ich mich recht erinnere, haben fast alle Studenten ihre Firma nach kurzer Zeit ruiniert. Manche haben wenigstens die Ausgangslage in etwa halten können. Nur wenige konnten die wirtschaftliche Lage deutlich verbessern. Warum? Es war genügend Zeit, sich alles gründlich zu überlegen. Die Zahl der Eckdaten, die festzulegen waren, hielt sich in Grenzen. Und die relativ einfachen Zusammenhänge, die auch die Basis für die Simulation bildeten, waren im wesentlichen bekannt.

Das Problem bestand offenbar darin, daß die einzelnen, relativ einfachen Gesetzmäßigkeiten bzw. Zusammenhänge so miteinander verkoppelt waren, daß sie ein komplexes System bildeten. Der menschliche Erkenntnisapparat ist darauf spezialisiert, das Einfache und Regelmäßige zu erkennen. Er versagt bereits bei der Beurteilung zweier Tendenzen:

$$y = 2x - 4$$
$$x = 2y - 4$$

Nur die deutliche Symmetrie dieser Gleichungen (x und y sind vertauschbar) zeigt, daß die beiden Geraden sich schneiden müssen. (Sie schneiden sich nur dann nicht, wenn das Produkt der beiden Anstiege - hier 2×2 - gleich Eins wäre.) Die durch die beiden Gleichungen abgekürzten Tendenzen sind also vereinbar. Über die Stabilität des Minisystems ist damit noch nichts gesagt. Wegen der Vertauschbarkeit von x und y sind beide Größen im Schnittpunkt gleich. Weil die erste Gleichung im Negativen beginnt und stärker als mit Eins ansteigt, liegt der Schnittpunkt im Positiven. Das ist schon Mathematik und keine Anschauung. Eine andere, ebenfalls analytische Herangehensweise übersetzt zum Beispiel die zweite Gleichung zuerst in den Bezugsrahmen der ersten: $y = 0{,}5x + 2$. Beide Gleichungen „arbeiten" jetzt auf die gleiche Wirkung (y). Jetzt sieht man leicht, daß die Tendenzen vereinbar sind. Sie sind es nur dann nicht, wenn die Anstiege gleich sind. Man ahnt auch, wo der Schnittpunkt ($x = y = 4$) etwa liegt. Bei diesem Beispiel von Komplexität zu reden, ist beinahe peinlich. Der clevere Leser mag das Beispiel auch einfacher überschauen können. Dennoch scheint mir unbestreitbar, daß unser Erkenntnisapparat zwar spielend Bäume als Bäume einordnet, aber *sofort Probleme* hat, wenn es gilt, *Widerstrebendes als Eines* zu erkennen. Das liegt daran, daß das Erkennen auf *Vergleichen* beruht. (Auch ich habe das Geradenbeispiel, ohne Mathematik bemühen zu wollen, durch vergleichende Betrachtungen gelöst.) Es handelt sich nicht um ein mathematisches Problem; ich habe mich nur ihrer abkürzenden Sprache bedient. Unser Erkenntnisapparat, das wurde schon oben betont, ist hervorragend zum Wiedererkennen geeignet. Über das Wiedererkennen von Teilen erschließt sich uns die Analyse. Der Mensch ist in der Lage, zu erklären und empirische Urteile zu fällen. Er kann das Zustandekommen solcher Urteile überprüfen und sogar die Möglichkeit von Erkenntnis untersuchen. Über all dies kann er Beschreibungen und Argumente mit anderen austauschen. Die Ebene der synthetischen Zusammenschau eigenständiger, entgegenwirkender Prozesse, so scheint mir, haben wir noch nicht ganz erreicht. Viele der Bemühungen um ganzheitliches Denken zielen sicher in die Richtung, solche damit verbundenen Defizite zu beheben bzw. zu verringern. Besonders deutlich tritt der Mangel beim Umgang mit komplexen Systemen zutage. Unser Denk- und Erkenntnisapparat ist nur an jenen Teil der Welt wirklich angepaßt, der zum unmittelbaren Erfahrungsbereich gehört. Eine andere Realität ist das Komplexe.

Damit bin ich wieder beim Thema. Zur Zeit wird nicht nur am Verständnis komplexer Systeme gearbeitet, sondern es werden auch äußerst interessante Untersuchungen über Fehler im Umgang mit solchen Systemen angestellt.[89] Bevor einige typische Fehler genannt werden, kurz zu einigen wichtigen Eigenschaften komplexer Systeme: 1) Mit dem Begriff *Vernetztheit* ist gemeint, daß die meisten, das System charakterisierenden Größen auf vielfältige Weise miteinander verbunden sind. Sie sind voneinander abhängig. Eingriffe sind deshalb des öfteren mit Nebenwirkungen verbunden. Das heißt, die Einwirkung auf eine bestimmte Variable ruft eine Änderung in einem scheinbar weit entfernten Bereich des Systems hervor. Es kann sogar vorkommen, daß diese Nebenwirkungen der ursprünglichen Absicht zuwiderlaufen. Durch Wirkungsnetze und Regelkreise führen scheinbar lokale Eingriffe zu einer Modifikation des Systemzustands insgesamt. Die Zahl der isolierten Variablen, für die dies nicht gilt, ist bei vernetzten Systemen gering. Um schädliche Nebenwirkungen nach Möglichkeit zu vermeiden und das gewünschte Resultat erzielen zu können, sollte das System mit dem Ziel analysiert werden, durchgreifende Rückkopplungen zu finden. 2) Komplexe Systeme zeichnen sich weiter durch ihre *Eigendynamik* aus. Ohne daß man einen Einfluß ausübt, ändert das System seinen Zustand. Das führt dazu, daß die Ergebnisse der Analyse und entsprechende Schlußfolgerungen auf veralteten Beobachtungsdaten beruhen können. Zumindest hinkt die eigene Entscheidung der aktuellen Situation immer hinterher. Aus diesem Grund sind Trendanalysen erforderlich. Dabei ist zu berücksichtigen, daß Extrapolationen um so unsicherer sind, je stärker die Dynamik des Systems ausgeprägt ist. Bei stark veränderlichem Wachstum (z.B. exponentiellem) muß mit erheblichen Fehlern gerechnet werden. Das angemessene Vorgehen wird dadurch erschwert, daß der Akteur aufgrund der Eigendynamik des Systems oft unter Zeitdruck handelt. Auch wenn das System nach außen sichtlich zu ruhen scheint, können unter dieser Oberfläche gravierende Bewegungen vonstatten gehen. 3) Eine andere Eigenschaft komplexer Systeme ist ihre *Unüberschaubarkeit*. Eine Fülle von Daten ist zur Charakterisierung des Systemzustandes nötig. 4) Während die Unüberschaubarkeit mit einer Datenflut verbunden sein kann, herrscht an anderer Stelle aufgrund der *Intransparenz* des Systems ein Informationsmangel. Viele Informatio-

---

[89] zum folgenden siehe: Franz Reither: Schwierigkeiten beim Umgang mit wirtschaftlich-ökologischen Systemen; in: Henning Balck und Rolf Kreibich (Hrsg.): Evolutionäre Wege in die Zukunft, Wie lassen sich komplexe Systeme managen?; Beltz Verlag, Weinheim und Basel, 1991

nen stehen gar nicht oder nur verdeckt zur Verfügung. Mitunter muß das System dann nach Symptomen beurteilt werden, und der Rückschluß auf zugrundeliegende Wirkungsmechanismen ist mehr als vage. Aus den genannten Charakteristika komplexer Systeme folgt, daß die meisten Gesetzmäßigkeiten und Funktionen nur mit einer bestimmten *Wahrscheinlichkeit* gelten. Auch bedeutet *Stabilität* bei einem solchen System keineswegs Konstanz (Statik), sondern Stationärität. All diese Eigenheiten komplexer Systeme machen den Umgang mit ihnen höchst kompliziert. Üblicherweise reagiert man mit Abstraktion bzw. Reduktion zur Bewältigung der Informationsflut, versucht, das System zumindest gedanklich zu zerschneiden und zu teilen, und wendet das Verfahren der isolierten Variation an.

Abschließend zu einigen typischen, wiederkehrenden Fehlern beim Umgang mit komplexen Systemen, wie sie bei einem Experiment beobachtet wurden, bei dem Studenten die Geschicke einer Kleinstadt zu bestimmen hatten.[90] Mitunter bereitet die *Zielbildung* wirklich Schwierigkeiten. Oft unterbleibt sie sogar, erfolgt mangelhaft oder sehr ungenau. Nun lassen sich aus unpräzisen Zielen weder klare Anweisungen zum Handeln ableiten, noch kann später überprüft werden, ob das Vorgehen erfolgreich bzw. zureichend war. Häufig spielt bei mangelhafter Zielbildung auch die Angst vor nachweisbarem Mißerfolg eine große Rolle. Aus diesem Grund unterbleibt die Zielbildung gerade dann, wenn sie besonders nötig wird, nämlich wenn die ersten Schwierigkeiten aufgetreten sind. Die Untersuchungen belegen auch, daß in bedrohlichen bzw. schwierigen Situationen die Diskrepanz zwischen formulierten Absichten und tatsächlich durchgeführten Handlungen wächst. Dieser Effekt ist aus dem politischen Bereich leider allzu gut bekannt und kann dort bestens beobachtet werden. Ein zweiter Fehler besteht in der mangelhaften *Situationsanalyse*. Es muß eigentlich nicht extra betont werden, daß eine adäquate Situationsanalyse schwierig und manchmal sogar beschwerlich ist. Allerdings wird hier zum eigenen Nachteil allzu oft versucht, Zeit und Mühe zu sparen. Häufig fehlt es an Gründlichkeit, methodischem Zweifel und dem Bewußtsein der eigenen Fehlbarkeit. Vielfach beschränkt sich die Analyse auf den aktuell beobachteten Zustand, während Trends und Entwicklungen unberücksichtigt bleiben. Werden Trends ermittelt, so werden in der Regel lineare Verläufe angenommen, was zu erheblichen Fehlern führt, wenn die Dynamik des Systems stark ausgeprägt ist (z.B. exponentielles Wachstum).

---

[90] Eine Fülle von Experimenten ist ausführlich beschrieben und erläutert in: Dietrich Dörner: Die Logik des Mißlingens, Strategisches Denken in komplexen Situationen; Rowohlt Taschenbuch Verlag GmbH, Reinbeck bei Hamburg, 1992

Bevor Eingriffe in das System vorgenommen werden, müssen zahlreiche Entscheidungen bezüglich der Vorgehensweise getroffen werden. Dazu ist es wichtig, einen Blick für das *Wesentliche* zu haben und geeignete Schwerpunkte setzen zu können. Nicht alles, was denkbar ist, ist auch praktisch umsetzbar. Nicht alles, was durchführbar erscheint, ist auch produktiv und angemessen. Viele entziehen sich der Mühe einer Planung und wenden einfach sogenannte bewährte Methoden an. Meist verbirgt sich dahinter nichts weiter, als daß Beherrschtes und Liebgewonnenes bevorzugt und unreflektiert angewandt wird. Besonders Problemsituationen weicht man gern auf diese Art aus und sucht Zuflucht in Verhaltensweisen, die sich in anderer Situation bewährt haben. Dahinter steckt eine weitverbreitete Schwäche: *Unflexibilität*. Einmal bezogene Positionen werden hartnäckig beibehalten und Verhaltensweisen auch bei Mißerfolg nur geringfügig abgewandelt. Leider wird die Verbindung zum eigenen Verhalten nicht genügend deutlich erkannt. Manchmal werden Handlungen erst bei der Gefahr des vollständigen Scheiterns auf mögliche Nebeneffekte untersucht. *Im Laufe der Zeit* nimmt auch die Konzentration ab. Anfangs sind deutliche Gestaltungsversuche erkennbar. Dieses aktive Vorgehen weicht immer mehr einem passiven Reagieren, und die Bemühungen beschränken sich mehr und mehr darauf, Symptome zu beheben oder für kurzfristige Abhilfe zu sorgen. Die Bereitschaft, mehr Informationen einzuholen, steigt anfangs an, flacht aber später wieder ab.

Auf die Schwierigkeiten, wesentliche Kenngrößen und Wirkungszusammenhänge bei komplexen Systemen aufzudecken, ist bereits hingewiesen worden. Selbst wenn diese Aufgaben noch ausreichend gut bewältigt werden, wird die Reaktion des Systems auf die Maßnahmen meist falsch eingeschätzt, so daß die Mittel mit falscher *Dosierung* eingesetzt werden. Komplexe Systeme reagieren häufig verzögert. Wird dies nicht bedacht, wird das System übersteuert. Als Folge davon gerät es völlig aus dem Gleichgewicht. Wenn man das innere Wirkungsgefüge nicht ganz durchschaut, sollte man behutsam steuern und insbesondere Gegenmaßnahmen vorsichtig dosieren. Leider besteht die Tendenz, die eingesetzten Mittel immer großkalibriger zu wählen, wenn sich die Situation nicht unversehens verbessert oder sogar weiter verschlechtert. Verhängnisvoll ist es, wenn man schließlich zu Gewaltmaßnahmen greift. In der Regel verringert dies lediglich den Raum möglicher Aktionen, so daß danach häufig nichts mehr zu machen ist. Die Fähigkeit zur Problemlösung wird ganz wesentlich von der *emotionalen Belastung* bestimmt.

Die gezielte Steuerung komplexer Systeme ist eine schwierige Aufgabe. Unser Erkenntnisapparat scheint für diesen Teil der Realität nur unzureichend gerüstet zu sein. Dennoch sind wir ständig von solchen Systemen umgeben und wirken auf sie ein. Diese Diskrepanz ist einfach dadurch erklärbar, daß die großen Staaten, die riesigen Industriegebiete, der Welthandel und die mächtige Technik erst vor sehr kurzer Zeit entstanden sind. Das Gefühl, die meisten Probleme seien neu und hausgemacht, ist richtig. Ich sehe drei Lösungswege. *Erstens* muß die Vergrößerung der Einheiten gebremst werden. Dazu ist schon einiges ausgeführt worden. Kleine Komplexe, die über bekannte und kontrollierbare Brücken mit anderen im Kontakt stehen, sind leichter zu führen und erlauben ein höheres Maß an Mitbestimmung und Demokratie. Innerhalb dieser Einheiten kann die Komplexität weiter anwachsen. *Zweitens* muß das Wissen um die Eigenheiten komplexer Systeme und der damit verbundenen Schwierigkeiten bei ihrer Steuerung weiter verbreitet werden. Darauf aufbauend müssen die analytischen Fähigkeiten verbessert werden. Dabei müssen wir uns wohl von dem Gedanken frei machen, wir könnten die adäquate Beeinflussung komplexer Systeme wie jede andere Fertigkeit einfach erlernen und intellektuell begreifen. Es wird *drittens* vielmehr darauf ankommen, daß wir ein Gefühl für das Verhalten komplexer Systeme entwickeln. Man sollte sich daran erinnern, daß die komplexesten Verrechnungsleistungen unseres Erkenntnisapparates unbewußter Natur sind. Ein solches Gefühl für komplexe Systeme ist nur durch Training zu gewinnen. Nur durch Training können wir jene Erfahrungen sammeln, die uns schließlich in den Stand versetzen, die im Laufe der kulturellen Entwicklung drastisch gestiegene Komplexität unserer Realität besser in den Griff zu bekommen. Solche Trainingsprogramme sollten überall in der beruflichen Bildung, vor allem aber in den Schulen angeboten werden, denn es ist die heranwachsende Generation, die in besonderem Maße fähig sein muß, komplexe Systeme zu gestalten und zu entwickeln.

Evolution menschlichen Verhaltens

Wie unmittelbar der Mensch samt seinen Fähigkeiten in die Evolutionsprozesse auf unserem Planeten eingebunden ist, wurde schon mehrfach herausgestellt. Natürlich hat Verhalten auch einen biologischen Hintergrund. Gleichwohl erleben wir unsere eigenen Verhaltensweisen und die Reaktionen unserer Mitmenschen immer im Kontext aktueller Lebensumstände, die eindeutig und für jeden klar erkennbar in erheblichem Maße durch die neueren kulturgeschichtlichen Entwicklungen geformt und bestimmt sind. Deshalb ist es keineswegs augenfällig und leicht ersichtlich, daß auch diese zivilisationsgeprägten Verhaltensweisen Wurzeln haben, die weit zurückreichen. Diese nach heutigen Maßstäben unermeßlich langen Zeiträume bzw. die Umstände, die ehedem herrschten, haben aber ihre Spuren hinterlassen.

Das gilt insbesondere auch für die typisch menschlichen sozialen Verhaltensweisen.

Natürlich ist „Affe im Smoking" ein ebenso einfallsloses wie falsches Bild. Die Herausbildung konstitutiver Elemente menschlichen Verhaltens reicht auch nicht unbedingt ganz so weit zurück. Mit der Menschwerdung vollzog sich nämlich die Ablösung der kulturellen Evolution von der biologischen. Schließlich ist die intensive Kommunikation zwischen den Individuen die Voraussetzung für so etwas wie kulturelle Entwicklung. Erst mit der Herausbildung der Sprache entwickelte die kulturelle Evolution ihre eigene Dynamik. In dem Maße, wie sich die sprachlichen Fähigkeiten entwickelten, gelang es der Kulturentwicklung, sich zu verselbständigen, die biologische Evolution zu überholen und ihr schließlich den Rang abzulaufen. Damit sind viele der menschlichen Verhaltensweisen auch ein Produkt der kulturellen Evolution bzw. umgekehrt. Beides ist miteinander verknüpft. Allerdings darf nicht vergessen werden, daß der Ablösevorgang viele zehntausend Jahre (oder länger) dauerte und gewissermaßen erst *kürzlich* seinen Abschluß fand. Die Karikatur vom „Neandertaler im Frack" trifft die Sache also schon etwas besser.

Will man sich ein realistisches, unvoreingenommenes Bild von der Qualität menschlicher Verhaltensweisen machen, ist es demnach zunächst einmal erforderlich, ein Gefühl für die Zeiträume zu entwickeln, in denen sich die Menschwerdung vollzog, und sich mit den Lebensumständen vertraut zu machen, mit denen unsere frühen Vorfahren fertig werden mußten. Das ist das Ziel des ersten Abschnitts dieses Kapitels. Dann kann untersucht werden, inwiefern unser Verhalten Relikte dieser vergangenen Zeiten enthält und ob sie auch heute noch ausschlaggebend sind. Diesen ebenso spannenden wie konfliktgeladenen Themen sind die beiden dann folgenden Abschnitte gewidmet. Leider wird dabei herauskommen, daß das Rüstzeug des Menschen (auch in dieser Hinsicht) Anlaß zur Besorgnis gibt, wenn man an die heutigen globalen Probleme denkt. Wer daher in der gegenwärtigen Situation vordringlich auf Überzeugung und auf Umerziehungsversuche setzt, hat die Ursachen für unsere Probleme nicht wirklich verstanden. Wir haben uns eine Welt geschaffen, die nicht in jedem Fall die unsrige ist. Nicht ganz unwahrscheinlich ist, daß das mit dem „Unbehagen in der Kultur" in Verbindung steht, das manch einer spürt und dem zum Schluß des Teils D nachgegangen wird.

Menschwerdung

Wie unser Stammbaum nun wirklich aussieht, welche Lebensbedingungen zu welchen Zeiten vorherrschend waren und zu welchen Leistungen die

Menschen wann in der Lage waren, ist Gegenstand andauernder Diskussionen. Die Erforschung der Menschwerdung ist eine Detektivarbeit sondergleichen. Das Alter der Fossilien läßt sich heute zwar recht genau bestimmen. Doch handelt es sich bei dem seltenen Fund um einen der ersten oder einen sehr späten Vertreter? Ältere Funde müssen seltener sein als solche jüngeren Datums. Und was heißt Vertreter? Vertreter wovon? Die Klassifizierung ist unter anderem deshalb so schwierig, weil die anatomischen Unterschiede eben nicht gravierend sind. Und können Sie sich vorstellen, was von einem vor ein oder zwei Millionen Jahren verstorbenen Menschenkörper noch übrig ist? Die Dinge sind eben ganz unterschiedlich beständig. Auch ein Holzspeer wird die Jahrtausende mit geringerer Wahrscheinlichkeit überdauern als ein Faustkeil. Entgegen früheren Annahmen ist die Triebfeder für die Hominisation aber auch nicht primär im Werkzeuggebrauch, sondern im sozialen Bereich zu suchen, also zum Beispiel beim Erwerb und bei der Verteilung der Nahrung. Soziale Beziehungen, so wichtig sie daher für das Verständnis sind, lassen sich aber nur schwer vergegenwärtigen. Dagegen ist man heute in der Lage, die klimatischen Bedingungen sehr viel besser als noch vor Jahren zu rekonstruieren. Konkurrenzsituationen und Nahrungsangebot hängen ganz wesentlich vom Klima ab. Diese Informationen sind unentbehrlich, wenn man sich eine Vorstellung von den Lebensbedingungen unserer Vorfahren machen will. - Im folgenden versuche ich zusammenzufassen, welches Bild sich heute herauskristallisiert.

Die Menschwerdung [91] hat sich wahrscheinlich nur an einer Stelle vollzogen, nämlich in Ostafrika. Dies konnte durch eine Untersuchung der Zellen heute lebender Menschen festgestellt werden. Jede Zelle enthält Mitochondrien, die die Zelle mit Energie versorgen. Mitochondrien sind Abkömmlinge von Bakterien, die irgendwann in die ersten Zellen eingewandert sein müssen. Sie besitzen ihr eigenes Erbgut, das unabhängig von dem der Zelle weitergegeben und beim Menschen nur über die mütterliche Linie vererbt wird. Das Erbgut der Mitochondrien ist natürlich auch Mutationen unterworfen, die jeweils mitvererbt werden, jedoch sehr selten erfolgen. Die Differenz des Mitochondrien-Erbgutes in den menschlichen Zellen ist deshalb umso größer, je länger die gemeinsame Mutter (!) zurückliegt. (Der Schluß auf eine „Eva" ist jedoch nicht zwingend. Es kann mehrere Mutterlinien gegeben haben, von denen sich später eine durchgesetzt hat.) Die Durchmischung des menschlichen Erbgutes führt eben zu keiner Neukombination des mitochondrialen Erbgutes. Man findet, daß die Varianz der

---

[91] zum folgenden siehe die wunderbar zu lesende Abhandlung von Josef H. Reichholf: Das Rätsel der Menschwerdung; Die Entstehung des Menschen im Wechselspiel mit der Natur; Deutscher Taschenbuch Verlag GmbH & Co. KG, München, 1993

Mitochondrien-DNS bei den Afrikanern recht groß ist. Bei den Bewohnern aller anderen Kontinente ist sie aber sehr viel geringer. Dies zeigt, daß der Mensch nur einen Ursprung hat.[92]

Australopithecus und Homo habilis

Vor etwa 5,5 Millionen Jahren ereignete sich eine Klimakatastrophe: Es bildete sich der Antarktische Eisschild, und das Mittelmeer trocknete aus. Zu dieser Zeit kam es zur Aufspaltung der afrikanischen Hominoiden (Menschenartige) in die Linien der Großaffen (Pongide) und die der Hominiden (Menschen). Der gemeinsame Stammvater aller Homo-Linien ist der *Australopithecus* (übersetzt „Südaffe", kein Affe im landläufigen Sinne; biologisch aber den Primaten zugehörig, also ein Affe). Einer der bekanntesten Vertreter ist der Fund „Lucy" in Südäthiopien. Der Australopithecus ging auch schon aufrecht (ca. 1,35 m groß, 45 kg schwer). Er war sogar ein Läufertyp und bewohnte das Offenland. Für die Herausbildung des aufrechten Ganges stand mehr als das Zehnfache der Zeit zur Verfügung, die die Entwicklung des Gehirns in Anspruch nahm. Der aufrechte Gang erweist sich als der Schrittmacher der Gehirnentwicklung und ist dessen Voraussetzung. Die Vorläufer des Australopithecus' waren keine reinen, typischen Baumbewohner wie die heutigen Menschenaffen. Die Lauf-Füße des Australopithecus und die Greif-Füße der Menschenaffen sind als zwei Parallelentwicklungen anzusehen.

Vor etwa 3 Millionen Jahren kam es zu einer erneuten Klimaveränderung, die mit der Entstehung der Arktischen Eiskappe verbunden war. Mit der Klimaveränderung fällt ein weiteres wichtiges Ereignis zusammen: Die eigentliche Homo-Linie zweigt von der des Australopithecus ab. Älteste fossile Reste, die mit Sicherheit der Gattung Homo zugeordnet werden können, werden auf 1,6-1,8 Millionen Jahre vor heute datiert. Diese Menschen lebten in der Savanne und stellten einfachste Steinwerkzeuge her. Die ursprünglichste Art [93] der Gattung Homo, *Homo habilis*, ist vom Australopithecus anatomisch schwer abzugrenzen, so daß ihre Existenz teilweise umstritten ist. Es ist sehr wahrscheinlich, daß diese Menschen bereits feste Wohnplätze besaßen, zu denen sie nach der Nahrungssuche zurückkehrten. Das Gehirnvolumen der Australopithecinen liegt bei 380 - 530 cm^3, während das der ersten Vertretern der Gattung Homo bis ca. 800 cm^3 reicht. Der Homo habilis verstand es, einfache Werkzeuge aus Stein, vielleicht auch aus Holz, zu benutzen. Untersuchungen der Zahnabnutzung und der

---

[92] Die Klarheit des Befundes hängt allerdings von der angenommenen Mutationsrate ab. Freilich mußte außerdem unterstellt werden, daß die mitochondriale DNS im Gegensatz zum menschlichen Erbgut selektionsneutral ist.

[93] neuerdings: auch Homo rudolfensis (morphologisch angeblich noch archaischer)

Zahnstruktur legen nahe, daß die Australopithecinen Fruchtesser waren, während sich der Homo habilis von Aas (und pflanzlicher Kost) ernährte. Neben den grazilen Typen der Australopithecinen (unseren Vorfahren) existierten noch robuste Typen, die spezialisierte Vegetarier waren und ohne Nachkommen ausgestorben sind. Die Australopithecinen und Homo habilis lebten in den warmen, trockenen Savannengebieten Afrikas.

Die Größe des Gehirns ist zwar nicht das einzige Kennzeichen für seine Leistungsfähigkeit, aber ein wichtiges. Der enorme Fortschritt im Laufe der Millionen von Jahren während Menschwerdung ist also an der Hirngröße ablesbar. Während sie beim Australopithecus, wie eben erwähnt, mit durchschnittlich 500 cm^3 gerade deutlich über der eines Schimpansen liegt, lag das Hirnvolumen des Homo habilis zwischen 600 und maximal 800 cm^3 (Körpergröße bis 1,50 m, Gewicht: 40 kg). Der spätere Homo erectus erreichte schon etwa 1000 cm^3. Der heutige Mensch hat ein Gehirnvolumen von knapp 1500 cm^3. Das Gehirn kann nicht wie eine Muskulatur durch Übung entwickelt werden, vielmehr ist seine Größe genetisch determiniert. Die stammesgeschichtliche Entwicklung des Gehirn setzt eine hochwertige Nahrung voraus. Das vulkanische Gebiet Ostafrikas bot dahingehend mit seinem phosphor- und mineralienhaltigem Boden beste Voraussetzungen. In dieser schönen Gegend wollen wir deshalb einen Moment verweilen und die damaligen Lebensverhältnisse betrachten.

Zu einer hochwertigen Nahrung gehört natürlich auch genügend Fleisch: Die Schlüsselsubstanz ist Phosphor. Um ein leistungsfähiges Gehirn aufbauen zu können, ist eine reichliche Versorgung mit Phosphorverbindungen unentbehrlich. Unsere afrikanischen Vorfahren waren jedoch (bis zum jetzigen Zeitpunkt in meiner Darstellung) keine Jäger und für diese Tätigkeit im Vergleich zu den Raubtieren auch denkbar schlecht ausgerüstet. Eine direkte Konfrontation mit den Löwen, etwa um ihnen die Beute abzunehmen, mußte ebenfalls unbedingt vermieden werden, wenigstens solange der Mensch noch nicht das Feuer beherrschte. Die selbständige Jagd als Hauptnahrungquelle kam erst später unter Verwendung relativ hoch entwickelter Waffentechnik in Frage und wahrscheinlich auch nicht vorrangig im Offenland, das weniger Deckung bietet als beispielsweise ein Wald. Sehr wahrscheinlich ist es deshalb, daß die Vorläufer der Menschen *Aasfresser* waren und sich von Kadavern ernährten, deren Fundort durch die Geier kilometerweit angezeigt wurde. Gingen diese irgendwo nieder, so hieß es schnell dorthin zu laufen, bevor Nahrungskonkurrenten die Beute entdeckten oder die Verwesung einsetzte. Eine andere Form der Orientierung als durch die Geier ist nicht denkbar. Auch Schakale finden auf diese Weise ihre Nahrung. Bei einer solchen Art der Ernährung sind ausdauerndes, zielgerichtetes Laufen und ein guter Orientierungssinn wichtig. Doch das allein ist kaum ausreichend: Gelang es der Homo-habilis-Gruppe nämlich, die Stelle vor den Hyänen und Löwen zu erreichen, dann war die Haut noch so elastisch, daß selbst die Geier mit ihren spitzen Schnäbeln noch nicht zulangen konnten. Bediente man sich jedoch scharfer Steinsplitter, so konnte die Haut zerschnitten werden, um an das wertvolle Fleisch zu kommen. Und mit Unterstützung eines harten Steins legte man das Beste frei, das rote Knochenmark. Dergestalt waren die ersten technischen Notwendigkeiten.

Wir können für die Herausbildung und Entwicklung dieser Lebensweise gut und gerne 1 Million Jahre oder mehr veranschlagen, Zeit genug, um Anpassungen ganz besonderer Art hervorbringen zu können. Ein Dauerlauf kostet nicht nur Kraft, die durch ausreichende Nahrungsaufnahme wiederhergestellt werden muß, sondern er erhitzt auch den Körper. Diese Wärme muß unbedingt abgeführt werden, damit die Körpertemperatur nicht aus dem Gleichgewicht kommt. Eine ausreichende Kühlung ist ein entscheidender Faktor für die Leistungsfähigkeit. Selbst ein Gepard ist nach einem Sprint über mehr als 100 Meter völlig geschafft. Der Mensch kann aber auch unter tropischen Bedingungen sehr weit laufen: Im Laufe der Zeit reduzierte sich die Behaarung stark, und es bildeten sich Schweißdrüsen am ganzen Körper. Beides zusammen gewährleistet einen optimalen Kühleffekt. Auf der anderen Seite wurde der Mensch dadurch zum Durstigsten unter den Großsäugern; zusätzlich verbraucht dieses Kühlsystem viel Salz. Bemerkenswerterweise ist die Anpassung sogar geschlechtsspezifisch erfolgt.

Während die Männer regelmäßig weite Strecken (bis 35 km) zurücklegten, um Nahrung zu beschaffen, blieben Frauen und Kinder offenbar in der Nähe des gemeinsamen Lagers. Anders ist es kaum zu erklären, daß Frauen nur halb soviel Schweißdrüsen pro Quadratzentimeter Haut besitzen wie Männer. Konsequenterweise ist bei Frauen dafür das Unterhautfettgewebe, das für eine gute Wärmeisolation sorgt, sehr viel stärker ausgeprägt.[94] Daß bei Frauen der Fettanteil am Körpergewicht 25% gegenüber 15% bei Männern beträgt, mag auch dadurch verursacht sein, daß Frauen die Kinder gebären und die Säuglinge versorgen. Das ausgeprägte Unterhautfettgewebe zur Wärmeisolation dient aber eindeutig der Einsparung von Nahrungskalorien, was eine sinnvolle Anpassung an ein Lagerleben darstellt, während die höhere Zahl der Schweißdrüsen bei Männern im Interesse einer guten Wärmeabführung nur für einen Dauerläufer von Vorteil ist. Das weist auf eine frühe geschlechtsspezifische Arbeitsteilung hin: Die Frauen versorgten den Nachwuchs und sammelten Nahrung im Bereich des Lagers. Die Männer

---

[94] Hoimar von Ditfurth: Warum der Mensch zum Renner wurde; Leistungssportler liefern Aufschlüsse über frühmenschliches Verhalten; in: derselbe: Unbegreifliche Realität; Reportagen, Aufsätze, Essays eines Menschen, der das Staunen nicht verlernt hat; Droemersche Verlagsanstalt Th. Knaur Nachf., München, 1990

besorgten überwiegend fleischliche Nahrung im weiten Umkreis. Offenbar ist der ganze Hormonhaushalt auf diese Arbeitsteilung eingestellt. Frauen, die es im Langstreckenlauf zu etwas bringen wollen und ein für Marathonläufer übliches Trainingsprogramm absolvieren, werden zeitweise unfruchtbar. Der gleiche Effekt kann eintreten, wenn sie ihr Körpergewicht soweit reduzieren, daß das Unterhautfettgewebe das für Männer übliche Maß erreicht.

Die beschriebenen Anpassungen sind (auch) für ein Leben als Sammlerinnen (Frauen) und Jäger (Männer und Jugendliche) zweckmäßig. Ackerbau und Viehzucht müssen demgegenüber relativ neue Erfindungen darstellen. Das soll nun keinesfalls heißen, daß die beschriebene Form der sozialen Rollenverteilung ein für allemal festgeschrieben ist. Unsere heutigen Lebensbedingungen sehen völlig anders aus. Allerdings ist davon auszugehen, daß unsere prägende Vergangenheit ihre Spuren nicht nur im Körperbau hinterlassen hat. In den frühen Gesellschaften stand die Kernfamilie im Vordergrund. Sie ist die Grundeinheit der menschlichen Sozietät. Immer hat eine starke Kooperation zwischen den Geschlechtern und innerhalb einer kleinen Gruppe stattgefunden und eine wesentliche Rolle gespielt. Die frühmenschlichen Verhältnisse müssen unsere Emotionalität ganz entscheidend geformt haben. Die Länge der Zeit ist nicht das einzige Indiz dafür, daß auch unser soziales Verhalten ganz entscheidend auf solche Lebensverhältnisse abgestimmt ist. Doch dazu später mehr.

Homo erectus

Etwa vor 1,5 Millionen Jahren zweigte der *Homo erectus* ab (ein unstimmiger Name, der „aufrechter Mensch" bedeutet). In der Folgezeit (Pleistozän) bis vor etwa 250.000 Jahren gingen aus dem Homo erectus mindestens zwei weitere Äste hervor: der Homo sapiens neanderthalensis und der Homo sapiens sapiens.[95] Alternativen sind denkbar und werden oft gleichberechtigt diskutiert. Bereits vor 900.000 bis 800.000 Jahren hat Homo erectus Afrika verlassen und einen Teil der alten Welt besiedelt. Nach den Funden in Ostasien nannte man ihn anfangs „Peking"-Mensch oder „Java"-Mensch. Wichtige Funde auch in Europa (Südfrankreich, Spanien) und Ostafrika. Vor ca. 200.000 Jahren folgte der Neandertaler. Er breitete sich über Europa und Westasien aus. Und vor 60.000 oder 70.000 Jahren nahm der Homo sapiens sapiens seinen Weg in die weite Welt. Mit dem Homo erectus lassen sich erstmals Menschen in den kühleren, regenreichen Gebieten Nordchinas und Europas nachweisen.

---

95 Der Schlüssel für diese bizarren Bezeichnungen lautet: Gattung -Spezies - Subspezies. Beide können also miteinander fruchtbare Nachkommen gehabt haben.

Homo erectus wurde bislang nachgewiesen im unteren und mittleren Pleistozän (1,8 Millionen bis 700.000 bzw. 700.000 bis 130.000 Jahre vor heute), jedoch in Europa erst ab 700.000 Jahre vor heute. Vom Homo erectus sind viele Steingeräte, besonders zweiseitig bearbeitete Faustkeile, überliefert. Er beherrschte bereits den Gebrauch des Feuers, wie ausgegrabene Herdstellen zeigen. Wahrscheinlich hat er das Feuer auch zur Jagd benutzt, um Tiere in die Sümpfe zu treiben, wo sie dann erlegt werden konnten. Sichere Hinweise auf den Feuergebrauch findet man 700.000 Jahre vor heute. Der Homo erectus führte unterschiedliche Tätigkeiten wie Schlachten und Wohnen an verschiedenen Plätzen aus. Er baute Hütten oder bewohnte Höhlen, deren Eingänge er mit Steinanhäufungen abschirmte. Der Homo erectus betrieb systematisch Jagd. Das Gehirnvolumen des Homo erectus erreicht die Grenze von 1000 - 1300 cm^3. Er wurde bis 1,80 m groß und hatte „schon recht menschliche" Gliedmaßen.

Vor etwa 600.000 Jahren begann eine Periode von vier Eiszeiten und nachfolgenden Warmzeiten. Die letzte Eiszeit oder Zwischeneiszeit dauert wahrscheinlich noch an. Wenn die Vereisung im Norden einen Höhepunkt erreichte, wurde das Klima im Süden trockener. Das bedeutete auch für *Afrika*, wo wir zunächst noch verweilen, eine Verkürzung der Regenzeiten und längere Trockenperioden. Die Wälder schrumpften, während sich das Grasland ausbreiten konnte. Das kam den großen Weidetieren zugute, von denen der Mensch lebte. Allerdings mußten die Großtierbestände auf ihren Wanderungen immer größere Strecken zurücklegen, weil die Niederschlagsverteilung und damit der Graswuchs ausgesprochen saisonal verteilt war. Diese weiten Wanderungen in Gebiete mit dem gerade günstigsten Nahrungsangebot stellten die Menschen vor das Problem, mitsamt dem Nachwuchs mitwandern zu müssen. Anders war eine nachhaltige Nutzung der Großtierbestände nicht mehr möglich. Auf diese Weise mag sich langsam eine *nomadische Lebensweise* herausgebildet haben. Auch heute noch ziehen Hirtenvölker ihren Herden hinterher, wenn die Umweltbedingungen eine nachhaltige Beweidung am gleichen Ort nicht zulassen. Zum Transport der Babys und kleinen Kinder wurden sicherlich Tierhäute benutzt. Man kann annehmen, daß in diesem Zusammenhang auch die Kleidung entstand. Die wärmende Wirkung der Kleidung war nicht nur in kühleren Nächten willkommen, sondern schützte bei entsprechendem Wetter vielmehr vor dem erheblichen Wärmeverlust infolge der feinen Nässe auf der nackten Haut.

Ein weiterer wesentlicher Schritt in der Entwicklung zum modernen Menschen war die *Beherrschung des Feuers*. Reichlicher Genuß von rohem Fleisch verursacht Verdauungsprobleme. Zudem muß die Gefahr einer Fleischvergiftung relativ hoch gewesen sein, weil der menschliche Magensaft recht schwach ist. Beide Probleme lösten sich auf, als der Mensch entdeckte, daß gebratenes Fleisch besser bekömmlich ist als rohes. In den trockenen Steppen und Savannen sind durch Blitzschlag entfachte Brände nicht selten. Auch Störche und Reiher folgen der Feuersbrunst in einigem Abstand und sammeln Kleintiere auf. Natürlich werden auch große Tiere Opfer der Flammen. Wie lange es gedauert hat vom Genuß dieses auf natürliche Weise Gebratenen bis zu einer wirklichen Beherrschung des Feuers durch den Menschen, kann man nur ahnen. Der riesige Vorteil bestand darin, daß die Nahrungsgrundlage des Menschen erheblich erweitert wurde. Bisher Ungenießbares konnte verzehrt werden. Irgendwann wurde aus dem Grillfeuer ein wärmendes Lagerfeuer, das zudem des Nachts noch vor Raubtieren schützte. Es ist wenig wahrscheinlich, daß die Frühmenschen auf die Wärme des Feuers angewiesen waren, denn Steppenbrände sind in der Regenzeit, wenn es am kühlsten ist, besonders selten.

Zur gleichen Zeit lebte der Homo erectus auch im *Europa* der Eiszeit. Erfahrungsgemäß haben die meisten Menschen eine ziemlich falsche Vorstellung von den klimatischen Bedingungen während der Eiszeiten. Die Temperaturen in den nicht vereisten Regionen waren bei weitem nicht so extrem wie heute. Das Klima war sehr viel ausgeglichener, die Winde ruhiger. Die mittlere Temperatur lag nicht mehr als 4 - 6 Grad niedriger als heute. Damit waren die Sommer mit etwa 20 - 25°C auch für anstrengende Arbeiten geeignet. Es herrschte zwar Dauerfrostboden, aber die Winter brachten keinesfalls dauerhaft klirrende Kälte. Knochenfunde beweisen, daß die eiszeitlichen Tundren dem Großtierreichtum der heutigen Steppen und Savannen Ostafrikas nicht nachstanden. Allerdings war die Nahrung im Norden fettreicher und mineralstoffhaltiger als in Afrika.

Homo sapiens neanderthalensis

Neben dem Homo erectus lassen sich zwei weitere Formenkreise der Gattung Homo unterscheiden: *Homo sapiens neanderthalensis* (Neandertaler) und Homo sapiens sapiens. Der Neandertaler lebte zwischen 250.000 und 35.000 Jahren vor heute in Europa und dem Nahen Osten. Den Homo sapiens sapiens gibt es seit rund 100.000 Jahren. Alle drei Formen weisen deutliche Merkmale auf, die sie eindeutig vom Australopithecus abgrenzen, was durch den eigenen Gattungsbegriff Homo zum Ausdruck gebracht wird.

Das Gehirn des Neandertalers war mit 1500 cm^3 größer als das heutiger Menschen. Der Neandertaler war der schwerste und muskulöseste Mensch, den es je gab. Er sah uns aber bereits so ähnlich, daß er, entsprechend gekleidet, im heutigen Straßenbild kaum auffallen würde. Der Neandertaler benutzte Schaber, Spitzen, Klingen und einseitige Messer. Der Faustkeil ist immer noch vorhanden. Erstmals sind bei ihm Hinweise auf Bestattungen zu finden. Manchmal gab man den Toten auch Beigaben mit. Über die

Motive dieser Bestattungen und die Bedeutung der Gaben ist man unterschiedlicher Meinung. Viele sehen darin Anzeichen für Religion und Vorstellungen von einem Leben nach dem Tod. Ziemlich sicher ist, daß sich diese Wilden um Alte und Gebrechliche kümmerten und sie versorgten. Der Neandertaler lebte während des ersten Teils der letzten Eiszeit in den wildreichen Steppen, im gemäßigten Klima auch in Laubwäldern. Die Vereisung reichte zeitweise bis in die Gegend von London. Südlich der Gletscher befand sich vegetationsarme Tundra mit Moosen, Flechten und Zwergbirken. Die Erde war tief gefroren (Perma- oder Dauerfrostboden). Weiter südlich schloß sich Taiga an mit oberflächlich geschmolzenem Boden, Sümpfen und Mooren. Dort wuchsen vor allem Nadelbäume, aber auch Laubbäume wie Birken. Im Osten gab es einen Steppengürtel mit kurzen, warmen Sommern und kalten, niederschlagsarmen Wintern. Der Neandertaler trug Fellkleidung, wohnte im Eingangsbereich von Höhlen oder unter Felsüberhängen bzw. in eigenen Behausungen. Ob er zu unseren Vorfahren gehört bzw. einen genetischen Beitrag zum Homo sapiens sapiens geleistet hat, ist umstritten.

Der Neandertaler war ein Jäger. Er ernährte sich fast ausschließlich vom Fleisch der Großtiere, die er nur in der Horde und dank seiner ausgefeilten Jagdtechnik zu erlegen imstande war. Er grub sogar Fallgruben, um der riesigen Mammuts habhaft zu werden. Auf Feuer war der Neandertaler ähnlich wie die heutigen Völker des hohen Nordens nicht angewiesen. In dem kalttrockenen Klima genügten eine fettreiche Nahrung und Felle für Kleidung und zum Bau von windschützenden Unterkünften. Die winterliche Nahrungsknappheit konnte der Neandertaler dank einer primitive Vorratswirtschaft überstehen. Der Dauerfrostboden und das Eis an geschützten Hängen stellten natürliche Tiefkühltruhen dar. In Afrika konnte man Fleisch dagegen kaum aufbewahren. Als die Eiszeit zu Ende ging, nahmen die Großtierbestände, auf die der Neandertaler so stark eingestellt war, drastisch ab.

Das Ende der letzten Eiszeit vor 10.000 Jahren war durch einen abrupten Klimawechsel gekennzeichnet. Innerhalb von nur wenigen Jahrhunderten schmolz das Eis. Die Witterungsphasen wechselten sehr schnell und heftig, und es wurde feuchter. Der Bewuchs der Tundra - Gräser und Zwergsträucher - wurde zurückgedrängt, weil sich aufgrund der reichlichen Niederschläge und des Auftauens des Dauerfrostbodens die Wälder ausbreiteten. Infolgedessen nahmen die Großtierbestände drastisch ab. Um 35.000 vor heute gehen die Neandertalerfunde zu Ende. Seine verbesserte Jagdtechnik hat seinen Untergang vielleicht beschleunigt.

Homo sapiens

Den letzten und völlig unverzichtbaren Schritt in der Menschwerdung stellt die Entwicklung des *Sprechvermögens* und der sprachlichen Kommunikation dar. Wie sehr unser Denkvermögen an die Sprache gekoppelt ist, braucht nicht näher erläutert zu werden. Zum Sprechen ist ein Gehirn genügender Größe erforderlich. Dieses muß die Lautbildung nicht nur steuern, sondern vor allem ein Mitteilungsbedürfnis entwickeln, das mit Gestik und Mimik nicht mehr befriedigt werden konnte. Auch wenn das Gehirn in der Lage ist, diese Aufgabe zu bewältigen, ist ein Organ erforderlich, das Laute so erzeugen kann, daß sie zu Wörtern verbunden werden können. Zur Sprache gehört außerdem eine genügend lange Kindheit, in der sie erlernt werden kann. Natürlich kann man mit der Gebärde auch fast alles mitteilen, aber man muß sich ansehen und hat die Hände nicht frei zur Arbeit. Bemerkenswerterweise vollzog sich diese Entwicklung erst vor etwa 150.000 Jahren bei dem jüngsten Sproß der Gattung Mensch, dem *Homo sapiens* (dem „weisen" Menschen). Dieser lebte in Afrika, während sich der Neandertaler schon über Europa und Teile Asiens ausgebreitet hatte. Der späte Zeitpunkt der Sprachentwicklung bedeutet keinesfalls, daß es vorher keine Kommunikation gegeben hätte. Weit gefehlt. Der späte Zeitpunkt der Sprachentwicklung unterstreicht geradezu die Bedeutung der nicht-verbalen Kommunikation. Wir benutzen sie in großem Umfang im täglichen Leben. Außerdem wird deutlich, daß ganz wesentliche Entwicklungen, die uns nachhaltig geformt haben müssen, der Herausbildung der Sprache vorausgingen.

Die „Daheimgebliebenen" in Afrika konnten also sprechen und waren damit viel leistungsfähiger als der Neandertaler, der über ein deutlich größeres Gehirn verfügte.[96] Die afrikanischen Frühmenschen waren nackt und der Sonne wegen dunkelhäutig. Sie verstanden zu jagen, ernährten sich aber auch pflanzlich. Vor vielleicht 80.000 Jahren gab es das erste Mal Fladenbrot zu essen. Wenig später gab es Brot auch in gesäuerter Ausführung. Dazu konnte man ein Bier trinken. Auch Früchte wurden vergoren.[97] Der moderne Mensch, jetzt *Homo sapiens sapiens* genannt, war eine vergleichbar schmächtige Erscheinung. Und er konnte zwar nicht ganz so kunstfertig jagen wie der Neandertaler, aber sein Frühstückstisch muß vielseitiger gedeckt gewesen sein. Obwohl dies nicht mit allen archäologischen Befunden übereinzustimmen scheint, stammt auch der Homo sapiens aus Afrika. Eine gering geschätzte Zahl von Gründerindividuen hat sich vor 60.000 bis 70.000 Jahren aus Afrika aufgemacht und die Welt besiedelt. Es kann sein, daß dieser Auszug damit in Verbindung steht, daß sich das Gebiet wesentlich ausdehnte, in dem die Tsetse-Fliege, die die Schlafkrankheit überträgt, anzutreffen ist. Mit dem Ausklingen vor allem der letzten Eiszeit wurde

---

96 Es gibt Funde, nach denen sich nicht ausschließen läßt, daß der Neandertaler doch sprechen konnte.

97 Josef H. Reichholf: Das Rätsel der Menschwerdung; Die Entstehung des Menschen im Wechselspiel mit der Natur; Deutscher Taschenbuch Verlag GmbH & Co. KG, München, 1993

nämlich das Klima auch in Afrika deutlich feuchter. Die Trockensavannen und Grasländer wichen der Feuchtsavanne. Damit dehnte sich das Tsetse-Gebiet aus, und Teile von Afrika wurden fast unbewohnbar.

Einige zehntausend Jahre existierte in Europa und Südwestasien die Kultur des Homo sapiens sapiens neben der des Neandertalers. Weiter im Osten gab es keine Neandertaler, weil sich unter den dortigen klimatischen Bedingungen nicht annähernd so große Großtierbestände halten konnten wie in den Tundren Europas. Der moderne Mensch konnte in diese Gebiete rascher vordringen. Etwa im Jahr -40.000 wurde mit Flößen oder Booten Australien besiedelt. Vor etwa 11.000 Jahren erreichten die Menschen über die trockengefallene Beringstraße den amerikanischen Kontinent, der einschließlich Südamerikas in weniger als eintausend Jahren besiedelt wurde. In dieser Zeit zwischen 40.000 - 10.000 bildeten sich die heutigen Rassen heraus. Bis auf diese geringfügigen Veränderungen hat seither keine erkennbare Entwicklung von Körper und Gehirn mehr stattgefunden. Bis zum Ende der letzten Eiszeit (vor 10.000 Jahren) hatte sich der Homo sapiens über die ganze Welt ausgebreitet. Überall, wo der Mensch hinkam, wurden Großtierarten ausgerottet. Nur in Afrika blieb die Großfauna erhalten. Die Bestände an Nutztieren waren unmerklich schon zum globalen Umweltproblem herangewachsen.

Der moderne Mensch stellte Werkzeuge aus Stein, Knochen, Geweih und Elfenbein her. Häufig fand man Spitzen, Messer, Schaber, Kratzer und Bohrer sowie Werkzeuge mit Doppelfunktion. Es wurden in dieser Zeit bereits Harpunen zum Fischfang eingesetzt. Die größte technische Neuerung dürfte aber die Speerschleuder, eine mächtige Distanzwaffe, darstellen. Kennzeichnend für diesen frühen Menschen sind seine Kunstwerke, neben Kleinkunstwerken viele Höhlenmalereien. An Kleinkunst sind Skulpturen aus Knochen, Elfenbein, Gagat und gebranntem Ton und Gravuren auf Knochen, Elfenbein und Schiefer zu nennen. Die Höhlenmalereien sind mehr als nur Verzierungen. Hauptsächlich werden sie mit religiösen oder magischen Funktionen in Verbindung gebracht. Die Anatomie der dargestellten Lebewesen ist sehr genau, Bewegungsabläufe sind sehr getreu dargestellt. Die Höhlen dienten vielleicht gar nicht mehr als Wohnort, sondern vorrangig als Kultstätte. Die Menschen lebten je nach Witterung in Jurten oder ähnlichen Behausungen. Ihre Kleidung war mitunter reich verziert. Man trug Halsketten und Armschmuck. Manche Funde deutet man als Pfeifen oder Flöten. Mit dem Ende der Eiszeit änderte der Mensch seine Lebensgrundlage. Vor 10.000 Jahren wich das Eis und mit ihm verringerte sich die Größe der Herden deutlich. In seiner Not erfand der Mensch die Landwirtschaft. In der Nähe waren stets die Wölfe; vor ca. 12.000 Jahren hat das erste Haustier, ein Hund, gelebt. Der Mensch wurde stärker ortsgebunden (lebte nomadisch) und wurde seßhaft (Ackerbau).

Schritte in die Neuzeit

Ein Schimpanse, der zu 98,8% mit dem Menschen genetisch identisch ist, kennt keine Langeweile. Wen wundert's, sein Seelenleben muß völlig anders ausschauen als unseres. Wie aber mag es dem Menschen damals in den Jahrzehntausenden ergangen sein, als sich seine geistigen Fähigkeiten soweit entwickelt hatten, daß er sich auf die eine oder andere Tatsache einen Reim machen konnte? Er muß so vieles geahnt haben und wußte so wenig. Er stellte sich Fragen und konnte sie nicht beantworten. Er war der Erklärung schon bedürftig, aber hatte sie noch nicht.[98] Der frühe Mensch mag sich wirklich manchmal verstoßen gefühlt haben aus der Geborgenheit der Unmündigkeit in eine undurchschaubare Welt, die ihm zweifellos auch bedrohlich erscheinen mußte. Noch heute haben wir Angst davor, im Dunklen durch einen Wald zu gehen. Zumindestens fühlen wir uns in Alarmbereitschaft versetzt und können eine gewisse Unruhe nicht loswerden. Mehr noch: Wir Heutigen rennen, wie in Grimms Märchen von einem der auszog, um das Fürchten zu lernen, in die Kinos, um unser Grusel-Soll zu erfüllen. Unsere Vorfahren hatten diese Art von Kompensation nicht nötig und im allgemeinen allen Grund, sich zu fürchten. Die Horde gab ihm nur begrenzt Sicherheit gegen die Übermacht der Naturgewalten und der anderen Kreaturen. Seine ausgesprochene Seltenheit mag ein Gefühl der Verlorenheit hervorgerufen haben. Was sollte der Winzling anfangen, klug genug, um zu fragen, doch nicht ausreichend verständig, um auch begründete Antworten geben zu können? Er wird sich an allem festgehalten haben, was sich anbot. Er wird von ein paar Adlerfedern Rat und von einem alten Baum Beistand erwartet haben. Der älteste Beruf dürfte der des Priesters oder Medizinmannes gewesen sein. Immer galt: Jede Erklärung ist besser als keine. Die Menschen müssen alles um sich herum als lebendig begriffen haben, das sich in das einfache Muster Freund - Feind einreihen ließ. Erst die christliche Religion mit ihrem einen, allmächtigen Gott hat die Natur versachlicht und so ermöglicht, sie wissenschaftlich zu untersuchen, und den Weg bereitet, sie mit technischen Mitteln zu unterwerfen. Auf der anderen Seite werden noch heute Reliquien verehrt und von katholischen Priestern Autos gesegnet (1994). Heute noch glauben die Deutschen scharenweise, daß die Stellung der Sterne ihr Leben entscheidend beeinflußt. Viele Leute tragen Glücksbringer, wobei die Aufgeklärteren unter ihnen sagen: Es soll ja auch bei denjenigen helfen, die nicht daran glauben.

Doch zurück zum letzten großen Kapitel des Aufstiegs zum modernen Menschen. Die Archäologen benutzen eine andere zeitliche Gliederung, die

---

[98] Wolf Schneider: Wir Neandertaler, Der abenteuerliche Aufstieg des Menschengeschlechts; Stern-Buch im Verlag Gruner + Jahr AG & Co., Hamburg, 1988

aber die einzelnen Kulturstufen besser zum Ausdruck bringen kann als die Einteilung der Anthropologen.

3 Mill. - 100.000 v. Chr.: Ältere Altsteinzeit (Homo habilis, Homo erectus, archaischer Homo sapiens); Abschläge, Faustkeile

100.000 - 50.000 v. Chr.: Mittlere Altsteinzeit (vor allem Neandertaler); Feinbearbeitung von Steinen mit Schlegeln aus Holz und Knochen; Schaber

50.000 - 10.000 v. Chr.: Jüngere Altsteinzeit (Homo sapiens sapiens); Feinwerkzeuge aus Holz und Geweih; blattförmige Speerspitzen; Pfeil und Bogen; Harpune; Höhlenmalerei

10.000 - 5000 v. Chr.: Mittlere Steinzeit (Homo sapiens sapiens); geschliffene, polierte und durchbohrte Steine; Streitaxt; erste Tongefäße; Haustiere; Hackbau

5000 - 3500 v. Chr.: Jungsteinzeit (Homo sapiens sapiens); Weberei; Ackerbau; erste Städte

3500 - 1000 v. Chr.: Bronzezeit

1000 v. Chr - 4. Jh.: Eisenzeit

Der Begriff Steinzeit ist historisch unscharf, weil viele Völker die Steinzeit nie aus eigener Kraft verlassen haben: Ganz Nordamerika, Australien, Indonesien usw. lebten in der Steinzeit, als die Europäer dort landeten. Das trifft auch für die anderen archäologischen Perioden zu. In Vorderasien kannte man den Bewässerungsbodenbau bereits in der Jungsteinzeit, in Mittelamerika gibt es ihn erst seit der ausgehenden Bronzezeit. Die Reihe solcher Beispiele ließe sich fortsetzen. Interessant ist, daß die Ältere Steinzeit rund 97% unserer Geschichte ausmacht, die Mittlere Altsteinzeit weniger als 1,7% und der Anteil der Jüngere Altsteinzeit liegt bei etwa 1,3%.

Seit etwa 6000 v. Chr. gewinnt die Menschheitsentwicklung beträchtlich an Fahrt. Der Auerochse wird gefangen, schließlich gezähmt und als Nahrungslieferant und Arbeitstier genutzt. In den waldreichen Gebieten trieben die Menschen ihr Vieh einfach in den Wald. Mit Feuer und Axt rückten sie ihm zu Leibe, um „ihre" Pflanzen anzubauen. Das erste große Waldsterben war eingeleitet. Die große Revolution des Ackerbaus begann zunächst unmerklich. Einer bestimmten Pflanze wurde gegen konkurrierende Arten Platz geschaffen, sie wurde mit Wasser versorgt, wenn sie zu vertrocknen drohte. Dann wurde der Grabstock, mit dem seit Jahrtausenden Wurzeln und Kleintiere aufgespürt und gesammelt wurden, zum Pflanzstock umfunktioniert. Zum ersten Mal entschied nun der Mensch, was wachsen sollte. In der mittleren Steinzeit wurden Hacke und Axt erfunden. Der Grabstockbau wich dem Hackbau. Pflanzen wurden kultiviert, und die Erträge wurden systematisch verbessert. Die Landwirtschaft, so harmlos sie auch daherkam, führte zu einer der dramatischsten Entwicklungen, die dieser Planet je gesehen hat: der Bevölkerungsexplosion des Homo sapiens. Noch während der Eiszeit war der Mensch das *seltenste* Wesen auf der Erde. Noch vor ca. 20.000 Jahren gab es nur etwa 2000 bis 3000 Menschen in Deutschland, ebensoviele in Frankreich; in ganz Europa waren es kaum mehr als 10.000. Während der mittleren Steinzeit schnellte die Zahl weltweit auf etwa 10 Millionen hoch. Diese der Einwohnerzahl von Bayern etwa entsprechende Bevölkerung hätte die Erde gerade noch ernähren können, wenn die Menschen vom Sammeln und Jagen gelebt hätten. Doch inzwischen hatte sich ja die Landwirtschaft etabliert, und die Bevölkerung wuchs weiter. Bei einem Volk der Sammler und Jäger konnte eine Frau gerade alle drei bis vier Jahre ein Kind gebären. Ein raschere Folge hätte das Wandern behindert. Die Bäuerin konnte sich dagegen viel mehr Kinder leisten. Sie war seßhaft, erntete genügend, und die Kinder waren als Arbeitskräfte willkommen.

Diese Vorteile mögen überwogen haben. Seltener macht man sich allerdings klar, daß sich der Mensch mit dem Übergang zur Landwirtschaft in eine stärkere Abhängigkeit gebracht hatte. Was war, wenn das Wetter nicht mitspielte, die erwarteten Überschwemmungen ausblieben oder die Nahrungspflanze von einem Schädling befallen wurde? Man konnte nicht einfach weiterziehen und fleißiger jagen. Zwischen 1846 und 1849 verhungerten mehr als eine Million Iren, weil das Grundnahrungsmittel, die Kartoffel, von der Knollenfäule befallen war. War der Boden urbar gemacht und bestellt, so mußten die Bauern ihren Grund und Boden auch verteidigen. Sie mußten zur Not darum kämpfen, wollten sie nicht verhungern. Mit der Landwirtschaft entstand das ganze Besitzstandsdenken. Hunger und Krieg waren keine Seltenheit. Kain, der erste Ackersmann, erschlug seinen Bruder Abel. Mit der Landwirtschaft entstanden Sklaverei, Leibeigenschaft; der Unterschied zwischen arm und reich wurde größer usw. Mit der Notwendigkeit, an Nil und Euphrat größere Bewässerungssysteme einzurichten und zu unterhalten, entstand aber auch erstmals die Notwendigkeit, zentral zu planen und zu organisieren. Auf diese Weise entstanden die ersten Staatssysteme.

Fossilien im Verhalten

Die unermeßlich langen Zeiträume, in denen sich der Mensch mühsam seinen Lebensunterhalt erkämpfen mußte, mögen als Indiz dafür gelten, daß sein Verhalten durch die damaligen Tagesprobleme nachhaltig geprägt ist, ein Beleg sind sie nicht. Dabei braucht man wirklich nicht gleich an Kampfgeschrei und Drohgebärden zu denken, obwohl man mit Sicherheit einiges über die menschliche Aggressivität lernen kann, sobald man versucht, sich in die damaligen Lebensumstände hineinzuversetzen. Mindestens ebenso interessante Aspekte können aufgedeckt werden, wenn man sich vergegenwärtigt, daß die Menschen in der Frühzeit außerordentlich stark aufeinander angewiesen waren. Sie mußten sich verständigen. Zu jeder Zeit tauschten die Menschen Höflichkeiten, bedeutungsvolle Blicke, Gedanken, Erfahrungen, Erinnerungen und Informationen aus. Erst in späteren Perioden erfolgte die Kommunikation zunehmend auch auf argumentativer Basis. Bis heute hat die Mimik jedoch nichts an ihrer Bedeutung verloren, und nach wie vor sind Gesten ein fester Bestandteil unseres Verhaltenrepertoires. Beides ist uns allerdings derart in Fleisch und Blut übergegangen, daß wir teilweise gar nicht bemerken, wie wir - ebenso automatisch wie zielsicher - feste Regeln zwischenmenschlicher Kommunikation anwenden, die allesamt archaischen Ursprungs sind. Daß dies wirklich so ist, will ich im folgenden illustrieren.

Haben Sie sich schon einmal furchtbar verlaufen oder einfach die Orientierung verloren und waren glücklich, als Sie jemand an eine Stelle geführt hat, die Ihnen bekannt vorkam, wenigstens aber ein Taxi besorgt, den Bus zum Flugplatz gezeigt oder den Weg zum Bahnhof beschrieben hat? Was tun, wenn man von der Sprache so viel versteht, wie wenn ein Tonband rückwärts läuft? An allen Orten auf dieser Erde wird eine Geste der Ratlosigkeit, welche mit einem Anflug respektvoller Ergebenheit zur Schau gestellt wird, ganz gewiß als Bitte um Hilfeleistung verstanden, und der Einheimische wird entsprechend seine Kenntnisse anzubieten versuchen. Der Fremde wird dann pointiert einen Begriff aussprechen oder eine kleine pantomimische Einlage geben, wobei er seine Vorstellung mit einer fragenden Gebärde abschließt. Sodann schaut er den Einheimischen erwartungsvoll an, während dieser die Stirn kräuselt und angestrengt vor sich hin starrt. Im günstigen Fall wird er sein Aha-Erlebnis durch Hochziehen der Augenbrauen und leichtes Öffnen des Mundes demonstrieren, den Fremden dann anlächeln, die korrekte Bezeichnung des Gesuchten nennen und mit den Händen in alle möglichen Richtungen weisen. Der Fremde wird versuchen, sich darauf einen Reim zu machen, dann eine leicht unterwürfige Geste machen, worauf sich beide mit einem Lächeln verabschieden. (Oft verfliegt dieses beim Suchenden wenig später, und er schaut verwirrt drein wie zu Anfang.)

Warum funktioniert diese Kommunikation überall in der Welt? Warum wird das, was wir Lächeln nennen, auch im kleinsten Dorf tief im Busch als Versuch einer freundschaftlichen Kontaktaufnahme verstanden? Fast überall wird man auch zwischen einem warmherzigen Lächeln und dem Zahnpasta-Zähnezeigen zu unterscheiden wissen. Unsere Mimik ist anscheinend international: Lächeln, Lachen, Weinen, überall findet man die gleichen Kennzeichen von Gemütsbewegungen. Beim Grüßen oder in ähnlichen Situationen der freundlichen Zuwendung heben wir die Augenbrauen für

Sekundenbruchteile, heben den Kopf, dann folgt ein kurzes Nicken, dann ein Lächeln. Bei diesem Ablauf handelt es sich um einen ritualisierten Ausdruck freudigen Erkennens. Doch man kann noch einen Schritt weitergehen. Schimpansen sind behaart, haben eine Schnauze, laufen auf vier Beinen oder hangeln und klettern. Daß wir in ihnen etwas ganz Besonderes sehen und unsere Verwandtschaft mit ihnen erahnen, hat also nicht vordergründig mit anatomischen Merkmalen zu tun. Vielmehr scheint ihr Verhalten, vor allem ihre Mimik, menschenähnlich. Deshalb glauben wir, die Gemütszustände dieser Affen erkennen zu können. Kleine Kinder können sich mit ihnen problemlos verständigen.

Ein zweites Beispiel [99]: Werbe- und Verkaufsstrategen wissen, Gegenseitigkeit verbindet. Deshalb werden in der Verkaufswerbung häufig kleine Dinge verschenkt. Der normale Drang, die „Freundlichkeit" zu erwidern, führt zum Kauf. Oft setzt man in der Verkaufswerbung auch übertrieben hohe Preise an. Darauf angesprochen, reduziert man sie deutlich. Dieses Entgegenkommen erzeugt ebenfalls eine Verpflichtung beim Kunden: Er kauft. Besonders im arabischen Raum wird viel gehandelt: Gemeinsames Tun bekräftigt eine Bindung genauso, wie Anteilnahme Menschen verbindet. Es gibt (drittens) andere Grundprinzipien menschlicher Kommunikation, die uns kaum bewußt sind, die wir aber nur selten verletzen. Wenn sich zwei Menschen unterhalten, darf der gerade Zuhörende den anderen unentwegt anschauen, während der Sprechende seinen Blick von Zeit zu Zeit abwendet. Er tut dies ganz automatisch, weil ein dauernder Blickkontakt als dominantes Verhalten oder als bedrohlich empfunden würde. In jedem normalen Gespräch kann man dies beobachten. Wird jemand dagegen getadelt, so kann der Sprechende den anderen durchaus unentwegt anschauen. Würde aber der Getadelte seinen Blick nicht abwenden, so würde ihm dies als Trotz und Uneinsichtigkeit ausgelegt.

Beispiel Nummer 4: Ein allein essender Mensch blickt (in fremder Umgebung) praktisch bei jedem Bissen auf. Wenn mehrere Menschen zusammensitzen, schauen sie sich während des Essens seltener um. Die Aufblickhäufigkeit nimmt mit der Gruppengröße ab. Ganz sicher ist dieses Verhalten durch die archaische Angst vor Feinden verursacht. Bei Sperlingen kann man das gleiche Phänomen beobachten. Sie picken und schauen sich um. Je mehr es sind, desto sicherer können sie sich fühlen. Einer wird die Gefahr schon entdecken. Fliegt einer auf, fliegen alle auf. Bei Tieren nennt man dieses Verhalten Sichern. Mißtrauen und Wachsamkeit sind uralte und wichtige Verhaltensmuster. Unser Verhalten zu den Mitmenschen ist aus

---

[99] zu diesem und dem folgenden Abschnitt siehe: Irenäus Eibl-Eibesfeld: Der Mensch - das riskierte Wesen; Zur Naturgeschichte menschlicher Unvernunft, R. Piper GmbH & Co. KG, München, 1993

diesem Grund immer ambivalent. Als gemeinschaftlich lebendes Wesen brauchen wir sie und fühlen uns zu ihnen hingezogen. Gleichzeitig können wir ein gewisses Mißtrauen kaum loswerden, auch wenn wir keine negativen Erfahrungen gemacht haben. Fremdenfurcht und andere typischen Verhaltensmuster kann jeder beobachten, der kleine Kinder hat.

Ein letztes Beispiel: Eine der grundlegenden Regeln des sozialen Umgangs lautet: Achte darauf, dein Ansehen nicht zu gefährden, und achte den anderen. Nur wer sich respektabel gibt, kann damit rechnen, respektiert zu werden. Zeigt man von vornherein Schwäche, so lädt dies den anderen ein, Dominanz zu beanspruchen, was die eigene Handlungsfreiheit natürlich wesentlich einschränkt. Zuviel Keulenschwingen kann aber ins Auge gehen. Deshalb kommt es darauf an, dem anderen zu demonstrieren, daß man prinzipiell seinen Handlungsspielraum nicht einschränken will. In jeder freundlichen Begrüßung wechseln daher imponierendes Gehabe und freundliche Respektbezeugungen. Dieses Muster wird auch bei Staatsbesuchen eingehalten. Dem üblichen Protokoll zufolge werden dem ausländischen Staatsgast erst die eigenen Soldaten gezeigt, und er muß an ihnen vorbeimarschieren. Manchmal schießen die einheimischen Krieger dabei noch in die Luft (Salut). Auf der anderen Seite werden dem Gast häufig von einem kleinen Mädchen Blumen überreicht. Selbstverständlich aber zeigt man sich händedrückend der Reporterschar. Daß wir uns über diese Zwiespältigkeit nicht ernstlich wundern, deutet darauf hin, daß sie sehr alte Wurzeln hat.

Bei genauerem Hinsehen zeigt sich, daß viele Verhaltensweisen archaischen Grundmustern folgen. Sie werden natürlich den kulturellen Gegebenheiten entsprechend sehr unterschiedlich ausgeformt. Aus diesem Grunde wird nicht immer klar, daß den grundverschieden anmutenden gesellschaftlichen Umgangsformen oft gleiche Muster zugrundeliegen. Wie anders sollte es aber erklärbar sein, daß Kinder über Kulturschranken hinweg kaum Probleme haben, sich mit anderen Kindern zu verständigen, während Erwachsene, die auf den verbalen Austausch fixiert sind, oft mißverstanden werden? Aber auch Erwachsene können lernen, sich in einem anderen Kulturkreis richtig zu benehmen, wenn sie die kulturspezifischen Eigenarten der ihnen bekannten Wahrnehmungs- und Verhaltensweisen verstehen. - Die Reihe solcher feststehenden Strukturen menschlichen Verhaltens ließe sich erweitern: Kontaktabbruch wird signalisiert, indem kein Blickkontakt mehr stattfindet. Andere Grundmuster findet man beim Geben und Teilen; aber auch Angreifen, Verteidigen, Flüchten und Unterwerfung sind Verhaltensweisen, die in unterschiedlichem Zusammenhang und unterschiedlicher Ausprägung wiederkehren.

Fehlleistungen ursprünglich zweckmäßiger Verhaltensweisen

Unzweifelhaft gibt es Fossilien im Verhalten. Dieser Sachverhalt verdient wahrhaftig nur beiläufig Aufmerksamkeit, solange die archaischen Verhaltensweisen als zweckmäßig gelten können. Genau das ist jedoch angesichts der inzwischen drastisch veränderten Lebensumstände nicht mehr selbstverständlich. Erfahrungsgemäß tun wir uns schwer damit, eine stammesgeschichtliche Prägung unseres Verhaltens zu akzeptieren. Dahinter steckt die Vorstellung, daß wir in diesem Fall entscheidend in unserer Handlungsfreiheit eingeengt wären. Vergessen wird dabei allerdings, daß uns auch unsere Kultur wesentlich prägt. Unser soziales Umfeld vermittelt uns Werte und formuliert Forderungen. Wer kann sich schon so verhalten, wie er will, und wer weiß schon genau, wie er sich verhalten würde, wenn er könnte, wie er wollte? Es lohnt sich, die Aspekte der Freiheit einmal aus dieser Perspektive heraus zu betrachten. - Im Effekt handeln wir schließlich bemerkenswert voraussagbar. Jedes politische Ereignis, jede Wahl, jedes neu auf den Markt kommende Produkt und jede Modeströmung macht uns das bewußt.

Das Problem der Freiheit hat jedoch mindestens zwei Aspekte. Zum *einen* geht es darum, inwiefern eine Person die Möglichkeit hat, entgegen ihren archaischen Antrieben zu handeln. Damit ist im wesentlichen die Frage berührt, ob der Mensch im Stande ist, verantwortlich zu handeln. Hier ist mit einem klaren „Ja" zu antworten. Die Verantwortlichkeit des Menschen gehört zu den wichtigsten Grundfesten unserer Kultur und darf nicht aufgegeben oder abgeschwächt werden. Die Fähigkeit, verantwortlich handeln zu können, wächst mit dem Wissen über unsere Umwelt und uns selbst. Wem dieser erste Aspekt der Freiheit des Menschen am Herzen liegt, muß also gerade den menschlichen Veranlagungen nachgehen. Er muß versuchen, so viel wie möglich über stammesgeschichtlich gewachsene Verhaltensprogramme und andere Anpassungen an bestimmte Lebensumstände zu erfahren. Eine Diskussion im Vorfeld solcher Untersuchungen darüber, ob es solche angeborenen Programme gibt und wie weit ihr Einfluß reicht, ist völlig unsinnig. Erst der Grad unseres diesbezüglichen Wissens legt letztlich fest, wie groß unsere Freiheit wirklich ist. Im täglichen Leben spielt ein anderer, der *zweite* Aspekt der Freiheit eine wichtigere Rolle. Es handelt sich dabei um jene Freiheit, unabhängig von der Einflußnahme anderer Menschen handeln zu können. Das aber ist ein soziales bzw. politisches Problem und hat mehr damit zu tun, wie wir unser Zusammenleben organisieren. Hier gibt es genügend Gestaltungsmöglichkeiten, und die limitierenden Faktoren sind sicher nicht in der Biologie zu suchen.

Niemand wird ernstlich bestreiten, daß es einen menschlichen Sexualtrieb gibt und daß dieser biologisch verankert ist. Niemand wird aber behaupten wollen, daß wir diesem Sexualtrieb willenlos ausgeliefert sind. Jeder vernünftige Mensch geht davon aus, daß er kulturell kontrollierbar ist. Geht es um andere angeborene Dispositionen menschlichen Verhaltens, so werden wir plötzlich zurückhaltend. Darf es das geben? Wir fühlen uns zu Recht verunsichert. Wir fürchten uns vor dem, das da in uns schlummern soll und uns unterschwellig, unbemerkt und doch wirksam beeinflussen und lenken soll. Die Furcht ist berechtigt, wenn wir wirklich zum Opfer dieser Verhaltensweisen werden. Ignoranz verstärkt, wie eben diskutiert, diesen Effekt aber nur. Wir *müssen* uns unseren stammesgeschichtlich erworbenen Verhaltensdispositionen stellen. Vielleicht hilft es uns, wenn wir uns daran erinnern, daß stammesgeschichtlich erworbene Programme stets *Entlastungen* darstellen. Das gilt für ausnahmslos alle Anpassungen, weil stets Widerstände überwunden werden oder der Organismus lernt, mit ihnen besser fertigzuwerden. Anpassungen erhöhen deshalb immer die Unabhängigkeit von der Umwelt und stellen in diesem Sinne Entlastungen dar. Das ist für stammesgeschichtlich erworbene Verhaltensweisen besonders augenfällig: Müßten wir alles bewußt entscheiden, wären wir total handlungsunfähig. Müßten wir stets und ständig abwägen, wären wir vollständig überfordert, würden fortwährend Bedenken haben und wären von Zweifel geplagt. Es wäre die Hölle. Durch die angeborenen und frühkindlich geprägten Verhaltensprogramme *gewinnen* wir erst die Freiheit, unseren Fähigkeiten gemäß neue Räume zu erschließen. Glücklicherweise also hat uns die Natur nicht ganz aus ihrer Obhut entlassen. Die Standardsituationen sind gewissermaßen „fest verdrahtet", so daß sich das begabteste aller Wesen dem „Höheren" widmen kann. Dieser Zusammenhang sollte ausdrücklich betont werden. Ein weiterer Punkt scheint mir wichtig: Die Ansicht, daß Vorstellungen von Gut und Böse[100] wenigstens zum Teil angeboren sind, entreißt sie der alleinigen Verwaltung durch Ideologen und andere „Menschenfreunde". Auch das sollte uns versöhnlicher stimmen.

Natürlich hat die Sache einen Haken. Verhaltensprogramme können sich nur sehr langsam wandeln. Die kulturelle Evolution hat die biologische schon vor langer Zeit abgehängt. Seit nicht mehr als 100 Jahren ist es sogar

---

[100] Das soll nicht so verstanden werden, daß sich kurzerhand so etwas wie eine natürliche Moral konstruieren ließe. Die Biologie kennt nur Kosten-Nutzen-Relationen. Eine Handlung kann nur vorteilhaft sein oder mit Nachteilen verbunden sein. Die Entscheidung für das eine oder andere kann immer nur situationsbezogen erfolgen und richtet sich danach, wie die Wahrscheinlichkeit eingeschätzt wird, daß sich Erfolg oder Schaden einstellt. Inwiefern sich die Situationen in der Gemeinschaft soweit gleichen, so daß man von „gut" und „böse" reden kann, will ich an dieser Stelle nicht diskutieren.

so, daß die Kultur Veränderungen in solch rascher Folge produziert, daß *keine* wirkliche Anpassung mehr stattfinden kann. Die kulturelle Evolution ist selbst aus den Fugen geraten. Der Mensch ist aufs höchste bedroht. Ein wichtiger Grund hierfür ist der Gegenstand des vorliegenden Kapitels: Zwischen unseren geistigen und unseren emotionalen Fähigkeiten besteht eine Unausgewogenheit. Der Mensch der modernen Industriegesellschaft ist mit Problemen konfrontiert, die zum Teil daraus resultieren, daß sein biologisches Erbe Anpassungen an die längst untergegangene Welt der Sammler und Jäger enthält. Diese Zeit machte rund 98% unserer Geschichte aus. Alle angeborenen Verhaltens- und Reaktionsweisen stammen aus dieser Zeit. Das bedeutet, wie Eibl-Eibesfeld so treffend sagt, daß Menschen mit steinzeitlicher Emotionalität heute Superstaaten lenken. Als ein in Gemeinschaft lebendes Kulturwesen haben wir uns zwar davon gelöst, den biologisch überkommenen Programmen völlig ausgeliefert zu sein. Nichtsdestoweniger sind sie wirksam; sie färben unser Bild und beeinflussen unser Verhalten.

Die Frage, ob ein genetisch festgelegtes Programm zweckmäßig ist, kann nur in bezug auf konkrete Umweltbedingungen beantwortet werden. Ändern sich diese, können bisher in bester Weise wirkende Anpassungen zu einem Handicap werden. Viele Arten starben durch ihre Spezialisierung aus. Sie waren an eine bestimmte ökologische Nische derart angepaßt, daß sie nicht in der Lage waren, sich den Herausforderungen der neuen Umweltbedingungen anzupassen und ihnen gerecht zu werden. Neue Entwicklungen gingen stets von weniger stark angepaßten Arten aus. Perfekte Anpassung ist daher nicht adäquat. Von seiner Anlage her ist der Mensch ein Generalist, ein Spezialist auf das Unspezialisiertsein, wie es Konrad Lorenz ausdrückte. Unter den durch unsere Kultur wesentlich veränderten Bedingungen müssen viele unserer in Äonen erworbenen Fähigkeiten heute als fehlangepaßt gelten. Weitaus gravierender aber ist, daß wir einen Prozeß in Gang gesetzt haben, der uns immer mehr auf den bisher eingeschlagenen Weg festlegt und uns so in eine Sackgasse treibt, aus der es irgendwann kein Entrinnen mehr geben könnte. Mit ansteigendem Grad der Spezialisierung nimmt notwendigerweise die Zahl der Verwendungsmöglichkeiten einer jeden Struktur ab. Damit sinkt die Chance, daß es überhaupt einen Weg zur Verbesserung gibt. Biologische wie kulturelle Systeme können nicht völlig neu ansetzen.

Wer in der Natur nur einen Kampf jeder gegen jeden sieht, kann sie nicht beobachtet haben. Das andere übliche Bild, daß jedes Individuum nur zu seinem persönlichen Vorteil wirtschaftet, ist aber auch nicht richtig. Mit der Brutpflege bei den Vögeln und der Versorgung der Nachkommen bei den Säugetieren kamen andere, soziale Verhaltensweisen in diese Welt, die zu dem üblichen Bild nicht passen. Man denke an Fürsorge, Mitgefühl und

Liebe. Sie bildeten sich zusammen mit entsprechenden sozialen Organisationsformen heraus. Am Anfang stand die Familie, die Gruppe oder Horde, schließlich Dorfgemeinschaften und Völker. Natürlich sind alle Verhaltensweisen durch Selektion der Individuen entstanden. Einziges Kriterium dabei ist die Reproduktion der eigenen Gene. Dabei darf man nicht vergessen, daß jede Unterstützung und Fürsorge, die Verwandten zuteil wird, ebenfalls die Verbreitung eigener Gene begünstigt. Ein anschauliches Beispiel dafür ist die Erfindung der Großmutter: Frauen werden etwa im fünfzigsten Lebensjahr, wenn kindliche Mißbildungen wahrscheinlicher werden, unfruchtbar (Menopause). Sie verzichten auf weitere eigene Nachkommen und widmen sich nun den Enkeln. Verwandtenunterstützung (Nepotismus) ist in der Natur keine Seltenheit. Auf diese Weise kommt es zur starken Bindung zwischen Familienmitgliedern, was bis zur Bildung von Großfamilienverbänden führte. Gruppen verwandter Individuen können dann durchaus als Einheiten der Selektion in Erscheinung treten, so daß soziale Verhaltensweisen selektiert werden konnten, die sich auf eine übergeordnete Organisationstufe beziehen. Welche Abstraktionsstufe (Familien, Dorf, Volk, Rasse, Kulturkreis, Menschheit) die Evolution wirklich erreicht hat, ist schwer zu sagen. Die Frage wird kontrovers diskutiert, ich will sie nicht näher vertiefen.

Der Mensch ist nicht böse oder gleichgültig von Jugend auf. Aber er ist nicht „gut" genug, um sich für einen unbekannten Artgenossen in einer anonymen Massengesellschaft genauso stark einzusetzen wie für ein Mitglied des eigenen Freundeskreises. Je höher sich die Kultur entwickelt und je größer die Einheiten werden, in denen kollegiales Verhalten notwendig ist und deshalb gefordert werden muß, desto größer wird auch die Diskrepanz zwischen menschlicher Neigung und kultureller Forderung. Diese Zwangsjacke fühlen wir längst. Ihre Enge führt mitunter zu Ausweichreaktionen, deren Heftigkeit uns überrascht und deren unmenschliche Härte uns betroffen macht. Besonders in den Industrieländern ist diese Spannung spürbar, und psychische Krankheiten und asoziales Verhalten sind keine Seltenheit. Die Zustände „normal" und „krank" sind nur vor ihrem kulturellen Hintergrund definierbar. Dies weist gleichzeitig darauf hin, daß die gesellschaftlichen Verhältnisse immer als Ursache oder Auslöser in Betracht zu ziehen sind. Wenn seelische Krankheitszustände immer häufiger auftreten, so zeigt dies ein größer werdendes Ungleichgewicht zwischen der Disposition der Person und dem Zustand der Gesellschaft an. Ein guter Arzt muß versuchen, dieses Gleichgewicht wiederherzustellen, indem er beides zu beeinflussen trachtet. - Nach dieser Vorrede komme ich nun zu den Fehlleistungen ursprünglich sehr zweckmäßiger Verhaltensweisen.

* * *

Die *Freude am Wachstum* und das Streben nach Macht und Einfluß haben immer eine wesentliche Rolle gespielt und sind in uns tief verwurzelt. Bezeichnenderweise scheint sich hier nicht, wie bei Hunger oder Durst, eine befriedigende Endsituation einzustellen, die die Aufmerksamkeit wieder auf andere Aktivitäten lenkt. Dies war bis vor einigen Tausend Jahren auch gar nicht nötig, weil die genannten Bestrebungen durch die beschränkten Möglichkeiten des Menschen ihre natürliche Begrenzung fanden. Diese Situation hat sich nun besonders in der letzten Zeit grundlegend geändert, was nicht näher erläutert zu werden braucht. Dagegen muß darauf hingewiesen werden, daß die genannten Verhaltensweisen unter heutigen Bedingungen als fehlangepaßt zu gelten haben. Deshalb ist es dringend erforderlich, daß die Gesellschaft regulierende Mechanismen etabliert, die uns vor den Folgen dieses ausufernden Hasard-„Spiels" schützen. Es ist überlebenswichtig und schon jetzt im Interesse der Menschlichkeit dringend geboten, daß wir diese natürlichen Veranlagungen zu kontrollieren lernen. Unbestritten bleibt, daß es gerade diese Verhaltensweisen waren, denen wir die steile Karriere des Menschengeschlechts zu verdanken haben, einschließlich aller kulturellen Leistungen und unseres heutigen Wohlstandes in den industrialisierten Ländern.

Die erfolgreiche Strategie in der biologischen Evolution ist es, alles zu tun, um den Fortpflanzungserfolg zu maximieren. Dies geschieht ohne jede Voraussicht. Der Hang zum Wachstum zeigt heute überwiegend seine negative Seite. Ressourcen werden rücksichtslos ausgebeutet, die Umwelt vernichtet. Man kann das Bevölkerungswachstum als unser Hauptproblem ansehen. Auch die Sammler- und Jägervölker lebten nicht im Einklang mit der Natur, wie wir es uns so gerne vorstellen. Allerdings gab es damals nur so wenig Menschen, daß ihr rücksichtsloses Verhalten nicht zur Zerstörung ihrer Lebensgrundlagen führen konnte. Man sollte sich immer vor Augen halten, daß es keinen Selektionsdruck geben konnte, der zur Ausbildung umweltschonender Verhaltensweisen hätte führen können. Das ist heute unser Problem. Wir besitzen keinerlei Hemmungen, vorhandene Ressourcen für einen augenblicklichen Vorteil auszunutzen. Es hat Jahrtausende gedauert, bis der Mensch in der Lage war, Gartenbau zu betreiben. Ich nehme an, daß der lange Zeitraum nicht allein damit erklärbar ist, daß der Mensch das Wachstum und die Vermehrungszusammenhänge der Pflanzen nicht verstanden hat. Mir scheint, daß der eigentlich große Schritt darin bestand, über einen Vegatationszyklus zu planen und auf Nahrung zugunsten der späteren Ernte zu verzichten. Wer die Größe dieses Fortschritts in der Menschheitsgeschichte beim Übergang zur Landwirtschaft nicht wirklich zu würdigen weiß, wird kaum die Tiefe des Dilemmas erfassen können, in dem wir heute stecken. Rational ist uns wohl klar, daß unsere Eingriffe globale Auswirkungen haben und weit in die Zukunft reichen. Wir erleben es aber nicht. Es bewegt unser Gemüt nicht, das ist das Problem. Auch wenn jedes

Jahr in Deutschland fast 10.000 Menschen bei Unfällen im Straßenverkehr getötet werden, bringen wir diese bedrückende Tatsache kaum emotional mit dem Automobil zusammen. Autos wurden erst in diesem Jahrhundert in großer Zahl hergestellt. Die Konstitution unseres Seelenlebens und unsere Emotionalität haben sich in vielen zehntausend Jahren unter ganz anderen Bedingungen entwickelt.

Zu den erfolgreichen Rezepten bei der Entwicklung der kognitiven wie taktilen Fähigkeiten zählt das Neugierverhalten. Daneben bereitet es vielen Lebewesen offenbar Freude, einmal erlernte, komplizierte Bewegungsabläufe gewissermaßen zum Selbstzweck zu wiederholen. Dabei ist die Freude umso größer, je schwieriger die Bewegung zu erlernen war. Beide Verhaltensweisen sind auch beim Menschen stark ausgeprägt. Sie erstrecken sich freilich nicht nur auf Interaktionen mit unserer natürlichen Umwelt einschließlich unserer Mitmenschen und uns selbst, sondern treten besonders in Verbindung mit technischen Apparaten in Erscheinung. Wir alle kennen dies. Man kann von einer ausgesprochenen *Funktionslust* sprechen. Ihr haben wir die Existenz vieler technischer Hilfsmittel zu verdanken. Gleichzeitig wird einem klar, daß die Funktionslust oft auch zu Übertreibungen führt und Fehlentwicklungen den Weg bereiten kann. Wer die Entwicklungen der Computer und der dazugehörigen Programme etwas verfolgt, weiß, was ich meine. Aber auch das Auto bietet reichlich Material für entsprechende Studien.

Eine andere Verhaltensweise, die in diese Kategorie fällt, ist die *Freude am Wettbewerb*. Auch hier will ich mich mit einem kurzen Hinweis begnügen: Längst hat der Wettbewerb auch Gebiete erreicht, wo er seine Zweckmäßigkeit eigentlich nicht entfalten kann. In anderen Bereichen wird er auch dann noch fortgeführt, wenn sein Sinn längst nicht mehr erkennbar ist. Er wirkt dann nur noch zerstörend. Mit Recht weist Konrad Lorenz darauf hin, daß es in der Natur keine Konkurrenz zwischen den Organen eines Organismus gibt. Eine solche Rivalität würde stets zu Lasten der Funktionsfähigkeit des gesamten Organismus gehen und damit auch die Lebensfähigkeit aller seiner Glieder gefährden. Unsere Gesellschaft stellt einen solchen Organismus dar. Deshalb muß überlegt werden, wo Wettbewerb zweckmäßig und hilfreich ist, und wo er Schaden anrichten kann. Innerartliche Konkurrenzsituationen können, so zeigen Beispiele aus dem Tierreich auch, zur Ausbildung höchst hinderlicher Organe führen. Beim Arguspfau sind die für die Partnerwahl (durch die Weibchen) so bedeutsamen Schwanzfedern der Männchen so prachtvoll ausgeprägt, daß diese Vögel zwar nicht flugunfähig, aber doch stark flugbehindert sind. (Treffendere Beispiele wären ausgestorbene Tiere, die der Nicht-Biologe allerdings kaum kennen wird.) Viele Gebrauchsgegenstände haben sich in den reichen Industrienationen schon regelrecht zu Statussymbolen entwickelt. Daß ein Porsche-Sportwagen als effektives Fortbewegung- und Transportmittel gelten kann, darf mit Recht bestritten werden. Wenn man an die Parkplatzsituation in deutschen Großstädten denkt, drängt sich der Vergleich zwischen einem Mercedes der S-Klasse und der Pfauenfeder förmlich auf. Weniger harmlos erscheinende Beispiele ließen sich nennen. An dieser Stelle soll der Hinweis genügen.

Menschen verhalten sich im großen und ganzen vorhersagbar - sonst könnten sie nicht miteinander kommunizieren. Wie auch die Tiere sind die Menschen mit abrufbaren Verhaltensprogrammen ausgestattet. Woher kommen diese Programme? Natürlich ist vieles auch erlernt. Grundlegende soziale Verhaltensweisen sowie Denk- und Wahrnehmungsweisen sind jedoch angeboren. - Das Leben in der Gruppe bringt Sicherheit, vorausgesetzt, der einzelne verhält sich *gruppenkonform* und für andere vorhersagbar. Der Zusammenhalt in der Gruppe war für den steinzeitlichen Sammler und Jäger von entscheidender Bedeutung. Vielleicht reagieren wir deshalb so aggressiv, wenn jemand „anders" ist. Es kommt sogar zu einer erstaunlich starken Solidarisierung der anderen Gruppenmitglieder, die dann gemeinsam versuchen, den Abweichler wieder auf Kurs zu bringen. Andere Differenzen treten dann vorläufig in den Hintergrund. Der Außenseiter ist die gemeinsame Zielscheibe der erzieherischen Aggression. Zweifellos hätte ein Haufen von Individualisten vor Jahrtausenden kaum überleben können. Das Prinzip der *Gruppenaggression* ist aber schon älter. Schimpansen sind dabei beobachtet worden, wie sie Gruppenmitglieder heftig angriffen, die sich etwas sonderbar bewegten, weil sie an Kinderlähmung erkrankt waren. Wir Menschen müssen erst lernen, Kranke, Behinderte oder Andersartige nicht zu hänseln, auszulachen oder gar auszustoßen. Man wundert sich manchmal über die Grausamkeit, mit der Kinder über Schwache oder Häßliche herfallen. Wenn man die stammesgeschichtlichen Wurzeln kennt, bedeutet dies natürlich nicht, daß man die Reaktionen gegen Außenseiter gutheißt. Man wird aber daran erinnert, daß es sich keinesfalls nur um ein schlechtes Benehmen handelt, das mit einem Aufruf zur Vernunft korrigiert werden kann. Weil die Wurzeln so tief liegen, ist die Sache schwieriger. Appelle sind gut, können Übung und gute Erfahrungen jedoch nicht ersetzen. Daß eine Verhaltensweise, die den Außenseiter mit allen Mitteln wieder auf Kurs zu bringen versucht, die Überlebenschancen einer auf sich gestellten Kleingruppe verbessert, vielleicht sogar unabdingbar ist, kann sich jeder vorstellen, der während eines Abenteuerurlaubs auf die Kooperation anderer angewiesen war. Daß dieselbe Verhaltensweise heute schädlich ist, liegt einfach daran, daß wir nicht mehr in ziemlich unabhängigen Kleingruppen leben. Heute kommt es darauf an, daß wir uns das Innovationspotential der Außenseiter erschließen. Wir brauchen schließlich neue Ideen und Begabungen, und wir können uns diese Verfahrensweise im Unterschied zu damals leisten. Doch genau das geschieht nicht. Vielmehr übertragen wir zu unserem eigenen Leidwesen die Gruppenaggression noch in unsere Welt der Städte, Völker, Staaten und Staatenverbünde. Die Aggression, die ehemals den Jagdkollegen vernichtete oder „zur Vernunft" brachte, richtet sich heute unwillkürlich gegen soziale, politische oder ethnische Gruppen, Staaten oder ganze Kulturkreise. Die Auswirkungen sind verheerend.

Dem gruppenaggressiven Verhalten zur Disziplinierung von Abweichlern steht natürlich das Bestreben des einzelnen gegenüber, sich nach Möglichkeit konform zu verhalten. Diese Bereitschaft geht allzu häufig so weit, daß die Ansicht der Mehrheit automatisch und ohne Prüfung als zutreffend angesehen wird bzw. wider alle Vernunft zur Richtschnur des Handels erhoben wird. Natürlich ist es angenehmer, die Meinung der anderen zu teilen als allein dazustehen. Manchmal zeigt erst eine im Experiment herbeigeführte groteske Situation, wie stark dieser Drang zur Konformität in uns verankert ist. Dazu gibt es interessante Berichte. Dem aufmerksamen politischen Beobachter entgeht es aber nicht, wie Mitläufertum aus gewohnheitsmäßigem Opportunismus oder aufgrund von Angst vor Kritik die Szene wesentlich mitbestimmt. In den Betrieben und Beamtenstuben sieht es nicht anders aus. Oft sind die größten Konformisten konsequenterweise auch die aktivsten Inquisitoren. Sie sind schließlich an die aktuelle Situation am stärksten angepaßt, wären also von einer Veränderung am stärksten betroffen. Auf diese Weise tritt zum Konformismus die Aggression. Es ist erschreckend, wie Menschen, die bisher zur Gruppe gehörten, unversehens zu Feinden erklärt werden und ihnen nach und nach die Konstituenten (Bestandteile) der menschlichen Würde aberkannt werden. Dies funktioniert umso hemmungsloser, je weniger man sich ohnehin schon kennt. Innerhalb der Kleingruppe treten Haß und Aggression dagegen in abgeschwächter Form auf, weil die einzelnen Mitglieder miteinander vertraut sind.

Mit dem Hang zur Parallelität scheint es noch eine andere Bewandtnis zu haben. Im Menschen ist das Bestreben nach Macht und Einfluß tief verankert. Dieses *Rangordnungsstreben* hat durchaus seine Berechtigung, weil auf diese Weise Begabungen und besondere Fähigkeiten ausgewählt werden bzw. zum Zuge kommen können. Nur das Streben jedes einzelnen bringt solche Verbesserungen hervor. Konkurrenz belebt das Geschäft. Diese Konkurrenz kann aber nur dann gewonnen werden, wenn die anderen, weniger Guten genügend früh aufgeben und die Leistung des einen damit anerkennen. So gern wir auch eine Führungsposition einnehmen, so leicht ordnen wir uns auch unter. Dies kann auch deshalb angeraten sein, um Sanktionen des Ranghöheren zu vermeiden. Vielleicht ist es so zu erklären, daß, was die große Mehrheit der Menschen anbetrifft, eher Loyalität vorherrscht, die, wie ich glaube, inzwischen unsere Zukunftschancen ganz ernsthaft verschlechtert.

Man muß immer wieder daran denken, daß die Menschheit die weitaus längste Zeit in ihrer Geschichte nur in kleinen Gruppen gelebt hat. In dieser Zeit haben sich auch die Zeichen entwickelt, die Kontaktbereitschaft signalisieren oder aber den anderen bedeuten, daß man lieber nicht angesprochen werden möchte. Es ist vollkommen logisch, daß man in einer Millionenstadt, in der einem in kurzer Zeit Hunderte von Leuten begegnen, die man noch nie gesehen hat und vielleicht auch nie wieder sehen wird, eher versucht, Abstand zu wahren. Es wäre sogar eine Lüge, würde man all diesen Leuten freundlicherweise Kontaktbereitschaft signalisieren. Dieses durchaus verständliche Verhalten birgt allerdings die Gefahr, daß es zur Gewohnheit wird und es immer schwerer fällt, im rechten Augenblick umzuschalten. Wir werden zu Muffeln, ohne etwas dafür zu können. Unsere in der Kleingesellschaft entwickelten Fähigkeiten zur Kontaktaufnahme und zur Kommunikation sind unter den Bedingungen der Massengesellschaft schnell überfordert. Der einzelne schirmt sich ab. Seine dann oft unsozialen Reaktionen werden durch den Dichtestreß verstärkt. Die oft beklagte Anonymität der Gesellschaft ist der Preis für ihre Effektivität und ihr Entwicklungspotential. Das Gesagte kann sehr einfach durch Beobachtung unterlegt werden. Die Hektik einer Großstadt zeigt sich nicht nur in der Vielfalt der geschäftlichen Aktivitäten und an der Verkehrsdichte, sondern auch an der Schrittgeschwindigkeit der Passanten. Letztere ist in großen Städten deutlich höher als in kleineren. Ich glaube nicht, daß Großstädter so viel weniger Zeit haben, daß sie schneller laufen müssen. Je höher die Bevölkerungsdichte, desto seltener nehmen die Menschen Blickkontakt miteinander auf. Auch dies kann man einfach feststellen, wenn man sich irgendwo hinstellt und versucht, den Vorbeigehenden in die Augen zu schauen. Bei hoher Bevölkerungsdichte ist es für den einzelnen einfach nicht realisierbar, die Möglichkeiten zur Kommunikation so zu nutzen, wie sie sich bieten. Deshalb muß er eine Strategie der Kontaktvermeidung entwickeln.

Der Dichtestreß der Großgesellschaft und ihre Komplexität erzeugt bei vielen Menschen ein Gefühl der Verlorenheit und Unsicherheit, das sie für Ideologien, die Sicherheit bieten, anfällig macht. Ideologen haben es von jeher verstanden, vorhandene Unsicherheiten auszunutzen, Ängste zu wecken oder zu schüren und auf diese Weise Gefolgschaft an sich zu binden. In der anonymen Gesellschaft sind die Menschen dafür besonders anfällig. Es ist dringend erforderlich, auf den Mechanismus der Angstbindung hinzuweisen. Darüber hinaus wird es unvermeidlich sein, durch städtebauliche Maßnahmen die Anonymität der Gesellschaft zu verringern, um dem Bedürfnis nach Einbindung in einen Kreis näher bekannter Personen besser gerecht werden zu können. Bei dieser *Regionalisierung* der Gesellschaft darf nicht vergessen werden, daß der Mensch Anspruch auf eine Privatsphäre hat. Die Bildung solcher Gemeinschaften ist keinesfalls ein Rückzug ins Private, sondern bietet dem einzelnen den Rückhalt, der es ihm erst ermöglicht, anderen Bewohnern dieser Erde mit gesundem Selbstwertgefühl freundlich entgegenkommen zu können. Man darf nicht vergessen, daß alle Reaktionen aus Herzenswärme ihren Ursprung in der Familie haben. Nichts ist auch für die Erwachsenen schlimmer als eine kinderunfreundliche Gesellschaft. Darüber hinaus erziehen uns die Kinder immer wieder zur Toleranz und erinnern daran, daß es immer Menschen gibt, die unserer Hilfe und Fürsorge bedürfen.

Daß der Mensch gar nicht anders kann, als bestimmte Hypothesen, mehr oder minder geprüft, seinen Urteilen und Schlußfolgerungen zu unterstellen, ist bereits erörtert worden. Es ist sogar so, daß er hofft, die Unterstellung wäre richtig. Ist die Zahl der Gleichgesinnten sehr groß, so entsteht schnell eine Doktrin. Die Heftigkeit, mit der solche Lehrsätze verteidigt werden, ist ein Hinweis darauf, daß auch hier angeborene Dispositionen eine Rolle spielen.[101] Dies ist immer dann wahrscheinlich, wenn die menschliche Emotionalität ganz stark beteiligt ist. Eine solche Doktrin gewährt ihren Anhängern neben dem Empfinden, zu einer Gemeinschaft zu gehören, ein Gefühl der subjektiven Befriedigung ganz eigener Art. Daß solche feststehenden Lehrmeinungen oder Weltanschauungen ein um's andere Mal viel Leid und Elend über die Menschheit gebracht haben, zeigen sehr deutlich die Beispiele des Nationalsozialismus und des Stalinismus. Wo aber liegt die biologische Zweckmäßigkeit unserer Anfälligkeit für solcherlei Weltanschauungen? Einen Teil der Antwort liefert sicherlich eine Analyse des menschlichen Erkenntnisvermögens, wie sie oben versucht wurde. Der andere Teil der Antwort muß aber auf das angestammte Sozialverhalten des Menschen Bezug nehmen.

Eine Familie oder Kleingruppe kann vielleicht ohne verbindende Idee oder Ideologie auskommen, ohne daß der Zusammenhalt gefährdet ist. Im Laufe der Menschheitsgeschichte vergrößerten sich aber die Menschengruppen soweit, daß persönliche Bekanntschaft nicht mehr ausreiche bzw. im eigentlichen Sinne gar nicht mehr bestand, um diese Gruppe emotional aneinander zu binden. Deshalb entstanden auf der einen Seite zweifelsohne soziale Verhaltensweisen, die diesen Zusammenhalt förderten. Auf der anderen Seite entwickelte sich die Emotionalität des Menschen in der Weise, daß ein entsprechendes Gemeinschaftsgefühl befriedigend wirkt und als erstrebenswert gilt. Als ein einfaches Element dieser Emotionalität kann man die Begeisterungsfähigkeit nennen. Sie fördert das Engagement für die gemeinsame Sache und leistet wertvolle Dienste, wenn es z. B. um die Verteidigung der eigenen Horde geht. Und Bedenken stören in der Tat, wenn es

---

[101] hierzu und auch zum folgenden: Konrad Lorenz: Der Abbau des Menschlichen, R. Piper & Co. Verlag, München, 1989

um das Überleben der Gruppe geht. Wenn die Fahne fliegt, ist der Verstand in der Trompete. Das gilt leider auch heute noch.

Der Mensch folgt auch jenen Idealen am treuesten, die ihm in seiner Jugend wichtig waren. Wenn aus einem Saulus in Mannesjahren ein Paulus wird, ist dies schon ein Ereignis besonderer Bedeutung. Dies hängt zweifellos damit zusammen, daß wir in frühen Lebensjahren leichter formbar sind. Ich erinnere an das Phänomen der Prägung, wo die Beeinflußbarkeit auf eine bestimmte zeitliche Spanne beschränkt ist. Demagogen nutzen dies für ihre Zwecke aus. Zur Zeit des Nationalsozialismus haben Kinder ihre Eltern und Verwandten verraten und ins Konzentrationslager gebracht. Es ist bemerkenswert, daß sich der Indoktrinierte nicht etwa in seiner Freiheit eingeschränkt fühlt, obwohl er die Freiheit im Denken mehr oder weniger verloren hat. Leider ist es auch so, daß häufig die gutherzigen Menschen der Indoktrination besonders wehrlos ausgeliefert sind, nicht nur, weil sie eher als andere zunächst gute Absichten unterstellen, sondern weil sie ihre Treue daran hindert, sich von der Doktrin zu lösen, selbst wenn sie ihre Schädlichkeit durchschaut haben bzw. ahnen. Aus Gründen, die nicht näher erläutert zu werden brauchen, wächst die Stabilität einer Doktrin mit der Zahl ihrer Anhänger. Deshalb wächst auch die Stabilität einer Gesellschaftsordnung mit der Zahl der Untertanen. Die Mächtigen bedienen sich zur Festigung ihrer Position der alten Prinzipien von Lohn (positive Rückmeldung) und Strafe (negative Rückmeldung), die in dieser oder jener Form allen komplexen Lernvorgängen zugrundeliegt. In reichen Gesellschaften überwiegt die „Korruption durch Wohlstand", während man sich in weniger üppig ausgestatteten Gesellschaften mehr repressiver Methoden zur Disziplinierung bedienen muß. In den westlichen Demokratien weiß man sehr wohl, daß Zwang immer Helden hervorbringt, die das System irgendwann zum Kippen bringen. Das Thema der Indoktrinierbarkeit verdient sicher eine tiefergehendere Analyse. Ich will es mit dem Gesagten bewenden lassen.

Unser Bild von der Wirklichkeit wird ganz entscheidend davon geprägt, was wir erleben; d.h., der Mensch hält das für wirklich und für wichtig, was die Gesellschaft, in der er lebt, für wirklich und wichtig hält. Außerdem treten solche Dinge in den Vordergrund, mit denen der Mensch häufig zu tun hat. Das ist ganz natürlich, auch wenn es dadurch zu einer Wirklichkeitsverschiebung kommt. Man sollte sich nur einmal überlegen, wie es sich bei Kindern auswirken mag, wenn sie nur in einer Großstadt groß werden. Bei Politikern und anderen Personen in exponierter Stellung scheint dieser Effekt auch Wirkung zu zeigen: In ihrer Umgebung geht es vor allem um Geld und Einfluß. Kein Wunder, daß manche von ihnen irgendwann meinen, Geldmangel wäre der einzige kritische Punkt, Geldbeschaffung die einzig wichtige Aufgabe und unmittelbare Einflußnahme wäre der alleinige Weg, etwas zu erreichen.

Es ist wissenschaftlich erwiesen und durch die tägliche Praxis belegt, daß es keinen Zweck hat, zu argumentieren und Vernunftgründe vorzuführen, wenn für ein Produkt geworben werden soll. Vielmehr versucht man, tiefliegende, gefühlsmäßige Schichten und Unterbewußtes anzusprechen. Ein Werbefachmann hat Erfolg, wenn er es versteht, Instinkte anzusprechen und Emotionen auszunutzen. Jede Art von Aufklärung oder Belehrung ist sogar schädlich fürs Geschäft. Angeboten wird selten das eigentliche Produkt, sondern ein Symbol wie Sex-Appeal, Schönheit, Eleganz, Glück oder Reichtum. Der Kunde kauft das Produkt in der Vorstellung, diese Merkmale oder Eigenschaften würden mit dem Erwerb des angepriesenen Gegenstandes oder der Dienstleistung auf ihn übergehen. Es wird nicht Haarwaschmittel, sondern Hoffnung auf Attraktivität offeriert, und es wird nicht Marmelade, sondern Familienglück angeboten. Daß die Politik sich zunehmend der gleichen Methoden bedient, ist mehr als bedenklich. Auch den Werbestrategen kommt hier unsere angeborene Disposition zu Hilfe, weil es sich bei den vorgeschobenen Symbolen um bedeutungsvolle Zeichen seelischer Gesundheit, sozialer Integration und gesellschaftlicher Anerkennung handelt. Den Gefahren durch Indoktrination und Werbung kann nur durch Aufklärung begegnet werden. Erst wenn der Mensch durchschaut, welche Mechanismen ausgenutzt werden und in welchem Ausmaß er getäuscht wird, wird er den Verführungen der Demagogen und Werbetechniker nicht mehr erliegen müssen.

Die Suche nach dem Sinn des Lebens

Die Evolution hat durch das Ausbilden von jeweils gegenläufigen (aktivierenden und deaktivierenden) Antrieben allen höheren Lebewesen die Möglichkeit gegeben, aus Erfolg und Mißerfolg zu lernen. Der Organismus kann sich dadurch mit größerer Elastizität auf Veränderungen der Umwelt einstellen. Im Zusammenhang mit den Willkürbewegungen und anderen frei zur Verfügung stehenden Verhaltensprogrammen entstand die Welt der Emotionen. Über diese wird dem Lebewesen gewissermaßen „mitgeteilt", ob die entsprechende Aktion zu einer Verbesserung der Konstitution geführt hat oder nicht. Gleichzeitig wird das Lebewesen motiviert, bestimmte Verhaltensweisen anzuwenden bzw. auszuprobieren, andere Situationen dagegen zu meiden. Positiv wirksame Verhaltensweisen werden bekräftigt, indem sie von angenehmen Gefühlen begleitet werden. Sollen Verhaltensweisen abgeschwächt oder gehemmt werden, so sind sie mit negativen Gefühlen verbunden. Solche positiven und negativen Emotionen kann man unter dem Begriff Lust bzw. Unlust zusammenfassen. Die Emotionalität ist viel älter als alle Bewußtseinsinhalte. Aber nie hat die Emotionalität aufgehört, eine wichtige Rolle zu spielen. Sie wurde weiterentwickelt und vervollkommnet. Auch beim Menschen sind die meisten Verhaltensweisen von Emotionen begleitet und beeinflußt.

Unser Verhalten wird, wie jeder weiß, durch Lustgefühle gefördert und durch Unlust gehemmt. Als viele der Verhaltensweisen entstanden, die sich unter anderem dieses Regelmechanismus bedienen, war es nur in wenigen Fällen notwendig, sich zur aktiven Reaktion auf die Umweltbedingungen zu motivieren. Vielmehr drängten sich bedrohliche Umstände mit einer Dringlichkeit auf, daß man bei Strafe des Untergangs nicht passiv bleiben konnte. Völlerei muß eine Tugend und kein Laster gewesen sein. Faulheit und Feigheit, so darf man annehmen, stellten eine bewährte Strategie dar. Durch die heutigen Lebensbedingungen, insbesondere den hohen Lebensstandard in den Industrieländern, haben wir eine weitgehende Unabhängigkeit von den Naturnotwendigkeiten erlangt. Damals war es durchaus vernünftig, allen vermeidbaren Gefahren aus dem Weg zu gehen und den Energieaufwand zu minimieren. Darin mag auch eine der Ursachen für Faulheit, Trägheit und Bequemlichkeit liegen, die dafür sorgen, daß sich zuweilen das sogenannte Böse scheinbar ungehindert durchsetzen kann.

Wie gern und schnell gewöhnt man sich an eine bequeme Lebensweise. Es ist für den Menschen jedoch nicht ungefährlich, wenn er in seinem Bestreben, Unlust zu vermeiden, allzu erfolgreich ist. Er wird dann zunehmend unfähig, wirkliche Schwierigkeiten zu meistern und Leid und Schmerz zu ertragen. Außerdem flacht ein Leben, dem das Auf und Ab, die Höhen und Tiefen fehlen, zunehmend ab. Die Folge ist eine tiefsitzende Unzufriedenheit, der durch die übliche Strategie, eine Verbesserung herbeizuführen, nicht begegnet werden kann. Wir haben es mit einem echten Dilemma zu tun. Das Leben wird zu einem Hochplateau in einheitlichem Grau. Das starke Unterhaltungsbedürfnis weist auf den Drang, mehr Kontrast ins Leben zu bringen. Doch eine schnelle Gewöhnung, die als eine Folge unserer Anpassungsfähigkeit angesehen werden kann, führt dazu, daß eine wiederkehrende Reizsituation rasch ihre Wirkung verliert. Viele Menschen sind deshalb stets auf der Jagd nach Neuem, ohne wirklich die Zufriedenheit finden zu können, die sie eigentlich suchen. Auf der anderen Seite wäre es aber natürlich eine Verkehrung der Ziele menschlichen Strebens, sich mehr Leid und Schmerz zu wünschen, obwohl es solche Ansätze in den Klöstern vergangener Jahrhunderte nicht umsonst gegeben hat.

Das Bestreben, Unlust zu vermeiden, führt unter den heutigen Bedingungen dazu, daß viele Menschen sich fortlaufend langweilen, unglücklich sind oder zumindest zeitweise eine tiefsitzende Bekümmerung spüren. Glück erwächst eben nur aus dem Kontrast von Lust und Unlust. Die meisten geregelten Systeme führen Schwingungen aus. Wir alle kennen das angenehme Gefühl, wenn der Schmerz nachläßt... Wir alle wissen, daß der Erfolg am schönsten ist, wenn der Weg dorthin besonders schwer war. Die Tatsache, daß die Frage nach dem Sinn des Lebens erst vor relativ kurzer Zeit zum gesellschaftlichen Diskussionsgegenstand geworden ist, zeigt, daß das sorgenarme Leben in den reichen Industriegesellschaften nicht zu den Gegebenheiten der menschlichen Emotionalität paßt. Doch es mangelt keineswegs an Hindernissen, die zu überwinden wären. Die wahrhaft gigantischen Aufgaben, die zu meistern sind, um auch unseren Enkeln noch ein menschenwürdiges Leben zu ermöglichen, halten genügend Bewährungssituationen bereit. Was wir dabei gewinnen können, ist mehr als nur ein gutes Gefühl; es ist ein sinnerfülltes, glückliches Leben.

Epilog

Daß wir die Welt, in der wir leben, im großen und ganzen als die unsere begreifen, ist ein Beleg für die großartige Elastizität menschlichen Verhaltens. Ich spreche hier ganz bewußt von *Elastizität*, weil wirkliche Anpassungen aufgrund des rasanten Wandels der Lebensumstände nur sehr beschränkt eintreten konnten. Vieles deutet darauf hin, daß die Menschheit den Bogen bereits überspannt hat. Die Fähigkeiten des Erkenntnisapparates, unser Verhaltensrepertoire, ganz gewiß aber die menschliche Emotionalität sind den Herausforderungen der modernen Industriegesellschaft nicht mehr gewachsen. Merkwürdigerweise hat sich das Menschengeschlecht selbst bei seinem ebenso phantastischen wie abenteuerlichen Aufstieg in diese Lage manövriert. *Der großartige Erfolg* des Homo sapiens hängt ursächlich mit dem heutigen Unbehagen in der Kultur zusammen. Es besteht kein Zweifel: Der Mensch ist unzureichend gerüstet für die Herausforderungen der nächsten Jahrzehnte. Wer in dieser Situation vordringlich auf Umerziehungsversuche setzt, hat die Ursachen für unsere Probleme nicht wirklich verstanden. Jede Läuterung hat in erster Linie die Voraussetzung, daß wir uns unserer archaischen Dispositionen und deren Fehlangepaßtheit unter heutigen Lebensumständen bewußt werden. Doch damit nicht genug: Unsere zwielichtigen Antriebe und ambivalenten Verhaltenmechanismen werden solange zu unserem Nachteil wirksam sein, solange wir nicht jene Organisationsformen und Institutionen geschaffen haben, die dem einzelnen das positive Verhalten nicht wenigstens nahelegen und erleichtern, so daß die Gesellschaft im Mittel einem wirklichen, dauerhaften Fortschritt entgegensteuern kann.

Teil E - Öffentlichkeit und Politik

Die Themen der beiden vorangegangenen Teile waren breit gefächert. Im Teil C wurden Form- und Gestaltbildungsprozesse auf vier verschiedenen hierarchischen Ebenen untersucht. Wir begannen zunächst mit einigen grundlegenden Anmerkungen zur naturwissenschaftlichen Naturbeschreibung und zu den Hintergründen einer mathematischen Formulierung der Ergebnisse. Mit diesem Rüstzeug ausgestattet, wurden elementare Strukturbildungsprozesse untersucht (*Systemdynamik*). Dabei stand die Frage im Vordergrund, wie Ordnung überhaupt entstehen kann und welche Bedingungen vorliegen müssen, damit es zur Bildung von komplizierten Strukturen kommen kann. Systeme der nächsthöheren Ebene sind zur *Selbstorganisation* fähig. Was da entsteht, sind Gestalten in Raum und Zeit. Man unterscheidet konservative und dissipative Strukturen. Eines Tages muß es schließlich die ersten (konservativen) Strukturen gegeben haben, die der eigenen Zerstörung durch Reproduktion zuvorkamen. Die Komplexität der Strukturen nahm nun zügig zu, und irgendwann war die Stufe des Lebens erreicht. Die *biologische Evolution* brachte immer neue phantastische Formen und Funktionen hervor. Die zugrundeliegenden Mechanismen, die in der Natur zusammenwirken und fein abgestimmt ineinandergreifen, wurden ausführlich erläutert.

Der Mensch markiert den vorläufigen Endpunkt dieser Höherentwicklung. Das Leben hat unseren Planeten nachhaltig verändert, nicht erst, seitdem der Mensch all jene Mechanismen der Evolution auf der Ebene des Geistes zu vollziehen imstande ist. Dennoch ist die einsetzende *kulturelle Evolution* von besonderem Interesse, weil sie die biologische in ihrer Bedeutung und Tragweite vollständig ablöst. Die Auslöser und die Wesenszüge dieses Übergangs wurden skizziert. Die genauere Betrachtung der die heutigen gesellschaftlichen Verhältnisse charakterisierenden Prozesse offenbart allerdings, daß der Mensch bisher nur sehr unvollkommen die Balance zwischen erneuernden und erhaltenden Einflüssen halten kann. Damit war ein Teil, allerdings nur ein Teil, der Diagnose gestellt. Im Teil D wurde die Analyse vertieft: Wichtige Anhaltspunkte für eine Beurteilung der Fähigkeiten und Fertigkeiten des Menschen lieferte die Betrachtung der Entstehungsgeschichte dieser Leistungen. Das Ergebnis dieser Untersuchungen war eher ernüchternd. Das menschliche *Erkenntnisvermögen* ist den Anforderungen, die angesichts der Komplexität der heute zu steuernden Systeme gestellt werden müssen, nur unzureichend gewachsen. Ein Blick auf die lange Geschichte des menschlichen Geschlechts zeigt darüber hinaus, daß viele sozialen *Verhaltensweisen* archaischen Ursprungs sind und in unserer modernen Welt nicht mehr passen.

Dieses Buch begann (im Teil A) mit einem großen Plädoyer für die Utopien. Solcherlei Vorstellungen ein deutlicheres Gesicht zu geben, ist die Absicht dieses Buches. Wegen ihrer herausragenden, für jeden sichtbaren Stellung wurden Fragen zum *Wirtschaftssystem* an den Anfang gestellt (Teil B). Den nach an sich bekannten Mustern gestrickten kritischen Erörterungen in einem ersten Kapitel folgte ein weiteres, in welchem grundlegende Mechanismen innerhalb des Wirtschaftsgeschehens stärker in den Vordergrund gerückt wurden. Wegen der weitreichenden Konsequenzen waren die Abschnitte zum Bodenrecht und zum Geldsystem besonders wichtig. Wichtige Prozesse innerhalb unserer Gesellschaft sind durch ökonomische Überlegungen dominiert bzw. durch gegebene wirtschaftliche Strukturen bestimmt. Ich hoffe, daß die Erläuterungen des Evolutionsgeschehens im Hauptteil dieses Buches diese Ergebnisse keineswegs in den Hintergrund gedrängt haben. Vielmehr sollten Parallelen zwischen dem marktwirtschaftlichen Geschehen (in einem über die Warenmärkte hinausreichenden, viel größeren Rahmen) und der durch die Natur vorexerzierten evolutiven Entwicklung sichtbar geworden sein.

In diesem, dem letzten Teil des Buches wird die Suche nach Strategien für einen dauerhaften Fortschritt fortgesetzt. Wir wenden uns konkreten *gesellschaftliche Gegebenheiten* zu und setzen uns mit realen *politischen Strukturen* auseinander. Dabei werden sehr pragmatisch Verbesserungsvorschläge eingestreut und zur Diskussion gestellt. Dahinter steht nicht die Vorstellung, daß sich die Welt aufgrund einiger Reformen plötzlich zu einem Paradies wandelt, sondern daß sie sich - ganz im Sinne einer evolutionären Sicht - zum Besseren entwickeln *kann*. Denn es besteht nur dann eine reale Chance, daß wir die essentiellen Menschheitsprobleme lösen, wenn wenigstens einige der schwerwiegenden Konstruktionsfehler beseitigt und die Organisationsformen so angepaßt werden, daß das Leistungsvermögen der Menschen nachhaltig verbessert wird. - Das erste Kapitel beschäftigt sich im weitesten Sinne mit *Information*, das zweite mit *Aktion*. In beiden Fällen geht es um die Verknüpfung zwischen dem Denken und Handeln der Menschen auf der einen Seite und ihrem gesellschaftlichen Umfeld auf der anderen. Es ist klar, auf welcher Seite konkrete Reformen in Angriff genommen werden können. Die Reformfähigkeit einer Gesellschaft wird auch durch ihr politisches System bestimmt, und auch das Instrumentarium zur Meinungsbildung und Entscheidungsfindung muß in den Anpassungsprozeß einbezogen werden. Deshalb befaßt sich das letzte Kapitel mit dem Thema *Demokratie*.

Systemisch denken, angemessen handeln

Klimatisches

Es blitzt ein Tropfen Morgentau
Im Strahl des Sonnenlichts.
Ein Tag kann eine Perle sein
und ein Jahrhundert nichts.

Gottfried Keller (1819-1890)

Die häufige Wiederkehr bestimmter Begriffe täuscht uns vor, sie wären endgültig und umfassend geklärt. Daß dies nicht so ist, muß jeder lernen, der in den Wissenschaften etwas entdecken will. Warum wird dann so wenig gefragt? Es geht überhaupt nicht darum, jemanden durch eine direkte Frage zu kontrollieren. Es werden auch nur jene unwirsch, feindlich oder pikiert auf eine Nachfrage reagieren, die sich nicht ganz im klaren über den Gegenstand sind. Andere werden die Anfrage, wenn die Zeit und die Umstände es zulassen, gern zum Anlaß nehmen, eine Erklärung abzugeben. Für einen nachdenklichen Naturwissenschaftler ist auch die unscheinbarste Frage ein Beweggrund, über den Sachverhalt nochmals vertieft nachzudenken. Nicht selten wird er versuchen, den fragenden Laien - manchmal zu dessen Unbehagen - in eine grundsätzliche Erörterung hineinzuziehen. Das kommt daher, daß es im Wesen der Wissenschaften liegt, sich um eine möglichst exakte Ausdrucksweise zu bemühen. - Die in der Öffentlichkeit überwiegend benutzte Sprache ist die von Verkäufern und Marktschreiern. Das gilt insbesondere für die Politik. Man kann sich nur wundern, wie wir uns mit Wortfetzen abspeisen lassen. Von Gemeinplätzen kann in diesem Zusammenhang gar nicht gesprochen werden. Bei näherer Nachfrage würde sich nämlich herausstellen, daß viele Begriffe überhaupt nicht erklärt werden können oder aber bei jeder Frage eine neue Bedeutung zu gebären scheinen. Es ist in hohem Maße unfair und der Sache überhaupt nicht dienlich, daß jene, die fragend nach den Hintergründen forschen, als Querulanten oder als unbedarft gelten. Abwehrreaktionen deuten auf die Unsicherheit der Befragten. Integere, standfeste Persönlichkeiten des öffentlichen Lebens sollten sich im Interesse der Sache und im Dienste an ihren Mitmenschen um Begriffsklärung bemühen.

Wir denken überwiegend begrifflich. Das heißt, Wörter und Sätze sind ein zum Denken unentbehrliches Werkzeug. Jeder Handwerker weiß, daß der Erfolg und die Qualität einer Arbeit wesentlich durch das Werkzeug beeinflußt wird. Jeder Handwerker pflegt deshalb sein Werkzeug. Der Maler wäscht seine Pinsel aus, kratzt seine Spachtel sauber und schärft seine Messer. Jeder weiß, daß man mit einem zu groben Werkzeug mehr zerstören als schaffen kann. Und doch gehen wir unverständlicherweise mit unserem wichtigsten Werkzeug, der Sprache, unachtsam um. Zu wenig Mühe wird darauf verwendet, die hinter den Begriffen stehende Bedeutung klar herauszuarbeiten, sie zu definieren und sich über ihre Verwendung und ihren Geltungsbereich klar zu werden. Auch mangelt es oft an der Sorgfalt und Bereitschaft, die passendsten und treffendsten Begriffe und Wendungen auszuwählen. Aus einsichtigen Gründen müssen solche Bestimmungen und Absprachen immer wieder von neuem getroffen werden. Zum einen unterliegt die Sprache einer Entwicklung. Vor allem durch die Einführung neuer Technologien (zum Beispiel neuer Medien) werden die Zusammenhänge, in denen die einzelnen Begriffe Verwendung finden, völlig verändert. Je rasanter diese Entwicklungen erfolgen, desto dringlicher ist es, sich über die Bedeutung der Begriffe immer wieder neu zu verständigen. Nicht die Bedeutungsänderungen sind aber das Problem, sondern die mangelhafte Auswahl und der nachlässige Gebrauch der Wörter.

Zum anderen sind wir Menschen und keine Computer. Bei der menschlichen Kommunikation fließen immer persönliche Befindlichkeit, eigene Erfahrungen, Urteile und Annahmen ein. Das Problem dabei besteht darin, daß ein Großteil dieser Einflüsse unbewußter Natur ist, also kaum direkt kommunizierbar ist. Aber selbst wenn dies der Fall wäre, sind persönliche Empfindungen und rationale Urteile oft so miteinander verwoben, daß sich der objektive Kern manchmal nicht isolieren läßt. Bei besonders affektgeladenen Gesprächen scheint es vornehmlich darum zu gehen, das eigene Selbst vor Beschädigung zu schützen, wobei sich der eigentliche Diskussionsgegenstand diesem Ziel vollständig unterzuordnen hat. Derartige Situationen versteht man besser, und man lernt leichter, mit ihnen fertigzuwerden, wenn man bedenkt, daß alle Menschen *geschichtliche Wesen* sind. Alle ihre Leistungen und Fähigkeiten sind in einem jahrelangen Prozeß entstanden. Alle Menschen waren (und sind) sehr unterschiedlichen Einflüssen ausgesetzt. Die Herausbildung der Persönlichkeit ist selbst ein *evolutionärer Prozeß*. Deshalb ist es immer hilfreich, wenn sich die Gesprächspartner soweit wie möglich gegenseitig mit ihrer Geschichte (ihrem Lebenslauf usw.) vertraut machen, bevor sie die eigentliche inhaltliche Auseinandersetzung suchen. Dabei muß man berücksichtigen, daß der Gesprächspartner seine eigene Vergangenheit natürlich von seinem jetzigen Standpunkt aus sieht, also aus seiner gegenwärtigen Situation heraus interpretiert.

Wenn man sich gegenseitig miteinander vertraut machen will, wird man auch Fragen stellen wollen. In der Regel sollte man sich aber davor hüten, andere bloßzustellen. Wir alle haben unsere Geheimnisse, sind verletzbar und schauspielern um des Effektes willen oder um die eigene Persönlichkeit abzuschirmen und zu schützen. Das feine Gespinst der üblichen Umgangsformen, der Regeln des Anstands und der Höflichkeit, enthält vor allem Tabus und Verbote, deren vornehmste Aufgabe darin besteht, das vielleicht Kostbarste überhaupt vor Schaden zu bewahren, jenen essentiellen Bestandteil der Persönlichkeit, den ich mich nicht scheue, *Seele* zu nennen. Doch nicht der gesamte Bereich der Tiefen des Individuums birgt Reichtum. Auch hier gibt es Abgründe und Untiefen. Viele von ihnen sind charakterlich bedingt in dem Sinne, daß sie die individuellen Besonderheiten bestimmen, die uns den einen sympathisch und angenehm, andere aber fremd und abstoßend erscheinen lassen. Letztere empfinden wir vielleicht nur deshalb als abnorm, weil wir uns selbst zu einem anderen Schlag von Persönlichkeiten zugehörig fühlen. Darüber hinaus gibt es andere Abweichungen von der Normalität, die wir mit dem Begriff Krankheit verbinden würden.

Ähnliche Kategorien gibt es auch auf der gesellschaftlichen Ebene. Die wichtigste Parallele ist mit dem Begriff des Unbewußten gegeben. Das *individuelle Unbewußte* betrifft Inhalte eines einzelnen Menschen, die dieser aufgrund seiner konkreten Lebenssituation verdrängt. Sigmund Freud (1856 - 1939) erkannte, daß recht wenig von dem, was wir über uns selbst denken und anderen darüber mitteilen, der Wirklichkeit entspricht. Obwohl das Unbewußte den eigentlichen Antrieb für bestimmte Handlungen liefert, schieben wir andere Begründungen vor, die Freud Rationalisierungen nennt. Wir tun dies, weil wir den eigentlichen Antrieb nicht wahrhaben wollen. Die eigentliche Motivation wird also verdrängt und gelangt in den Bereich des Unbewußten, wo sie jedoch nicht weniger wirksam ist. Weil das Unbewußte das Eigentliche und die Rationalisierung nur ein Hilfskonstrukt ist, kommt es sehr häufig zu Kollisionen, was die Erfindung neuer Rationalisierungen notwendig macht usw. Auf diese Weise kann die Leugnung der inneren Realität schrittweise zur Lebensuntüchtigkeit führen. Dieser medizinische Tatbestand soll hier nicht näher ausgeführt werden. Warum werden bestimmte Erfahrungen verdrängt? Sie werden verdrängt, weil sie im Widerspruch zu den gültigen gesellschaftlichen und familiären Sitten stehen. Dahinter steht die Angst vor direkten Pressionen durch die Allgemeinheit oder Familienmitglieder bzw. die Furcht, in irgendeiner Weise in die Isolation zu geraten. Das verständliche Sicherheitsstreben spielt hier gewiß eine große Rolle. Das Problem mit den Rationalisierungen besteht darin, daß sie wie ein Filter vor allen Wahrnehmungen stehen. Die Existenz dieses Filters wird aber geleugnet.

In diesem Sinne gibt es natürlich so etwas wie das *gesellschaftliche Unbewußte*[102]. Auch im gesellschaftlichen Bereich werden Inhalte verdrängt. Die Mechanismen dürften den schon genannten ähneln. Zunächst werden Rationalisierungen erfunden um der Illusion willen, die Menschen würden aus freien Stücken handeln. Jede Gesellschaft hat aber ihre Zwänge, die das Denken und Handeln ihrer Mitglieder aus historischen Gründen oder aufgrund der aktuellen Situation in bestimmte Bahnen zu lenken versuchen. Viele von diesen Bedingungen, Einschränkungen, Gebräuchen und Restriktionen mögen sinnvoll oder hilfreich sein, gleichwohl wir uns ihre Existenz und Wirkungsweise nicht eingestehen wollen. Wir verdrängen, daß wir zumindest teilweise unfrei und gelenkt sind, und erfinden ein Hilfskonstrukt, das den Anschein erweckt, wir würden nach eigenen rationalen Gründen oder moralischen Grundsätzen entscheiden. Wenn ich hier „wir" schreibe, so meine ich weniger jeden einzelnen als unsere Kultur insgesamt. So wie die gesellschaftlichen Bedingungen zum großen Teil schon denen unserer Vorfahren gleichen, übernehmen wir gleichzeitig viele der entsprechenden Rationalisierungen als kulturelles Erbe. Man mag sich fragen, ob es nicht einfacher wäre, sich dem Realen zu stellen. Vielleicht ist das so. Doch die Gesellschaft und ihre Mitglieder haben diese Freiheit in der Regel nicht. Der Verzicht auf die Rationalisierungen würde zunächst die gewohnte Kontinuität gefährden und damit das Gefühl der Sicherheit und Geborgenheit beeinträchtigen. Würde das von der Allgemeinheit Verdrängte den Mitgliedern der Gesellschaft bewußt werden, so stünde das reibungslose Funktionieren der Gesellschaft auf dem Spiel, weil sich zu guter Letzt natürlich vieles ändern würde. Davor haben wir Angst.

Das Gefährliche an solchen Rationalisierungen ist, daß der Realitätsverlust - und damit verbunden der Kontrollverlust - in der Regel von allein wächst. Immer neue Hilfskonstrukte werden notwendig. Die Befreiung von der Illusion, die Ent-täuschung, schafft die Möglichkeit, unser Schicksal wirklich in die Hand zu nehmen. Die gewonnene Freiheit versetzt uns in die Lage, unsere Zukunft tatsächlich zu gestalten. Die neue Objektivität vermindert unerwartete Fehlschläge und Enttäuschungen. Doch der Weg aus der „Knechtschaft" zu mehr Eigenständigkeit ist nicht leicht. Die Ent-täuschung läßt zunächst ein Vakuum entstehen. Wenn die Illusion falsch ist, was ist dann richtig? Woran soll ich mich jetzt orientieren? Es entsteht tiefe Verunsicherung. Dies ist auch der Grund, warum sich die Menschen manchmal verzweifelt wehren, ihre Rationalisierungen aufzugeben. Es ist ja zunächst auch gar nicht konkret verständlich, was man gewinnt, wenn man das neue Terrain betritt. Besonders im Niedergang befindliche Gesellschaften klammern sich sehr stark an ihre Fiktionen, weil sie glauben, durch die Wahrheit

---

[102] Erich Fromm: Jenseits der Illusionen, Die Bedeutung von Marx und Freud; Rowohlt Taschenbuch Verlag GmbH, Reinbeck bei Hamburg, 1990

nichts gewinnen zu können. Gerade sie hätten die Ent-täuschung aber bitter nötig. Wenn man unerwartet starkem, sehr stark emotionalem Widerstand begegnet, hat man es häufig mit dem Phänomen „Verdrängung" zu tun. Man wundert sich dann, daß ganz einleuchtende Beweise mit immer neuen Ausflüchten beantwortet werden. Unangemessen erscheinende Heftigkeit der Reaktion sollte uns als letztes Indiz gelten, daß das Problem in einem Mangel an Wahrnehmungsfähigkeit und nicht an logischem Denkvermögen besteht. Es hilft dann überhaupt nichts, weiter auf Widersprüche hinzuweisen. Das führt nur zur weiteren Verunsicherung. Hilfreicher ist es, nach den Ursachen für den Mangel an Wahrnehmungsfähigkeit, also die Gründe für die Verdrängung, zu suchen und dort anzusetzen. Die Argumentation wird diesen Umweg durch die Hintertür nehmen müssen.

Ganz wesentlich wird das Klima in öffentlichen Diskussionen dadurch bestimmt, wie wir mit abweichenden Meinungen und deren Verfechtern umgehen. Es ist in der Tat auch für wohlmeinende Menschen - und vielleicht gerade für diese - schwierig, inmitten von allgegenwärtiger Dummheit, Ignoranz und Korruption eine Sprache zu finden, die genügend deutlich ist, ohne verletzend und ausgrenzend zu wirken. Eine solche Kultur des Streits ist aber dringend erforderlich, nicht zuletzt deshalb, weil unsere Welt einfach zu komplex ist, als daß es nicht immer eine Unmenge von Aspekten geben würde, die der eigenen Argumentation bisher verschlossen blieben. Ein Streitgespräch, daß nicht wenigstens mit der Bereitschaft begonnen wird, die eigene Meinung und deren Begründung zu erweitern, ist von vornherein zum Scheitern verurteilt.

Andererseits erscheint mir eine allzu große Bereitwilligkeit zu diskutieren bedenklich. Wer versucht, alle Lager zu überzeugen, wird allenfalls zur Belebung der öffentlichen Diskussion beitragen, im Effekt aber eher den Status Quo bewahren, statt zu seiner Änderung beizutragen. In vielen Fällen wird es günstiger sein, die Zeit und Kraft darauf zu verwenden, Diskussions- und Bündnispartner in anderen Lagern zu suchen. - Die Aussichten, etwas zu schaffen, hängen überall und immer von der Bereitschaft zur Innovation ab. Leider spielt die Dringlichkeit einer Erneuerung eine geringere Rolle. Die Innovationsbereitschaft wächst auch nicht automatisch, wenn das Bestehende immer weniger imstande ist, die Erwartungen zu erfüllen. Wird die Untauglichkeit der jetzigen Lösung offenbar, so wächst sogar die Angst, infolge einer Innovation auch noch deren letzte kümmerlichen Segnungen zu verlieren. Das ist paradox, aber realistisch.

* * *

An dieser Stelle möchte ich nun einige Merkmale der Kommunikation nennen, die uns nicht vollkommen neu erscheinen werden, weil wir ihnen täglich begegnen, an die explizit erinnert zu werden aber eine Hilfe sein kann. Abgesehen von der brieflichen Form besteht jede Mitteilung nicht nur aus Sätzen, sondern schließt Tonfall, Redegeschwindigkeit, Betonung, Nebengeräusche, Pausen, Gesichtsausdruck, Gestik und Körperhaltung ein. Findet man sich zu einem besonderen Zweck zusammen, so kann auch die Kleidung zu den kommunikativen Elementen zählen. Die Liste ließe sich fast beliebig verlängern. Streng genommen hat jede Form von Verhalten Mitteilungscharakter, sobald sich Menschen zusammenfinden. Neben dem Vorhandensein, der Stärke und der Eigenart der eingesetzten Mittel gehört schließlich jeweils auch ihr Fehlen dazu. Alles, was sich vom *Mittelwert abhebt*, ist eine Mitteilung eigener Art. Schon ein ruhig gesprochener Satz in einer hitzigen Debatte kann eine besondere Signalwirkung haben. Das gilt auch für ostentatives Desinteresse, also für Kommunikationsverweigerung (obwohl es sich hier in unserem Kontext um einen Widerspruch in sich selbst handelt). Wer auf der anderen Seite beispielsweise stets mit Pathos redet, wird keine besondere Wirkung mehr erwarten können. Sehr schnell *gewöhnt* sich der Zuhörer an die typischen Merkmale. Primär die Abweichungen vom Mittelwert haben einen Signalcharakter und lassen den Zuhörer aufhorchen. Auf die Dynamik kommt es an, während Gleichmäßigkeit „nichts Neues" signalisiert. Etwas länger bleibt die Aufmerksamkeit erhalten, wenn die Rede gleichförmig zwischen betont und unbetont, laut und leise, hell und dunkel usw. wechselt. Für ein Kurzinterview eines Politikers ist das durchaus ausreichend, nach einigen Minuten setzt auch hier Gewöhnung ein, und es entsteht Langeweile beim Zuhörer. Will man die Bereitschaft zum Zuhören erhalten, so ist es am besten, *natürlich zu sein*, innerlich engagiert, interessiert und maßvoll leidenschaftlich. Glücklicherweise haben wir ein gut ausgeprägtes Gespür für die Echtheit der Regungen. Sie lassen sich nur begrenzt antrainieren. Glaubwürdigkeit bietet die beste Gewähr, sich die Aufmerksamkeit des Publikums zu erhalten. Und echte Glaubwürdigkeit ist stets die Folge einer inneren Betroffenheit. Letztere schwankt bei jedem Menschen von Gegenstand zu Gegenstand, weshalb man nicht über jedes Thema überzeugend debattieren kann.

Bei der menschlichen Kommunikation handelt es sich, grob gesprochen, um hin- und herlaufende Mitteilungen zwischen (wenigstens) zwei Personen. Zumindestens die verbalen Nachrichten sollten zeitlich geordnet aufeinanderfolgen, was uns den Eindruck vermittelt, die spätere Mitteilung wäre die Reaktion (Wirkung) auf die vorangehende (Ursache). Nicht nur in hitzigen Debatten, sondern auch aufgrund der bereits erwähnten non-verbalen Kommunikationsmittel laufen die Mitteilungen jedoch nicht nur wie ein Ping-Pong-Ball hin und her. Vieles vermischt sich in der Weise, daß Kommunikation nicht als lineare Folge von Ereignissen oder als einfache Zusammensetzung voneinander unabhängiger Teile angesehen werden kann, sondern als ein System. Oft kommt es vor, daß wir in einem Gespräch plötzlich innehalten und überlegen, was eigentlich der Ausgangspunkt der Diskussion war. Wenn aber Kommunikation in dieser Weise seine Anfangsbedingungen vergißt, dann ist sie selbstregulierend und eher kreisförmig als linear. Die Anfangsbedingungen spielen häufig eine untergeordnete Rolle, und die Ereignisfolge ist durch die Natur des Prozesses selbst bestimmt. Die Implikationen einer Systemhaftigkeit wurden bereits ausführlich erläutert. Das Ganze ist mehr als die Summe seiner Teile, und es kann nur als Ganzes verstanden werden. Die Isolation von Teilen zur Analyse würde die wesentlichen Merkmale der Kommunikation zerstören. Häufig ist es auch so, daß eine kleine, unscheinbare Modifikation im System eine große Änderung zur Folge hat. Zwischenmenschliche Kommunikation ist als Spiel anzusehen, deren Zufälligkeiten den Ablauf entscheidend beeinflussen, das nach mehr oder weniger festen Regeln erfolgt und bei dem jede Mitteilung (Spielzug) die aktuelle Konfiguration entscheidend bestimmt und die Zahl der möglichen weiteren Mitteilungen nicht nur verringert, sondern auch Vorgaben für den künftigen Ablauf macht. Man sollte annehmen, daß diese Merkmale der Kommunikation ein sinnvolles Reden über Kommunikation unmöglich machen, zumal man sich dabei eben jener Kommunikationsmittel bedienen muß, die Teil des Untersuchungsgegenstandes sind. Dennoch sind einige hilfreiche Aussagen möglich (siehe hierzu das Buch von Watzlawick, Beavin und Jackson[103]).

Zum Thema Kommunikation denken wir zuerst daran, *was* eine jede Mitteilung an Information primär enthält, also an den *Inhaltsaspekt der Kommunikation*. Gleichzeitig ist aber in jeder Mitteilung auch enthalten, *wie* die Mitteilung aufgefaßt und verstanden werden soll, welchen Eindruck sie hinterlassen und in welcher Weise sie Niederschlag finden soll. Das Wort Mit-Teilung bringt dies passender zum Ausdruck als der Ausdruck Nachricht, der objektiver klingt, also den Empfänger stärker außer acht läßt. Mit jeder Mitteilung wird eine Beziehung zwischen Sender und Empfänger aufgebaut, wodurch die Mitteilung selbst beeinflußt ist. Das heißt, jede Kommunikation hat auch einen *Beziehungsaspekt*. Der Inhaltsaspekt betrifft also die Daten, die übermittelt werden sollen, während sich der Beziehungsaspekt darauf bezieht, wie diese Daten aufgefaßt werden sollen. Letzterer enthält Informationen über die Information, verkörpert also eine Kommunikation über die Kommunikation. Der Beziehungsaspekt stellt einen neuen Typus von Kommunikation, eine Meta-Kommunikation dar. Im allgemeinen wird der Beziehungsaspekt nicht explizit vermittelt, obgleich er untrennbar Teil jeder Kommunikation ist. Der Wert dieser Unterscheidung liegt darin, daß viele Störungen der Kommunikation daher rühren, daß beide Aspekte nicht klar voneinander getrennt werden oder daß sich die

---

[103] Paul Watzlawick, Janet H. Beavin, Don D. Jackson: Menschliche Kommunikation; Formen, Störungen, Paradoxien; Verlag Hans Huber, Bern, Stuttgart, Toronto, 1990

Partner der Existenz der beiden grundverschiedenen Ebenen nicht bewußt sind. Wir alle kennen aus der täglichen eigenen Erfahrung eine Unzahl von Fällen, in denen wir einen Konflikt auf inhaltlicher Ebene zu lösen versuchen, obwohl uns eigentlich klar sein müßte und uns *nachher* auch bewußt wird, daß das Problem auf der Beziehungsebene liegt. Wir suchen die Lösung auf der Inhaltsebene, obwohl die Unstimmigkeit auf der Beziehungsebene liegt. Wir müßten also den Austausch über Inhalte ehrlicherweise abbrechen und beginnen, uns darüber zu verständigen versuchen, *wie* wir Inhalte austauschen.

Oft kann die Verständigung über einen Inhalt nur deshalb nicht erreicht werden, weil die Inhalte beiderseits falsch bzw. nicht im Sinne des Verfassers der Nachricht aufgefaßt werden. Bildlich gesprochen: Die Nachrichtenleitung ist so gestört, daß sie sich nicht für eine Kommunikation eignet. In diesem Fall sollte man versuchen, die Störung zu beseitigen, bevor man weiter kommuniziert. Um im Bilde zu bleiben: Dies ist ein nachrichtentechnisches Problem, das ein ganz anderes Wissen erfordert. Will man nach der Ursache für die Störung fahnden, muß man die Ebene der primären Kommunikation verlassen und Informationen über die Art zu kommunizieren austauschen. Das ist um so schwerer, je stärker der Informationskanal (Beziehungsebene) inzwischen gestört ist, also je länger man wartet. Hält man sich also zu lange bei der (inhaltlichen) Kommunikation auf, obwohl das Problem auf der Beziehungsebene besteht, dann wird es immer schwieriger, über die Art und Weise der Kommunikation selbst ins Gespräch kommen zu können. Irgendwann kann der Punkt erreicht sein, daß man fremde Hilfe in Anspruch nehmen muß. Die dann hinzugezogene dritte Partei sollte nicht den Fehler machen, sich in die inhaltliche Auseinandersetzung einzumischen, sondern sich wie jeder gute Fernmeldetechniker nur um die Qualität der Übertragung kümmern.

Eine genauere Untersuchung zeigt, daß eine Klärung auf der Beziehungsebene auf eine weitere, bisher nicht genügend hervorgehobene Schwierigkeit stößt. Sie dürfte aber maßgeblich dafür verantwortlich sein, daß es uns so außerordentlich schwerfällt, auf die Ebene der Meta-Kommunikation umzuschalten. Während inhaltliche Aspekte in der Regel der üblichen einfachen Logik gehorchen, gilt dies für die Beziehungsebene nicht. Die Verständigung über Inhalte kann auf einfache Art und Weise verneinen und sich der logischen Grundstrukturen „wenn... dann", „entweder... oder" usw. bedienen. Diese einfache Logik ist auf der Beziehungsebene nicht mehr anwendbar; es gibt sie dort nicht.[104] Dagegen folgt die Kommunikation (In-

---

104 Ich habe gewisse Zweifel, ob man, wie im zuletzt zitierten Buch, den Inhaltsaspekt als „digital" und den Beziehungsaspekts als „analog" charakterisieren sollte. Anstelle von „analog" könnte man „modal" verwenden; bei der „digita-

haltsaspekt) den Regeln des menschlichen Denkens; sie ist argumentativ. Die Argumentation basiert wiederum auf Logik. Man kann davon ausgehen, daß ein Gespräch alle Schattierungen auszuschöpfen bemüht ist, die auf dieser Grundlage möglich sind. Die Beziehungsebene, die Informationen darüber enthält, wie die Inhalte aufzufassen sind, muß komplexer sein als die Inhalte. Wenn wir nun versuchen, über die Beziehung zu kommunizieren (Meta-Kommunikation), müssen wir unsere Sprache verwenden (kommunizieren). Obwohl der Beziehungsaspekt reichhaltiger sein wird als die normale sprachliche Logik, muß die Sprache (Kommunikation) auch für die Meta-Kommunikation (Beziehungsaspekt) verwendet werden. Das ist eigentlich unmöglich. Dennoch versuchen wir diesen Übersetzungsvorgang. Etwas pointiert ausgedrückt versuchen wir, gerüstet mit den Erfahrungen als Fernsehzuschauer, Fernseher zu reparieren. Wir haben es im wahrsten Sinne des Wortes mit einem Problem zu tun, für das es keine fertige, anwendbare Lösung gibt. Sich dessen bewußt zu sein, bedeutet, möglichst viel Mühe darauf zu verwenden und größte Sorgfalt walten zu lassen. Liebeserklärungen bedienen sich eben auch nicht der formalen Logik, sondern sind voller Metaphern, enthalten Wiederholungen und versuchen auf immer neue Weise, sich dem Eigentlichen zu nähern, ohne tatsächlich eine adäquate Repräsentanz formulieren zu können.

Kommunikation setzt die Bereitschaft voraus, miteinander in Kontakt treten zu wollen. Zwischenmenschliche Probleme treten sofort dort auf, wo man zu vermeiden versucht, in dieser Frage eindeutig *Stellung* zu *beziehen*. Die Entscheidung, ob, wann bzw. wie ich kommunizieren will, muß ich, einmal angesprochen, ebenfalls kommunizieren. Wenn man nicht kommunizieren will, muß man entweder gegen die üblichen Umgangsformen verstoßen, Unpäßlichkeit vorschützen oder nachgeben. Gibt man nach, kann man allenfalls versuchen, das Gespräch ad absurdum zu führen. In jedem Fall muß man eindeutig Position beziehen. Versucht man, dem auszuweichen, vermehrt man nur das Konfliktpotential. - Da Inhalts- und Beziehungsaspekt nicht vollständig voneinander zu trennen sind, enthalten die ausgetauschten Nachrichten auch immer Mitteilungen über die Beziehung der Kommunikationspartner. Jede Mitteilung sagt aber auch etwas über den Absender aus. Deshalb ist in ihnen immer auch ein Stück *Selbstdefinition* enthalten. Gleichgültig, in welche Form eine Tatsache (Inhalt) gegossen wird, immer enthält die Mitteilung auf der Beziehungsebene eine Nachricht des Typs: „So sehe ich mich". Indem der Partner auf eine solche Mitteilung reagiert, nimmt er implizit oder explizit Stellung zu der Selbstdefinition des anderen. Dafür gibt es drei Möglichkeiten: Bestätigung, Zurückweisung und Ignoranz. Es ist wichtig, sich dessen bewußt zu sein, daß der andere

---

len" Natur des Inhaltsaspekts handelt es sich auch eher um eine (quantoren-) logische.

eine dieser Stellungnahmen erwartet und entgegennimmt. Er wird, ganz gleich was Sie tun, Ihr Verhalten in einer bestimmten Weise interpretieren. Man kann sich nicht *nicht* verhalten.

Kommunikation darf, wie bereits erwähnt, nicht einfach als lineare Folge von Ereignissen angesehen werden. Zwar nimmt jede Kommunikation irgendwo ihren Anfang. Jede Mitteilung ist eine Reaktion auf vorhergehende und liefert den Anstoß für nachfolgende Nachrichten. Der Verlauf eines Gesprächs ist aber *nie umkehrbar und* in den seltensten Fällen *rekonstruierbar*. Das deutet darauf hin, daß die menschliche Kommunikation eher kreisförmig als linear verläuft und eine Reihe von Regelmechanismen enthält, deren Eigendynamik zu einer Selbststabilisierung führt. Wollte man die erreichte Konstellation beschreiben, so reicht es nicht, die ausgetauschten Nachrichten zu betrachten. Allerdings habe ich nur eine vage Vorstellung davon, was in eine solche Beurteilung eingehen müßte. Gleichwohl schätzen wir ständig die Gesprächssituation ein, wenn wir miteinander kommunizieren. Aber wir tun dies eben nur als *ein* Partner der wechselseitigen Kommunikation. Das ist der Punkt, der permanent Kommunikationsstörungen zu verursachen scheint. Es hilft kaum etwas, wenn man dafür die notwendigerweise *unilaterale* Interpretation verantwortlich macht. Es ist aber möglich, Kriterien einer solchen Interpretation zu finden. Ein sehr anschauliches Beispiel dafür ist die Art der Gliederung einer kommunikativen Interaktion (Interpunktion von Ereignisfolgen). Eine wiederkehrende Form von Fehlern besteht darin, daß wir häufig lineare Ketten von Ursache und Wirkung aus dem Wirkungsgefüge der Kommunikation herausheben und betonen. Ein Beispiel für ein solches unangemessenes Vorgehen ist die *selbsterfüllende Prophezeiung*. Das Konstruktionsprinzip ist einfach: Ich bilde mir ein, das eigene Verhalten ist die folgerichtige Reaktion auf das zurückliegende Verhalten der anderen. Die anderen reagieren auf mein Verhalten entsprechend, was mich darin bestärkt, daß mein Verhalten eine logische Reaktion auf ihr Verhalten war. Dabei handelt es sich lediglich um logische Reaktionen, die die Prämisse nicht widerlegen können. Wenn man unterstellt, die anderen wären abweisend, so wird man seinerseits reserviert auftreten, worauf die anderen ihre Verhaltensweise einstellen werden, was dann zu beweisen scheint, sie wären abweisend.

Andere Interpunktionen führen zu anderen Störungen. Während einer Kommunikation begreifen wir uns an jeder Stelle entweder als in erster Linie reagierend oder als hauptsächlich agierend. Beides geht nicht. Diese Entscheidung auferlegt der Kommunikation eine Gliederung, die einseitig ist und beim Partner ganz gegensätzlich erfolgen kann. „Ich meide Dich, weil Du nörgelst" und „Ich nörgle, weil Du mich meidest" sind zwei Bewertungen einer ehelichen Kommunikation, deren Unvereinbarkeit daraus resultiert, daß sich beide als vornehmlich reagierend verstehen. Der Standpunkt der beiden Partner ist in der Weise *symmetrisch*, daß beide in einem wechselseitigen Prozeß der gegenseitigen Beeinflussung die eigene Reaktion betonen. Der andere Fall ist ebenfalls denkbar. Die Partner legen den Schwerpunkt auf die Handlung des jeweils anderen. Dieser ebenfalls symmetrische Fall ist seltener, weil bei einer gestörten Kommunikation sehr häufig die Rechtfertigung der eigenen Handlung in den Vordergrund rückt. In beiden Fällen kann über die Berechtigung der einen oder anderen Variante nicht entschieden werden. Solange beide Partner sich in der beschriebenen Weise nur symmetrisch verhalten, kann die Situation nur eskalieren. Dieser Teufelskreis kann nur dadurch durchbrochen werden, daß die Partner anfangen, zunächst ihr eigenes Verhalten als Ursache *und* Wirkung zu verstehen. Das kann nur dann gelingen, wenn sie ihre Kommunikation selbst zum Thema einer Kommunikation machen.

Zu den Problemen einer symmetrischen Verhaltensweise gehört auch, daß die Partner jeweils annehmen, der andere verfüge über dieselben Informationen wie man selbst bzw. daß er die gleichen Schlußfolgerungen daraus zieht. Weiter schreiben Watzlawick, Beavin und Jackson:

> Man schätzt, daß der Mensch pro Sekunde 10.000 ... Sinneswahrnehmungen aufnimmt... Die Entscheidung jedoch, was wesentlich und was unwesentlich ist, ist offensichtlich von Mensch zu Mensch sehr verschieden und scheint von Kriterien abzuhängen, die weitgehend außerbewußt sind. Aller Wahrscheinlichkeit nach ist das, was wir subjektiv als Wirklichkeit empfinden, das Resultat unserer Interpunktionen... Wir können nur vermuten, daß Interpunktionskonflikte mit der tief im Innern verwurzelten und meist unerschütterlichen Überzeugung zu tun haben, daß es nur *eine* Wirklichkeit gibt, nämlich die Welt, wie *ich* sie sehe...

Die symmetrische Verhaltensweise ist daher die weitaus häufigste, in der die beiden Partner die Dominanz entweder jeweils für sich beanspruchen oder aber dem jeweils anderen auferlegen. Es gibt aber die Variante, daß sich beide Partner *komplementär* verhalten: Der eine verlegt sich von vornherein darauf, sich unterzuordnen, während der andere die Führung beansprucht. Hier besteht die Gefahr, daß sich die Beziehung zunehmend entwertet. Weder die symmetrische noch die komplementäre Beziehungsform ist also stabil. *Stabilität* ist nur dann erreichbar, wenn sich beide Formen abwechseln. Zu den stabilisierenden Mechanismen gehört auch, daß sich die Partner von Zeit zu Zeit auf neue Regeln einigen. D. h., da sich die Partner selbst und automatisch deren Beziehung verändert, müssen stets neue Regeln gefunden bzw. verabredet werden, nach denen diese Beziehung definiert und gestaltet wird.

Der Druck der Sachzwänge

Im letzten Abschnitt ging es vor allem um Hintergründe der öffentlichen Meinungsbildung und der alltäglichen Kommunikation. Einleitend war von der Bedeutung der Sprache die Rede. Dann wurde die Existenz und der Einfluß des Unbewußten auch auf gesellschaftlicher Ebene hervorgehoben. Eine kurze Bemerkung zur Diskussionsbereitschaft leitete zum Themenkreis Kommunikation über. Kommunikation ist mehr als nur ein Austausch von Wörtern bzw. Sätzen und besteht nicht nur aus der gezielten Information über Zusammenhänge. Der Stellenwert non-verbaler Kommunikationsmittel wird deutlich, wenn man an die bekannten Effekte der Gewöhnung - allen voran nachlassende Aufmerksamkeit - denkt. Kommunikation ist auch nicht einfach eine Kette logisch aufeinanderfolgender Nachrichten. Vielmehr gibt es ein Geflecht größtenteils kaum erkennbarer Wechselwirkungen. Der Beziehungsaspekt besitzt großes Gewicht innerhalb der Kommunikation und verdient deshalb besondere Beachtung. Zum Schluß wurden einige Folgen der unvermeidlichen Interpunktion aufgezeigt. Im ganzen Abschnitt ging es um Elemente der Kommunikation und um Einflußfaktoren, die im großen und ganzen nicht direkt wahrnehmbar sind bzw. nicht wahrgenommen werden. Im folgenden wenden wir uns einer konkreten Situation oder Konstellation zu, die sich allenthalben störend bemerkbar macht und deshalb sehr wohl registriert wird. Leider wird über die Ursachen solcher Zwangslagen aber nur wenig nachgedacht.

Eigentümlicherweise finden wir kaum einen in der politischen Debatte ausschlaggebenden Zusammenhang, der sich nicht in der einen oder anderen Weise interpretieren ließe. Nehmen wir als Beispiel die Abhängigkeit der Konjunktur von den Rohstoffpreisen, den Lohnkosten und der Staatsverschuldung. Sinken die Rohstoffpreise, so argumentieren die einen, sparen wir Geld, das beispielsweise investiert werden kann. Das kurbelt die Wirtschaft an. Die anderen sagen dagegen, daß sinkende Rohstoffpreise sich nachteilig auf die Konjunktur auswirken, weil wir ein exportorientiertes Land sind. Die rohstoffproduzierenden Länder haben jetzt weniger Geld, um bei uns einzukaufen. Das bremst die Konjunktur. Mit den steigenden Löhnen sieht es nicht viel anders aus. Steigen die Löhne, steigt die Kaufkraft, das kurbelt die Wirtschaft an. Die anderen widersprechen dem: Weil die Kosten der Produktion steigen, verschlechtert sich die Konkurrenzfähigkeit der Produkte auf dem Weltmarkt. Das mindert den Absatz. Wenn sich der Staat weiter verschuldet, so löst dies ebenfalls unterschiedliche Reaktionen aus. Während die einen über die damit verbundenen neuen Aufträge jubeln, sagen die anderen: Ganz schlecht, die Zinsen steigen. Das hemmt die Investitionsbereitschaft und schadet der Wirtschaft. Die Reihe solcher Beispiele ließe sich beliebig fortsetzen. Wie kommt es, daß sich so offensichtlich widersprechende Urteile alle logisch begründen lassen und des öfteren sogar durch statistisches Material belegbar sind? Obwohl wir uns immer wieder in den Fallstricken solcher ebenso endlosen wie unergiebigen Diskussionen verfangen, ist der jeweilige Ursprung der Verwirrung genaugenommen ganz einfach zu verstehen. Einige typische Fälle werden nacheinander erörtert.

Es ist fürs erste durchaus naheliegend, daß die widersprüchlichen Urteile nur scheinbar alle gut begründet sind. In Wahrheit resultiert der Widerspruch aus einer unvollständigen, fehlerhaften oder *falschen Information*. Die Ursache der Unvereinbarkeit der einzelnen Standpunkte wird nur deshalb von niemandem entdeckt, weil die der Auseinandersetzung zugrundeliegenden Annahmen nicht zum Gegenstand der Diskussion gemacht werden. Ursache hierfür sind wiederum viele Arten von Unvermögen (z.B. Oberflächlichkeit) sowie Interesselosigkeit, insbesondere starke Erfolgsorientierung (Rechthaberei). Geht man aber *in die Tiefe*, indem man über die stillschweigenden Annahmen diskutiert, so besteht die Gefahr, daß man zu keinem Ende kommt. Der Gegenstand erweist sich als sehr schwierig. Je intensiver man darüber nachdenkt, desto mehr Dinge treten auf, die es zu berücksichtigen gilt. Beispielsweise findet man immer noch einen weiteren Grund (Ursache). Man trifft kaum auf eine Hierarchiegrenze, die sinnvoll trennt, was innerhalb eines gewissen Horizontes beschrieben werden kann. Es ist wichtig, hier Wesentliches von Unwesentlichem trennen zu können und sich stets bewußt zu sein, daß der Exkurs zur Klärung des anfangs vorgegebenen Sachzusammenhangs beizutragen hat. Manchmal gipfeln solche Erörterungen dagegen in der sinnlosesten aller Diskussionen, in Streitigkeiten um des Kaisers Bart, anstatt der manchmal nur technischen Frage nachzugehen, wie man an adäquate Information gelangen kann.

Wir haben nun die Möglichkeit zu bedenken, daß alle geäußerten Meinungen richtig sind oder wenigstens einen beträchtlichen Kern der Wahrheit enthalten. Der *vermeintliche Widerspruch*, in dem sich die Diskussion verfangen hat, besteht nur scheinbar. Er löst sich auf, sobald man erkennt, daß es sich um zwei Seiten ein und derselben Medaille handelt, also beispielsweise um zwei Trends innerhalb eines Regelkreises, die zusammengenommen zu einer Stabilisierung führen. Hier muß sich die gemeinsame Anstrengung einfach darauf richten, den Regelmechanismus zu verstehen. Nicht immer ist die Diskussion aber im eigentlichen Sinne widerspruchsfrei. Mitunter gehen nämlich alle davon aus, sie hätten den Systemzusammenhang schon richtig verstanden, dabei verstehen sie nur bestimmte Beziehungen innerhalb des Systems. Da jeder einen etwas anderen Blickwinkel hat, erscheinen die Dinge völlig verschieden bzw. widersprüchlich. Eine Entscheidung scheint praktisch nicht möglich zu sein, obwohl an der Entscheidbarkeit niemand zweifelt. Wir haben es hier wiederum mit einem Fall zu tun, in dem die Auseinandersetzung auf der derzeitigen Abstraktionsebene nicht mehr weiterführt.

Drittens tritt eine Situation ein, die nicht so selten ist, wie man anzunehmen geneigt ist: Die diskutierte Frage ist prinzipiell nicht entscheidbar. Es handelt sich um ein *Paradoxon*. Grundsätzlich gibt es analytische und synthetische Aussagen. Analytische Aussagen (Definitionen, Beschreibungen) können zwar auch paradox sein, doch ihre Natur geht uns auf, sobald wir sie zu verstehen versuchen. Hier zwei klassische Beispiele für solche Paradoxien: Ein Mann behauptet: „Ich lüge". Und: In einem Dorf lebt ein Barbier, der alle Männer rasiert, die sich nicht selbst rasieren. Schon beim Lesen einer solchen Beschreibung, spätestens aber, wenn man der Sache näher nachgeht, merkt man, daß hier etwas nicht stimmen kann. Ist der eine Teilzusammenhang klar, so wird er sofort wieder in Frage gestellt, sobald man den zweiten hinzunimmt. Dreht man die Reihenfolge um, so ergeht es einem nicht anders. Es ist nicht entscheidbar, ob der Mann wirklich lügt bzw. ob sich der Barbier selbst rasiert.

Solche Paradoxien sind aber relativ selten. Viel häufiger erweist sich eine synthetische Aussage als paradox. Zum Beispiel sind Handlungsvorschriften öfter paradox, als wir denken. Das Konstruktionsprinzip ist immer gleich: Es erfolgt eine Aussage innerhalb eines klar umrissenen Bezugsrahmens, die etwas über den Bezugsrahmen erklären soll. Oder: Es wird auf der Ebene der Objektbeschreibung eine Aussage gemacht. Diese wird ergänzt durch eine Handlungsvorschrift bzw. grammatikalisch in eine solche Form gebracht. Dieser zweite Teil macht eine Aussage über die Beziehung der Objekte, die der Beschreibung im ersten Teil jedoch widerspricht. Ein ebenfalls klassisches Beispiel ist die Aufforderung „Sei spontan!". Es ist durchaus möglich, ein bestimmtes Verhalten als „spontan" zu bezeichnen. Indem diese Aussage jedoch in die Form einer Aufforderung gebracht wird, wird sie paradox. Ein anderes Beispiel: Es ist gut und richtig, die Demokratie zu schätzen. Es ist auch leicht nachvollziehbar, sie als gefährdet und gewisse radikale Kreise als ihre Feinde anzusehen. Über den Inhalt der folgenden Aussage läßt sich aber nicht mehr sinnvoll diskutieren: „Wir müssen die Demokratie gegen ihre Feinde verteidigen. Schließt die Radikalen von den Wahlen aus." Eine paradoxe Situation ist dann gegeben, wenn keine wirkliche Alternative besteht. Wenn die Radikalen wirklich die Demokratie abschaffen wollen, ist es angeraten zu verhindern, daß sie Gelegenheit dazu bekommen. Schließt man sie aber von den Wahlen aus, schafft man selbst die Demokratie ab. Um sie zu erhalten, muß man aber verhindern, daß sie durch ihre Feinde abgeschafft wird. Wie man sich auch entscheidet, die Demokratie ist nicht zu retten. Eine Paradoxie setzt eine unendliche Oszillation von Argumentationen in Gang, während bei Widersprüchlichkeit wenigstens eine Alternative klar erkenntlich ist. Die ganze Thematik der Gewalt ist paradox: „Um dem Frieden zum Durchbruch zu verhelfen, müssen wir militärisch eingreifen." usw. Die Logik hilft hier nicht, und mit immer schärferer Beweisführung kommt man auch nicht weiter. Man kann nur einsehen, daß die scheinbar inbegriffene Wahlmöglichkeit nicht besteht und den aufgezeigten Zusammenhang insgesamt ablehnen, *ohne* sich auf den Versuch einer Begründung einzulassen. Sobald man nämlich anfängt zu argumentieren, gerät man in den Sog der nichtentscheidbaren „Alternative".

Dies ist auch die Grundstruktur einer Situation, die ich analog zum allgemeinen Sprachgebrauch, aber inhaltlich nicht korrekt, mit *„Druck der Sachzwänge"* überschreiben möchte. Die Konstellation ist immer gleich: Hat man sich erst auf die Diskussion in der vorgegebenen Weise eingelassen, gibt es kein Entrinnen mehr. Man ist gefangen. Obwohl die Quintessenz unakzeptabel erscheint, wird sie doch als unausweichlich dargestellt. Und der Logik der Begründung ist innerhalb des vorgegebenen Bezugsrahmens kaum beizukommen. Es handelt sich angeblich um eine durch die Sache selbst vorgegebene Bedingung, die man nicht ohne weiteres aufgeben kann bzw. darf. Nur wer sich abseits stellt, kann dem Unumgänglichen ausweichen. Doch wer kann und möchte das schon? - Aber in der Tat ist dies die einzige Möglichkeit, dem scheinbar Unausweichlichen entkommen zu können. Man muß den vorgegeben Bezugsrahmen sprengen. In dem Beispiel mit der Demokratie heißt dies, darauf hinzuweisen, daß die aufgezeigte Gefahr kaum etwas mit der Radikalität oder irgendwelchen anderen Merkmalen der neuen Partei zu tun hat und *nicht* darin besteht, daß die neue Partei eine Mehrheit erlangen und demnächst eine Regierung bilden könnte. Die tatsächliche Bedrohung für das demokratische Parteiensystem resultiert daraus, daß jede neu hinzukommende Partei Prozente für sich gewinnt. Diese Prozente fehlen, wenn die etablierten Parteien eine Regierung bilden wollen, die mit einer absoluten Mehrheit ausgestattet sein muß. D. h., die paradoxe Situation mit einer neuen Partei (im Beispiel den Radikalen) entsteht dadurch, daß die Demokratie in ihrer derzeitigen Gestalt für ihr Funktionieren absolute Mehrheiten benötigt. Das mag in der öffentlichen Diskussion wie Haarspalterei aussehen, ist es aber ganz und gar nicht. Es zeigt sich nämlich, daß die Reform der Demokratie die einzige Chance bietet, sie zu erhalten. Ich werde auf dieses Thema später zurückkommen.

An dieser Stelle möchte ich eine Zusammenfassung bzw. Konkretisierung versuchen, weil ich es als außerordentlich wichtig ansehe, daß wir lernen, die beschriebenen Situationen zu erkennen, und die Fähigkeit erwerben, auf sogenannte Sachzwänge adäquat zu reagieren. Von Zwang kann nur sinnvoll gesprochen werden, wenn eine unterschiedliche Interessenlage vorliegt. Der Begriff *Sach*zwang legt nahe, daß die Menschen (Subjekte) anders wollen, als die Dinge (Objekte) können. Natürlich gibt es solche Sachzwänge zum Beispiel in Form von Naturgesetzen zuhauf. Manchmal aber können die Dinge nicht anders, weil die Menschen sie so gestaltet haben. Dieser Sachzwang verdient in Konfliktsituationen das Attribut „sogenannt", weil er sich auflöst, sobald der verursachende Zusammenhang umorganisiert wird. Hat man das erkannt, dann geht es nicht mehr darum, ob man sich dem Sachzwang beugt oder nicht, sondern darum, ob man ihn durch Veränderung beseitigt oder nicht. Dies ist eine ganz andere Ebene der gesellschaftlichen Auseinandersetzung. - Wie kann nun erkannt werden, daß man im Begriff ist, einem sogenannten Sachzwang zum Opfer zu fallen? Folgende Kennzeichen sind mir eingefallen:

1. Es wird eine Sachlage geschildert. Offensichtlich besteht Handlungsbedarf: eine Entscheidung wird verlangt.

2. Die geschilderte Konstellation hat eine innere Logik, der man nicht ohne weiteres entfliehen kann. Die entsprechenden Konsequenzen treten als Sachzwänge in Erscheinung.

3. Die geschilderte Konstellation läßt entweder nicht wirklich eine Wahlmöglichkeit offen (wie im Beispiel Demokratie), oder sie scheint eine Entscheidung nahezulegen, die aus grundsätzlichen Erwägungen nicht akzeptabel ist (Beispiel: Gewalt kontra Gewalt? Man kann sie doch nicht *alle* umbringen![105]).

4. Der Konflikt besteht darin, daß zwar Handlungsbedarf besteht, die Entscheidungsmöglichkeiten aber beschnitten sind.

An dieser Stelle bleibt die öffentliche Diskussion meist stehen. Sie pendelt zwischen Akzeptanz und Leugnung. Man kommt erst dann aus dem Zirkel heraus, wenn man sich folgendes klarmacht:

5. Die sogenannten Sachzwänge sind einfach ein Ausdruck des vorgegebenen Bezugsrahmens, also wirklich ein immanenter Bestandteil des gegebenen Zusammenhangs. Der Konflikt ist ein Symptom der Situation.

6. Deshalb hilft es nichts, innerhalb des vorgebenen Bezugsrahmens argumentieren zu wollen. Das Problem resultiert aus Entscheidungen, die nichts mit dem aktuellen Zusammenhang selbst, sondern mit seinem Zustandekommen zu tun haben. Indem ich die Situation hinnehme,

---

[105] Wer Gewalt mit nackter Gewalt zu bekämpfen versucht, um der Gewalt ein Ende zu machen, steckt wahrhaftig in einem Dilemma: Er müßte alle Gewalttäter samt ihrer gegenwärtigen und potentiellen Sympatisanten vernichten, um dem Teufelskreis von Gewalt und Gegengewalt entkommen zu können. Diese Aufgabe entspricht etwa der, alles Böse beseitigen zu wollen.

akzeptiere ich implizit Entscheidungen, die den Konflikt erst verursacht haben.

7. Der einzige Ausweg scheint darin zu bestehen, den aufgezeigten Zusammenhang insgesamt abzulehnen, *ohne* sich auf den Versuch einer Begründung auf der vorgegebenen Ebene einzulassen. Sobald man nämlich anfängt zu argumentieren, akzeptiert man den vorgegebenen Bezugsrahmen und dessen innere Logik.

8. Man muß die Ursachen in der inneren Struktur des Zusammenhangs suchen, dort Veränderungen anmahnen und zeigen, daß Veränderungen dort die Sachzwänge auf der höheren Ebene zum Verschwinden bringen, das Symptom beseitigen und wieder Wahlmöglichkeiten eröffnen.

Die Variationsbreite solcher Pattsituationen in der öffentlichen Diskussion ist groß, so daß es von vornherein schwer, wenn nicht unmöglich ist, allgemeine Kriterien anzugeben, wie man sich verhalten sollte, um das Gespräch in die richtige, konstruktive Richtung zu lenken. Als Hemmnis erweist es sich immer wieder, daß wir uns häufig auf die Untersuchung von Relationen konzentrieren, während nicht klar ist, welche Beziehungen überhaupt relevant sind, und daß wir *über* Dinge reden, deren Funktionsweise uns nicht völlig klar ist. Es stellt sich heraus, daß die Schichtung der Welt in hierarchisch übereinanderliegende, relativ selbständige Ebenen nicht nur eine der wichtigsten Voraussetzungen für die Erkennbarkeit der Welt ist, sondern auch eine unerschöpfliche Quelle für Irrtümer, Verwechslungen und Fehldeutungen darstellt. Und manchmal beschleicht einen das Gefühl: Reine Logik und menschliches Verhalten vertragen sich nicht.

Information als Ware?

Die erste Freiheit der Presse besteht darin, kein Gewerbe zu sein.

Karl Marx (* 1818, † 1883)

Ich behaupte, daß sich ein großer Teil unserer Probleme leichter lösen ließe bzw. gar nicht auftreten würde, wenn wir nicht irgendwann in unserer Kindheit oder Jugend einmal aufgehört hätten, den Dingen wirklich nachzuspüren. Auch wenn wir weniger aus Entdeckerdrang, sondern vielleicht einfach automatisch oder aus Gewohnheit immerfort „Warum?" und „Was ist das?" gefragt haben, gelernt haben wir allemal. Heute glauben wir, die Dinge schon zu verstehen, obwohl wir sie nicht wirklich ganz durchschauen. Darüber hinaus hat so manche respektlos vorgetragene und harmlos klingende Frage offenbart, daß die Sache gar nicht so einfach und in fast keinem Fall trivial ist, wie es anfangs schien. Gerade die oft als peinlich und unpassend empfundene Nachfrage zeigt Lücken auf. Nur eine bohrende Frage stößt tief vor.

Das folgende unverfängliche Beispiel möchte illustrieren, daß man bei genügend „dummen" Fragen immer noch etwas lernen kann. Betrachten wir Newtonsches Fallobst. Es ist völlig klar, hat sich der Apfel vom Zweig gelöst, fällt er zu Boden. Wohin fällt er genau? Er fällt in Richtung des Erdmittelpunktes. Warum fällt er zum Erdmittelpunkt? Weil der Erdmittelpunkt - falsch, die Erde ihn anzieht. Die anziehende Kraft heißt Gravitationskraft und wirkt zwischen Körpern, die eine Masse haben. Könnte es dann nicht auch sein, daß die Erde auf den Apfel fällt? Das ist absurd! Aber aufgrund des Relativitätsprinzips auch wieder richtig... Also: Da sich an unserem Gegenstand nichts ändert, wenn sich Erde und Apfel zusammen in die gleiche Richtung bewegen würden, kann man die Eigenbewegung des Gesamtsystems frei wählen und sinnvollerweise Null setzen. Das bedeutet, daß der Schwerpunkt des Gesamtsystems, bestehend aus Erde und Apfel, ruht. Da die Erde ca. 10^{25} mal schwerer ist als Newtons Apfel, stimmt der Schwerpunkt des Gesamtsystems mit dem der Erde überein. Der Apfel fällt also auf die Erde, auch wenn es ein aus dem Apfel herausschauender Beobachter anders sieht. Doch auch dieser empfindet, daß er und nicht die Erde fällt, was er bis zum Aufschlag anhand seiner Beschleunigung feststellen kann. Doch schon naht die nächste Frage: Wenn der Apfel auf den Erdschwerpunkt fällt, warum sagen wir dann, er fiele zum Erdmittelpunkt? Hier können wir abbrechen. Der geneigte Leser kann jetzt paarweise Kräfte zu Null addieren, über die Homogenität der Erde nachdenken, dann zylinder- und schließlich kugelsymmetrische Schalenmodelle entwerfen. Am Ende kann man der sehr interessanten Frage nachgehen, warum hier die Größe der Kugeln keine Rolle spielt und sich nichts ändert, wenn die Erde eine Punktmasse ist, wie mein Physiklehrer immer behauptete. Besonders Ambitionierte können versuchen - wie vor ihnen Sir Isaac Newton (der allerdings scheiterte) -, aus diesem Sachverhalt ein Gravitationsgesetz abzuleiten, anhand dessen anschließend über die Stabilität des Weltalls spekuliert werden kann.[106]

---

[106] Sir Isaac Newton (1643 - 1727) ist an dieser Aufgabe gescheitert. Hätte er sie wie der Marquis de Laplace (1749 - 1827) gelöst, hätte er statt seinem Gesetz $F \propto 1/r^2$ das allgemeinere $F \propto 1/r^2 + \Lambda r$ erhalten. Der Parameter Λ ist die kosmologische Konstante, die wahrscheinlich Null, auf jeden Fall aber kleiner als 10^{-55} cm^{-2} ist. Albert Einstein führte sie in seine Allgemeine Relativitätstheorie ein, um die Existenz von expandierenden bzw. kontrahierenden (also veränderlichen) Welten auszuschließen.

Ob sich die Menschen die Mühe machen und sich um ausreichende Information bemühen, ist zum großen Teil charakterlich bedingt. Das bedarf sicher keiner tiefgreifenden Erörterung. Die Erziehung kann Eigenschaften wie Neugier, Lerneifer, Wissensdrang, Engagement, Hingabebereitschaft, Einfühlungsvermögen, Aufmerksamkeit, Konzentrationsvermögen, Gründlichkeit, Sorgfalt, Zielstrebigkeit, Beharrlichkeit, Unbeirrbarkeit u.v.a.m. fördern, entwickeln und zur Entfaltung bringen oder anderes in den Vordergrund stellen. Bei der Erziehung spielen die gesellschaftstypischen Verhaltenserwartungen eine wesentliche Rolle. Die Art des Umgangs mit Information wird also auch durch den Charakter der Gesellschaft insgesamt bestimmt. Das gilt nicht nur für die Bereitstellung von Informationen, sondern auch für die gebotenen Zugriffsmöglichkeiten. Sicherlich fehlt es kaum an guter wissenschaftlicher Literatur. Unser Bild, das wir uns zum Beispiel von den politischen Verhältnissen machen, wird aber nicht nur durch die Lektüre tiefsinniger Bücher bestimmt, sondern vor allem und ganz unmittelbar durch die Medien. Dazu zählen primär die Massenkommunikationsmittel Fernsehen, Zeitungen und Zeitschriften und der Hörfunk. Sie erreichen regelmäßig fast die gesamte Bevölkerung. Oft wird über deren mangelnde Verläßlichkeit geklagt: Bedauerlicherweise wird in unserer Welt allgemein viel gelogen, auch bei der verbalen Kommunikation. Würde aber wirklich überwiegend die Unwahrheit gesagt, so fehlte es an jeder Verläßlichkeit, und die Gesellschaft würde nicht funktionieren. Wenn nun andersherum alle Menschen immer die Wahrheit sagen würden, wären die Vorteile für einen einzelnen Lügner gewaltig. Er wäre für ihn so einfach, all die Gutgläubigen einzuspannen und auszunutzen. Das würde die Zahl der Lügner rasch erhöhen. Auf diese Weise wird die Lüge auf ein Maß geregelt, das nicht als gesund angesehen werden muß, aber nur schwer reduzierbar ist: Die meisten Menschen sagen eben meistens die Wahrheit... Gilt dies auch für die Produzenten der Massennachricht? Ich glaube ja. Handelt es sich dann bei all dem Falschen und Halbwahren in den Zeitungen und Sendungen um Irrtümer? Das ist wohl kaum anzunehmen. Wie ist es dann zu erklären, daß man mit dem Angebot der Massenmedien auf keinen Fall zufrieden sein kann? Die Ursachen für die Unzulänglichkeiten sind wie so oft nicht im bösen Willen oder dem Unvermögen des einzelnen zu suchen, sondern im Charakter der betreffenden Organisationsform, nach deren Regeln der einzelne sein Verhalten ausrichtet.

Die freie Meinungsbildung soll unterstützt, die Unabhängigkeit der Medien gewährleistet werden. Die Freiheit der Berichterstattung ist gewährleistet usw. Wie soll das funktionieren? Die Medienkonzerne sind keine Bildungsinstitute! Sie bieten *eine Ware* an. Sie *verkaufen* Informationen. Kurz und gut - die Probleme, sofern wir sie schon bemerkt haben, hängen damit zusammen, daß die Information zur Ware wurde. Von allen Waren, ob es sich um Turnschuhe, Musikkassetten, Fertiggerichte oder Badeseife handelt, erwarten wir, daß sie uns gefallen. Mehr noch, wir verlangen, daß sie unseren Wünschen entsprechend gestaltet werden. Dazu wird der gleiche Gegenstand für den einen kunterbunt-poppig und für den anderen einfarbig-seriös angeboten. Jede Ware *muß* in ihrer Funktionsweise und Gestaltung den Kundenwünschen angepaßt werden, sonst wird sie nicht gekauft. Wenn eine Information verkauft werden soll, wird sie natürlich auch *angepaßt*. Das kann für den Kunden sehr angenehm sein, doch verliert die Nachricht damit jene Eigenschaften, derentwegen sie verbreitet werden soll: Die Nachricht soll sachgemäß und objektiv sein. Mit dem Einwand, eine Nachricht hätte im eigentlichen Sinne keinen Hersteller, wird man nicht weit kommen. Ein Blick in den Blätterwald eines einzigen Tages belegt das Gegenteil. Natürlich ist das Problem nicht damit gelöst, daß man etwa nur einen Urheber zuläßt. Die sogenannten sozialistischen Länder haben viel zu lange demonstrieren können, daß das nur dazu führt, daß der eine Produzent seine Ziele dann nur umso ungenierter durchzusetzen imstande ist. Der Pluralismus der Berichterstattung verhindert wenigstens das Gröbste. Aber eben nur das. Aber auch er ist in Gefahr. Aufgrund der kontinuierlichen Pressekonzentration muß man um die Informations-, Meinungs- und Pressefreiheit fürchten. In welchem Umfang wir schon manipuliert werden, ist schwer feststellbar, weil es kein objektives Referenzmedium geben kann. Nur an einzelnen Beispielen[107] dämmert einem manchmal, wie weit es schon gekommen ist.

Der Inhalt und die Gestaltung einer Nachricht werden in zweierlei Hinsicht beeinflußt. Zum einen gibt es Interessen des Urhebers (Produzent), auf der anderen Seite steht der Konsument. Überlegen Sie, nach welchen Kriterien Sie ihre Tageszeitung oder ihr Wochenblatt auswählen oder wo Sie gegebenenfalls geschäftlich annoncieren würden! - Ganz selbstverständlich wird eine Zeitung, die aus wirtschaftlichen Gründen eine hohe Auflage anstreben muß, ihre Berichterstattung und ihre Kommentare der Meinung und den Vorstellungen ihrer bzw. einer möglichst breiten Leserschaft anpassen. Ich behaupte, daß dazu kein besonderer Druck auf die Redakteure notwendig ist, obwohl es derartiges auch geben soll. Auch sie schreiben *für* die Leser. Ihre Artikel sollen gelesen werden. Wie anders könnte der Beruf sonst Spaß machen? Dummerweise sind sachgemäße, die Fakten treffende Berichte nicht unbedingt angenehm für den Leser. Unangenehmes löst Ablehnung aus. Da die Menschen unteilbare, emotional reagierende Wesen sind, überträgt sich der Ärger über die Sache automatisch auch auf den Übermittler. Es sei denn, letzterem gelingt es, die Aversion auf einen Buhmann (Ausländer, Juden, Randgruppen, Andersdenkende o.ä.) zu lenken. Es ist noch gar nicht solange her, daß die Überbringer schlechter Nachrichten nicht selten

---

[107] Golfkrieg: General Schwarzkopf war nahezu der einzige Berichterstatter. Seine Videos informierten uns sehr detailliert über die Treffsicherheit der Geschosse...

hingerichtet wurden. Das bleibt den heutigen Korrespondenten glücklicherweise erspart. Die allgegenwärtigen Verdrängungsmechanismen sorgen dafür, daß sich statt Betroffenheit beim Leser oft Abwehr einstellt.

Presseerzeugnisse sind aus finanziellen Gründen in den meisten Fällen auf Inserenten angewiesen. Selbst wenn sich eine Zeitung oder eine Zeitschrift ohne diese Gelder halten kann und deshalb auf solche Nebeneinnahmen verzichten würde, könnte ein anderes Erzeugnis billiger angeboten werden, das viele Annoncen enthält. Das gleiche trifft für das Fernsehen und den Hörfunk zu. Bei jeder Ware entscheidet auch der Preis über die Nachfrage. Inzwischen ist davon auszugehen, daß nahezu alle Medien von Werbeeinnahmen abhängig sind. Industrie und Handel als Hauptwerbeträger werden diejenigen Zeitungen bevorzugen, deren Leser potentielle Käufer ihrer Produkte darstellen. Offenbar scheint es nur wenige ernsthaft zu stören, wenn eine Werbung für fürstliches Hundefutter neben einem Bericht über den Hunger in der Welt erscheint. Ein Zusammenhang zwischen dem politischen Charakter eines Presseerzeugnisses und den entsprechenden Zielen der regelmäßigen Inserenten ist aber kaum zu leugnen. Inserate kosten ja Geld und sollen ihren Zweck bestmöglich erfüllen. Wenn der Anteil der Werbeeinnahmen an den Gesamteinkünften nennenswert ist, ist jedoch nicht nur die Objektivität beeinträchtigt (existentielle Abhängigkeit korrumpiert), auch der Pluralismus gerät in Gefahr. Werbeanzeigen und Werbesendungen sind ja umso wirksamer, je größer die Zahl der Leser bzw. Hörer ist. Auflagenschwache Blätter werden also tendenziell in finanzielle Schwierigkeiten geraten, während das, was „alle" lesen, hören oder sehen, seinen Verbreitungsgrad noch weiter erhöhen kann. Daß die Mehrheit *absolut* mehr Geld hat als die Minderheit, steht hier nicht zur Debatte. Es geht darum, daß ein Artikel, den nur wenige lesen, *wesentlich* mehr kosten muß als einer, den viele lesen. Durch diesen autokatalytischen Effekt kann sich die Gesellschaft eines der wichtigsten Erneuerungspotentiale berauben, nämlich derjenigen Stimmen, die zum Nachdenken und zur Korrektur aufrufen. Diese Kräfte sind per se in der Minderheit. Wie ernst nehmen wir die Meinungsfreiheit? Der finanziell benachteiligte Beitrag kann für die Gesellschaft viel wertvoller sein als der reichlich unterstützte, der die Tatsachen vielleicht noch ungenau und sogar entstellt wiedergibt.

Um keine Mißverständnisse aufkommen zu lassen, möchte ich betonen, daß weder die Leser als Leser, noch die Inserenten als Inserenten eine Schuld trifft. Obwohl sie in diesen Funktionen den Verlust an Objektivität, Sachlichkeit und Pluralität herbeiführen bzw. forcieren, sind sie alle primär dadurch verantwortlich, daß sie das System, das *Information zur Ware* macht, befürworten, unterstützen und nicht in Frage stellen. Natürlich handelt es sich um die gleichen Menschen. Die Kritik greift aber zu kurz, wenn sie vom Unternehmer verlangt, gegen wirtschaftliche Interessen zu entscheiden, und vom Leser erwartet, noch ein paar nonkonformistische Blätter zu abonnieren. Es muß uns darum gehen, ein System zu schaffen, was uns davon befreit, gegen den Strom schwimmen zu müssen! Die Lösung muß zweierlei beinhalten: Erstens werden den Werbemöglichkeiten Schranken gesetzt werden müssen. Viel wichtiger ist es aber zweitens, die Medienproduzenten von dem existentiellen Druck zu befreien, den Inserenten und Lesern gefallen zu *müssen*. Deshalb ist ein auf *Aufwandserstattung* basierendes System der Medienfinanzierung gesetzlich zu fixieren. Das heißt, die Medienproduzenten erhalten *abhängig von der Auflage* finanzielle Zuwendungen. Der dabei verwendete Schlüssel berücksichtigt das Auftreten von fixen Kosten (auflageunabhängig), auflageabhängige Aufwendungen (variable Kosten) und eventuell Rationalisierungseffekte bei sehr großen Auflagen. Maßgebend sind Durchschnittslöhne. Selbstverständlich gilt der Schlüssel für alle. Ich möchte nachdrücklich darauf hinweisen, daß der Sinn und die Aufgabe der Aufwandsentschädigung *nicht* darin besteht, vollständige Gerechtigkeit herbeizuführen. Es geht auch *nicht* darum, die Medienfinanzierung in staatliche Hände zu nehmen. Es steht nach wie vor jedem frei, seine Situation durch Werbeeinnahmen zu verbessern. Diese Gelder sollten auch *nicht* von den staatlichen Zuwendungen abgezogen werden. Natürlich ist mit der staatlichen Unterstützung keinerlei inhaltliche Einflußnahme verbunden. Es kann sie nicht geben, solange der Schlüssel einfach und transparent ist und sich erforderliche Berechnungen lediglich an grundlegenden Aufgaben des neuen Modells orientieren. Es geht auch *nicht* darum, „Spinnern" eine Existenz zu schaffen. Der Schlüssel wird vorsehen, daß die Zuwendungen eingestellt werden, sobald die Auflage nach einer gewissen Zeit ein Minimum nicht mehr überschreitet. Um Mißbräuche zu verhindern, ist die Unterstützung an die Beachtung einiger Grundrechte der Verfassung gebunden.[108] (Artikel, die die staatliche Ordnung betreffen, sind weitgehend ausgenommen.) Bei dem Modell der aufwandsorientierten Medienfinanzierung geht es einzig und allein darum, daß sich eine Gesellschaft in ihrem eigenen Interesse ein System leisten sollte, in dem die Medien nicht *gezwungen* sind, opportunistisch zu sein, und in dem all die vielfältigen Stimmen der freien Welt wenigstens die Chance erhalten, gehört zu werden. Viele andere Kosten werden schon jetzt nach dem Solidarprinzip verteilt. Unsere Gesellschaft wird gern als Informationsgesellschaft bezeichnet. Man sollte darüber nachdenken, die Medien neben der Legislative, der Exekutive und der Rechtsprechung als vierte Säule der Demokratie zu etablieren und entsprechend finanziell abzusichern.

---

[108] Vergleiche Artikel 15 des Entwurfs einer Verfassung der DDR; erarbeitet durch die Arbeitsgruppe „Neue Verfassung der DDR" des Runden Tisches; BasisDruck Verlagsgesellschaft mbH, Berlin, 1990

Beschwerden an die Hoffnungsträger

Wenn ein Photograph ein schemenhaftes Bild erhält, greift er zu hartem Papier, um die Kontraste zu verstärken. Genau so arbeitet unser Erkenntnisapparat. Wir auferlegen dem Erfahrenen nachträglich zusätzliche Kontraste. Doch obgleich wir allzu oft künstlich Antipoden schaffen, wird doch niemand bestreiten, daß es solche gibt: Und zu einem anständigen Weltbild gehören allemal ein (oder nach Belieben mehrere) Teufel auf der einen Seite und die Engel auf der anderen. Teufel wissen wir wohl alle zu benennen; Engel existieren zumindest als moralische Zubehörteile in allen Kulturen. Es liegt mir einiges daran, daß wir begreifen, daß es völlig nutzlos ist, wenn wir dem Teufel ständig vorwerfen, ein Teufel zu sein. Gleichwohl ist es wichtig, die Teufel als Teufel zu benennen, und zu erklären, warum und *für wen* ihr Tun schädlich ist. Doch die „Bösewichter unserer Gesellschaft" sind es nicht von Geburt an. Der moralisierende Vorwurf greift freilich viel zu kurz. Ein Unternehmer, der rationalisiert und deshalb Menschen entläßt, verhält sich nicht böse - obwohl er natürlich stets Personen trifft - sondern systemkonform. Mit dieser Feststellung ist die Sache natürlich keinesfalls erledigt, im Gegenteil, es folgt die eigentliche Arbeit. Es gilt nämlich zu analysieren, warum das System, an das der überwiegende Teil der Bevölkerung glaubt, zu einem Verhalten einlädt, das Menschen beschädigt. Die Frage „Wem nützt das?" zu stellen, wird dabei wertvolle Anhaltspunkte liefern. Statt dessen tadeln wir die vermeintlichen Bösewichter, die sich verständlicherweise zu Unrecht angegriffen fühlen. Und: es ändert sich nichts; nur die Fronten verhärten. Schimpfen wir auf wirkliche Bösewichter, was uns im Grunde natürlich ehrt, müssen wir uns vielleicht noch deren Spott gefallenlassen.

Oft hält man sich beim Kritisieren auf und vergißt, diejenigen in die Pflicht zu nehmen, von denen man wenigstens prinzipiell Gutes erwarten kann. Liegt es nicht ebenfalls am Unvermögen der Hoffnungsträger, daß die Falschen erstarken? - Der Zulauf bei den Rechtsradikalen bzw. deren zunehmende Akzeptanz in weiten Teilen der Bevölkerung ist mit Sicherheit zum Teil dadurch verursacht, daß die anderen Parteien den Rechtsradikalismus begünstigende Auslöser ignorieren. Dabei versuchen sie noch, diese Ignoranz zur Verbesserung ihrer eigenen Reputation auszugeben: Wer über die Auslöser zu diskutieren versucht, gerät in die Gefahr, als stiller Sympathisant „enttarnt" zu werden. Auf diese Weise wird das Thema tabuisiert statt diskutiert. Oft stehen in der Tat jene einer Lösung des Problems entgegen, die im eigentlichen Sinne nicht deren Verursacher sind und sich deshalb verständlicherweise auch wehren, mit den Ursachen in Verbindung gebracht zu werden. Es darf nicht darum gehen, die „Schuld" den Falschen in die Schuhe zu schieben, sondern Abhilfe von denjenigen zu erwarten, die von der verqueren Situation nicht profitieren, also an ihrer Beseitigung interessiert sein müssen. Die Schwierigkeit besteht darin, daß sie zusammen mit der Aufgabe einen Teil der *Verantwortung* übernehmen. Sie werden aber erst dann zum Mit*verursacher* der Misere, wenn sie sich dieser Verantwortung entziehen. Diesen Unterschied gilt es, den „Richtigen" klarzumachen, statt den „Bösewichtern" mit Moral zu kommen. Dabei muß der Teufelskreis durchbrochen werden, daß unausweichliche Kritik primär mit Schuld in Verbindung steht, statt mit Ermunterung und Hilfe: Die unmittelbare Verknüpfung von Kritik und Schuld führt dazu, daß die Angesprochenen die Kritik abwehren, die Aufgabe und die Verantwortung, eine Verbesserung herbeizuführen, nicht annehmen und dadurch schließlich wirklich zum Mitverursacher werden, also Schuld auf sich laden.

Oft werden aus Gründen der Rivalität wichtige Aspekte außer acht gelassen. Hier gilt es zu vermitteln und, wo es geht, ein Gefühl der Verläßlichkeit, der Sicherheit und der Gemeinsamkeit zu fördern. Hoffnungsträger sind zielstrebig, aber keine Karrieristen. Sie müssen vor allem Orientierungen vermitteln, denn für viele wird es immer schwieriger, das Richtige und das Falsche zu unterscheiden. Leider folgen die Menschen immer seltener direkt dem Impuls des Herzens. Die Informationsflut stumpft uns ab. Aber Mitleid ist die Grundlage aller sozialen Tugenden (Arthur Schopenhauer). Und im Umgang mit den Schwachen zeigt sich die Humanität einer Gesellschaft. Politiker, in die wir unsere Hoffnung setzen können, scheuen sich nicht, Emotionen zu zeigen. Sie sind verwundbar. Sie engagieren sich, *weil sie die Menschen lieben*. Die Unzulänglichkeit unserer Welt macht sie *betroffen*. Und wir sollten nur jenen vertrauen, die auch Angst haben, wenigstens aber beunruhigt sind. Natürlich ist kühler Sachverstand nötig, um unsere Probleme zu lösen. Doch bei aller Schärfe der Analyse sollte immer zum Ausdruck kommen, daß es um die Menschen geht. Das Klima der öffentlichen Auseinandersetzung entscheidet auch über unsere Erfolgschancen.

Organisation

In diesem Kapitel werden weitere Zusammenhänge zwischen gesellschaftlichen Belangen und Aussagen aus dem Hauptteil dieses Buches hergestellt. Dabei geht es speziell um die Frage, wie eine Gesellschaft strukturiert bzw. organisiert werden muß, in der sich die Menschen wohlfühlen und die über ausreichende Entwicklungspotentiale zur Bewältigung bisher unerledigter Aufgaben verfügt. Ich habe drei wichtige Aspekte ausgewählt, denen jeweils ein Abschnitt gewidmet ist. Erstens: Zwickmühlen sind leider eher typisch für Entscheidungssituationen. Immer wieder stellt sich zum Beispiel die Frage, wie sich Individuum dazu bewegen lassen, sich kooperativ zu verhalten und dem Gemeinwohl zu dienen, obwohl egoistisches Verhalten vordergründig vielversprechender erscheint. Im ersten Abschnitt wird der Entscheidungsprozeß (Selbstsucht oder Gemeinwohl?) beobachtet und mit Hilfe der Spieltheorie systematisiert. Interessanterweise können ebenso plausible wie zuverlässige Kriterien gefunden werden, die die Entscheidung für die eine oder andere Variante tendenziell beeinflussen. Außerdem wird die Dynamik des Umschlagens von egoistischem in kooperatives Verhalten bzw. umgekehrt nachgezeichnet.

Dies ruft sogleich eine weitere Frage hervor, mit der sich der zweite Abschnitt befaßt: Ist die gesellschaftlichen Entwicklung überhaupt steuer- oder lenkbar, wenn das Verhalten ganzer Gruppen plötzlich umkippen kann? Die Untersuchung dieser Frage wirft sofort neue auf: Sind chaotische Systeme steuerbar? Was ist mit Systemen, die zur Selbstorganisation fähig sind? Überträgt sich die entsprechende Antwort auch auf eine komplexe Struktur wie unsere Gesellschaft, in die die unterschiedlichsten Systeme eingebettet sind? Einzelne früher behandelte Themen werden also schlaglichtartig wiederkehren. Der zentrale Punkt ist: Gibt es Randbedingungen, die den Ausschlag über den weiteren Weg der kulturellen Entwicklung geben? Aber ein solches Von-Außen gibt es im Falle der menschlichen Gesellschaft ja eigentlich gar nicht mehr. Die Kultur selektiert sich inzwischen weitgehend selbst. Man könnte deshalb richtiger auch von Systembedingungen sprechen. Die Antwort auf die letzte Frage wurde am Anfang dieses Buches im Grunde schon vorweggenommen. Das, was ich Utopie nenne, ist ein adäquates Mittel, die Chancen für einen dauerhaften Aufstieg merklich zu verbessern. Solche Randbedinungen der kulturellen Evolution können und sollen nicht alles umfassen, was man nicht als Mangel anzusehen hat.

Im dritten Abschnitt werden einige Vorschläge unterbreitet, woran sich eine Untergliederung im Interesse der Formulierung von Zielen orientieren kann. Schon der Dualismus von Wollen und Können zeigt, daß solche Überlegungen auch den Unterbau der Gesellschaft betreffen. Der Leser wird gemerkt haben, daß das vorliegende Kapitel inhaltlich den Bogen zum Beginn dieses Buches schlägt. Das ist mehr als nur ein Zufall: Da sich die Situation fortlaufend wandelt, werden wir immer wieder neue Zyklen zu durchlaufen haben. Unser Wissen erweitert sich, die Welt verändert sich, und schließlich muß inzwischen Etabliertes kontinuierlich analysiert, kontrolliert, hinterfragt und gegebenenfalls korrigiert werden. - Dies ist jedoch noch nicht das letzte Kapitel. Ganz zum Schluß habe ich einige Bemerkungen zur praktischen Umsetzbarkeit neuer Ideen und Vorstellungen in einem demokratischen Gemeinwesen angefügt.

Egoismus und Kooperation

Die bekannten Diskrepanzen zwischen individuellen Wünschen und gesellschaftlichen Erfordernissen werden uns immer wieder, mitunter schmerzlich, bewußt. Viele Diskussionen über die Zukunft der Menschheit enden in einem Patt, das sich in der nicht gelösten Problematik manifestiert, ob persönliche Vorstellungen und aus gesamtgesellschaftlicher Sicht Unerläßliches vereinbar sind oder nicht. Es scheint sich um eine Glaubensfrage zu handeln, deren Unentscheidbarkeit in Konstruktionen wie „wenn... dann..." und in der Vielzahl der Konjunktive (wäre, könnte, würde usw.) auch bei denjenigen durchscheint, die keinen grundsätzlichen Gegensatz sehen. Obwohl die Menschen in den reichen Industrienationen offenbar dazu neigen, die Rolle der individuellen Wünsche überzubetonen und damit das genannte Thema oft voreilig zum Knackpunkt einer Einigung zu stilisieren, handelt es sich doch um eine wichtige Frage. Die Überschätzung der Persönlichkeit betrifft auch weniger ihre Relevanz als ihre Unabhängigkeit und Leistungsfähigkeit und ist ein anscheinend logisches Kennzeichen einer wohlstandsgesättigten klassischen Demokratie. Richtig ist - im übrigen unabhängig vom gesellschaftlichen Modell -, daß die vielen Menschen den aktiven Part einer Gesellschaft darstellen. Ihre Fähigkeiten zu erkennen, die Art und Weise, wie sie sich verhalten, all das entscheidet über den Weg einer Gesellschaft. Damit sind die Motive der Menschen, dieses zu tun und jenes zu lassen, wichtige Indikatoren für den Zustand und die Entwicklungsmöglichkeiten der Gesellschaft. Über die Rolle der *individuellen Interessen* im Geflecht der gesellschaftlichen Abläufe ist bereits am Anfang dieses Buches einiges ausgeführt worden. Das dort Gesagte will ich an dieser Stelle in Erinnerung rufen und in der Weise weiterführen, daß ich über spieltheoretische Modelle und phänomenologische Untersuchungen berichte, die den Zusammenhang zwischen Egoismus und Kooperation zu erhellen versuchen.

Wie lassen sich Individuen dazu bringen, zum Gemeinwohl beizutragen? Ein relativ harmloses Beispiel möge zunächst als Blickfang dienen.[109] Eine Gruppe geht essen, wobei vorher verabredet wurde, daß alle den gleichen Teil an der gesamten Zeche zahlen unabhängig davon, was sie wirklich verspeist haben. Als Gewinn winkt ein herrschaftliches Mahl für wenig Geld, wenn man selber ungehemmt ordert, während sich die anderen bescheiden.

---

[109] zum folgenden siehe: Natalie S. Glance und Bernardo A. Huberman: Das Schmarotzer-Dilemma; Spektrum der Wissenschaft, Mai 1994, S. 36-41; (ein phantastischer Artikel).

Denken alle so, kann es allerdings sehr teuer werden. Wer sich alternativ dazu an der Gesamtrechnung orientiert, wird nur dann belohnt, wenn viele sich in gleicher Weise entscheiden. Allerdings fällt dann auch der Gewinn für einen Egoisten besonders groß aus. Wenn sich daraufhin viele derart umorientieren, steigen die Gesamtkosten stark an, und die Kosten für jeden einzelnen werden höher als eigentlich nötig. Deshalb werden einige ihre Entscheidung überdenken und beim nächsten Mal auf Kooperation setzen, usw. Auf diese Weise kann man zunächst einmal verstehen, warum das Maß an Kooperationsbereitschaft schwankt. Es ist der gleiche Mechanismus, der, wie oben erwähnt, auch die Lüge auf ein vertretbares Maß regelt. Nicht immer lassen sich die Kosten bzw. der Nutzen derart einfach ermitteln wie in unserem Beispiel, obgleich der erwartete Wert auch hier vom tatsächlichen erheblich abweichen kann. Die Ungewißheit ist ja letzten Endes der Grund für die Schwankungen im Verhalten. - Was ergeben nun Tests mit Versuchsgruppen? *Erstens* kommt es zur freiwilligen Kooperation eher bei kleinen Gruppen, nach wiederholtem Durchspielen gleicher Situationen und bei nichtexistentiellen Problemen, was man bei gesicherter sozialer Grundversorgung voraussetzen kann. Diese Befunde treten *zweitens* noch deutlicher zu Tage, wenn die Mitglieder der Gruppe ausreichend miteinander kommunizieren können, sich also gegenseitig kennen, wenn sie sich einschätzen und die Reaktion der anderen als verläßlich einstufen können. *Drittens* schlägt das Verhalten spontan von kooperativ in egoistisch um und umgekehrt. *Viertens* läßt sich kooperatives Verhalten nicht aufrechterhalten, wenn die Gruppengröße einen gewissen Wert übersteigt. *Fünftens* hängt das Verhalten letztlich von der zugänglichen Informationsmenge und davon ab, für wie lange die Gruppenmitglieder erwarten, in der Gruppe zu bleiben.

Diese Ergebnisse können anhand von *spieltheoretischen Modellen* leicht verstanden werden. Natürlich ist es schwer, menschliches Verhalten in einfache Regeln zu pressen. Sinnvollerweise setzt man aber voraus, daß sich die Spieler in dem Sinne rational verhalten, daß sie diejenige Strategie benutzen, die für sie persönlich den größten Nutzen verspricht. Die zu simulierende Situation ist dadurch gekennzeichnet, daß sich alle ein gemeinsames Gut verschaffen wollen, ohne daß eine zentrale Autorität eingreift, die die Verteilung übernimmt. Als kooperativ werden jene Spieler bezeichnet, deren Kosten-Nutzen-Relation schlechter ausfällt als für den Durchschnitt der anderen Spieler. Sie leisten einen Beitrag zur Senkung der Allgemeinkosten. Egoistisch sind dagegen diejenigen Spieler, die keine Kosten für die Allgemeinheit scheuen und darauf hoffen, daß ihr persönlicher Nutzen besonders günstig ausfällt. Das Spielergebnis wird nach der Höhe der Allgemeinkosten bewertet und ist durch ein bestimmtes Verhältnis zwischen egoistischen und kooperativen Verhalten gekennzeichnet.

Die Spieler bewerten in bestimmten Zeitabständen ihre Situation wieder neu und entscheiden, ob sie sich kooperativ verhalten oder nicht. Die Kosten-Nutzen-Relation, auf der die eigene Entscheidung beruht, wird in starkem Maße dadurch bestimmt, welche Reaktion von den anderen erwartet wird. Sie wurzelt demnach auf aktuellen Eindrücken und lückenhaften, teilweise veralteten Informationen. Wir werden jetzt versuchen, die einzelnen Parameter zu finden, die den Ausgang des Spiels bestimmen. *Erstens Spieleinsatz:* Die als Ziel definierte, möglichst geringe Gesamtrechnung wird umso leichter erreicht, je geringer die kollektive Rechnung ausfällt. Das ist ganz einfach damit zu erklären, daß man sich bei geringen Beträgen kooperatives Verhalten leisten kann. Dies entspricht der landläufigen Erfahrung, daß, wenn es ums (große) Geld geht, die Freundschaft aufhört. *Zweitens Spieldauer:* Kooperative Spieler, die die Erfahrung machen, daß ihre Kosten ihren Anteil am gemeinschaflichen Nutzen übersteigen, werden in der Regel in der nächsten Spielrunde selber zum Schmarotzer. Wiederholt sich eine solche Reaktion, gibt es schließlich gar keine kooperativen Spieler mehr. Allerdings beobachten sie dann, daß jeder der Teilnehmer ärmer dasteht als nötig. Damit ist auch klar, warum das Verhalten sehr stark davon abhängt, wie lange der entsprechende Gruppenzusammenhang besteht. In einer einmaligen Situation kann man ungestraft über die Stränge schlagen. Steht dagegen von vornherein fest, daß die entsprechende Entscheidung über einen bestimmten Zeitraum wiederholt gefordert wird, so werden die Teilnehmer dies bei der Wahl ihrer Strategie berücksichtigen. Schließlich überlegt jeder Spieler, welchen Einfluß seine Entscheidung auf das künftige Verhalten der anderen Spieler haben könnte. Unter dieser Nebenbedingung versucht er, seine optimale Strategie zu finden. *Drittens Gruppengröße:* Wenn man sich dies vergegenwärtigt, versteht man auch sofort, warum die Gruppengröße ganz entscheidend ist. In einer großen Gruppe wirken sich deutliche Reaktionen einzelner Personen (kooperativ oder egoistisch) nur sehr wenig auf das Gesamtergebnis aus, weil sich die persönliche Belastung bzw. der individuell verbuchte Nutzen auf entsprechend viele Teilnehmer verteilt. Die Spieler beobachten sehr richtig, daß ihre Entscheidung mit wachsender Teilnehmerzahl immer weniger Konsequenzen hat. Ab einer bestimmten kritischen Gruppengröße spricht daher auch nichts mehr gegen eine konsequent egoistische Strategie. Der mögliche Gewinn durch kooperatives Verhaltens wird marginal, während die Wahrscheinlichkeit, Nachteile infolge egoistischen Verhaltens erleiden zu müssen, gering einzuschätzen ist. *Viertens Information:* Spieldauer und Gruppengröße, aber auch andere Parameter, die die Verfügbarkeit von Informationen direkt bestimmen, wirken auf die Qualität der Voraussagen der Spieler über das Verhalten der anderen ein. Je länger das Spiel dauert und je kleiner die Gruppe ist, desto mehr kann ein Spieler seiner Einschätzung trauen. Oft ist die kooperative Strategie ja die absolut günstigere (wenn sie weit verbreitet ist), aber bei der egoistischen ist es wahrscheinlicher, daß sie aktuell die günstigere ist. Ausreichende Information steigert die Verläßlichkeit der Prognose und begünstigt damit die kooperative Strategie. Die offenbare Asymmetrie der beiden Entscheidungsmöglichkeiten soll an einem Beispiel verdeutlicht werden.

Im Grenzfall von nur zwei Spielern gibt es eine optimale Strategie: Die Spieler werden anfangs mit hoher Wahrscheinlichkeit kooperieren und tun dann genau das Entgegengesetzte von dem, was der andere getan hat. „Wie du mir, so ich dir" lautet die Regel. Sie funktioniert, weil jeder der beiden Spieler die Reaktion des anderen als direkte Antwort auf seine eigene Entscheidung voraussehen kann. In größeren Gruppen ist es nicht mehr möglich, die anderen Spieler gezielt zu belohnen oder zu bestrafen. Deshalb wird ein Spieler seine Strategie unmittelbar danach ausrichten, wie hoch der erwartete Nutzen seiner Entscheidung ist. D.h., er wird kooperieren, wenn dies ein großer Teil der anderen auch tut. Dann kann er nämlich erwarten, daß sich sein Verhalten langfristig auszahlt. Der Spieler wird egoistisch entscheiden, wenn die Zahl der Kooperierenden einen bestimmten Wert unterschreitet. Kurz: die passende Strategie in einer größeren Gruppe ist Opportunismus. Doch zurück zu den zwei Spielern. Das Kernproblem wird deutlich, wenn man die folgende, als Gefangenen-Dilemma bezeichnete Situation betrachtet.[110] Zwei Gefangene sind eines leichten Verbrechens überführt, für das ein Jahr Haft angedroht ist. Sie werden weiterhin eines schweren Verbrechens verdächtigt, auf welches zehn Jahre stehen. Für das Kapitalverbrechen gibt es keine Zeugen, und die Gefangenen werden getrennt untergebracht und verhört. Man macht beiden das Angebot, daß derjenige, der den anderen überführt (also das schwere Verbrechen gesteht), als Kronzeuge entlassen wird. Gestehen aber beide, bekommen sie nur ein Jahr Haft erlassen. Optimal wäre es für die Gefangenen, wenn sie beide leugnen würden (1 Jahr Haft). Am unvorteilhaftesten wäre es, wenn beide gestehen (9 Jahre Haft). Aber die Gefangenen können sich nicht absprechen. Jeder für sich überlegt: leugnet er, so drohen 10 Jahre, wenn der andere gesteht, bzw. 1 Jahr, wenn der andere auch leugnet. In diesem Fall (Leugnen) hat er 5,5 Jahre zu „erwarten", da die Reaktion des anderen unbekannt ist. Wenn er selbst gesteht, bekommt er 9 Jahre, wenn der andere auch gesteht, bzw. 0 Jahre, wenn dieser leugnet. Das bedeutet einen Erwartungswert von 4,5 Jahren. Der objektiv günstigere Weg heißt also Gestehen. Das gilt für jeden der beiden. Wenn beide rational und vernünftig entscheiden, gestehen beide. Sie wählen also die schlechteste Variante (9 Jahre) und verbauen

---

[110] Solche und ähnliche Beispiele sowie ein soziobiologische Aufarbeitung des Problemkreises in: Wolfgang Wickler und Uta Seibt: Das Prinzip Eigennutz, Zur Evolution sozialen Verhaltens; R. Piper GmbH & Co. KG, München, 1991

sich schon mit ihrer einseitigen Entscheidung das Optimum (1 Jahr). Wer möchte hier nicht ausrufen: „Seid doch vernünftig und streitet alles ab." Aber das Dilemma besteht gerade darin, daß sie vernünftig sind. Es ist *grotesk*. Man könnte sich wirklich empören. Und doch handeln die Menschen, in zugegebenermaßen komplizierteren Situationen, ähnlich. Da werden Versicherungsansprüche geltend gemacht, obwohl dies die Prämien hochtreibt. Die Umwelt wird verschmutzt, und Ressourcen werden verbraucht. Es ist zum Heulen.

Werfen wir jetzt einen Blick auf die Dynamik solcher Prozesse. Wie kommt es zum Umschlagen des typischen Verhaltens? Offenbar gibt es zwei stabile Zustände: verbreiteter Egoismus und allgemeine Kooperation. Dazwischen erhebt sich eine Barriere, die von der Gruppengröße und der verfügbaren Informationsmenge abhängt. Wenn der eine stabile Zustand in den anderen übergehen soll, muß diese Barriere überwunden werden. Der Zusammenhang selbst ist sehr kompliziert. Er beinhaltet neben den eben genannten Größen die Kosten, den Nutzen und die persönlichen Erwartungen dieser Werte. Beim Umschlagen des einen stabilen Zustandes in den anderen spielen die verfügbare Informationsmenge und die persönlichen Erwartungen eine entscheidende Rolle: Schätzt nämlich ein Spieler die Zahl der kooperierenden Teilnehmer für die nächste „Runde" falsch ein, so ändert er spontan seine Strategie. Eine solche Verhaltensänderung verringert die Stabilität des Systems, weil die Verhaltensänderung einzelner die Erwartungen und schließlich auch die zukünftigen Entscheidungen der anderen mit beeinflußt. Auf diese Weise kann die Barriere, die die beiden stabilen Zustände, nahezu vollständige Kooperation bzw. annähernd hundertprozentige Selbstsucht, voneinander trennt, sehr schnell überwunden werden. D. h., anfangs kaum spürbare Fluktuationen infolge der Ungewißheit über die nächste Entscheidung der anderen können sich so weit aufschaukeln, daß das typische Verhalten der Teilnehmer vollständig umschlägt. Mit diesem Aufschaukeln ist aber auch ein anderer möglicher Effekt verbunden: Ist die Barriere überwunden, so ist keinesfalls sofort eine hohe Stabilität erreicht. Vielmehr hat gerade ein großer Teil der Spieler seine Strategie gewechselt. Die Unsicherheit über das zu erwartende Verhalten der anderen ist also besonders hoch. Damit sind starke Fluktuationen immer noch sehr wahrscheinlich, und das typische Verhalten kann schnell wieder umschlagen. Die Beobachtung scheint gegen solche thermodynamischen Modelle zu sprechen. Dazu muß man bedenken, daß große Fluktuationen generell unwahrscheinlicher sind als kleine. Ein weiterer, ebenfalls schon oben erklärter Zusammenhang der Thermodynamik besagt, daß die Größe der relativen Fluktuationen stark von der Zahl der Teilchen bzw. Teilnehmer abhängt. Mit zunehmender Zahl der Teilnehmer werden die Fluktuationen rasch kleiner. Große Fluktuationen sind sehr selten.

Bisher wurde davon ausgegangen, daß beide stabilen Zustände, verschwindende bzw. vollständige Kooperation, gleichwertig sind. Tatsächlich gewähren sie dem System jedoch nicht den gleichen Grad an Stabilität. Auch muß die Barriere zwischen ihnen nicht symmetrisch sein. Da in komplizierteren Systemen vielfältige Entscheidungen und unterschiedlichste Verhaltensweisen aufeinander einwirken, kann es zwischen den beiden Extremen auch zur Ausbildung weiterer lokaler Stabilitätspunkte kommen, in denen sich die Systemdynamik nach einer entsprechenden Fluktuation gewissermaßen „ausruhen" kann, bevor eine neuerliche Fluktuation zur Überwindung des verbleibenden Teils der Barriere führt bzw. die Bewegung in Richtung des alten Systemzustands zurückführt. In jedem Fall verharrt ein System, das durch eine ausreichend starke Fluktuation des Gruppenverhaltens in das globale Minimum (Zustand mit der absolut größten Stabilität) gebracht wurde, statistisch für lange Zeit in diesem Zustand. Welcher Zustand dies ist, hängt ganz wesentlich von der *Organisation* innerhalb des Systems ab. Viele der Größen, die die Verteilung und die Lage der Stabilitätspunkte sowie die Form und Höhe der Barriere beeinflussen, können in sozialen Systemen beeinflußt werden. Hingegen kann die Entscheidung des einzelnen für oder gegen Kooperation nicht direkt gesteuert werden. Eine solche Einflußnahme wäre auch sehr uneffektiv. Viel wirkungsvoller ist stets die Steuerung der Parameter, die durch die meisten Individuen in ähnlicher Weise wahrgenommen werden.

Bei allen Betrachtungen wurde stillschweigend unterstellt, daß die einzelnen Teilnehmer ihre Kosten-Nutzen-Bilanzen in gleichartiger Weise aufstellen, nach denen sie die Erwartungen über die Folgen ihres Handelns letztlich ausrichten. Das ist natürlich in Wirklichkeit nicht so. Die persönlichen Einschätzungen differieren zum Teil sogar erheblich. Durch die Vielfalt der Reaktionen gestaltet sich die Dynamik der sozialen Prozesse komplizierter. Grundlegende Änderungen ergeben sich aber erst, wenn die individuellen Unterschiede nicht zufällig streuen, sondern sich Gruppen mit deutlich verschiedenen Einstellungen unterscheiden lassen. In diesem Fall vollzieht sich der Übergang von generellem Egoismus zur Kooperation schrittweise. Die Gruppe, die ihre Entscheidungen sehr vorausschauend fällt (großer Zeithorizont) oder bei der die erwarteten Kosten am niedrigsten ausfallen, geht als erste zur Kooperation über. Sie steckt dann andere Gruppen an, welche nacheinander ebenfalls zur Kooperation übergehen. Bei all diesen Vorgängen beeinflussen Personen das Verhalten anderer durch ihr Vorbild. Dabei ist es natürlich nicht unerheblich, wie ernst man sich gegenseitig nimmt, inwiefern das Verhalten der anderen überhaupt wahrgenommen wird und ob die Motive für die Verhaltensänderung einer Gruppe bekannt gemacht werden und übertragbar sind. Unsere Gesellschaft ist hierarchisch gegliedert. Gruppen mit hoher gesellschaftlicher Anerkennung werden eher andere anstecken können als solche, die am Rande der

Gesellschaft stehen. Allerdings unterscheiden sich die von den einzelnen Gruppen erwarteten Kosten bzw. der von ihnen geschätzte Gewinn als Resultat einer Verhaltensänderung in einer sozial sehr inhomogenen Gesellschaft wie der unseren sehr stark. Außerdem muß bedacht werden, daß die einzelnen Gruppen von den gesellschaftlichen Gegebenheiten zum Teil in sehr unterschiedlichem Maße betroffen sind. Die entsprechenden Umstände können regional sehr verschieden sein und von den einzelnen Gruppen als unterschiedlich dringend eingestuft werden. All das verkompliziert das Systemverhalten.

Daß die hier beschriebenen Vorgänge dennoch praktische Relevanz besitzen, kann man an konkreten politischen Vorgängen eindrucksvoll demonstrieren. Ein besonders einprägsames Beispiel liefern die Ereignisse in der DDR im Jahre 1989.[111] Die Dynamik dieses Stücks deutscher Geschichte folgt deutlich dem Muster der oben beschriebenen Modelle. Zunächst opponierten nur kleine, isoliert agierende Friedens- und Umweltgruppen, die sich überwiegend im geschützten Raum der evangelischen Kirchen bilden und entfalten konnten. Nicht vergessen sollte man aber auch die anderen mutigen Frauen und Männer, die besonders nach den offensichtlich gefälschten Kommunalwahlen vom 7. Mai 1989 (und dem staatlichen Beifall zu den Ereignissen in China) immer offener und deutlicher ihren Unmut bekundeten. Sie haben, von der westlichen Öffentlichkeit weitgehend unbemerkt, gewissermaßen im Hintergrund den Weg bereitet für den großen plötzlichen Umschwung. Die kleinen Gruppen derer, die auch harte Gefängnisstrafen und Ausweisung in Kauf nahmen, haben freilich den Stein ins Rollen gebracht. Sie gingen als erste und am deutlichsten zur Kooperation über, indem sie sich in aller Öffentlichkeit für ein demokratisches, ökologisches und friedliches Gemeinwesen einsetzten und so den Staat an seiner empfindlichsten Stelle trafen: seiner internationalen Reputation. Mit wenigen Ausnahmen waren dies Intellektuelle mit klaren moralischen Maßstäben, deutlich formulierbarer Utopie und guter Sachkenntnis. Sie waren bereit, ein Risiko einzugehen, und gingen als erste auf die Straße. In einem Klima großer Unzufriedenheit und schon verbreitetem Willen zur Veränderung konnten sie durch ihr Vorbild andere dazu bewegen, sich ebenfalls solidarisch zu verhalten. Mit zunehmender Teilnehmerzahl bei den Demonstrationen nahm nun das Risiko (eventuell zu erwartende Kosten) für jeden einzelnen ab. Jetzt wollten auch die Ängstlicheren mit einem höheren Schwellenwert nicht mehr fern bleiben. Glücklicherweise ist diese Dynamik nicht unterbrochen worden. Schließlich waren Hunderttausende auf den

---

[111] Gerhard Rein: Die protestantische Revolution 1987-1990, Ein deutsches Lesebuch; Wichern Verlag GmbH, Berlin, 1990 und
Michael Schneider: Die abgetriebene Revolution, Von der Staatsfirma in die DM-Kolonie, Elefanten Press Verlag GmbH, Berlin, 1990.

Straßen - Woche für Woche. Die wirklichen Auslöser sind kaum benennbar. Den Anstoß gaben die Proteste in der Zionsgemeinde in Berlin, die Friedensgebete in der Nikolaikirche in Leipzig, der kirchlicherseits unterstützte Einsatz der Gruppe der 20 in Dresden und der Mut vieler anderer Gruppen.

Ein erster großer Teil der fast einmütigen Bereitschaft zur Kooperation brach jäh weg, als mit der Öffnung der Mauer dem Staat seine repressiven Machtinstrumente größtenteils aus den Händen glitten, stumpf wurden und zunehmend nur noch bloße Abbilder vergangener Stärke darstellten. Mit der Öffnung der Grenzen zwischen den beiden deutschen Staaten entwich nicht nur der Druck in der DDR wie aus einem überhitzten Dampfkessel, sondern es kam die bisher an den Ereignissen fast völlig unbeteiligte Gruppe der 60 Millionen Westdeutschen und ihrer Führungsriegen ins Spiel. Innerhalb kurzer Zeit sackte der bisher *ostdeutsch* definierte Konsens einer überwiegend als Widerstand gegen die *ostdeutschen* Machthaber etablierten Kooperation zusammen. Mit der überfallartigen Invasion der etablierten westdeutschen Parteien zur Parlamentswahl am 18. März 1990 war Ostdeutschland gesellschaftspolitisch praktisch eliminiert. Mit der wirtschaftlich zu diesem Zeitpunkt völlig unsinnigen Einführung der D-Mark ohne jede Vorbereitung und Anpassung wurde der ohnehin schwachen ostdeutschen Wirtschaft der Todesstoß gegeben.[112] Damit war die deutsche Vereinigung auf dem untersten Niveau, also mit hohen gesamtgesellschaftlichen Kosten bereits vollzogen. Der Ärger über den nicht vernünftig gestalteten Weg in die deutsche Einheit darf nicht den Blick verstellen für die phantastische Leistung vieler Ostdeutschen, die den möglichen Gewinn höher einschätzten als die von ihnen eventuell persönlich aufzubringenden Kosten bzw. Risiken und deshalb für sich und die anderen dafür gekämpft haben, daß die auch geistige Isolation der DDR aufgebrochen und der Weg zu einem demokratischen Rechtsstaat frei wurde. Die atemberaubende Dynamik, die dieser Prozeß entfaltete, kann als Beleg dafür dienen, daß kooperatives Verhalten sich schneller durchsetzen kann, als mancher es sich in seinen kühnsten Träumen vorzustellen getraut. Es darf uns mit wirklicher Hoffnung erfüllen, daß die Deutschen seit einigen Jahren ein immer stärke-

---

112 Es gehört zu den frechsten Lügen der deutschen Vereinigung, daß angeblich niemand wußte, was die schlagartig ohne jegliche Schutzmaßnahmen (Zölle usw.) durchgeführte Einführung einer deutlich stärkeren, international konvertierbaren Währung in einem Land anrichten würde, das auf Exporte in devisenschwache Ostblock-Länder angewiesen ist. Wer dann behauptet, man hätte sich ja dem Willen der Menschen nach der D-Mark beugen müssen, hat das Anrecht auf politische Führung eigentlich verwirkt, weil er gegen die eigentlichen Interessen Ostdeutschlands gehandelt und diesen Konflikt nicht einmal öffentlich gemacht hat.

res Umweltbewußtsein entwickeln, daß sich Bürgerbewegungen bilden und daß viele Menschen ihr Recht zur Mitbestimmung und zur direkten Einflußnahme auf die Geschicke des eigenen Landes und der Welt einklagen bzw. ausüben. Längerfristiges Denken muß sich stärker verbreiten: Immer geht es darum, auf die aktuellen Vorteile selbstsüchtigen Verhaltens zugunsten des auf Dauer viel größeren Gewinns zu verzichten. Je drückender die Probleme - auch das zeigt das Beispiel DDR - desto kleiner ist der Zeithorizont, der intellektuell überbrückt werden muß, und desto deutlicher erkennbar ist der Gewinn durch kooperatives Verhalten.

Die Lenkbarkeit der Gesellschaft

Nachdem Problemkreis Egoismus und Kooperation soeben seinen zweiten Durchgang erfahren hat, nehme ich jetzt ein anderes, ebenfalls schon teilweise behandeltes Thema ein weiteres Mal auf. Ich werde mich kurz fassen. - Die Menschen bilden den aktiven Part der Gesellschaft. Doch ihr Verhalten ist im speziellen Fall nicht vorhersagbar. Die Gesellschaft als Ganzes vollzieht dagegen eine mehr oder minder erkennbare Entwicklung und zeigt ein deutliches Ordnungsgefüge. Bei der Gesellschaft handelt es sich aufgrund der vielfältigen Rückwirkungen und selbstregulierenden Einflüsse um ein im physikalischen Sinne chaotisches System. Aus diesem Grunde kann es sehr plötzlich zu sehr heftigen Umstürzen kommen. Das „Chaos" der Gesellschaft legt letzten Endes eine neue Ethik nahe, weil kleine Ursachen große Wirkungen zeitigen können: Dieser sogenannte Schmetterlingseffekt hat nämlich zur Konsequenz, daß a priori nicht entscheidbar ist, wer und in welchem Maße wesentliche Beiträge zur gesellschaftlichen Fortentwicklung liefert. Damit ergibt sich auch ein neues Bild von Politik und Demokratie: Der einzelne ist gefragt, weil es schließlich auf jeden Beitrag ankommen kann... Doch wie, das ist die große Frage, kann der Wandel forciert und in eine bestimmte Richtung gelenkt werden?

Wandel erster Ordnung führt ein komplexes System aufgrund seiner eigenen Dynamik durch, ohne sich im wesentlichen selbst zu ändern. Änderungen zweiter Ordnung betreffen dagegen das System als Ganzes. Bei einem solchen Wandel zweiter Ordnung, um den es uns hier gehen soll, geht das System in einen anderen Zustand über, es ändert seine Muster, seine innere Organisation und sein äußeres Erscheinungsbild weitgehend. Da sich das komplexe System in jedem Fall *selbst organisiert*, also seine eigene innere Ordnung überwiegend selbst einstellt, kann ein grundlegender Wandel nicht durch eine Manipulation im klassischen Sinne vorbereitet und herbeigeführt werden. Aus diesem Grunde erscheinen solche Änderungen solange willkürlich und unbegreiflich, wie man das System aus seinen Elementen heraus zu verstehen versucht. Die in der Tradition des mechanistischen Weltbildes stehenden klassischen Vorstellungen begehen gleich zwei elementare Fehlurteile: Erstens versuchen sie, das gewünschte Verhalten dem System aufzuzwingen. Das ist nicht nur energetisch uneffektiv, sondern ignoriert die vorhandenen inneren Wirkungsmechanismen derart, daß unerwartete Ausweichreaktionen den gewünschten Effekt regelmäßig zunichtemachen. Zweitens: Die Kybernetik hat zwar die komplizierte Dynamik von Teilsystemen zumindest partiell zu durchschauen gelernt, bleibt aber der Vorstellung verhaftet, daß man jeden Teil des Gesamtsystems möglichst präzise ansteuern muß, um den gewünschten Gesamteffekt erreichen zu können. Dies sind, sehr verkürzt, die Fehler, die auch heute noch in Gesellschaftsmodellen und der politischen Praxis herumgeistern.

Die Selbstorganisation ist ein wichtiges Merkmal komplexer Systeme. Wandel auf einer Meta-Ebene kann nicht verordnet werden. Man kann ein komplexes System allenfalls dazu anregen, sich selbst zu verändern. Dabei muß man wegen der Nichtlinearität und zeitlichen Verzögerungen von Wirkungen achtsam genug sein. Das Studium von Systemen, die selbst eigene Ordnungen hervorzubringen in der Lage sind, zeigt, daß ihr Verhalten durch eine überraschend kleine Zahl von Kontrollparametern bestimmt wird. Kontrollparameter sind zwar von außen aufgeprägte Größen, sie legen aber keinesfalls das Verhalten jedes einzelnen Teils des Systems genau fest. Vielmehr sind sie als Durchschnittsgrößen für das gesamte System einschließlich seiner Teile charakteristisch. Mit Hilfe der Kontrollparameter lassen sich Systeme sehr wirkungsvoll und effektiv steuern. Die Steuerung über Kontrollparameter läßt auch meist größere Schwankungsbreiten zu, während eine direkte Ansteuerung von Teilsystemen wegen deren Nichtlinearität die peinlich genaue Einhaltung (der meist falsch) berechneten Werte verlangt. Von dieser Seite kann also Entwarnung gegeben werden. Komplexe Systeme sind lenkbar, wenn man die Kontrollparameter kennt und über ausreichende Systemkenntnis verfügt.

Seine Fähigkeit zur Evolution ist eine weitere Besonderheit des komplexen Systems Gesellschaft. Wir entwickeln ein immer besseres und tieferes Verständnis der Vorgänge, wie Systeme ihre Funktionsfähigkeit unter veränderlichen Umweltbedingungen erhalten und weiterentwickeln. Es kann gar nicht häufig genug betont werden, daß bei allen evolutionären Vorgängen der Zeitfaktor eine wichtige Rolle spielt. Das Ergebnis wird ganz wesentlich von der Wahl der Mutationsschrittweite beeinflußt. Nur in einem schmalen Fenster dieses Wertes ist ein Aufstieg möglich. Zu heftige Innovation führt ebenso wie Stagnation zur Zerstörung der funktionserhaltenden Ordnungszustände. Ein solches sich selbst organisierendes, evolvierendes System hat nie einen festen Systemzustand, wie man es im Rahmen eines mechanistischen Weltbildes erwartet. Das Erkennbare ist seine Gestalt. Das

Detail ist veränderlich und oft unscharf. Die Führung eines solchen Systems muß sich deshalb am gesamten Erscheinungsbild orientieren. Man wird sich genau überlegen müssen, welche Merkmale für eine Charakterisierung unserer Kultur wirklich maßgebend sind. Ist der Ist-Wert auf diese Weise gegeben, so muß für eine zielgerichtete Beeinflussung eine adäquate Beschreibung vorliegen, die gewissermaßen als Soll-Wert dienen kann. Eine solche Darstellung ist für mich eine *Utopie*. Nur das Gesamtbild zeigt Gestalt, das Detail ist schemenhaft. Die Utopie erweist sich als notwendiges Bindeglied zwischen dem, was ist, und dem, was werden soll, und liefert wertvolle Hinweise zur Orientierung. Auch muß ich davor warnen, alles im Detail festlegen zu wollen. Es geht nicht um eine Ideologie, die nach den Erfahrungen dieses Jahrhunderts als Negativbeispiel für Erfolg gelten muß, sondern um eine evolvierende Vorstellung. Die Utopien lenken lebende Systeme; deshalb müssen sie, auch als Kunstprodukte menschlichen Geistes, Merkmale des Lebens besitzen.

Es ist bereits auf den engen Zusammenhang von Chaos und Nichtberechenbarkeit hingewiesen worden. Die Nichtberechenbarkeit des Systemverhaltens ist letztlich auch die Quelle für seine Komplexität und seine Fähigkeit zur Selbstorganisation. In solchen Systemen verliert sich der Anfangszustand im Laufe der Entwicklung. Alle Startbedingungen haben deshalb den Charakter von Randbedingungen. Dieser Begriff ist der Physik entlehnt und vielleicht etwas irreführend. Randbedingungen sind im Gegensatz zu den Startbedingungen in jeder Phase der Entwicklung von Bedeutung. Sie werden nicht fortwährend abgelöst, sondern spielen die Rolle von Auswahlbedingungen, durch die aus der unendlichen Vielfalt möglicher Prozesse bzw. Zustände bestimmte selektiert und realisiert werden. Damit bestimmen die Randbedingungen ganz wesentlich das Entwicklungsgeschehen des Systems. Der jeweils erreichte „Zustand" verliert sich wiederum im Laufe der Entwicklung und wird selbst zur Randbedingung. Deshalb gibt es neben einigen festen Rand- oder Auswahlbedingungen eben solche, die selbst einer Evolution unterworfen sind. Man kann sie unter dem Begriff Systembedingungen zusammenfassen. Das Anliegen dieses Buches ist, einige solcher (Rand- oder) Systembedingungen kultureller Evolution zu benennen und zu diskutieren. Über die Richtigkeit und die Effektivität der einzelnen Vorschläge muß von Fall zu Fall entschieden werden. An dieser Stelle ging es mir primär darum, an die am Anfang dieses Buches aufgestellte These zu erinnern, daß auch das chaotische, sich selbst organisierende System Gesellschaft lenkbar ist.

Angepaßte Strukturen

Wir wissen oft nicht, warum wir dieses tun und jenes lassen. Der Weg scheint vorgezeichnet, und wir folgen ihm teils aus Gewohnheit, teils aus dem Gefühl, die Strategie unserer Väter böte maximale Sicherheit. Schließlich haben sie ja überlebt.[113] Wir treiben uns auf dem vorgezeichneten Weg an, weil wir das alte Prinzip „größer, mächtiger, umfassender" tief verinnerlicht haben. Wer überleben will, muß konkurrenzfähig sein. Manchmal wird so getan, als ob die Durchsetzung langfristiger gesellschaftlicher Gesamtziele an die Errichtung einer omnipotenten Zentralgewalt gebunden ist. Dem ist glücklicherweise nicht so: Die Schaffung eines gesamtgesellschaftlichen Konsenses erfordert, auch wenn er neuartige Züge trägt, nicht die Diktatur der „großen Helfer der Menschheit". Vielmehr ist eine weitgehende Dezentralisierung der Macht- und Entscheidungsstrukturen angezeigt. Die Strukturen müssen auf ein den menschlichen Fähigkeiten besser entsprechendes Maß verkleinert werden, damit die Ziele klarer benannt, die Aufgabenstellungen überschaubarer formuliert und die Wechselwirkungen deutlicher erkannt werden können. Dann würden die Auswirkungen der eigenen Maßnahmen greifbarer zu Tage treten, was dann tatsächlich zu Konsequenzen für das Problemlösungsverhalten führen könnte. Das letzte gilt für Erfolge ebenso wie für Fehlschläge. - Schon jetzt gibt es eine Fülle von Einrichtungen, die das gesellschaftliche Leben eher indirekt beeinflussen: Neben dem Erziehungswesen sind die Medien, die Kirchen, Verbände und Vereine zu nennen. Demgegenüber wird über die Geschicke der Bürger größtenteils in wenigen zentralen Gremien entschieden. In der Tat wird die Qualität und die Art von Verfahrensweisen, die ganz oder teilweise verbindlich vorgeschrieben werden, ganz wesentlich von den Strukturen geprägt, in denen über sie beraten und entschieden wird. Leider ist dies nicht allen Bürgern ausreichend bewußt, sonst würde man sich stärker mit der Organisation der Gesellschaft befassen. Der Einfluß einer falschen christlichen Ethik hat in diesem Sinne immer wieder eine Ent-politisierung begünstigt: „Letzten Endes liegt es ja an uns...", dies hört man allenthalben. Für sich genommen ist der Satz richtig. Gemeint ist aber, daß die Welt im wesentlichen schon hervorragend eingerichtet ist. Nur die Menschen haben eben ihre Schwächen. Eine völlig irrige Ansicht. Richtig ist, daß wir die Strukturen so gestalten müssen, daß die Menschheit trotz der „menschli-

---

[113] In der Tat kann jeder von uns mit Recht von sich behaupten, daß zu seinen direkten Vorfahren ausschließlich solche Menschen gehören, die im biologischen Sinne erfolgreich waren.

chen Schwächen" eine Zukunft hat und daß ein selbstbestimmtes Leben in Frieden und Freiheit möglich ist.

Als erstes müssen die Probleme benannt und so aufbereitet werden, daß sie überschaubar werden und konkrete Aufgaben formuliert werden können. Ziel dieser Aufbereitung ist es auch, daß die Betroffenen Problemverständnis und Kompetenz entwickeln. Wichtig ist, daß bei dieser Aufteilung der Problemstellungen nicht die thematischen oder inhaltlichen Unterschiede, sondern Zeitfaktor und Allgemeinheitsgrad im Vordergrund stehen. Das bedeutet die klare Unterscheidung von a) normativen Vorgaben, b) strategischen Zielen und c) operativen Fragen (Abwicklung). Die klare Zuordnung der einzelnen Angelegenheiten zu einer dieser drei Gruppen bedeutet nicht nur die Unterscheidung von lang- und mittelfristigen bzw. aktuellen Vorhaben, sondern definiert auch einen abnehmenden Allgemeinheitsgrad. Damit ist gleichzeitig an eine Hierarchie oder Prioritätenfolge gedacht. *Normative* Vorgaben betreffen Regeln und Leitgedanken und umfassen ethische und gesamtgesellschaftliche Fragestellungen, deren Entscheidung nachfolgende *strategische* Überlegungen, also die Vorbereitung, Planung und Durchführung von Vorhaben direkt beeinflußt. Die Strategie wiederum wirkt auf die Art der *Abwicklung* oder Ausführung ein. Die Priorität der normativen Vorgaben ergibt sich daraus, daß die gesellschaftliche Entwicklung ein wertorientierter und wertorientierender Prozeß ist. Die Bedeutung von gesellschaftlichen Rahmen- und Auswahlbedingungen wurde bereits hervorgehoben. Die Einhaltung und Achtung der Prioritätenkette ermöglicht die Loslösung normativer Entscheidungen von ihrer praktischen Realisierbarkeit. Das soll nicht bedeuten, daß unrealistische oder erkennbar wirklichkeitsfremde Vorstellungen hier die Oberhand gewinnen sollen. Vielmehr soll die Gesellschaft zunächst im Geiste oder im Herzen jene Freiheit gewinnen, die sie überhaupt erst in die Lage versetzt, jenes wirklich zu wollen und tatsächlich anzustreben, was in ihrem genuinen Interesse liegt. Wird die Reihenfolge umgekehrt, orientiert sich die gesellschaftliche Entwicklung nicht an ihren Defiziten und dem zu erledigenden Pensum, sondern sehr schnell allein an ihren aktuellen Potentialen: Sie wuchert, wo sie ohnehin schon stark ist, und vernachlässigt, wo akuter Handlungsbedarf besteht. Da sich Probleme selten von alleine lösen, sondern eher wachsen, kann eine solche Gesellschaft an ihren ungelösten Problemen zugrundegehen. Wenn die Zielvorstellungen an den Realisierungsmöglichkeiten ausgerichtet werden, findet solange keine tiefgreifende Problemdiskussion statt, wie die Mittel für eine Lösung nicht zur Verfügung stehen. Stehen die Mittel dann wirklich bereit, fehlen die Pläne zu ihrer effektiven Verwendung.

Voraussetzung für eine Dezentralisierung der Macht- und Entscheidungsstrukturen ist die Entflechtung von a) kognitiven, b) politisch-administrativen und c) produktiven Bereichen der Gesellschaft. Auch hier ist mit der

Einteilung eine Hierarchie verbunden. Zum *kognitiven* Bereich soll alles zählen, was zur Erkenntnisgewinnung und -vermittlung beiträgt: Forschung, Bildung, Kontrollinstitutionen, Gutachter, Medien. Die Unabhängigkeit dieses Bereichs ist aus einsichtigen Gründen notwendig, weil er nicht beabsichtigt oder unbeabsichtigt zum Erfüllungsgehilfen politischer oder wirtschaftlicher Interessengruppen umfunktioniert werden darf. Was in einem der vorstehenden Kapitel für die Medien ausgeführt wurde, gilt sinngemäß für anderes innerhalb dieses Bereichs. Der *politisch-administrative* Bereich umfaßt die Gremien der Legislative und alle Behörden, wobei Institutionen wie das Verfassungsgericht und die Rechnungshöfe ganz vorn zu stehen haben. Die hinterste Position des *produktiven* Bereichs ergibt sich deshalb, weil die Wirtschaft keine eigenen gesellschaftlich relevanten Ziele hervorbringt, sondern eher Mittel zum Zweck ist. Wirtschaft ist kein Selbstzweck und darf nicht die Normen der Gesellschaftsentwicklung bestimmen. Über die zur Erfüllung ihrer Versorgungspflicht benötigten Mittel entscheidet sie selbstverständlich im Rahmen der gesellschaftlichen Ordnung selbst.

Ein Blick auf die Prozeduren wirtschaftlichen Managements unterstreicht die Notwendigkeit angepaßter Strukturen und Entscheidungsverfahren. Kaum ein eigenständig auf dem Markt operierendes Unternehmen kann darauf verzichten, Institutionen zu installieren, die jeweils verantwortlich sind für die Formulierung von normativen, langfristigen Visionen über die Entwicklung von Strategien zur Marktbehauptung und Methoden zur Erreichung mittelfristig anzustrebender Zustände bis hin zu Vorschlägen zur Umsetzung operativer Maßnahmen. Daneben werden Prozesse installiert, die laufend zu überprüfen gestatten, inwieweit kurzfristige Aufgaben erreicht und langfristige Perspektiven noch erreichbar bzw. noch erstrebenswert erscheinen. Im gesamtgesellschaftlichen Rahmen kann man all diese Funktionen ebenfalls wiederfinden. Allerdings sind die einzelnen Aufgaben unzureichend institutionalisiert oder in allzuständigen Gremien zusammengefaßt, so daß sie häufig nicht ausreichend zielgenau formuliert, mangelhaft vorbereitet, inkonsequent in Angriff genommen und wenig effizient durchgeführt werden. Eine ganz wichtige Rolle spielen unabhängige Kontrollräte, denen Instanzen nachgeordnet sind, die über Instrumente verfügen, die es gestatten, Korrekturen vorzunehmen, anzuordnen oder zu fordern. Kontroll- und Korrekturmöglichkeiten müssen überall fest vorgesehen werden. Diese und weitere unverzichtbare Funktionen auszuführen, ist der Kern einer Organisationsform, die wir Demokratie nennen.

Demokratie

Wer sich nicht mit Politik befaßt, hat die politische Parteinahme, die er sich sparen möchte, bereits vollzogen: Er dient der herrschenden Partei.

Max Frisch

Über den Zweck eines demokratischen Verfahrens und grundlegende Probleme

Die praktizierten Formen der Demokratie verdanken ihren immer noch guten Ruf nicht so sehr ihren tatsächlichen Verdiensten um die Gestaltung des gesellschaftlichen Lebens, sondern dem stark herabgesetzten *Anspruch* an ihr Leistungsvermögen. Die gegenwärtige Demokratie rechtfertigt ihr Gepräge auch nach dem Zusammenbruch der zentralistischen Staatsformen in den Ländern des ehemaligen Ostblocks immer noch vorrangig damit, daß sie unbestritten das bessere Modell verkörpert. Auch wenn dies nur unterschwellig eine Rolle spielen sollte, sie wird jedenfalls nicht nach dem einzig richtigen Maßstab gemessen, nämlich ihrer Handlungskompetenz. Eine solche Bewertung müßte nämlich wohl unweigerlich zu dem Ergebnis führen, daß die heutigen Formen der Staatsführung nur sehr unzureichend in der Lage sind, dafür zu sorgen, daß die Gesellschaft wenigstens vor den erkennbaren Katastrophen bewahrt bleibt. Aber dieses Kriterium scheint mir schon sehr bescheiden ausgefallen zu sein. Müßte man nicht eine Verbesserung der allgemeinen Befindlichkeit, eine Steigerung der Gesundheit des Gesellschaftskörpers und die Entwicklung kultureller Werte verlangen? An dieser Stelle kann Zurückhaltung hilfreich sein: Man sollte die Ansprüche nicht unnötig hochschrauben. Demokratie ist ein Gestaltungsrahmen, innerhalb dessen das gesellschaftliche Leben von mittelmäßigen Politikern und durchschnittlichen Bürgern organisiert wird.

Was man aber mit Fug und Recht von einer solchen Organisationsform verlangen kann und fordern sollte, ist, daß sie positive Prozesse unterstützt, indem sie sie *stabilisiert*, und dem Negativen erkennbare Grenzen setzt. Wer allenthalben mit der Redensart „Wir sind alle nur Menschen" kontert, hat, dem Unterton dieser süßen Bemerkung zum Trotz, eine viel zu positive Meinung vom Menschen. Er traut ihm nämlich in Wirklichkeit mehr zu, als er zu leisten im Stande ist. Es geht ja eben nicht um die kleinen, immer wieder aufzeigbaren menschlichen Schwächen. Es geht um grundlegendes

Unvermögen. Wir sind für unsere heutigen Lebensumstände und die daraus erwachsenden Aufgaben nur unzureichend ausgerüstet. Damit müssen wir fertigwerden. Wir müssen Organisationsstrukturen schaffen, die dabei helfen, daß sich unsere zwielichtigen Antriebe zu einem für alle dauerhaft lohnenden Gesamtergebnis summieren. Etwas freundlicher ausgedrückt: Die Demokratie hat wie jedes andere durch die Kultur geschaffene *Werkzeug* dabei zu helfen, daß der Mensch etwas vermag, wozu er ohne dieses Werkzeug absolut nicht in der Lage wäre. Das bedeutet, das Gemeinwesen, bestehend aus Millionen von Menschen, muß so organisiert oder zumindestens nachträglich so korrigiert werden, daß wir die Auswirkungen unserer Handlungen wie in einer überschaubaren Gemeinschaft im großen und ganzen zur Kenntnis nehmen müssen und daß wir uns so verhalten, als ob wir uns wie in einer Kleingruppe alle kennen würden. Eine solche Erneuerung würde natürlich nicht einfach alle menschlichen Unzulänglichkeiten hinwegzaubern, aber helfen, einige durch die Anonymität der Gesellschaft provozierten Verfehlungen einzudämmen. Der einzige Sinn eines Zusammenlebens in großen sozialen Einheiten besteht allein darin, sich der Fähigkeiten, Fertigkeiten und der Kompetenz möglichst vieler bedienen und die Vorteile der Arbeitsteilung voll nutzen zu können. Die daraus erwachsende *Aufgabe der Demokratie* besteht darin, dafür zu sorgen, daß diese Vorteile wirklich dauerhaft zum Tragen kommen.

Das klingt billig, fast dürftig, ist es aber ganz und gar nicht. Die verwirrende Vielfalt der inneren Wechselwirkungen innerhalb eines komplexen sozialen Systems ist nur dann beherrschbar und die Vielzahl seiner Eigenarten kann nur dann annähernd überblickt werden, wenn man nicht allein auf die Fähigkeiten einzelner setzt, sondern sich einer sozusagen *verteilten Intelligenz* bedient. Die Marktwirtschaft ist ein gutes Beispiel für eine solche Strategie. Innerhalb gewisser Rahmenbedingungen agieren die einzelnen Teilnehmer zwar eigenverantwortlich; sie folgen individuellen, aber weitgehend ähnlichen Zielvorstellungen, schöpfen selbst Systemwissen und machen es durch ihre Teilnahme am Gesamtprozeß anderen bekannt. Dieser Prozeß konvergiert dann, bzw. er folgt einer Entwicklungslinie, wenn die einzelnen Strategien in einem bestimmten System- oder Organisationszusammenhang integrierbar sind. Alle zentralistisch geführten Systeme scheitern daran, daß sie auf das Wissen und die Erfahrung eines großen Teils der Bevölkerung verzichten müssen, hartnäckig die Fähigkeiten überschätzen, komplexe Systeme beeinflussen zu können, und glauben, sich über die innewohnenden Potentiale zur Selbstorganisation hinwegsetzen zu dürfen. An einzelne Personen gebundene Intelligenz kann die strukturelle großer funktionierender Organisationen nicht ersetzen. Das ist ein gewichtiges Argument dafür, auch in die politischen Entscheidungsprozesse möglichst viele einzubeziehen. *Demokratie* ist eine Methode, sich möglichst großer Kompetenz zu versichern, nicht jedoch ein Verfahren, in jedem Fall kompetent zu entscheiden. Nicht ohne Grund entdeckt auch das wirtschaftliche Management in Form der Teamarbeit demokratisch anmutende Prinzipien: Es gibt in vielen Fällen ja faktisch keine Trennung der Phasen Informationssammlung, Analyse/Ideenfindung und Entscheidung. Immer muß entschieden werden. Daher strebt man stärker als noch vor Jahren an, Vertreter unterschiedlicher Bereiche mit zwangsläufig differierender Problemsicht trotz von Haus aus ungleicher Entscheidungsbefugnis zusammenzubringen, um die beste Lösung zu erarbeiten. Die per se Allwissenden sehen sich bzw. werden gezwungen, sich von Angehörigen niedrigerer Chargen bei der Gestaltung des Ganzen helfen zu lassen, wozu letztere nach gängigem Verständnis nicht in der Lage sein können. Auch wenn solcherlei Teamarbeit nur zurückhaltend und auf der mittleren Ebene probiert wird - eine schöne Vorlage für die Demokratie.

In einem demokratisch organisierten Gemeinwesen sollten der großen Mehrheit Vorteile durch diese Art der Kooperation erwachsen und deutlich sein. Andernfalls besteht die Gefahr, daß diese relativ komplizierte und störanfällige Organisationsform zerbricht. Die Demokratie muß sich daher bemühen, die Interessen möglichst vieler Gruppen zu berücksichtigen. Da Kompromisse nicht immer möglich und häufig auch zu zeitraubend sind, entscheidet in der Regel eine Mehrheit. Bei ständig wechselnden Koalitionen ist dann sichergestellt, daß ein wirklicher *Interessenausgleich* erfolgt, da jede Gruppe einmal entscheidet. Abhängig von der Konstellation erfolgt der Ausgleich sehr unterschiedlich: Der Vorteil für gleich starke Gruppen liegt auf der Hand. Durch einfache Gegenseitigkeit können sie eigene Interessen gegen andere Gruppen besser durchsetzen. Die mächtigen, starken Gruppen verlieren jedoch unausweichlich durch den Ausgleich. Ihre Macht muß im Interesse der anderen Gruppen auch eingeschränkt werden. Aber am Ende muß der Vorteil infolge der Kooperation überwiegen, sonst droht der Ausstieg. Kleinere bzw. von sich aus eher schwache Gruppen sind sehr schwer zu integrieren. Nicht selten erlangen sie dadurch überproportional viel Einfluß. Ist ihr Beitrag für das Gemeinwesen jedoch sehr klein oder sind sie nicht fähig, den Ausstieg glaubhaft anzudrohen, dann werden diese Gruppen Schwierigkeiten haben, eigene Interessen durchzusetzen. Wenn der Interessenausgleich funktioniert, wird die Gesellschaft stabilisiert. Den Interessenausgleich und damit die *Stabilität der Gesellschaft* sollten daher vor allem all jene Gruppen fördern, die vom Status Quo profitieren.

Mit Bedacht zurückgestellt habe ich die humanistische Dimension, die der Demokratie ohne Zweifel zu eigen ist. Humanismus eignet sich nicht als Kristallisationspunkt eines demokratischen Konsenses, da er die Übereinstimmung, die erst herbeigeführt werden soll, wenigstens teilweise schon voraussetzt. Trotzdem: Um die Freiheit und die Würde des Menschen als vernunftbegabtes Wesen zu respektieren, ist es geboten, daß die Betroffenen entscheiden. Betroffen ist, wer die positiven bzw. negativen Folgen einer Entscheidung zu tragen hat. Das bedeutet aber, je begrenzter und je geringfügiger die Auswirkungen einer Maßnahme sind, desto kleiner kann bzw. sollte auch der Kreis derjenigen sein, die wirklich entscheiden müssen. Wo dieses Prinzip mißachtet wird, wird den Menschen das Recht - wenn auch indirekt und unmerklich - wieder entzogen, über ihre eigenen Geschicke in Freiheit selbst entscheiden zu können. Wer also die Würde und Freiheit des Menschen so gern im Munde führt, muß sich für eine Dezentralisierung der Macht- und Entscheidungsstrukturen einsetzen. Alle, die die demokratische Mitwirkung so gerne auf einen periodisch und zentral vollzogenen Wahlakt beschränkt sehen, müssen sich fragen, warum sie den Einfluß der direkt Betroffenen durch Hinzurechnung bisweilen gänzlich Unbeteiligter oder Uninteressierter verringern wollen. Doch dazu später mehr.

Eins der tiefstgreifenden *Probleme der Demokratie* besteht heute darin, daß die Beziehungen innerhalb der Gesellschaft sehr komplex sind. Die Interessenlage gestaltet sich dadurch sehr verschieden, und selbst über das äußere Erscheinungsbild der Gesellschaft kann keine Klarheit erreicht werden. Kollektive Ziele sind nur schwer formulierbar. Infolgedessen ist der *gesellschaftliche Konsens* in größeren und *komplexeren Staatsgebilden* in schwierigen Zeiten nur schwer aufrechtzuerhalten. Droht der gesellschaftliche Konsens wegzubrechen, sind die Leistungsfähigkeit der demokratischen Institutionen und das gesellschaftliche Organisationsvermögen mehr denn je gefragt. Die demokratischen Grundprinzipien sind in einer kleinen Gesellschaft leichter aufrechtzuerhalten als in großen. Dabei darf man nicht vergessen, daß sich die großen staatlichen Gebilde und ihre Institutionen entwickelt haben, bevor sie dann unter demokratischen Verhältnissen übernommen, weiterentwickelt und ergänzt wurden. Das Prinzip einer allzuständigen, zentralen Obrigkeit wurde im Prinzip beibehalten und auf demokratisch gewählte Institutionen übertragen. Damit enthält die Struktur der heutigen Demokratien Relikte aus vordemokratischen Zeiten. Das ausgeprägteste Relikt ist die *Allzuständigkeit* der Gremien.[114] Es ist nicht selbstverständlich und auch nicht praktisch, daß ein und dasselbe Gremium über Bildungspläne und Binnenwasserstraßen, Verteidigungsfall und Vereinsrecht, Kulturgut und Kapitalverwertung, Sozialversicherung und Sprengstoffrecht, Tierhaltung und Telekommunikation sowie Abfallbeseitigung und Abführmittel entscheidet.

---

[114] Burkhard Wehner: Die Katastrophen der Demokratie; Über die notwendige Neuordnung der politischen Verfahren; Wissenschaftliche Buchgesellschaft, Darmstadt, 1992

Das Wort von der Politikverdrossenheit macht die Runde. Der Unmut über die Leistungen der demokratischen Institutionen bzw. der Politiker wächst. Leider werden die Ursachen primär in einem Mangel an Bewußtsein oder persönlicher Leistungsfähigkeit gesucht. Dabei wäre es höchste Zeit zu fragen, warum das demokratische System beharrlich solche Persönlichkeiten an die Spitzen von Parteien, Regierungen und Parlamenten befördert, die unseren Vorstellungen nicht entsprechen und den Aufgaben nicht gewachsen sind. Eine Verbesserung der Qualität politischer Entscheidungen ist zur Zeit kaum zu erwarten, weil der jetzige politische Prozeß restlos *überfordert* ist. Der Komplexität gesellschaftlicher Problemstellungen stehen nahezu allzuständige Gremien gegenüber, die etwa vier bis fünf Jahre lang mehr oder minder selbstbestimmt, ungestört und relativ unbeaufsichtigt Verfahren ersinnen und für verbindlich erklären können, bis in einem gigantischen Wahlspektakel und nach hinreichend vorgefertigten Mustern über ihre neue personelle Zusammensetzung entschieden wird. Das kann es ja wohl nicht sein... Die politische Überforderung wird kaschiert, indem aus dem Spektrum einzelne Sachprobleme herausgegriffen und zur Schicksalsfrage stilisiert werden, während anderes für nicht aktuell erklärt, dem Drang nach Vereinfachung entsprechend ausgeblendet bzw. dem politischen Postulat der Allkompetenz folgend als nicht existent definiert wird. Die Demokratie lastet den gewählten Gremien aber auch Zuständigkeiten auf, die außerhalb ihres Einflußbereiches liegen. Die Politiker deuten positive Entwicklungen, die sie weder angeregt noch durch Schaffung geeigneter Rahmenbedingungen konstruktiv gesteuert haben, zu ihren Erfolgen um.

Ein weiteres deutliches Anzeichen für die Überforderung der demokratischen Institutionen ist die allgegenwärtige *Abwälzung* von Verantwortlichkeiten bzw. Lasten auf zukünftige Generationen, unbeteiligte oder im entsprechenden Zusammenhang unbedeutende Teile der Gesellschaft oder auf internationale Entwicklungen. Besonders die Abwälzung von Lasten erweist sich zumindestens nachträglich als Illusion. Trotzdem dient ein großer Teil des politischen Tagesgeschäftes allein dem Ziel, Belastungen durch Zuteilungen auszugleichen und beides möglichst lückenlos bzw. so zu verstecken, daß die Irreführung jenen, denen Nachteile erwachsen, nicht offenbar wird.

Das Vertreterprinzip

Es gibt *drei Verfahrenswege* in der Demokratie: erstens den direkten Einfluß der Bürger auf Entscheidungen, zweitens die Wahl von Vertretern und drittens die Delegation von Entscheidungen an nichtgewählte, unabhängige Expertengremien. Das vergleichsweise hohe Ansehen, das Justiz und Bundesverfassungsgericht genießen, zeigt, daß die Bürger häufig die Unabhängigkeit höher bewerten als die Beeinflußbarkeit der Gremien durch politische Wahlen. Meinungs-, Presse- und Versammlungsfreiheit und manche andere Aspekte der Demokratie werden von vielen offenbar als wichtiger empfunden als das Recht, die Volksvertreter selbst bestimmen zu können. Dennoch ist die Wahl und die Entsendung von Vertretern das wichtigste Instrument, die gesellschaftliche Entwicklung offen zu gestalten und ihr damit ihre Anpassungsfähigkeit zu erhalten.

Ein ohne jeden Zweifel vollständig demokratisches Verfahren könnte vorsehen, die Bürger über jedes Grundsatzproblem und jede Teilfrage selbst entscheiden zu lassen. Einmal abgesehen davon, daß ein solches Verfahren praktisch nicht durchführbar wäre, würde es den Menschen die Last aufbürden, sich in allen Fragen von Gewicht sachkundig machen zu müssen. Was im übrigen Bereich der Gesellschaft gilt, hat auch in der Politik seine Berechtigung: *Arbeitsteilung* hat unübersehbare Vorzüge. *Dies* ist der einzige Grund, Personen zu wählen, statt über jede Sachfrage abzustimmen. Mit einer Arbeits*teilung* an sich ist aber natürlich noch keine Hierarchie der Aufgabenstellungen oder gar ein Unterordnungsverhältnis der Ausführenden konstituiert. Bei einer Aufteilung von Aufgaben handelt es sich um eine Abmachung zum gegenseitigen Vorteil. Solche Vereinbarungen sind selbstverständlich grundsätzlich kündbar. Dies gilt umso mehr für die Politik, als hier ganz vordergründig Entscheidungsgewalt abgetreten wird. Eine solche Übertragung oder Bevollmächtigung kann nur vorübergehend sein und muß ständig erneuert werden. Es ist eigentlich fast kurios, daß ein beachtlicher Teil der Bevölkerung regelmäßig versucht, die den Poltikern erteilte Vollmacht ausgerechnet durch Wahlabstinenz zu kündigen. Hier liegt auch die Gefahr für die Demokratie: In den Demokratien, die sich über einen langen Zeitraum erhalten konnten, geht die Gefahr weniger von lauernden Diktatoren aus. Vielmehr verliert die Demokratie ihre Basis und Handlungsfähigkeit zunehmend durch den schwindenen demokratischen Grundkonsens, den stillen Protest oder das Desinteresse der Bürger.

Die repräsentative Demokratie, in der über Personen statt über Sachfragen abgestimmt wird, hat etwas Paradoxes: Das Prinzip soll zunächst am Beispiel der Demoskopie erläutert werden. Die Meinungsforschung hat zum Ziel, den freien Willen zu erforschen. Deshalb werden die Bürger befragt. Die Antworten werden gesammelt und katalogisiert. Das Ergebnis wird veröffentlicht. Wird es aber kundgetan, beeinflußt es den Willen des Bürgers. Dann ist dieser nicht mehr frei. Man darf den freien Bürgerwillen nicht veröffentlichen. Dann aber hat Demoskopie keinen Sinn. Wenn es niemand erfährt, braucht man es nicht zu erfragen. Ähnlich verhält es sich mit der Repräsentation des Bürgerwillens: Der Bürgerwille soll die politischen Entscheidungen bestimmen. Um den Bürgerwillen berücksichtigen zu können, muß er vertreten werden. Wird er vertreten, ist es nicht mehr *sein* Wille. Diese schlaue Glosse mag den einen grämen und dem anderen lächerlich erscheinen. Neben dem Hinweis auf die in der Tat unrühmliche Rolle, die Meinungsumfragen zuweilen spielen, scheint es mir aber angebracht, darauf hinzuweisen, daß sich die Politiker bei ihrer Entscheidung von Sachfragen bis auf wenige Ausnahmen nicht auf *den* Wählerwillen berufen können. Allzugern schieben die Politiker gerade in kontroversen Situationen den angeblichen Wählerauftrag vor, spielen auf diese Art ihren eigenen Anteil an der Entscheidung herunter und lenken davon ab, daß vieles fürwahr in ihrem eigenen Ermessen liegt. Natürlich ist es nicht verkehrt, wenn sich die Politiker als Beauftragte begreifen. Doch die Öffentlichkeit folgt der Argumentation zu unkritisch: Die Wahlentscheidung ist unter den gegenwärtigen Verhältnissen nämlich viel zu wenig sachbezogen, als daß man zur Rechtfertigung einer bestimmten Vorgehensweise einen konkreten Wählerauftrag heranziehen könnte. Doch hinter dem Ablenkungsmanöver der Politiker und der oft unangemessenen Reaktion der Öffentlichkeit steckt mehr.

Weltanschauungen, Ideologien und soziale Herkunft sind heute glücklicherweise nur manchmal allein entscheidend bei der Wahl. Die um Unterstützung bzw. Wiederwahl werbenden Parteien, die die Szene heute eindeutig beherrschen, präsentieren dem Bürger auch kaum ein Gesellschaftsmodell oder eine durchgängige Methode zur Lösung gesellschaftlicher Probleme. Ein gewisses Bild der gesellschaftlichen Realität spielt zwar stets unterschwellig eine Rolle und wird häufig sogar ostentativ in Szene gesetzt; durchweg angesprochen wird der Bürger, um dessen Wahlentscheidung ja gefochten wird, aber in *einer* seiner sozialen Rollen als Rentner, Autofahrer, Elternteil, Steuerzahler, Berufstätiger, Leistungsempfänger usw. Dem Bürger mag durchaus bewußt sein, daß er sich in der einen Hinsicht selber schadet, wenn er sich durch seine Wahlentscheidung in einer anderen Rolle einen Gefallen tut. Das im klassischen System der Demokratie grundsätzlich *nicht lösbare Problem* besteht darin, daß der Bürger gezwungen wird, auf die immer differenzierter werdenden Fragestellungen innerhalb der Gesellschaft genau nur eine Entscheidung treffen zu können.

Es mag mit diesem Dilemma in Zusammenhang stehen, daß viele Menschen versuchen, sich diesem engen Schema durch Wahlverweigerung zu entziehen. Je vielfältiger die politischen Probleme, desto schwerer muß es dem Bürger fallen, seine eigenen Interessen im Wahlakt wahrzunehmen, gestalterisch einzugreifen und auf die gesamte politische Landschaft Einfluß zu nehmen. Es würde ihm in diesem Zusammenhang helfen, wenn er sich gezielt für bestimmte Politiker entscheiden könnte, bei denen er eine seinen Vorstellungen entsprechende ganzheitliche Sicht der Dinge erkennen kann und denen er ausreichend Kraft und Durchsetzungsvermögen zutraut, eigenen Ansichten folgend das politische Geschehen zu beeinflussen. Einmal davon abgesehen, daß ein solch allverständiger Politiker damit überfordert wäre, scheitert die gezielte Beauftragung ausgewählter Einzelpersonen meist schon an dem Einfluß der Parteien und ihrer Leitungsgremien. Auf der anderen Seite ist eine augenfällige *Personalisierung* der Politik als Versuch zu werten, von der Komplexität der gesellschaftlichen Probleme abzulenken und so zu tun, als wenn die Sache mit der Entsendung von Persönlichkeiten im 4-Jahres-Rhythmus getan wäre. Generell reduziert eine nicht nach inhaltlichen Gesichtspunkten differenzierbare Personenwahl die Vielfalt der erforderlichen Entscheidungen auf eine simple Alternative. Als einziger Ausweg aus diesem Dilemma bietet sich die Abkehr vom Prinzip der Allzuständigkeit an. Es darf keine Zusammenfassung bzw. Zentralisierung um jeden Preis geben. An die Stelle des bisherigen Parlaments müssen mehrere kleine mit klar abgrenzbaren Zuständigkeiten treten, über deren Zusammensetzung jeweils getrennt durch Wahl entschieden wird. Dabei darf man nicht vergessen, Prozeduren zu definieren, wie die Arbeit der Mini-Parlamente koordiniert und, falls notwendig, harmonisiert werden kann. Eine solche Struktur muß durch Kontrollinstanzen ergänzt werden; es müssen Verfahren zum Abwählen eingeführt und die Möglichkeiten für den direkten Einfluß verbessert werden.[115] Nur unter diesen Bedingungen können die Bürger wirklich gezielt Einfluß nehmen, ohne daß das Vertreterprinzip unterminiert wird, auf welches im Interesse einer Arbeitsteilung vernünftigerweise nicht verzichtet werden kann.

Auf der anderen Seite werden dadurch auch die Politiker davon *entlastet*, einen Prozeß dirigieren zu sollen, den sie weder überschauen noch im Detail verstehen können. Politiker sind von ihrer Tätigkeit her gesehen Generalisten. Leider bedeutet dies nicht, daß sie generell Bescheid wissen. Das kann auch niemand ernsthaft verlangen. Verlangen kann man aber, daß sie klar zu erkennen geben, woher sie ihre „Weisheit" haben. Das bedeutet Hinzuziehung von unabhängigen, also nicht ins politische Geschäft einbezogenen Experten und öffentliche Benennung derselben. Wenn die Politiker in Gremien mit sachlich abgegrenzten Befugnissen arbeiten, liegt die Einbeziehung von Experten auch näher, und sie haben eher die Möglichkeit, sich selber zu spezialisieren. Die Qualität der Entscheidungen würde davon eindeutig profitieren. Wichtig ist, und allein darauf kommt es an, daß sowohl die Politiker als auch die Wähler in der Einführung einer mehrgleisigen, nach Sachgebieten gegliederten Demokratie einen Vorteil für sich erkennen können. Die einen werden entlastet, können sich ihren Aufgaben konzentrierter widmen und haben eher die Chance, positive Entwicklungen

---

[115] eine ausführliche Beschreibung solcher Strukturen im bereits zitierten Buch von Burkhard Wehner: Die Katastrophen der Demokratie; Über die notwendige Neuordnung der politischen Verfahren; Wissenschaftliche Buchgesellschaft, Darmstadt, 1992

mit Recht als ihre eigenen Erfolge verbuchen zu können. Die Wähler gewinnen Einflußmöglichkeiten und werden davon befreit, ihre verständlichen Anliegen mit einer einzigen und deshalb unweigerlich unadäquaten Wahlentscheidung zum Ausdruck bringen zu müssen.

Wer aus beruflichen Gründen zum Beispiel mit kommunalpolitischen Entscheidungen konfrontiert ist, wird sich vielleicht wundern, daß ich insgesamt nicht etwa ein negatives Bild des Politikers gezeichnet habe. Ein Blick hinter die Kulissen zeigt nämlich häufig Skrupellosigkeit, Egoismus und Machtstreben um jeden Preis und scheint eher auf Schurkerei als auf Überlastung hinzudeuten. Wo keine ernsthafte Kontrolle stattfindet, kann kein Kläger aktiv werden: Wo kein Kläger ist, ist kein Richter, so sagt man. Eine zugegebenermaßen mißliche Einleitung für das Folgende - aber es soll um etwas Ähnliches, wenn auch nicht Vergleichbares gehen. Eine leistungsfähige, verantwortliche Politik ist nur dann möglich, wenn die persönlichen Interessen der Politikprofis nicht mit den notwendigerweise abstrakten gesellschaftlichen Interessen ernsthaft kollidieren. Hier ist ganz profan daran zu erinnern, daß auch Politiker regulär berufstätig sind, wie alle Menschen nach Sicherheit streben und am eigenen Vorankommen interessiert sind. Sie sind häufig Väter oder Mütter und deshalb nicht nur für sich selbst verantwortlich. Etwas weniger alltäglich formuliert, mindert es doch wohl die Einflußmöglichkeiten und den persönlichen Erfolg, wenn sich ein Politiker für Minderheiten einsetzt, wenn er warnt, mahnt oder kritisiert. Aber das ist nicht das eigentliche Problem. Das ist eher in der zentralistischen Struktur der Parteien und ihrem gewaltigen Einfluß zu suchen. Bis ein Politiker in seiner Partei einen einflußreichen Posten bekleidet, hat er eine Unzahl von selektierenden Prozessen durchlaufen. Wer sich nicht darstellt, geht unter. Wer sich nicht in den Vordergrund drängt, wird übergangen. Nur derjenige hat Erfolg, der sich schnell und ohne viele Zweifel eine klare Meinung bildet und diese stark pointiert vorzubringen imstande ist. Freilich muß es auch in der Politik einen Wettbewerb geben. Doch darf dieser nicht zu einem Wahlkampf ausarten, in dem der Zweck alle Mittel heiligt. Das gilt für innerparteiliche ebenso wie für öffentliche Wahlen. Die Perioden wenigstens ansatzweise verantwortlicher Sacharbeit liegen schon jetzt vor allem in den Zeiten zwischen den Parlamentswahlen, also in jenen Abschnitten, in denen der Einfluß der Bürger vorgesehenermaßen in den Ferien ist. Politiker geben dies mit einer erfrischenden Offenheit zu, obwohl sie sich und den demokratischen Entscheidungsgremien damit ein handfestes Armutszeugnis ausstellen.

Wahlsysteme und neue Ansätze

Die Notwendigkeit, das Prinzip der Allzuständigkeit zu überwinden und kleinere Gremien mit abgegrenzten Zuständigkeitsbereichen zu schaffen, ist bereits recht ausführlich erörtert worden. In diesem Abschnitt muß wegen der gewählten Überschrift lediglich eindringlich an diesen Punkt erinnert werden, ohne daß das Ganze im Detail noch einmal aufgerollt zu werden braucht. Die Unerläßlichkeit einer Dezentralisierung und Regionalisierung wurde in diesem Buch ja auch mehrfach nachdrücklich mit der Evolutionsfähigkeit des Gesamtsystems in Zusammenhang gebracht. Man könnte einwenden, daß es eine solche Trennung der Zuständigkeiten im demokratischen System in Form der Gewaltenteilung bereits gibt. Das ist nicht ganz richtig. Die politische Gewaltenteilung hat weniger zum Ziel, inhaltlich abgrenzbare Aufgaben in die jeweils kompetentesten Hände zu legen, sondern soll einzig und allein verhindern, daß die allzuständigen Personen auch noch mit der vollkommenen Macht ausgestattet werden. Die Gewaltenteilung ist ein ultimatives Mittel, um die bürgerlichen Freiheiten zu wahren. Das wird in markanter Form durch Artikel 20(4) des Grundgesetzes illustriert: Darin wird den Bürgern sogar ausdrücklich ein Widerstandsrecht zugestanden, wenn jemand diese demokratische Ordnung in Gefahr zu bringen versucht.

Man muß sich immer wieder klarmachen, daß es mit einer Begrenzung der Macht nicht getan ist. Den menschlichen Fähigkeiten besser angepaßte Strukturen sind durch weitgehend selbständige Einheiten gekennzeichnet, die nach sachlichen Gesichtspunkten voneinander getrennt sind. Nur eine solche Entflechtung bedeutet eine Abkehr vom Prinzip der Allzuständigkeit. Als einziger Kandidat für eine solche bereits existierende Organisationsform scheint der Föderalismus in Betracht zu kommen. Der Föderalismus soll der Eigenständigkeit und Selbstverantwortung gesellschaftlicher Teilbereiche dadurch dienen, daß der übergeordneten Gewalt nicht mehr Regelungsbefugnis gegenüber nachgeordneten Gewalten zugestanden wird, als im Interesse des Ganzen geboten erscheint. Auch hier steht also die vertikale Trennung noch im Vordergrund, obwohl es ganz wesentlich um eine *sachliche* Trennung auf der gleichen Ebene (Horizontale) gehen müßte. Das Prinzip ist aber richtig. In Deutschland gibt es teilweise eine nach sachlichen Gesichtspunkten zwischen Bund und Ländern verteilte Gesetzgebungskompetenz (-berechtigung), siehe Grundgesetz Artikel 70ff. Die Vertretung der Länder (Bundesrat) ist jedoch keine zweite Kammer, und der Vermittlungsausschuß (Artikel 77) wirkt vor allem als Kontroll- und Korrekturinstanz. Eine Mehrspurigkeit der Demokratie durch Schaffung mehrerer Sachparlamente ist nicht vorgesehen. Eine solche Herauslösung von Zuständigkeiten und Funktionen und ihre Wahrnehmung in neu geschaffenen, weitgehend eigenständigen politischen Instanzen will gut überlegt sein. Die Aufspaltung darf politische Bereiche nicht beliebig entkoppeln. Wo die Notwendigkeit zur Koordination besteht, muß diese geregelt und institutionalisiert werden. Wir neigen dazu, diese Abhängigkeiten zu überschätzen, obwohl uns bekannt sein müßte, daß gerade die heutigen allzuständigen Gremien nicht in der Lage sein können, für alle wesentlichen Anpassungen zu sorgen.

Man könnte annehmen, daß Experten sich einigen können. Aber die Welt ist zu kompliziert, als daß in jedem Fall und in absehbarer Zeit ein Konsens erreichbar wäre. Deshalb muß auf Einhelligkeit verzichtet und ein abkürzendes Verfahren gefunden werden. Sachkundigkeit läßt sich nur schwer messen. Außerdem könnte über die Qualifikation gleichartig Beschäftigter innerhalb einer Gruppe nur im Konsens entschieden werden. Eine Einigung soll aber erst herbeigeführt werden und kann deshalb nicht vorausgesetzt werden. Da die Suche nach dem kleinsten gemeinsamen Nenner (inhaltlicher Häufungspunkt) eine Art Konsens voraussetzt und mit Nachteilen anderer Art verbunden ist, bleibt als Entscheidungskriterium nur die Häufung von Voten. Dazu müssen sich die Beteiligten zu generalisierenden Urteilen durchringen. Sonst ist keine Auswertung möglich. Dabei ist zunächst noch vollkommen offen, welche Urteile zugelassen sind (Ja; Nein; Weiß ich nicht; ...), und wie diese verrechnet werden. Wir haben uns daran gewöhnt, daß die Ja-Stimmen einen bestimmten Anteil der Zahl aktuell vorliegender Voten überschreiten muß, damit insgesamt ein Ja herauskommt (qualifizierte *Mehrheit*). Manchmal begnügt man sich auch mit einer relativen Mehrheit, bei der die Zahl der Ja-Stimmen die der Nein-Stimmen übersteigen muß. Bei einer Abstimmung nach einer sogenannten qualifizierten Mehrheit hat man keine Möglichkeit der Stimmenthaltung, da diese effektiv als Nein-Stimmen zählen. Es ist oft schwer, etwas wirklich nur zu *dulden*, ohne daß diese Enthaltung als verkappte Ja- bzw. Nein-Stimme interpretiert werden kann. Hier könnte eine Bezeichnungsänderung der Stimm„enthaltung" schon helfen.

Allgemein können die Parlamentarier in einer Abstimmung nicht zwischen Inhalt und Form unterscheiden. Sie sind gezwungen, das Anliegen zu verwerfen, wenn sie mit dem Zustandekommen der Beschlußvorlage oder ihrer Formulierung nicht einverstanden sind. Sie müssen die Regelung insgesamt ablehnen, wenn sie ihnen nicht weit genug geht. Kommentare und Ausführungen, die solcherlei Feinheiten bzw. Äußerlichkeiten betreffen, sind nur *vor* der eigentlichen Abstimmung möglich. Dazu gleich mehr. Leider zeigt sich das demokratische Verfahren auch in anderer Hinsicht als recht vergeßlich. Es gibt nur „bestanden" und „nicht bestanden". Mit welchem Stimmverhältnis etwas beschlossen wurde, ist nach der Abstimmung völlig unerheblich. Falls sich der Parlamentarier nicht berufen fühlt, ein Zeichen zu setzen, kann er sich getrost auf die Seite der sich abzeichnenden Mehrheit schlagen oder sich zur Masse seiner politischen „Freunde" gesellen. In einer Parteienkonstellation wie der heutigen wäre also zu erwarten, daß die Zahl der „Abweichler" auch dann gering bliebe, wenn die Fraktionen keinen starken Druck ausüben würden. Dessenungeachtet spielen die Fraktionen eine oft unrühmliche Rolle bei der „freien" Meinungsbildung. Daß es auch anders geht, beweisen die Parlamente der evangelischen Kirchen. Vielleicht nicht in allen, aber in manchen Synoden war/ist die Fraktionsbildung ausdrücklich untersagt, obwohl das sonstige parlamentarische Verfahren durchaus vergleichbar ist.

Die Beseitigung des Fraktionszwangs und die Überwindung der „Vergeßlichkeit" der Urteilsbildung könnten die Neigung zum Konsens verstärken und würden den demokratischen Prozeß flexibler gestalten. Man könnte zum Beispiel die Gültigkeitsdauer gewisser Beschlüsse bzw. den Zeitraum bis zu ihrer automatischen Wiedervorlage an bestimmte Stimmanteile binden und sich stattdessen in ausgewählten Fällen mit einer weniger qualifizierten Mehrheit zufriedengeben. In einem demokratisch gewählten Parlament hat zwar jeder die Möglichkeit, zu Hause zu bleiben. Er kann sich engagieren, sich einmischen, sich abrackern oder alles seinem Lauf überlassen. Wenn er aber zur Abstimmung erscheint, ist alles anders. Manchmal kann er sich nicht einmal der Stimme enthalten. Wäre es nicht sinnvoll, daß man auch halbe und viertel Stimmen abgeben könnte, um so den eigenen Einfluß besser dosieren zu können, abhängig davon, wie sicher man sich seiner Sache ist? Viele Modelle sind denkbar, solange die Entscheidungsfähigkeit erhalten bleibt. Dagegen ist es nicht erforderlich, daß die nur ihrem Gewissen verantwortlichen Politiker (Artikel 38 (1) des Grundgesetzes) schon beim Betreten des Saales wissen, welches Ergebnis am Ende des Schaukampfes vorliegt. Es sollte berücksichtigt werden, daß Verfahrensänderungen in kleinen fachspezifisch zuständigen Parlamenten viel besser ausprobiert und den Gegebenheiten angepaßt werden können. Nicht ganz zu Unrecht ist man bei einem allzuständigen Parlament mit solchen Anpassungen sehr zurückhaltend.

Nicht nur deshalb, weil die Entscheidungsträger eigentlich nur maximal drei verschiedene Urteile fällen können, kommt es ganz wesentlich darauf an, wie die zur Entscheidung stehenden Vorlagen zustandekommen, also wer die Vorlagen erarbeitet, wie entschieden wird, ob über sie verhandelt wird, und in welcher Art und Weise sie erörtert werden. All dies ist in den *Geschäftsordnungen* der Parlamente geregelt, die diese Gremien selbst mit Mehrheit beschließen. Das durch die Geschäftsordnungen bestimmte Verfahren ist eine mitunter entscheidende Komponente im demokratischen Prozeß. In den Geschäftsordnungen ist zum Beispiel festgelegt, wie die Tagesordnung aufgestellt wird, in welcher Reihenfolge bzw. wie lange die Redner der einzelnen Fraktionen reden dürfen und wie Wahlen und Abstimmungen abgewickelt werden u.v.a.m. Leider wird dieser Teil von der Öffentlichkeit kaum wahrgenommen, geschweige denn kritisch beleuchtet.

Eine tiefgreifende gesellschaftliche Veränderung muß durch eine Mehrheit getragen bzw. gebilligt werden. In den Parlamenten wechseln solche Mehrheiten bisher nicht, sie finden dort allenfalls ihren Ausdruck. Deshalb ist es wichtig, sich mit dem Verfahren zu beschäftigen, in dem über die Zusammensetzung der Parlamente entschieden wird. Über die Zusammensetzung des deutschen Bundestages wird nach einem „gemischten" *Wahlsystem* bestimmt, das auf den Prinzipien einer Verhältniswahl beruht. Bei einer Verhältniswahl wird die einer Liste (einer Partei) zufallende Zahl von Mandaten nach dem Prozentsatz der auf diese Liste entfallenden Stimmen bestimmt. Eine Partei oder Vereinigung, deren Liste 30% der abgegebenen Stimmen auf sich vereinigen konnte, entsendet also 30% der Abgeordneten in den Bundestag. Allerdings sind Abgeordnete nicht teilbar. Eine triviale Feststellung. Deshalb muß ein Modus gefunden werden, wie man am Ende rundet, wenn eine Liste noch 0,7 oder 0,3 Abgeordnete beanspruchen kann. Nach dem Niemeyer-Verfahren werden diese Mandate (Restsitze) in der Reihenfolge der höchsten Stelle hinter dem Komma an die Parteien vergeben.

Manchmal kommt es aber auch bei der *Verhältniswahl* auf Kleinigkeiten an: Bei 500 Sitzen ist der Spitzenkandidat gewählt, wenn auf seine Liste 0,2% der Stimmen entfielen ($0{,}002 \times 500 = 1$). Das gilt aber nur dann, wenn die Stimmen im ganzen Land zusammengezählt werden (Einheitswahlkreis). Verteilt man dagegen die Mandate erst auf zum Beispiel 20 Wahlkreise und diese Mandate nach dem Verhältniswahlrecht durch Auszählung innerhalb jedes Wahlkreises, so sieht die Sache ganz anders aus. Jeder einzelne Wahlkreis entsendet dann 25 Abgeordnete. Ein Kandidat benötigt jetzt 4% der Stimmen (eines Wahlkreises), um gewählt zu sein ($0{,}04 \times 25 = 1$). Erhielt eine Liste weniger als 4% der Stimmen, so verfallen diese. Wenn man die „gebrochenen Abgeordneten" richtig rundet, halbiert sich dieser Prozentsatz. Ganz besonders kraß wirkt sich der beschriebene Effekt aus, wenn wie im *Mehrheitswahlsystem* jeder Wahlkreis nur einen Abgeordneten entsendet. Beim Mehrheitswahlsystem kann es passieren, daß ein Kandidat auch dann nicht gewählt ist, wenn er etwas weniger als 50% der Stimmen auf sich vereinigen konnte, weil der Gegenkandidat etwas mehr als 50% erreichte. Damit können bis zu 50% der Stimmen einfach unter den Tisch fallen. Theoretisch ist es also möglich, daß eine Partei, deren Kandidaten landesweit fast genau 50% der Stimmen bekommen, nicht im Parlament vertreten ist. Nach diesem ungerechten System wählt man beispielsweise in Großbritannien. Allgemein gilt: Mit der Erhöhung der Anzahl der getrennt ausgezählten Wahlkreise bzw. der Verringerung der nach Proporz zu verteilenden Mandate steigt der Prozentsatz der Stimmen, der möglicherweise nicht erfolgreich ist, weil sie weggerundet werden. Der Rundungseffekt kann also zu einer Sperrklausel führen.[116]

Für die Wahlen zum deutschen Bundestag wurde eine 5%-Sperrklausel dagegen extra eingeführt, um kleinere Parteien fernzuhalten. Besonders die Änderungen des Bundeswahlgesetzes von 1953 und 1956 waren für kleine Parteien einschneidend. Bis 1969 verfielen regelmäßig über eine Million Zweitstimmen (1953: 6,5% der Stimmen; 1957: 6,9% (!); 1961: 5,7%; 1965: 3,6%; 1969: 5,4%) [117]. Die sinkenden Zahlen sind darauf zurückzuführen, daß die Wähler den Verlust ihres Stimmrechts nicht mehr so einfach hinnehmen wollten und sich entsprechend umorientierten. Im Jahre 1953 begann ein beispielloser Konzentrationsprozeß im deutschen Parteiensystem, der bereits 1961 fast abgeschlossen war. *Stimmentilgung* infolge Rundung läßt sich, wie gezeigt wurde, grundsätzlich nicht vermeiden. Beträgt dieser Wert infolge der Rundung bzw. einer eingeführten Sperrklausel aber einige Prozent, ist das Verfahren undemokratisch, weil das Wahlergebnis nachträglich so korrigiert wird, als hätten die betroffenen Bürger anteilmäßig die erfolgreichen Parteien gewählt. Dies ist zu berücksichtigen, wenn die Entscheidungsstrukturen regionalisiert werden und in einer mehrspurigen Demokratie eventuell kleinere Parlamente zu wählen sind.

Ein Verhältniswahlrecht bzw. ein Mischwahlsystem, in dem die Proporz- oder Zweitstimme die entscheidende Rolle spielt, ist einem Mehrheitswahlsystem eindeutig vorzuziehen. Allerdings ist das Verhältniswahlrecht auf eine Demokratie zugeschnitten, in der Parteien oder entsprechend organisierte Vereinigungen dominieren. Nur sie können nämlich landesweit Listen aufstellen. Beim deutschen Mischwahlsystem besteht zwar die Möglichkeit, daß über die Erststimme auch nicht-parteigebundene Kandidaten ins Parlament gewählt werden können, wenn sie die Mehrheit der Stimmen im Wahlkreis auf sich vereinigen konnten (Mehrheitswahl). Dies ist aber seit 1953 keinem parteilosen Kandidaten mehr gelungen, obwohl das Bundesverfassungsgericht 1976 feststellte, daß die Monopolisierung der Kandidatenaufstellung durch die Parteien dem Gleichheitsgrundsatz widerspricht. Wir haben es also mit einem echten Dilemma zu tun: Ein Verhältniswahlrecht ist zwar im Prinzip sehr demokratisch, weil das Spektrum der politi-

---

[116] Am 30. Januar 1990 wurde der Enwurf eines Wahlgesetzes der DDR-Volkskammer veröffentlicht. Bei der Wahl sollte ausdrücklich auf eine Sperrklausel verzichtet werden. Allerdings wurde vorgesehen, die 400 Abgeordneten in 15 Wahlkreisen zu wählen. Der Entwurf wurde zurückgezogen.

[117] Klaus von Beyme: Das politische System der Bundesrepublik Deutschland; Eine Einführung; R. Piper & Co. Verlag, München, 1987.

schen Auffassungen bzw. die Palette bestimmter Interessenlagen im zu wählenden Gremium repräsentativ widergespiegelt werden kann. Dafür ist dieses System aber eindeutig parteiendominiert. Infolgedessen kann die demokratische Mitwirkung beeinträchtigt werden, weil die Parteien nicht - wie vom Grundgesetz (Artikel 21) gefordert - lediglich an der politischen Willensbildung *mitwirken* und dem Bürger gewissermaßen als große Informationsverarbeitungssysteme zur Verfügung stehen, sondern in starkem Maße auch eigene Interessen verfolgen. Das zeigt sich ganz besonders deutlich bei den turnusmäßigen Wahlkämpfen. Auch bei gutem Willen kann man hier wirklich nicht von „Mitwirkung bei der politischen Willensbildung des Volkes" sprechen. Leider ist den Parteien nicht nur die bewußte Lüge und Täuschung während der kurzen Perioden der Wahlkämpfe anzulasten. Wer das politische Tagesgeschehen verfolgt, wird anderes angeben können. Dessenungeachtet spielen die Parteien eine vermutlich unverzichtbare Rolle. Es muß also darum gehen, die Phasen, in denen das Volk auf seine Geschicke unmittelbar Einfluß nehmen kann, von der Herrschaft bzw. Dominanz der Parteien zu befreien. Es darf nicht sein, daß die Parteien auch noch jenen Prozeß kontrollieren, bei dem ganz wesentlich über ihre bisherigen Leistungen debattiert werden muß.

Der ausufernde Wahlkampf muß eingedämmt werden. Damit ist nicht gleich alles erreicht, aber eine wichtige Weiche wäre gestellt. Folgende Vorschläge sind, so meine ich, eine tiefgreifende Erörterung in der interessierten Öffentlichkeit wert. *Erstens:* Jedes Jahr fließt den Parteien, den parteinahen Stiftungen und den Fraktionen rund eine Milliarde Mark aus der Staatskasse zu. Im Jahre 1991 (keine Bundestagswahl) betrug die Wahlkampfkostenerstattung 173,4 Millionen DM. Etwas mehr, nämlich 174,6 Millionen, gaben die entsprechenden Parteien für Wahlen und Öffentlichkeitsarbeit aus. Allein für die Bundestagswahl 1990 gab die SPD nach eigenen Angaben fast 171 Millionen Mark aus; CDU und CSU lagen etwas darunter.[118] Wohlgemerkt handelt es sich hierbei um die Ausgaben für eine einzige Wahl. Es wäre sicher falsch, wenn die Parteien finanziell schlecht gestellt wären. Angesichts solcher Zahlen kann man die finanzielle Ausstattung der Parteien aber nur üppig nennen. Die Öffentlichkeit sollte die Verwendung der Steuergelder aufmerksamer beobachten und darauf hinwirken, daß sich die Parteien nicht ungehemmt schadlos halten können. Doch zurück zum Thema. Eigentlich geht es hier nämlich nur mittelbar um Finanzen.

Hohe Investitionskosten für eine Wahlschlacht sind nur dann zu rechtfertigen, wenn sie über genügend lange Zeit abgeschrieben werden können und

---

[118] Spiegel Spezial Nr. 1/94: Wahljahr 1994; Kandidaten, Zahlen, Hintergründe; Spiegel-Verlag Rudolf Augstein GmbH & Co. KG, Hamburg, 1994

der hohe Einsatz wirklich Erfolg verspricht. Kurz: Je umfassender die Macht verteilt wird, desto größer ist der Lohn eines Wahlsiegs. Je länger die Legislaturperiode, desto lukrativer muß ein Sieg erscheinen und desto schlüssiger sind finanzielle Aufwendungen. Will man die Parteien dazu anregen, die Wahlkämpfe etwas weniger voluminös auszurichten, braucht man nicht viel zu ändern: Statt das ganze Parlament alle vier Jahre zu wählen, könnte man alle 1,5 Jahre *ein Drittel* des Parlaments *neu wählen*. Die Legislaturperiode beträgt also im Beispiel sogar 4,5 Jahre. Alle 1,5 Jahre werden aus den jeweiligen Landeslisten die Sitze derjenigen Abgeordneten neu besetzt, die schon 4,5 Jahre im Parlament sitzen. Da das Parlament 3 Jahre lang zu zwei Dritteln aus den gleichen Abgeordneten besteht, ist die Kontinuität der Gesetzgebungsarbeit gewahrt. Man kann sogar davon ausgehen, daß diese Änderung des Wahlverfahrens der Parlamentsarbeit förderlich ist, weil die starre Ausrichtung auf das Ende der 4-jährigen Legislaturperiode wegfällt.[119] Gerechterweise müßte sich das Parlament natürlich alle 1,5 Jahre neu konstituieren und eine Regierung wählen bzw. bestätigen. Die Politiker werden tausend Gründe dafür erfinden, warum dies nicht möglich ist, und Befürchtungen äußern, daß es zu einer heillosen Unordnung kommen könnte. Doch gerade hier kann man den bisherigen Erfahrungen aus vier Jahrzehnten deutscher Nachkriegsgeschichte trauen und davon ausgehen, daß die Wähler nicht versuchen werden, das Ruder bei jeder Wahl herumzureißen. Daß kürzere Legislaturperioden bzw. die periodische Neuwahl von nur einem Teil eines Parlaments praktikabel ist, zeigt das Beispiel USA. Die Legislative liegt dort beim Kongreß, der aus Senat und Repräsentantenhaus besteht. Das Repräsentantenhaus besteht aus 435 Mitgliedern (Abgeordneten), die nach dem Mehrheitswahlrecht für zwei Jahre gewählt werden. Die Senatoren werden für 6 Jahre gewählt, wobei alle zwei Jahre ein Drittel der 100 Senatoren neu gewählt wird.

Gegen den ersten Vorschlag könnte man einwenden, daß der Kampf um die Wählerstimmen jetzt zwar mit vermindertem Budget geführt werden muß, aber dafür dreimal so oft eskaliert. Aber auch hier kann man Vorkehrungen treffen, die es den Parteien erschweren, lediglich auf einen Tag X hinzuarbeiten. Ein solches Verhalten bietet sich ja gerade dann an, wenn die Zeiträume, in denen die Bürger nichts entscheiden, lang sind im Vergleich zu den Phasen, in denen sie ihre Wahlentscheidung bedenken bzw. treffen. Veränderungen müssen also (*zweitens*) darauf abzielen, die Zeitspanne zu verlängern, in der der Bürger beeinflußt werden „müßte". Die Parteien müssen die Einschätzungen der Bürger nur dann wirklich ernstnehmen, wenn

---

[119] In Deutschland gilt der ungeschriebene Grundsatz der Diskontinuität: Danach müssen alle Gesetzesvorlagen, Anträge, Anfragen usw. zu Beginn einer neuen Legislaturperiode erneut formgerecht eingebracht werden, wenn sie vor Beendigung der Wahlperiode nicht abgeschlossen werden konnten.

die Bürger auch in irgendeiner Weise etwas bestimmen können. Es ist eben etwas dran an dem Kalauer, daß derjenige, der seine Stimme abgegeben hat, eben keine Stimme mehr hat. Die zahlreichen Verfahren der direkten Demokratie würden also auch dabei helfen, daß sich die Politik stärker an den Interessen der Bürger orientiert. Gleichzeitig würde sich der Bürger intensiver mit den gesellschaftlichen Problemen beschäftigen. Das würde die Akzeptanz bzw. die Achtung der politischen Arbeit erhöhen und damit auch den Politikern zugute kommen. Eine völlig andere Möglichkeit wäre folgende: Es ist illusorisch, den Wahlkampf verbieten oder abschaffen zu wollen. Deshalb kann man daran denken, aus der Not eine Tugend zu machen, und die theoretische Wahlkampfzeit so zu verlängern, daß der Wahlkampf aus ganz praktischen Gründen nicht mehr mit der bisherigen Heftigkeit betrieben werden kann. Daß die Stimmabgabe (bis auf die Briefwahl) seit eh und je nur an einem Tag möglich ist, hat doch allein technische Gründe. Mit den heutigen Mitteln sehe ich allerdings keinen Grund mehr, der eine *Verlängerung des Wahl-„tages"* auf einige Wochen verbietet. Noch vor Jahren wäre ein solcher Vorschlag technisch nicht durchführbar gewesen. Heute verwenden wir ganz selbstverständlich Plastikkarten als Ausweismedium beim Zahlungsverkehr und vertrauen Automaten die Abwicklung von Geschäften und Auszahlungen an. Technisch gäbe es überhaupt keine Probleme (ich weiß, wovon ich rede).

Was gewinnt man, wenn jeder seine Stimme „irgendwann" abgeben kann? Zuallererst muß man berücksichtigen, daß sich der Wahlkampf der einzelnen Parteien natürlich auch gegenseitig hochschaukelt. Eine Partei, die die kurze Zeit vor den Wahlen nicht zu Massenüberredungsversuchen nutzt, würde sich große Nachteile einbringen. Beginnt eine Partei, mehr zu investieren, müssen die anderen versuchen nachzuziehen. Nun stelle man sich vor, daß niemand weiß, wann die Bürger wirklich wählen. Sie geben irgendwann ihre Stimme ab. Erst am letzten Tag werden die Stimmen ausgezählt und die Wahlbeteiligung bekanntgegeben. Ich kann mir kaum vorstellen, daß ein Politiker die im Wahlkampf üblichen Plattheiten mit unveränderter Heftigkeit von sich gibt, wenn er doch damit rechnen muß, daß ein großer Teil der Adressaten seiner Überredungsversuche bereits gewählt hat. Eine hübsche Vorstellung: Der Politiker bietet all seine Energie auf - doch vergebens, seine Zuhörer sind nur Beobachter. Die Entscheidung ist bereits gefallen, aber niemand weiß es.

Natürlich kann es nicht allein darum gehen, den Wahlkampf von seinen geschmacklosen Begleiterscheinungen zu befreien. Das alleinige Ziel einer jeden Modifikation des demokratischen Verfahrens besteht vielmehr darin, mehr *Wissen* in die gesellschaftlichen Gestaltungsprozesse einzubringen. Dabei soll unter Wissen hier allgemein die Fähigkeit verstanden werden, in der jeweiligen Situation adäquat operieren zu können. Die Demokratie wurde oben als eine Prozedur charakterisiert, sich möglichst großer Kompetenz zu versichern. Die genannten Maßnahmen wie die Verkleinerung der Einheiten, die Beteiligung möglichst vieler Menschen und die Anpassung der Entscheidungsmodi an Qualität und Inhalt der zu treffenden Entscheidung sollen die Leistungsfähigkeit der gesamtgesellschaftlichen Entscheidungsprozesse verbessern helfen. Die Demokratie ist eine Strategie zur effektiven Gestaltung des gesellschaftlichen Fortschritts. Wieder sei an die Parallele zur Marktwirtschaft erinnert. Zuerst fallen die Vorteile einer „verteilten Intelligenz", wie sie oben genannt wurde, ins Auge. Ganz wesentlich für das Funktionieren und für die Entwicklungsfähigkeit der Marktwirtschaft ist aber das Auftreten von Konkurrenzsituationen mit den daraus folgenden Selektionen. Konkurrenz und Auswahl findet man natürlich auch im demokratischen Alltag, in besonders ausgeprägter Form jedoch während der Wahlen. Bei allen möglichen Ähnlichkeiten drängt sich mindestens ein Unterschied zur Wirtschaft förmlich auf: In der Wirtschaft kann eine Konkurrenzsituation ständig heranwachsen und ein Wechsel jederzeit eintreten. Die Demokratie hat dagegen eine feste Wahlperiode. Die Marktwirtschaft braucht diese Selektionen in Permanenz vor allem auch deshalb, damit sie in dem Augenblick stattfinden können, wenn sie am nötigsten gebraucht werden. Wenn man also (*dritter Vorschlag*) versucht, im demokratischen Prozeß ähnlich zu verfahren, geht es nicht nur darum, die armen Politiker ständig unter Druck zu halten, obwohl dies eine Leistungssteigerung herbeiführen könnte. Vielmehr sollen die traditionellen Entscheidungsprozesse der Demokratie in dem Augenblick wirklich zur Verfügung stehen, wenn sie gebraucht werden.

Man müßte die *Wahlen nach Bedarf* abhalten. Dies könnte auch zu einer Entlastung des ganzen Verfahrens beitragen. Schließlich muß man im Auge behalten, daß sich die Anzahl der Wahlen erhöht, wenn das Prinzip der Allzuständigkeit aufgegeben wird und kleinere, spezialisierte Gremien gebildet werden. Wird nur ein Drittel der Abgeordneten eines jeden Gremiums neu gewählt, verdreifacht sich die Zahl der Wahlen bzw. Stimm„zettel" noch einmal. Der Normalbürger würde sich schnell überfordert fühlen und nicht mehr zur Wahl gehen. Wahlen nach Bedarf sind nicht schwer durchzuführen. Denkbar sind die folgenden Regeln: 1) Jeder kann jederzeit zur Wahl gehen, wenn er auf seinem Konto (elektronisches Ausweismedium) noch über die Stimme verfügt. Wahlergebnis und Wahlbeteiligung bleiben bis zur endgültigen Auszählung geheim und dürfen in keinem Falle an die Öffentlichkeit gelangen. 2) Wird eine bestimmte Wahlbeteiligung X erreicht, so werden alle Bürger aufgefordert, in den nächsten - sagen wir - zehn Tagen ihre Stimme abzugeben (sofern dies nicht schon geschehen ist). Damit ist der definitiv letzte Wahltag festgelegt. Danach wird ausgezählt, und das Ergebnis wird bekanntgegeben. 3) Wurde innerhalb eines längeren Zeitraums Y keine Auszählung ausgelöst, so wird der Wert X veringert.

Damit ist sichergestellt, daß Wahlen auch bei mangelndem Interesse überhaupt einmal stattfinden. 4) Um aktive Frühwähler nicht zu benachteiligen, können Stimmen veralten. Das heißt, Wahlentscheidungen, die über einen langen Zeitraum Z in keiner Weise wirksam waren, werden gestrichen, und der Wähler erhält wieder eine Stimme. Dazu speichert der zentrale Wahlcomputer die an jedem Tag eintreffenden Ergebnisse. Auf dem Konto des Wählers (elektronisches Ausweismedium) muß lediglich der Tag der Stimmabgabe vermerkt werden. Wenn Stimmen verlöschen (sterben), wird dies bekanntgegeben. Andere Informationen über den Verlauf der Wahl gibt es bis zum Auszähltermin nicht.

Häufig wird eingewandt, daß Verbesserungen den demokratischen Prozeß verkomplizieren und schwer verständlich gestalten. Vertreter einer großen Partei haben, natürlich „nur" im Interesse des schon jetzt „überforderten" Wählers, sogar vorgeschlagen, zum Mehrheitswahlrecht zurückzukehren. Mehr oder minder laufen solche Empfehlungen darauf hinaus, den Einfluß der Wähler darauf zu beschränken, die Experten mit der notwendigen Entscheidungsgewalt auszustatten. Die Leistungsfähigkeit der demokratischen Institutionen ist heute mehr denn je gefordert. Die Problemstellungen, vor denen wir heute stehen, sind komplexer geworden, und die zu treffenden Entscheidungen haben sehr weitreichende Folgen. Die Bürger wollen ihre eigenen Interessen verfolgt sehen. Die Bürger wählen diejenigen, denen sie zutrauen, die gesellschaftlichen Belange am kompetentesten zu regeln. Die Wähler müssen die gesamte Thematik mit ihren komplexen Wechselwirkungen zumindestens annähernd überblicken, um eine qualifizierte Entscheidung treffen zu können. Ist dies nicht möglich, so verfehlt die Demokratie eine ihrer wichtigsten Bestimmungen. Aus diesem Grund ist die (politische) Bildung der Bevölkerung eine der wichtigsten und vornehmsten Aufgaben innerhalb eines demokratischen Staatswesens. Bildung verlangt immer beiden Seiten etwas ab und sollte sich für den Informierenden wie für den Informierten lohnen. Wird Bildung wirklich ernsthaft betrieben, entwickelt sich sehr schnell ein Dialog, der alle Beteiligten auf einen Weg gemeinsamen Lernens bringt, wie er uns in seiner grundlegenden Struktur durch die Jahrmillionen während Evolution auf unserem Planeten vorgezeichnet ist. Der Mensch ist in seinen konstitutiven Dispositionen nicht änderbar. Unsere Aufgabe besteht daher darin, Strategien zu entwickeln und Institutionen zu schaffen, die uns helfen, unser Leben zuträglich zu gestalten und dauerhaft zu sichern.

> Die größte Gefahr sind heute die Leute, die nicht wahrhaben wollen, daß das jetzt anhebende Zeitalter sich grundsätzlich von der Vergangenheit unterscheidet. Mit den überkommenden politischen Begriffen werden wir mit dieser Lage nicht

fertigwerden. Der Bankrott der traditionellen Vorstellungen... ist offenbar. Ohne Umdenken ist kein Ausweg aus der Gefahr möglich.

Max Planck (1947)

Literaturempfehlungen

Die nachfolgende Literaturliste ist kein Quellennachweis. Vielmehr habe ich nach Fertigstellung des Manuskripts, kurz vor der Drucklegung, einige Werke zusammengestellt, die ich zur Lektüre empfehle, weil sie den Inhalt des Buches vertiefen oder darüber hinausgehende Informationen bieten.

Allman, William F.: Mammutjäger in der Metro, Wie das Erbe der Evolution unser Denken und Verhalten prägt; Spektrum Akademischer Verlag GmbH, Heidelberg, Berlin, Oxford, 1996

Axelrod, Robert: Die Evolution der Kooperation; R. Oldenbourg Verlag GmbH, München, 1987

Balck, Henning und Rolf Kreibich (Hrsg.): Evolutionäre Wege in die Zukunft, Wie lassen sich komplexe Systeme managen?; Beltz Verlag, Weinheim und Basel, 1991; darin insbesondere die Beiträge von Hermann Haken und Franz Reither

Barrow, John D.: Theorien für Alles, Die philosophischen Ansätze der modernen Physik; Spektrum Akademischer Verlag, Heidelberg - Berlin - New York, 1992

Beyme, Klaus von: Das politische System der Bundesrepublik Deutschland; Eine Einführung; R. Piper & Co. Verlag, München, 1987.

Creutz, Helmut: Das Geldsyndrom, Wege zu einer krisenfreien Marktwirtschaft; Wirtschaftsverlag Langen Müller Herbig, München, 1993.

Creutz, Helmut, Dieter Suhr und Werner Onken: Wachstum bis zur Krise? Drei Aufsätze; Basis Verlag GmbH, Berlin, 1986

Ditfurth, Hoimar von: Der Geist fiel nicht vom Himmel, Die Evolution unseres Bewußtseins; Deutscher Taschenbuch Verlag GmbH & Co. KG, München, 1986

Ditfurth, Hoimar von: So laßt uns denn ein Apfelbäumchen pflanzen. Es ist soweit.; Droemersche Verlagsanstalt Th. Knaur Nachf., München, 1988

Dixit, Avinash K. und Barry J. Nalebuff: Spieltheorie für Einsteiger; Strategisches Know-how für Gewinner; Schäffer-Poeschel Verlag für Wirtschaft und Steuern GmbH, Stuttgart, 1995

Dörner, Dietrich: Die Logik des Mißlingens; Strategisches Denken in komplexen Situationen; Rowohlt Taschenbuch Verlag GmbH, Reinbeck bei Hamburg, 1992

Eibl-Eibesfeld, Irenäus: Der Mensch - das riskierte Wesen; Zur Naturgeschichte menschlicher Unvernunft, R. Piper GmbH & Co. KG, München, 1993

Etzioni, Amitai: Jenseits des Egoismus-Prinzips; ein neues Bild von Wirtschaft, Politik und Gesellschaft; Schäffer-Poeschel Verlag für Wirtschaft und Steuern GmbH, Stuttgart, 1994

Evolution des Menschen, 3. Studienbrief: Evolutionsökologie und Verhalten der Hominoiden, 2. Teil; Deutsches Institut für Fernstudien an der Universität Tübingen, Tübingen, 1990

Fritzsch, Harald: Vom Urknall zum Zerfall, Die Welt zwischen Anfang und Ende; R. Piper & Co. Verlag, München, 1987

Fromm, Erich: Die Revolution der Hoffnung, Für eine Humanisierung der Technik; Deutscher Taschenbuch Verlag GmbH & Co. KG, München, 1987

Fromm, Erich: Haben oder Sein, Die seelischen Grundlagen einer neuen Gesellschaft; Deutscher Taschenbuch Verlag GmbH & Co. KG, München, 1986

Heinrich Meier (Hrsg.): Die Herausforderung der Evolutionsbiologie; R. Piper GmbH & Co. KG, München, 1992, darin insbesondere die Beiträge von Richard D. Alexander und Christian Vogel

Heinsohn, Gunnar und Otto Steiger: Eigentum, Zins und Geld; ungelöste Rätsel der Wirtschaftswissenschaft; Rowohlt Verlag GmbH, Reinbeck bei Hamburg, 1996

Hirsch, Fred: Die sozialen Grenzen des Wachstums, Eine ökonomische Analyse der Wachstumskrise; Rowohlt Verlag GmbH, Hamburg, 1980

Kafka, Peter: Das Grundgesetz vom Aufstieg; Vielfalt, Gemächlichkeit, Selbstorganisation: Wege zum wirklichen Fortschritt; Carl Hanser Verlag, München, Wien, 1989

Kafka, Peter: Gegen den Untergang, Schöpfungsprinzip und globale Beschleunigungskrise; Carl Hanser Verlag, München, Wien, 1994

Lorenz, Konrad: Der Abbau des Menschlichen, R. Piper & Co. Verlag, München, 1989

Lorenz, Konrad: Die Rückseite des Spiegels, Versuch einer Naturgeschichte menschlichen Erkennens; Deutscher Taschenbuch Verlag GmbH & Co. KG, München, 1987

Martin, Hans-Peter und Harald Schumann: Die Globalisierungsfalle, Der Angriff auf Demokratie und Wohlstand; Rowohlt Verlag GmbH, Reinbeck bei Hamburg, 1996

Martin, Paul C.: Der Kapitalismus - Ein System, das funktioniert (Unter Mitarbeit von Walter Lüftl); Ullstein Verlag; Frankfurt/M, Berlin, 1990

Millman, Gregory J.: Der heimliche Raubzug, Wie Geldhändler die Notenbanken ausplündern; Rowohlt Verlag GmbH, Reinbeck bei Hamburg, 1995

Peitgen, H.-O. und P.H. Richter: The Beauty of Fractals, Images of Complex Dynamical Systems; Springer Verlag, Berlin, Heidelberg, New York, Tokyo, 1986

Postman, Neil: Das Technopol: Die Macht der Technologien und die Entmündigung der Gesellschaft; S. Fischer Verlag, Frankfurt/Main, 1992

Reichholf, Josef H.: Das Rätsel der Menschwerdung; Die Entstehung des Menschen im Wechselspiel mit der Natur; Deutscher Taschenbuch Verlag GmbH & Co. KG, München, 1993

Riedl, Rupert: Evolution und Erkenntnis, Antworten auf Fragen aus unserer Zeit; R. Piper GmbH & Co. KG, München, 1984

Spektrum Digest 1, Umwelt - Wirtschaft; darin insbesondere die Beiträge von Herman E. Daly (Januar 1994) und Robert Repetto (August 1992)

Spektrum Digest 1/1998, Kooperation und Konkurrenz; darin insbesondere der Beitrag von Natalie S. Glance und Bernardo A. Huberman (Mai 1994)

Watzlawick, Paul, Janet H. Beavin, Don D. Jackson: Menschliche Kommunikation; Formen, Störungen, Paradoxien; Verlag Hans Huber, Bern, Stuttgart, Toronto, 1990

Wehner, Burkhard: Die Katastrophen der Demokratie; Über die notwendige Neuordnung der politischen Verfahren; Wissenschaftliche Buchgesellschaft, Darmstadt, 1992

Weitkamp, Hans: Das Hochmittelalter - ein Geschenk des Geldwesens; HMZ-Verlag, Hilterfingen (Schweiz), 1986

Wickler, Wolfgang und Uta Seibt: Das Prinzip Eigennutz, Zur Evolution sozialen Verhaltens; R. Piper GmbH & Co. KG, München, 1991

Stichwortregister

-A-
Abbild	203
Aberglaube	245
Abgrenzung	206
Abstimmung: demokratische	316
Aggression	257
Allzuständigkeit	309,313
Angebot und Nachfrage	72
Angst	245
Anpassung	169
Arbeit	**52**
Arbeitslosigkeit	113
Arbeitsplätze	76
Arbeitsteilung	54,311
Aufwand	68
Autonomie	57

-B-
Banken	94,104
Bedürfnisse	49,**56**,95
Besitz	83
Bevölkerungsdichte	259
Beziehungsaspekt	273
Bibel	25,87,92,116
Bodenrecht	85
Bruttosozialprodukt	67

-C-
Chaos	147
Steuerung im ~	137
und Ordnung	127,135
Christentum	25,87,116

-D-
Dauerlauf	238
Deflation	108
Demokratie	**306**
Aufgaben der ~	306
repräsentative ~	311
Denken	**217**
Deregulierung des Handels	63
Dichtestreß	259
Differentialgleichung	144
Dilemma: soziales	295
Diskussion	271
Dissipativität	154
DNS	161
Dynamik	146

-E-
Effizienz	52,78
Eigentum	83,96
Emotionen	262
Entropie	154,160
Entwicklung	165
Erkenntnisapparat	**203**
Evolution	
biologische	**159**
kulturelle	**177**

-F-
Falsifikation	33
Fehlanpassung	**252**
Fehlerfreundlichkeit	186
Fließgleichgewicht	157
Föderalismus	315
Fortschritt	171
Fragen	283
Fraktal	**139**
Freiheit	**251**
Frustration	50

-G-
GATT	63
Geld	**94**
neutrales	112
Geschichtsbewußtsein	185,201
Gestalt	**149**,173
Gewöhnung	**210**,272
Gleichgewicht	152
fern vom ~	155
Glück	263
Grund und Boden	**84**
Guthaben	93

-H-

Handel	**62**
Herbst 1989	298
Hoffnung	**30**
und Zuversicht	31
Homo	
erectus	239
habilis	236
sapiens	241
Hören	214
Hypothese	33

-I-

Ideologie	260
Illusion	270
Indoktrinierbarkeit	260
Industrialisierung	52,56,89
Inflation	107
Information	285
Inhaltsaspekt	273
Instabilität	134,155
Intelligenz: verteilte	307
Interessen: individuelle	39,292,308
Irreversibilität	154,165

-K-

Kapitalismus	**98**
Kartell	**84**
Knappheit	**70**
Kommunikation	268,**271**
Komplexität	196,227
Kompression: algorithmische	**121**
Konformismus	257
Konservativität	152
Kooperation	41,47,168,292,308
Koordination	174,**193**
Kosmologie	150
Kräfte: physikalische	151
Kybernetisch...	158

-L-

Landwirtschaft	**246**,255

Lernen	26,211
Logistische Gleichung	133
Lohnsteuer	76

-M-

Marktwirtschaft	89,112,307
Evolution und ~	71
Offenheit der ~	79
Mathematik	120
Medien	**285**
Menschenbild: ökonomisches	56
Menschwerdung	**234**
Meta-Kommunikation	274
Mimik	248
Modelle	130
Monopol	**79**
monopolistischer Charakter	
des Bodens	85
des Geldes	111
Moral	44
Multis	81
Mutation	165

-N-

Nachfrage	95
Nachrichten	285
Neuzeit	246
Nichtlinearität	**133**,155
Nullsummenspiel	38
Waage	45

-Ö-

Ökonomie: positionelle	50

-O-

Opportunismus	295
Optimierung	175
Optimismus: hypothetischer	**32**,35
Ordnung	206

-P-

Paradoxon	280
Physik	122
Planung	255

Stichwortregister

Pluralität	187
Pragmatismus	188
Produktionsfaktoren	
Beweglichkeit der ~	64
Propheten	25

-R-

Randbedingungen	28,302
Regionalisierung	259,308,312
Reproduktion	160
Ressourcen	37,**59**,105,132
Schonung und Wiederherstellung	70
Reversibilität	152

-S-

Sachzwang	**281**
Schöpfung	205
Schulden	94,104
Sehen	214
Selbstähnlichkeit	135
Selbstorganisation	**155**
Selektion	168,193
Sinn des Lebens	262
Solidarisierung	29,44,292
Sozialprodukt	67
Sperrklausel	318
Spieltheorie	293
Sprache	25,181,242,267
Statistik	223
physikalische	127
Steinzeit	246
Steuerreform	76
Stimmungen	213
Strukturen	
dissipative	**153**
konservative	**151**
Subsistenzwirtschaft	57,68
Symmetrie	123,170
Systeme	**230**
Systemisch...	158

-T-

Technik	**191**

Theorien	33
Thermodynamik	126,296

-Ü-

Übergänge: kritische	155
Überproduktion	73

-U-

Unbewußtes	269
Ungerechtigkeit	84
Utopie	**23**,302

-V-

Vererbung	**160**
Vergesellschaftung	77,88
Verheißungen	26
Verhulst Gleichung	133
Verifikation	33
Verstopfung: soziale	50

-W-

Wachstum	103,110,131,255
Wahlen	**318**
Wahlkampf	320
Wahrheit	33
Weltbild	201,207
Welthandel	62
Werbung	77,262,287
Wettbewerb	256
Wirtschaftswachstum	75
Wissenschaft	33,**120**

-Z-

Zeitvorstellung	255,300
Zentralismus	307
Zinsen	**98**,102

Gut leben statt viel haben!

Studie „Zukunftsfähiges Deutschland" – Ein Beitrag zu einer global nachhaltigen Entwicklung

Keine der üblichen Langweiler-Studien. Die gelungene Mischung aus „Zählen" und „Erzählen" führt den Leser leicht verständlich in das Thema Nachhaltigkeit ein. Eine Studie des Wuppertal Instituts für Klima, Umwelt, Energie im Auftrag des BUND und Misereor. „Hat gute Chancen, zur grünen Bibel der Jahrtausendwende zu werden", so der Spiegel. BUND/Misereor (Hg.), 453 Seiten, 54 Abbildungen.
Best-Nr. 39076   39,80 DM

Video „Zukunftsfähiges Deutschland"

TV-Fassung gesendet unter dem Titel „Das jüngste Gericht". Ein Film von Rüdiger Mörsdorf, ausgezeichnet mit dem Princes'-Award 1996 als „zweitbester europäischer Umweltfilm"; Produktion: focus-Film
Best-Nr. 19032
59,00 DM

Sonderpreis Buch und Video
Best-Nr. 19033   69,90 DM

Aktionshandbuch Zukunftsfähiges Deutschland

Das Buch für den aktiven Umweltschützer. Zu jedem Leitbild der Studie „Zukunftsfähiges Deutschland" werden Aktionsmöglichkeiten und Projektideen vorgeschlagen, damit Zukunftsfähigkeit vor Ort gedeihen kann. Alle – wirklich – realisierbaren Vorschläge sind mit praktischen Hinweisen versehen. 48 Seiten.
Best-Nr. 39105   9,80 DM

Mehr finden Sie im neuen BUNDladen Katalog 1998. Gleich anfordern!

Entwicklungsland Deutschland

Ein Schaubild zu Wohlstand, Zukunftsperspektiven und Schritten zur Veränderung. Wesentlich erarbeitet auf der Grundlage der Studie „Zukunftsfähiges Deutschland". Für Lehrer, Erwachsenenbildner, Erzieher und alle, die Informationen über notwendige Veränderungen unserer Gesellschaft suchen. Dritte Welt Haus Bielefeld/Misereor/BUND (Hg.), 192 Seiten.
Best-Nr. 39106   **19,80 DM**

Die Zukunft denken – die Gegenwart gestalten

Handbuch für Schule, Unterricht und Lehrerbildung zur BUND/Misereor-Studie „Zukunftsfähiges Deutschland". Unter der Mitherausgeberschaft von BUND, Misereor und Brot für die Welt haben namhafte Pädagogen ein gut durchdachtes Handbuch mit höchstem Gebrauchswert für Schule und Unterricht erstellt. Das Werk ist ein „Muß" für jeden Lehrer und Ausbilder.
250 Seiten.
Best-Nr. 39107
49,90 DM

Die ökologische Steuerreform

Die Autoren erläutern die Grundidee der Ökologischen Steuerreform und machen deutlich, daß die Volkswirtschaft durch sie einen Innovationsschub erfährt und zusätzliche Arbeitsplätze geschaffen werden, und dies ohne Steuererhöhung insgesamt. Carsten Krebs, Danyel T. Reiche, Martin Rocholl, 226 Seiten zahlreiche Abbildungen.
Best-Nr. 39160   **19,80 DM**

Ihre schriftliche Bestellung richten Sie bitte an den:

BUNDladen
Im Rheingarten 7
53225 Bonn
☞ Besuchen Sie uns im Internet:
www.bund.net

Bestelltelefon:
0228-46 4271
Fax:
0228-46 4418
E-Mail:
bundladen@bund.net